本书为国家社科基金项目"我国纳税人权利保护的理论重构与制度创新研究"（15BFX078）的结项成果

纳税人权利保护的理论与制度研究

Research on the Theory and System of
Taxpayer's Rights Protection

李玉虎　/著

中国社会科学出版社

图书在版编目（CIP）数据

纳税人权利保护的理论与制度研究／李玉虎著 . —北京：中国社会科学出版社，
2023. 1

ISBN 978 - 7 - 5227 - 1135 - 5

Ⅰ.①纳…　Ⅱ.①李…　Ⅲ.①税法—研究—中国　Ⅳ.①D922.220.4

中国版本图书馆 CIP 数据核字（2022）第 238432 号

出 版 人	赵剑英	
责任编辑	孔继萍　郭如玥	
责任校对	赵雪姣	
责任印制	郝美娜	

出　　版	中国社会科学出版社	
社　　址	北京鼓楼西大街甲 158 号	
邮　　编	100720	
网　　址	http://www.csspw.cn	
发 行 部	010 - 84083685	
门 市 部	010 - 84029450	
经　　销	新华书店及其他书店	

印　　刷	北京君升印刷有限公司	
装　　订	廊坊市广阳区广增装订厂	
版　　次	2023 年 1 月第 1 版	
印　　次	2023 年 1 月第 1 次印刷	

开　　本	710×1000　1/16	
印　　张	26	
字　　数	411 千字	
定　　价	148.00 元	

目　　录

第 一 章

导　　论

一　研究的意义与目的

自从人类步入有组织的社会生产活动以来，就存在直接或者间接关系到每个社会成员的公共事务，而公共事务的范围与私人空间形成竞争性互补关系。公共事务需要公共费用，公共费用源于社会成员的生产劳动。尽管，在封建王朝时代，人们之间的地位并不平等，但在部分公共事务方面，则存在共同的利益。因此，为了实现共同的利益，税收是必须存在的公共费用来源。恩格斯在《家庭、私有制和国家起源》中指出，"为了维持这种公共权力，就需要公民缴纳费用——捐税"。美国大法官霍姆斯也曾说过，"税收是我们为文明社会付出的代价"。也有学者批评道："税收是国家的提款机，它的作用只限于此，是一个没有多少技术含量的行业和门类。"① 各国税收实践表明，现代税收作为一种公法上的非对等金钱给付，纳税并不是基于纳税人自觉自愿的行为，因而都赋予征税机关有力的征税权力，以实现税款的征收。

从中国古代的文献典籍看，古代中国人是存在私权观念的，只不过这种私权观念并不是以法律的形式清晰表达。中国古代的私权观念的核心是财产的归属，即现代法上的财产所有权。例如，孟子认为：没有固定的产业，却有稳定不变的思想，只有士人能做到。至于百姓，没有固定的产业，随之就没有稳定不变的思想。如果没有稳定不变的思想，就会胡作非为，坏事没有不干的了。等到犯了罪，然后就用刑法处置他们，

---

① ［美］B. 盖伊·彼得斯：《税收政治学》，曹钦白译，江苏人民出版社 2008 年版，第 6 页。

这就像是安下罗网坑害百姓。哪有仁人做了君主可以用这种方法治理的。① 在先秦法家思想代表人物中，慎到、商鞅等人都意识到财产归属的重要性，慎到曾说"定赏分财必由法"，② 然而，中国传统文化里没有包含在西方文明所伊始所蕴含的"平等""自由"等真正意义上的权利观念，但是没有将那些确立君臣关系的道德说教中有益于保护普通人利益的内容转化为臣民（公民）的具体权利。

在西方社会，关个体权利的产生、发展及其性质的基本观念起源于17 和 18 世纪，最初源于自然权利或天赋权利思想，随后被社会契约论者所广泛推崇。自然权利观是个人权利观念的抽象表述，是西方社会权利观的最早理论形态。近代西方思想家霍布斯、洛克、卢梭等都阐发了这一观点。从自然权利观念产生以来，关于权利问题上的争论，主要不是围绕要不要权利或权利到底存在不存在的问题，而是围绕什么权利该优先和它的含义究竟是什么而展开。③ 正如有的学者认为的，私权理论的出现与成形与个人的自我主体意识以及法律对个人主体资格的承认和尊重程度密切相关。对于没有平等、自由等自我主体意识的人来说，不可能也没必要存在"观念"上的权利理论，因为他们本身就缺乏权利争取观念以及进取精神。④ 从历史角度看，权利观念的发展经历了从生存权到自由权，再到公民权的迭代演进过程。

随着生产力的提高和社会关系日益复杂化，国家职能不断增加，预算支出巨大，这些支出主要通过税收方式得以补充。在此背景下，需要源源不断的纳税人持续纳税，才可能满足国家履行职能的基本需要。因此，纳税人的税收负担在逐渐增加。然而，在现代法律加强对财产权和基本人权保护的趋势下，税收征纳关系开始紧张，以法治和人权限制国家征税权的思潮开始蔓延，纳税人的权利保护问题也越发凸显。形成了

---

① 《孟子·梁惠王上》："无恒产而有恒心者，惟士为能。若民，则无恒产，因无恒心。苟无恒心，放辟邪侈，无不为已。及陷于罪，然后从而刑之，是罔民也。焉有仁人在位，罔民而可为也。"

② 许富宏：《慎子集校集注》，中华书局 2013 年版，第 92 页。

③ 奚洁人：《科学发展观百科辞典》，上海辞书出版社 2007 年版，第 59 页。

④ 彭诚信：《"观念权利"在古代中国的缺失——从文化根源的比较视角论私权的产生基础》，《环球法律评论》2004 年秋季号。

一种普遍的社会观念，即国家征税权应当得以节制、纳税人的税负应当公平，纳税人在征纳活动中的主体地位和权益应当受到有效保护。否则就不可能真正树立纳税人的纳税意识，也不可能维持税收遵从。在任何民主社会，作为纳税人的社会主体应当拥有与其政府及其机构相互关联的若干基本权利和义务。税务机关也不例外，大多数国家都通过立法规定纳税人的税收权利和义务。

长期以来，"纳税是一种义务"是人们的常识，如果说"纳税是人民的权利"，则可能会引起人们的怀疑。事实上，有些国家的宪法中也明确规定人们有纳税的义务。然而，经历了资产阶级革命后的欧美国家，实际上将税收确定为"国民的权利"。换言之，人民享有免受君主（国家）奴役的权利、未经人民同意不征税的权利、参与预算编制的权利以及监督和控制支出的权利。这些都保证了人民在经济上行使"主权"的权利。西方社会之所以强调人民的权利，因为权利界定及其保护是现代法治文明的核心要义。而近代西方资产阶级在反封建反神权、反专制特权的斗争中，权利观念逐渐兴起，人获得了自主性。在自然权利观念、社会契约观念的推动下，权利观念和权利意识深入人心，并成为现代西方自由民主和法治的基本元素。权利意识的觉醒为纳税人权利的兴起奠定了坚实的意识形态基础。如果追根溯源，甚至可以说，纳税人权利意识的历史更加悠久。

作为现代税法基石的"无代表无税收"这一基本准则，不仅推动了英国社会的变革，而且成为美国独立的思想基础。从社会文明进步角度而言，纳税人权利及其保护制度的建立，不亚于私人财产权利制度的确立。纳税人是否拥有合法权利以及拥有什么权利是衡量一个国家税收文明程度的标志之一。从理论上，纳税人向政府纳税不是因为他卑贱，也不是因为他本来就亏欠政府的，更不是因为他有什么罪过应受到处罚，而向政府纳税，正是因为凭借其体力或智力上的付出得到了社会（市场）的认可，从而获得了并不是谁都拥有的收入（或某种足以带来收入的行为），纳税人将来源于自然或者社会的财富的一部分以税款的形式上缴于国家，是为了大众的公共生活得到来自政府的保障。[1] 基于此，本书的目

---

[1] 李胜良：《纳税人行为解析》，东北财经大学出版社 2001 年版，第 106 页。

的在于通过观察中外纳税人权利及其保护理论和制度的历史、现状，聚焦我国改革开放以来纳税人从被动纳税走向通过纳税主动参与社会治理的进程，分析我国纳税人权利及其保护的理论基础和法律制度，从而建立既顺应世界发展潮流又符合我国发展道路的纳税人权利保护理论和制度。

从税收实践看，国家为了实现获取税收收入的目的所采取的各种税收立法和相关行政措施，都偏重于增加财政收入和实现征收效率，而忽视纳税人的财产权、基本生存权等重要权利的保护，即使在征税正当性的基础上，在具体征税过程中，也往往无法满足量能课税原则、比例课税原则和税收正当法律程序原则等现代税收国家应当具备的基本要求，从而使得纳税人权利难以得到有效保护。正如有学者所说的，长期以来，我国学术界和实务界对纳税人议题的研究，往往局限于纳税人的税收负担和履行纳税义务等方面，忽视了对纳税人权利的研究，导致税收实践中形成了根深蒂固的"纳税人只有纳税义务"的税收观念，严重地制约了依法治税的进程。[①]

虽然，纳税人权利及其保护的历史并不像保护公民权和人权那样悠久，但在我国，从 20 世纪 80 年代以来已经变得非常重要。国家发挥其职能和纳税人"增加选民的作用"在纳税人权利日益增加的过程中发挥了重要作用。在此过程中，纳税人的权利开始从国家宪法层面得到保障。成功征税的方法之一是确保纳税人自愿遵守税法，这就是为什么纳税人导向的方法被作为税收管理部门制定的法规的基础。

税收制度与国家财政、经济发展、社会福利、人民基本生活保障等领域息息相关，具有高度的专业性、系统性和复杂性。国家税收制度的核心在于平衡国家的税收汲取能力与人民的税收负担能力，其不仅是一项重要的法律制度，而且关涉政治、经济和文化等领域。从法理角度看，宪法对纳税人权利的确认与保护，是最基本、最深层的纳税人权利保护性立法。以此为判断标准，可以看出，尽管我国宪法规定了"公民有依照法律纳税的义务"，但没有明确纳税人在宪法上的主体地位。据此推论，宪法层面的纳税人应是指"履行纳税义务的公民"，纳税人权利主要

---

①　张富强、卢沛华：《纳税人权利的概念及现状》，《学术研究》2009 年第 3 期。

是指"纳税人依据宪法在财政税收领域享有的公民权利"。

纳税人权利及其保护程度，不仅与一国的政治制度和法律结构有关，而且与国家的税收体制息息相关。我国改革开放以来，随着社会主义市场经济稳步发展，税收法律制度得到了极大的丰富，对纳税人权利保护的关注也逐渐深入。1994年实行的"分税制"改革，确立了市场经济条件下中央与地方财税分配体系，对我国财政税收方面取得了积极作用。中共十八届三中全会制定的《中共中央关于全面深化改革若干重大问题的决定》，明确落实税收法定，标志着我国税收改革进入了新的时期，对纳税人权利的关注从最初的一种不自觉的、被动的保护到后来自发性的、由表及里，由程序到实体的转变，是随着人们对税收法治化、民主化的观念理解逐渐深入的结果。

实际上，早在20世纪80年代初期，我国开始在中央政府与地方政府之间、政府与纳税人之间通过税收合同实现税收的征纳，并形成了讨价还价的税收谈判模式，这种模式显示出在赋税上向纳税人让步的特征。20世纪90年代后期市场化改革深入推进和依法治国原则的确立，因宪法财产权原则的缺位，导致出现赋税合法性的法理危机，加之征税技术落后等客观因素导致的税收弱化现象体现得更加明显。2004年修改宪法后，将财产权保护作为宪法原则，从而加剧了纳税人合法财产权的保护问题。

然而，直到现在，我国的税法也没有对纳税人权利给予明确的定义，而作为税法的基础和核心问题的纳税人权利到底为何物，引起了税法学界的讨论和税收实务界的广泛关注。依据现行税法，2009年国家税务总局发布的《关于纳税人权利与义务的公告》，将纳税人权利理解为"纳税人依据税法在税收征纳过程中享有的各项权利"，然而，作为税收征纳关系意义上的纳税人权利，仅仅规定了14项权利是不充分的，它们并没有全面反映出纳税人在税收实体法上的应然权利和实在权利，甚至与纳税人财产权利和生产经营自主权密切相关的税收立法参与权、正当程序权、听证权、拒绝重复检查权、救济权等，还没有出现在权利公告所列举的权利清单中，更遑论这些权利的实现机制。

此外，在全球范围内，纳税人权利及其保护问题是受到了各国的重视。例如，2000年9月7日在德国慕尼黑召开的国际财政协会全球会议，专门针对纳税人权利的法律保护问题举行了专题研讨。与会专家取得共识：有必要制定各国的纳税人权利保护的最低法律标准，并在适当的时机签订《纳税人权利国际公约》，以加强纳税人权利保护的全球合作。可见，纳税人权利保护已成为一个世界性议题，需要各国政府认真对待。目前，纳税人权利保护问题已经得到各国和国际组织的广泛重视，有关纳税人权利保护的法律规定不仅散见于各种法律中，而且越来越多的国家制定了专门的纳税人权利保护法案、宣言和手册等。

2006 年 5 月 20 日，由中国法学会、北京大学法学院主办的"和谐社会与税收司法改革"国际研讨会上，专家对此进行了热烈讨论。在此次国际研讨会上，专家们分析了我国纳税人权利短缺问题，并提出了改变纳税人权利保护不足的具体对策。与会学者认为，造成这种畸形现象的根本原因在于纳税人的权利在我国现行法律法规中缺少明确规定，我国应制定一部《纳税人权利法》，以保障纳税人权利真正得到兑现。[①] 此后，关于对纳税人权利保护进行专门立法的建议时有出现，这足以表明学术界对纳税人权利保护重要性和必要性的认识。

二　纳税人权利法律保护的必要性

就纳税人权利保护的必要性而言，不仅是出于对纳税人财产权的保护，也是人类文明的体现。人类社会发展变迁的经验表明，财政和税政是社会文明的晴雨表，历史上朝政的更迭、国家的荣辱兴衰莫不与当时财税制度大背景相关。在法治国家，必须处理好征税机关与纳税人之间的关系。虽然有理论将税收的合法性归之于纳税人授权，但实践中二者往往关系紧张。或者由于征税机关为了获得更多的税收收入而滥用征税权；或者是因为纳税人税收观念淡薄，以私人财产权对抗国家征税权。税收是国家机器运行的重要保证，其关系到社会成员的切身利益，对纳税人权利保护不仅是规范国家征税权的重要途径，更是"人民当家作主"执政理念在税法上的体现。在现代社会，就国家征税权与个人财产权相互平衡的角度而言，在纳税人权利保护方面，需要确立纳税人主体地位，赋并予纳税人与其纳税义务相对应的权利，从而形成纳税人权利体系。

第一，顺应管理型政府向服务型政府转变的要求。

---

① 王亦君：《纳税人，只有义务没有权利？》，《中国青年报》2006 年 5 月 23 日第 3 版。

　　传统的政府与纳税人之间的关系呈现权力管理型，其特征是赋予纳税人过多的纳税义务，以此作为政府运转的经济基础，但往往忽视纳税人权利的保护。在国家本位观念下，税收法律关系通常被理解为纳税人对国家课税权的服从关系，纳税人的权利意识淡薄，不具有维护自身合法权利的基础和能力。这与长期以来封建历史传统中人的主体意识缺乏有关，加之实行了多年的表现为"管理与控制"模式的计划经济，其强调个人利益服从国家利益、集体利益的经济政策，使得纳税人权利被长期搁置。在这种模式下，纳税人等同于纳税义务人，只有被强制纳税的义务，而缺乏与该义务对应的权利。税制的设计以稳定和增加国家财政收入为主要目的，税法服务于此目标，通过赋予征税机关以征税权，实现对纳税人的强制征收。事实证明，基于此种目标的税收制度会导致政府的征税权力膨胀，纳税人在面对强大的政府权力时处于弱势地位，导致纳税人与国家之间的权利—权力结构严重失衡。

　　在我国市场化改革的推动下，民主法治的质和量不断发展，政府的角色定位也发生了变化。因为，市场机制需要政府减少对经济活动的干预，从而降低政府参与微观市场行为的广度和程度。现代社会要求政府转变职能，从适应计划经济的管理型政府向适应市场经济的服务型政府转变，而服务型政府体现了国家与纳税人之间的税收法律关系具有平等的属性，国家的征税权和政府的税收征管权力与纳税人的纳税义务对应，而纳税人的权利与国家保护纳税人利益和政府因征税而产生的义务对应。因此，政府既拥有税收征管的权利，也负有维护纳税人利益的义务；纳税人负有纳税义务，也应当拥有监督政府用税行为和维护自身权益的权利。在承认纳税人权利的前提下，纳税人和国家之间不再处于一种利益对抗的、力量不均衡的状态，而是处于一种动态平衡状态。基于此，税制设计应满足纳税人的需要，实行税收法定原则，以纳税人权利为中心，确立纳税人的主体地位，从而保障纳税人的权利不受到征税机关的侵犯。因此，完善纳税人权利理论，进行有利于保护纳税人权利的制度设计，纳税人权利保护不仅应当在法律中予以充分明确，而且应当贯彻于税收征管中，真正实现纳税人权利保护。从管理型政府到服务型政府的转变，有利于提高纳税人纳税遵从度和政府依法征税、依法治税，最终构建和谐的征纳关系。

第二，持续推进法治政府建设的内在要求。

2015年12月中共中央、国务院印发的《法治政府建设实施纲要（2015—2020年）》的总体目标是："到2020年基本建成职能科学、权责法定、执法严明、公开公正、廉洁高效、守法诚信的法治政府。"在法治政府建设取得重大进展的基础上，2021年8月中共中央、国务院印发的《法治政府建设实施纲要（2021—2025年）》确立了"到2025年，政府行为全面纳入法治轨道，职责明确、依法行政的政府治理体系日益健全，行政执法体制机制基本完善，行政执法质量和效能大幅提升"的总体目标。在税收法治方面，依法确立国家征税权与纳税人财产权的边界，平衡税务行政权力与纳税人权利，是现代法治政府的必要要求。在税收征纳关系中，征税机关的征税权源于国家立法，其履行职责的主要目的是实现国家征税权。

纳税人作为提供税收以满足国家财政需要的主体，其有法定的纳税义务，但是其合法权益也应当得到应有的保护。税务机关不仅享有税务行政执法权，而且具有税务行政立法权和行政裁判权。其中，税收立法权包括制定税收行政规章和规范性文件，税法解释权等；税务行政执法权主要包括税收强制权、税收保全权、税收强制执行权、税收征管执法权等相对集中而且不容私权对抗的行政权力；税收裁判权主要包括税收行政复议权、税务行政处罚听证权。从权力结构上看，税务机关的权力源作为于国家机构本身的职权，一般由国务院"三定"方案确定其具体内容。但是，从权力制约层面看，对国家征税权的立法授权及其行使和监督约束机制缺乏充分的法律依据，税务行政权没有与之对应的法定制约机制，现行法上只有对税务机关工作人员的公务行为具有一定的规范和制约，缺乏对税务机关的有效监督和制约。所以，税务机关的权力配置与纳税人权利缺乏基本的对应性，税务行政机关与纳税人之间的法律地位存在着实质而且显著的不对等。

由于税务行政机关在税收执法中的边界不清晰，税法解释权授权不明，税务机关往往以国家的名义不当扩大税务行政自由裁量权。税务机关拥有的几乎不受制约的税收立法权和税法解释权，不仅突破了税收法定原则，而且导致税法的不安定、税务行政中选择性执法、类案不同处理等损害国家税收利益和纳税人合法权益的后果。也由此滋生税务行政腐败，侵害纳税人合法权利，破坏纳税人的税法遵从意识，影响纳税人的营商环境。因而，站在国家治理能力现代化和法治化的层次考量，依法界定国家征税权与纳税人财产权的边界。通过给予纳税人权利的法定保护，甚至通过倾向于纳税人的权利配置结构，矫正税收权力与纳税人权利之间严重失衡的现象，从而实现税收征管目的与纳税人权利保护之间的平衡。

税收法治化是法治政府建设的组成部分。2015 年发布的《国家税务总局关于全面推进依法治税的指导意见》提出的"积极转变职能，简政放权，推行权力清单、责任清单、负面清单，坚决做到法无授权不可为、法定职责必须为，防止不作为、乱作为""不得法外设定权力，没有法律法规依据不得作出减损纳税人合法权益或者增加其义务的决定"等依法履行税收工作职能的措施，在保护纳税人权利方面具有积极意义。2016 年财政部制定印发的《法治财政建设实施方案》，确立了"力争 2020 年形成较为完备的财政法律制度规范体系、高效的财政法治实施体系、严密的财政法治监督体系、有力的财政法治保障体系"的建设目标。表明我国正竭力做到"民主财政"与"法治财政"的同步建设。保障纳税人合宪的参与权、知情权与监督权，保障纳税人合法私有财产权、合规纳税平等权与合理公共产品受益权，就是在推进权利分配正义，推进国家治理体系和治理能力的现代化。

第三，推动落实税收法定原则和税收法治化的要求。

税收法定原则如同罪行法定原则在刑法中的地位一样，其在税法中具有重要地位，属于税收立法和税收执法的基石性原则。纵观世界各发达国家和地区，不仅其具有相对健全的税收法律体系，而且通过立法强化对纳税人权利的保护。在当前，公民普遍成为纳税人的背景下，应当从保护公民政治经济权益的高度认识纳税人权利的重要性。这不仅是现代法治文明的体现，而且有助于提高纳税人税法遵从。从现代征税技术看，征税机关有相当成熟的征税手段，非常熟悉税收法律法规和税收政策，而且我国的税务机关拥有广泛的税收规则制定权、税法执行权、税法解释权。反观纳税人，一般不熟悉数量庞大的繁杂琐碎的税法规范，在对税法的认知和理解方面处于与征税机关绝对的不平等的弱势地位。因此，从健全社会主义法律体系和依法执政、依法治税层面看，都十分有必要制定专门的纳税人权利保护法，或者在税收征收管理法中增加相当数量的有关纳税人权利保护的条款。

此外，全面充分的纳税人权利保护，还有助于促进和谐征纳关系和提高税收遵从，从而提高税收的征收效率和降低税收征纳成本。如果说税收法定原则是征税合法性的基础，那么税收法治化是构建和谐征纳关系的制度保障。只有把纳税人权利保护置于税收立法和税收执法的重要地位，才能实现税收公平和税收民主。切实可行的纳税人权利保护制度是约束国家征税权恣意行使的重要力量。从和谐征纳关系角度看，保护纳税人合法权益，有利于激发经济发展的内生动力，有利于维护和谐社会稳定，有利于提高纳税服务能力。

纳税人权利保护是落实税收法定的内在要求。党的十八大以来确立的全面深化改革的总目标要求加快税收制度民主化、法治化进程。2013年党的十八届三中全会通过的《中共中央关于全面深化改革若干重大问题的决定》明确要求"落实税收法定原则"，这是该原则首次被写入党的纲领性文件之中。2015年，九届全国人大三次会议修改的《立法法》规定：税种的设立、税率的确定和税收征收管理等税收基本制度必须制定法律。尽管《立法法》确立了税收法定原则，而且在此后的税收实体法单行立法中加以落实，但是，就纳税人权利保护而言，还有必要制定专门的纳税人权益保护法，从而确实实现对纳税人合法权益的全面保护。

在依法行政背景下，税务机关为纳税人提供周到、及时的纳税服务，从而增强纳税人的权利主体意识，构建新型的、和谐的征纳关系的前提是明确纳税人有哪些权利，以及维护这些权利的法律途径。因此，在新时代的要求下，税务机关要切实加强对纳税人权益的保护，依法建立健全纳税人权益保护的制度和机制，全面推行依法行政，规范税收执法，强化执法监督，畅通救济渠道，以纳税人需求为导向，有效开展纳税服务，着力优化办税流程，减轻纳税人办税负担，切实保护纳税人的合法权益不受侵犯，营造公平、公正、和谐的税收环境，形成依法诚信纳税，进而提高纳税人税法遵从度和降低纳税成本。

三 研究文献述评

1994年分税制财政体制改革以后，税收成为国家汲取能力的重要内容。顺应市场经济和依法治国的要求，税收立法全面展开，依法行政得以制度化确认。在此背景下，税务学界和税法学界不仅关注国家征税权和税收管理权的运行，而且开始关注作为税收征收管理机关相对人的纳税人的权利及其保护问题。此后，学术界从多角度多层次研究纳税人权利保护制度建设。从 1999 年到 2018 年，出版了十余部专门研究纳税人权利保护的论著和数量众多的学术论文聚焦于纳税人权利及其保护这一研究领域。

1999 年，时任陕西省国税局局长杨文利主编的《纳税人权利》，以我国《宪法》确立的"依法治国，建设社会主义法治国家"为背景，从依法行政，加强税收法制建设和保障纳税人权利的角度，较为系统地归纳了宪法、税收征收管理法、行政处罚法、行政复议法、行政诉讼法等宪法与行政法赋予作为税务行政管理相对人的纳税人的多项权利，认为纳税人应当具有的权利包括平等权、批评建议权、延期缴纳税款权、减免税申请权、要求退还多缴税款权、请求保密权、委托税务代理权、陈述与申辩权、要求举行听证权、拒绝处罚权、申请行政复议和诉讼权等权利。① 此外，2000 年出版的有关纳税人权利与义务研究的著作，对于开启纳税人意识和多层次多角度保护纳税人权利的立法提供了理论依据和实践素材。②

甘功仁所著的《纳税人权利专论》是改革开放初期较早专门研究纳税人权利的成果，该研究从税收的性质和税收法律关系的性质两个方面分析纳税人权利的理论依据；从纳税人的整体权利和纳税人的个体权利两个层面论证纳税人权利。在整体权利层面，作为税收法律关系中一方主体的纳税人在两个层次上与国家发生法律关系：第一个层次是作为整体的纳税人与国家之间发生的公法上的债权债务关系；第二个层次是具体的纳税人与国家税务行政机关之间发生的税收征纳关系。其中，纳税人的整体权利包括：公共产品选择权、参与税收立法权、依法纳税的权

① 杨文利：《纳税人权利》，中国税务出版社 1999 年版。
② 这一阶段出版的关于纳税人权利与义务的专著有：张伟、许善达、沈建阳编著《纳税人的权利与义务》，中国税务出版社 2000 年版；岳树民、张松《纳税人的权利与义务》，中国人民大学出版社 2000 年版；〔日〕北野弘久《税法学原论》，陈刚等译，中国检察出版社 2000 年版等。

利、享受公共服务的权利、享受公平待遇的权利、对税收征收的监督权、对税收使用的监督权。① 在个体权利层面，纳税人权利是指纳税人在履行纳税义务过程中，依法作出或不作出一定行为以及要求他人作出或不作出一定行为的许可与保障。其中，纳税人的个体权利包括知情权、无偿咨询权、申请减税免税退税权、陈述权与申辩权、申请行政复议权、提起行政诉讼权、请求行政赔偿权、控告检举权和纳税人的其他权利。② 显然，这种定义是在借鉴法理学和民法学对权利定义的基础上而提出的，未能区分私法权利与税法权利的区别。此外，该研究也介绍了美国、英国、加拿大、澳大利亚、新西兰、法国、日本、俄罗斯等国家以及国际组织对纳税人权利保护的相关规定，并且提出从立法、税务行政执法、监督和增强纳税人意识四个方面保障纳税人权利。

在纳税人权利类型化研究方面，李炜光认为，所有的税收要素都必须由人民代表大会进行法律规定，并将纳税人基本权归纳为 10 项。在宪法制度下，所有的税收事项都因其涉及人民利益或可能加重人民负担而成为立法事项；譬如，税收立法机关必须依据宪法的授权制定相关的税收法律，并依据宪法保留专属自己的立法权力，任何其他主体（主要指政府）均不得与立法机关分享立法权力，除非它愿意将一些具体和细微的问题授权给政府或其他机关立法，但这种授权也必须在宪法的框架之内进行。任何政府机关都不得在行政法规中对税收要素等作出规定，也就是说，除税收立法机关正式立法外，一切政府文件、部委规章、法院判决、民间习俗不能作为征税机关征税的依据。这意味着不允许存在任何超然于宪法、税收基本法和相关税收法律之上的权力，而且任何人不得因违反宪法和税法之外的原因而受到法律的制裁，纳税人只承担宪法和法律明确规定的纳税义务，有权拒绝该范围之外的任何负担。③

莫纪宏从宪法的角度认识和理解纳税人权利，认为纳税人不仅具有一般性宪法和法律权利，而且在流转税、所得税、资源税、财产税和行为税等税种中享有具体权利，纳税人的法律义务与法律权利始终是并存

---

① 甘功仁：《纳税人权利专论》，中国广播电视出版社 2003 年版。

② 甘功仁：《纳税人权利专论》，中国广播电视出版社 2003 年版。

③ 李炜光：《论税收的宪政精神》，《财政研究》2004 年第 5 期。

的。纳税人的权利包括两部分，一部分是纳税过程中的权利，这主要是通过对纳税人权利的保护来敦促税务机关依法征税和依法行政；另一部分是作为纳税结果的权利，纳税人应当从纳税行为中享有的法律上的权利保障。[①]

辛国仁借鉴当时的"财政立宪主义"理论，从我国当时的财政体制改革目标、模式出发，提出纳税人权利是一个"权利束"的观点，这种观点有助于拓展纳税人权利研究的视野。该研究以权利体系的完整性为参照，认为纳税人权利应当包含宪法性权利、税收基本法和税法上的权利。针对当时纳税人权利位阶较低的现状，从政府提供公共产品或服务的物质基础绝大部分来源于广大纳税人缴纳的税款这一基本事实的层面，即"政府用纳税人的钱为纳税人办事"，提出通过纳税人权利约束政府公权力的想法，并且从立法、执法和司法方面，提出了完善纳税人权利保障制度的思路和具体措施。[②]

刘庆国主要从税收法律关系角度研究了纳税人权利，通过借鉴德国、日本税法学家的理论和税收立法实践，认为税收法律的性质属于公法之债，税收征纳双方具有平等性，进而从国家税权与纳税人权利的二元结构，解读纳税人权利。认为"纳税人权利是纳税人依法履行纳税义务过程中产生和形成的与税务机关的义务相对应的权利"。[③] 在参照美国、日本、欧洲经合组织等的纳税人保护制度的基础上，将纳税人权利分为基本权利、程序权利、实体权利三个层次。其中，纳税人基本权利包括知情权、最低生活保障的税收豁免权、正当程序权、救济权；纳税人程序权利包括程序主持者或决定者的中立保障权、权利被告知权及卷宗阅览权、听证权、陈述申辩权、要求说明理由权、程序抵抗权、保密权、救济权；纳税人实体权利包括法定最低限额纳税权、减免税权、抵免税权、税收返还请求权、出口退税权、纳税人信赖利益保护权。

王建平从"纳税人权利及其保障是纳税人地位的核心内涵"的观点出发，认为纳税人地位的转型，即纳税人从"纳税义务人"向"纳税权

[①] 莫纪宏：《纳税人的权利》，群众出版社 2006 年版。

[②] 辛国仁：《纳税人权利及其保护研究》，吉林大学出版社 2008 年版。

[③] 刘庆国：《纳税人权利保护理论与实务》，中国检察出版社 2009 年版，第 123 页。

利人"转型，可以从根本上解决税制建设和税务管理中存在的诸多现实问题，而且可以推动税收法律关系和纳税人权利保障机制的重构，从而推进适应现代市场经济的税法理论创新。然而，西方社会所倡导的社会契约论、人民主权理论、公共财政理论、公法上的债权债务理论以及行政控权理论，分别作为纳税人定位的政治学、经济学、税法学与行政法学的理论基础，可以为论证纳税人地位转型的正当性提供理论支撑。实现纳税人地位转型，就要从推动"政府—纳税人"之间的关系从"管理控制型"向"保护服务型"转变。为实现此目标，应着力于三个方面的转型：一是理念转型，即注重培养包括纳税人在内的全体社会成员的新型纳税人权利理念；二是税收理论与税法理论转型，即重新解释税收、税收法律关系等基本范畴，重构以税收法定主义原则为统帅的新型税收原则体系，并确立纳税人生存权保障原则与有利纳税人解释原则在税法原则体系中的突出地位；三是税收制度和税法转型，从以"国库至上"为根本目标的"征税之法"向以纳税人权利为中心的"权利之法"转型。①

丁一将纳税人权利问题置于民主、法治和人权的视野，借鉴历史学、社会学、经济学、政治学的研究思路和方法，对纳税人权利的起源与发展、历史与现状等追本溯源，探寻纳税人权利产生与发展的一般规律，从宪法治理的角度试图构建我国纳税人权利体系。②

黎江虹以宪法规范为视角深入研究了纳税人及其权利的本质含义，进而构建纳税人权利的法律体系。认为，宪法在纳税人权利法律体中具有核心作用，其中，人权保障、代议制、违宪审查制度是纳税人权利实现的宪法保障。该研究将纳税人权利分为实体权利和程序权利两类，其中实体权利主要包括征税同意权、税收支出监督权、公共产品请求权和选择权、税收信息权，程序权利主要包括知情权、陈述申辩权、保密权、要求税务稽查程序正当的权利、平等对待权、救济权。③在纳税人权利的实现方面，认为税收法定主义是纳税人权利实现的前提，税收征收程序

---

① 王建平：《纳税人权利及其保障研究》，中国税务出版社 2010 年版。

② 丁一：《纳税人权利研究》，中国社会科学出版社 2013 年版。

③ 黎江虹：《中国纳税人权利研究》（修订版），中国检察出版社 2014 年版，第 173—197 页。

是纳税人权利实现的关键，纳税人权利意识的张扬是纳税人权利实现的动力。[1]

高军从法理学层面探索纳税人基本权，认为纳税人基本权是纳税人应当享有的要求符合宪法的规定征收和使用税收的基本权利，其具有宪法性和税的征收与使用相统一的特征。[2] 该研究将纳税人基本权置于自由权与社会权两大权利谱系之中。在自由权层面，从法治国角度，将行政法上的依法行政原则、比例原则、平等原则与纳税人基本权对接，相应地，纳税人权利包括依法纳税权、不受过分征收权和不受过度执行权、公平纳税权；在社会权层面，从社会国及人性尊严角度，将纳税人基本权划分为税法上的生存保障权和社会保障权。该研究试图从"基本权"的范畴理解纳税人的权利，其出发点是良好的和高远的，但过度拔高了纳税人的权利。因为，从法律的层次性而言，纳税人权利及其保护主要属于税法范畴，尽管，有些国家的宪法规定了公民的政治权利和生存权、财产权等基本权，但是难以推导出纳税人与公民同等的结论，也就难以将纳税人在税法上的权利单独上升到宪法基本权的层次

施正文从程序法的层面研究了税收程序问题。该研究以税收征纳活动及程序制度的界定为逻辑起点，以现代控权理论为基础，分析论证了税法实施过程中的价值、原则、范畴、权利义务、法律关系、税法要素等基本理论问题。通过对税收立法中的问题及其对策进行理论分析，认为，现代税法具有监控税权、保障民权的"权利之法"的属性和本位。[3]

陈晴认为，纳税人的用税监督权是宪法权利的具体化，而源于英美法的纳税人诉讼是纳税人权利最权威、最直接的实现方式。与传统司法救济模式相比，纳税人诉讼在诉讼资格、诉讼利益以及诉讼程序等方面均有所不同，是一种以维护公共利益和法律秩序为目的的公益诉讼、客观诉讼。纳税人诉讼制度允许普通民众发起针对公共支出的司法审查之诉，这不仅有利于克服财政支出领域的政府失灵，弥补政府在维护公益

---

[1] 黎江虹：《中国纳税人权利研究》（修订版），中国检察出版社 2014 年版，第 198—233 页。

[2] 高军：《纳税人基本权研究》，中国社会科学出版社 2011 年版，第 49—50 页。

[3] 施正文：《税收程序法论——监控征税权运行的法理与立法研究》，北京大学出版社 2003 年版。

领域的不足，而且体现了司法权对行政权的有效控制，更彰显了以私人权利制约公共权力的理念。纳税人诉讼制度从英美法系到大陆法系的成功实践，显示出其强大的制度生命力与价值，也为我国进行制度移植与建构提供了经验，而纳税人诉讼所蕴含的财政支出法定性、公开性、民主性等基本要求，必将促进我国纳税人权利保护和财政监督制度的完善。①

朱孔武通过研究 17 世纪英国代议制政治制度，认为征税同意权是英国议会主权确立的首要要素，其精神在美国演变为"无代表不纳税"这一税法格言。西方宪制产生以后，财政因素对政治的影响逐渐衰减。而通过选举制度和政治权利保障制度，社会各阶层的利益博弈机制趋于成熟，随之，征税权失去了作为议会与政府之间讨价还价主要媒介的意义，因而也就失去了其产生之初所具有的显著地位。在现代法治国家，代议制和公民的纳税义务皆是宪法的产物，其内涵为整体法秩序所塑造。然而，从征税权的合法性视角考察，现代立宪国家采取"税收国家"的形态，其税收和税法概念受宪法基本价值的限制，而如何将宪法基本价值在税法中予以具体化表达，则须建构一套适用于衡量税法合宪性的"基本原则"。此基本原则不仅是税法立法与执行的准绳，也是税法解释的基础。从征税目的观察，国家取得对人民课征赋税的权力乃系为了保障人权、提供福利及公共服务的目的而来，则人民当具有要求国家不得滥行课税权的权利。②

四　基本视角及主要观点

第一，宪法视角的纳税人权利保护。

就权利理论而言，宪法是最高、最根本、最深层的权利保障法。从我国《宪法》第五十六条"公民有依照法律纳税的义务"的规定可以得出宪法层面的纳税人是指"履行纳税义务的公民"的结论，而纳税人权利主要是纳税人依据宪法在财政税收领域享有的公民权利。我国 2004 年《宪法》修正案首次规定了"国家尊重和保障人权""国家保护合法的私

①　陈晴：《以权利制约权力——纳税人诉讼制度研究》，法律出版社 2015 年版。

②　朱孔武：《征税权、纳税人权利与代议政治》，中国政法大学出版社 2017 年版。

有财产"等，这是纳税人的身份权和财产权宪法保护的基本依据。此后，有的学者开始从宪法和人权、财产权的角度研究税收的正当性与合法性。尽管，宪法和民法从不同维度保护财产权，但宪法财产权是取得民法意义的财产权的基础和前提，在宪法上，财产权属于人权，是一项公权利，与主体的人身不可分。①

关于宪法视角的纳税人与国家的关系，也存在不同的认识。苗连营认为，在各种各样的宪法关系中，公民财产权与国家征税权之间的关系具有基础性和决定性的意义。因为，税收首先体现的是纳税人和国家的宪法关系，税收法定是体现纳税人与国家宪法关系的制度结晶，所以，从税定于法到税定于宪是税收法治的内在要求，因此，应当在宪法中规定"国家保护纳税人合法权益"。② 张富强认为，从宪法高度确立纳税人基本权，并依宪构建纳税人的依法纳税权利体系。而通过纳税人基本权利入宪入法来切实保障纳税人行使依法纳税权，其基本路径是：将宪法第五十六条修改为"中华人民共和国纳税人有依照法律纳税的权利和义务"并列为该条第二款，从而确立纳税人权利在宪法层面的应有地位；增加"税收的开征、停征与变更，税种、税率的厘定与变更必须由全国人民代表大会及其常务委员会审议通过"。此外，除了宪法层面确立纳税人权利，还需要构建纳税人权利体系和完善纳税人权利救济体系。③

本书认为，我国宪法意义上的纳税人权利主要表现在以下方面：

一是个人的合法私有财产受宪法保护。从现代税收的财产属性看，征税就是国家通过政府或者专门的征税机构强制和无偿地获取个人财产的过程，其本质是在个人财产权之上施加财产义务。缺乏个人财产权保护的税收制度，将会导致以公共利益之名义对个人财产任意课以税收。所以，纳税人权利保护的前提是在宪法层面确立个人财产权保护制度。我国《宪法》第十三条规定"公民的合法的私有财产不受侵犯"。该规定是宪法保护私有财产的基本规定，私有财产不受侵犯的主体既包括私人

---

① 刘建军：《宪法上公民私有财产权问题思考——兼论 2004 年 3 月 14 日宪法修正案第二十二条》，《政法论丛》2004 年第 5 期。

② 陶庆：《宪政起点：宪法财产权与纳税人权利保障的宪政维度》，《求是学刊》2005 年第 5 期；苗连营：《纳税人和国家关系的宪法建构》，《法学》2015 年第 10 期。

③ 张富强：《纳税人权入宪入法的逻辑进路》，《政法论坛》2017 年第 4 期。

也保护国家。在税法意义上，税收是将个人的私有财产的全部或者部分让渡给国家，作为国家的公共财政收入。因此，政府凭借国家政治权力对私人的合法财产所实施的征收，其本质是对私人财产的"侵犯"，当然，这种侵犯是建立在法定的征税权的基础之上的，具有正当性。在财产的静态意义上，私人财产与国家税收存在彼此消长的关系，因此，在宪法框架内对纳税人私有财产权的保护，就要求实现"税收宪定"和税收法定。

二是公民对公共产品获益的权利应当法定。国家在"税收宪定"和税收法定的基础上对私人合法的财产权的再次分配，是以纳税人履行纳税义务为前提，以纳税人享有公共产品的收益为归宿。在此意义而言，纳税人所享有的公共产品的数量和质量与纳税人权利存在对应关系。尽管，每个公民能够从国家提供的国防、公共安全、教育、社会保障等公共产品中分享的利益无法被具体量化，但是国家提供公共产品用以满足社会秩序和保障公民的基本权利，则是向纳税人征税的正当性的基础，就此而言，保障公民基本权利是纳税人权利的应有之义。

三是纳税人平等纳税和享有公共产品收益权应当受宪法保护。我国宪法第三十三条规定"中华人民共和国公民在法律面前一律平等"，从而要求通过税法来保障纳税人平等纳税的权利。纳税人平等纳税的权利在税法理论上的反映，即量能课税原则和受益原则，量能课税原则要求纳税人"应尽可能按照各自的纳税能力来承担政府开支所需要的收入"。受益原则要求政府以"人民享受的公共服务的程度多寡"作为课税或收费依据，即遵循受益者付费原理。

第二，税法视角的研究。

我国税收的本质及税收法律关系是国家为民之公共需要，凭借政治权力进行经济分配而体现的取税于民的特殊分配关系。所谓特殊分配关系，是因为在税收征纳法律关系主体不平等、权力（利）与义务不对等结构中，"于民"本位之初心容易被忽略。因此，亟待建构以纳税人基本权为核心，以国家及政府征税权、用税权受监督约束为关键的现代税法体系，以践行公共财政的目标。[①] 有学者将纳税人权利与纳税人税权进行

---

① 张怡：《人本税法研究》，法律出版社 2016 年版，第 68—71 页。

了区分，认为纳税人税权是纳税人享有的基本权利，是纳税义务相对应的范畴，其与一般的纳税人权利存在明显区别。从法律性质上看，纳税人税权是纳税人的财产权所衍生的一种社会权利。纳税人税权的具体内容包括税收使用权、税收知情权、税收参与权、税收监督权和请求权等。①

---

① 单飞跃、王霞：《纳税人税权研究》，《中国法学》2004 年第 4 期。

第 二 章

纳税人及其类型

第一节　纳税人概念的沿革

　　有史以来，人类社会的经济活动并非依靠个体独立完成的，经济社会活动也不是完全的个人行为，而是存在着某种形式的组织，人类社会是通过人们之间相互协作的方式而生存和发展。这种协作组织存在基本的职责分工，而组织体行使职责需要既定的物质基础。近代民族国家观念及其制度形成之后，国家以及其他公共团体主要承担了协调人们经济活动的职责，国家及其他公共团体以向其国民提供公共服务为主要职能，这些公共部门提供公共服务的物质基础主要来源于税收。从经济学角度来看，税收是一种非惩罚性地但强制性地将资源从私营部门转移到公共部门，其根据预先确定的标准征收，而不考虑所获得的具体利益。

　　考察汉语语境中"税""纳税""纳税人"等词语，可以发现，现代意义上的税、纳税人等概念源于西方，其中"税"的概念翻译自英文"Tax"。然而，我国经济和文化中"税"的表达与西方的"Tax"并非完全一致。尽管，二者的基本含义都是国民被强制性地向国家交付的一定数量的实物或者金钱，但是这种交付所承载的文化基础并非相同。在西方语境中，税的正当性源于其用途的公共性，纳税人与公民相关，征税的目的是获得财政收入以满足公共需求。根据《牛津现代高级英语辞典》"Tax"的释义，税是"公民缴给政府用于公共目的的资金"。在《布莱克法律词典》中，"税"的含义是政府对个人、公司或信托所得以及房地产或赠予物价值征收的费用。可见，西方语境中的"Tax"是一种为了实现"公共目的"而施加于财产的一种"负担"。

一　中国古代的纳税人

税的概念伴随着国家起源而起源，纳税人承担纳税义务的主体，要考察纳税人概念的变迁，就需要从税的概念入手。有关"税"的概念，在近现代之前的中国，通常以"赋""役""租""赋税"等形式存在。根据《史记》中"自虞、夏时，贡赋备矣"的说法，可以推测夏之的虞朝可能已经存在税的形式，但是缺乏进一步的史料佐证。所以，有关税的历史起源比较确切地是税收起源于夏，当时臣属向君主进献土特产以及其他财物，称作"土贡"或"贡"，这被认为是我国税收的雏形。商朝从农民助耕的公田上直接取得农产品，称作"助"，其本身是一种劳役税。西周实行井田制，推行"彻法"和后来的"贡法"，"贡"分为"万民之贡"和"邦国之贡"，前者是平民，后者是各诸侯定期向周天子献纳的物品，即征收实物，这种实物税被称为"缴"。此外还有"九赋"，包括关税、市税和各种资源开发税、物产税等。据《左传·襄公二十五年》之"赋车籍马"记载，孔颖达疏曰："赋与籍，俱是税也，税民之财，使备车马，因车马之异，故别为其文。"① 经传对"赋"的解释，始终在"税民之财"和"以贡天子"的框架内进行。《尔雅·释言》记载："赋，量也。"根据郭璞《尔雅注》的解释："赋税所以评量。"② 《汉书·刑法志》记载："畿方千里，有税有赋，税以足食，赋以足兵。"这里的"足食"即用来满足征税者，而不是纳税的人。随着"赋"的扩展，"赋"除了与"税"连言，兼指与军需无关的量取财物之外，出纳王命、颁布政令的行为，亦可以"赋"言之，如"明命使赋""赋政于外"。③

在中国古代，"税"和"赋"是两种不同的收益，"税"用来供土地所有者花销用度，而"赋"用来养兵，不是用于公共目的。汉代之前，土地归王，诸侯各有自己的封地；国王享贡赋徭役之税，诸侯收田租；皇帝依照人口户头享受全国的赋税，贵族有自己的食邑得到供养。④ 春秋

---

① 左丘明传：《春秋左传注疏》，山东画报出版社 2004 年版，第 1074 页。
② 马银琴：《先秦时代"赋"义的演变》，《光明日报》2018 年 2 月 5 日第 13 版。
③ 马银琴：《先秦时代"赋"义的演变》，《光明日报》2018 年 2 月 5 日第 13 版。
④ 徐爱国：《〈史记〉里的税收故事》，《人民法院报》2010 年 10 月 15 日第 7 版。

战国时期，鲁国实行"初税亩"，公田私田一律按田亩数收税。《后汉书·桓谭传》记载："今富商大贾，多放钱货，中家子弟，为之保役，趋走与臣仆等勤，收税与封君比入。"根据东汉许慎编纂的《说文》对"税"字的解释，"税，租也"，而"租"的本质是将自己拥有的财产提供给他人使用而获得的部分收益或者孳息，例如地租。因此，在中国古代的制度和观念中，租是财产所生的孳息，具有财产使用人向财产所有人交付的租金或利息的属性，从这种意义上说，"租"与"税"几乎是同义词，其字形都与"禾"有关，即来源于土地受益的分成。只不过根据租的缴纳对象，有"公租"与"私租"的区分。公租税是交给国家的土地税，私租税是交给地主的田亩租金，也即田租。

与先秦相比，秦汉时期国家法律制度逐渐完备，秦律中的《田律》《关市律》《金布律》等涉及财政和税收。借用董仲舒给汉武帝的上书中说"秦用商鞅之法……力役三十倍于古，田租口赋盐铁之制二十倍于古。或耕豪民之田，见税什五"。[①] 可见秦朝的赋税之沉重，远远超出了当时社会生产力所能承受的范围，也是导致秦朝快速覆灭的财税因素。汉代承袭了秦制，采取重农抑商的基本国策，从人格和经济利益上贱视、贬低商人。汉高祖颁布《贱商令》，"乃令贾人不得衣丝乘车，重租税以困辱之"。(《史记·平准书》) 通过"轻徭薄赋"鼓励农耕。

隋代的赋税制度从北魏均田制演化而来，有田租与户调，租以粟计，调以绢或布计。唐代因袭隋旧制实行的租庸调税制，是中国古代典型的税租相通的制度。《旧唐书》卷四十八〈食货志〉上载："赋役之法，每丁岁入租粟二石，调则随乡土所产，绫绢絁各二丈，布加五分之一，输绫绢絁者，兼调绵三两，输布者麻三斤。凡丁岁役二旬，若不役，则收其庸，每日三尺，有事而加役者，旬有五日免其调，三旬则租、调俱免，通正役并不过五十日。"此处的岁入粟二石者谓之租，征乡土所产者谓之调，岁役二旬者谓之庸，这就是唐初所行的"租庸调法"，即有田则有租，有家则有调，有身则有庸。唐代实行两税法之后，在赋税征收以田亩广狭为依据的基础上，各类征役也"因赋之多少而制役"，"视赋以为役"，实际上是以田亩赀产为征调征役的依据，所谓"其轻重厚薄，一出

---

① 吴慧：《井田制考索》，农业出版社1985年版，第204页。

于地"，表明劳役的摊派最终还是落实在田亩赀产上。两税法规定，"不居处而行商者，在所郡县税三十之一。度所与居者均，使无侥利"。① 两税法实施后，按土地、财产多寡分别征收地税和户税，国家通过将部分夫役摊入田亩赀产，从而使"田主"承担部分夫役（免夫钱），正是国家参与间接瓜分私有土地产权收益权的又一种表现形式。② 唐中后期，为了应对日益困窘的国家财政，开始对盐、酒、茶征税，同时沿袭旧制，继续征收商税和关税。从隋唐时期的税收制度看，实际缴纳赋税的人数和种类都发生了重大变化，纳税人的范围趋于普遍化。

宋代的耕地有官田和民田之分，官田是为国家或皇帝所有的土地，民田则是地主和自耕农的私有土地。田赋分为公田之赋、民田之赋、城郭之赋、杂变之赋、丁口之赋五种。公田之赋是对官庄、屯田、学田等官田所征之租。官田一般由农民佃耕，国家征收官租（佃租），租额约占收获量的三分之一。佃租之外，还要缴纳一般的田税。两者合计，官田之赋约在一半。民田之赋是对百姓私有土地的田赋，一般以什一为正赋。城郭之赋是对城市居民征课的宅税、地税。杂变之赋是向各地征收的土特产，属正赋之外的苛征。丁口之赋是南方地区对丁男（20—60 岁）所征的丁身钱米。如果农民租种地主的田地，还要缴纳田租，即私租。当然，在特殊情况下，私租也会受到控制。据史书记载（《宋会要》"食货63 之 21"），南宋孝宗隆兴元年（1163 年）因遇荒年而下诏放免私租："昭：灾伤之田，既放苗税，所有私租金，亦合依例放免。若田主依前催理，许租户越诉。"③ 由于宋代工商业逐渐发达，对少地或无地的商人征收以土地为主的税已经变得不现实了。在赋税上沿袭唐两税法，田赋的夏、秋二税在财政收入中所占比例日益减少，而随着手工业的发展，矿、盐、茶、工商税、专卖税的比重日趋增加，并占主要地位。元代在经济上呈现南北方的差距，税赋的侧重点也有所不同，存在"南重于粮，北重于役"之称，无论南北税粮、赋役都很繁重。④ 在赋税的表现形式上，

① 刘昫：《旧唐书》，中华书局 2000 年版，第 2323 页。

② 王棣：《宋代赋税的制度变迁》，《华南师范大学学报》（社会科学版）2011 年第 3 期。

③ 刘馨珺、高明士：《明镜高悬：南宋县衙的狱讼》，（台北）五南图书出版股份有限公司2005 年版，第 150 页。

④ 孙文学、刘佐：《中国赋税思想史》，中国财政经济出版社 2005 年版，第 387 页。

元代的一个重大变化是在宋代"交子"的基础税收货币化程度越来越高。

随着农耕技术和工商业等生产力的发展，明代出现了资本主义萌芽，该时期的赋税由赋役制向租税制转化，表现在三个方面。一是从对人税转化为对物税，"一条鞭法"的税制改革将原来按丁户征役的办法一并改为摊入田亩，将田赋和各种名目的徭役合并征收，并折合为银两征收；二是从实物征收转化为货币征收，货币税逐步取代实物税，最终通行于田赋、差役、工商税等领域；三是从民收民解转化为官收官解，降低了征税成本、提高了征收率，从而增加了财政收入。从纳税人看，一条鞭法"按亩征收"的性质，使政府的财政负担大部分的从农民身上转移到大地主身上。大地主成了赋税的主要来源，农民的负担减小。

清朝康雍时期实行的"摊丁入地"税制改革，对延续了两千多年的按照田亩、人丁分别课税的制度进行重大改革，将田亩税、人丁税合并，从而完成了我国封建社会最后一次重大的赋税改革。从改革效果看，既相对平均了赋役负担，又减轻了封建的人身依附，纳税人的范围从人身属性的纳税人转变为财产属性的纳税人。

纵观历史，中国古代围绕土地而展开的地主阶层与农民阶层之间的经济关系，从纳贡到缴税的转变，其本质是由缴纳土地使用费向缴纳土地管理费的转变，前者属于土地所有权和土地使用权的配置与交换，而后者是一种对某种服务的付费。在政治层面，土地使用费性质的赋、贡等所体现的是双方的人身依附关系，缴纳服务费用则是平等者之间的交换关系。

二　西方国家的纳税人

现代国家税收制度的构建经历了一个漫长而复杂的过程。据考证，第一个已知的有组织的税收制度是在公元前3000—前2800年的古埃及美索不达米亚王朝。[①] 最早和最广泛的税收形式是徭役（corvée）和"什一税"（tithe），徭役是农民向国家提供的强迫劳动，这是因为农民太穷而

---

① Sally L. D. Kadary, "Taxation", *Oxford Encyclopedia of Ancient Egypt*, Vol. Ⅲ, 2001, pp. 351 – 356.

无法支付其他形式的税收①可见，古代社会的纳税人主要是农民。在公元纪年之前的几个世纪里，随着希腊文明征服了欧洲、北非和中东的大部分地区，税收实践继续发展。根据1799年发现的罗塞塔石碑记载，托勒密王朝于公元前196年颁布了新税法文件。从罗马时代到中世纪的欧洲，普遍对遗产、财产和消费品征收税。在中世纪的西方，税收和城市身份之间的关系非常密切。西欧封建制度时代税收的本质是对领主的军事"援助"或财政"援助"的回报，因为领主确保了对他的附庸的保护。这种关系始终是一种附庸关系，纳税人享受军事保护是合理的，纳税人仍然认为自己是自由人，而且自愿向他的宗主纳税。②

在西欧封建时代，其社会的基本框架是围绕"领主、封臣、采邑"而展开的，领主是拥有土地的贵族，封臣是拥有领主所分封给他们土地的人，而这些分封出的土地就是采邑。上一级领主统领下一级封臣，下一级封臣在面对下下级封臣的时候又能成为领主，如此层层叠加，领主和封臣各自的在领地内都有最高权威。按照封建制原则，国王要"靠自己过活"，以自己的领地为生。如果国王需要征收非封建性的收入，则必须取得纳税人的同意。③ 西欧从封建社会过渡到民族国家之后，为了履新国家职能，就需要庞大的资金，即"财政需要"，而金钱可以很恰当地被认为是一个国家生命力之所在，使其能够完成国家的最基本职能。④

近现代以来，通常认为，税的本质在于筹集为国民提供公共服务所需的资金。正如18世纪普鲁士国王腓特烈大帝（Frederick the Great）所说："没有税收，任何政府都无法存在。这笔钱必须向人民征税；而伟大的技能在于征税以免于压迫。"⑤ 现代意义上，国家以强制性方式向其国

---

① David F. Burg, *A World History of Tax Rebellions: An Encyclopedia of Tax Rebels, Revolts, and Riots from Antiquity to the Present*, New York: Routledge, 2004, pp. 6 – 8.

② Dominique Ancelet-Netter, *LA DETTE, LA DÎME ET LE DENIER*, Presses Universitaires du Septentrion, 2010, pp. 165 – 226.

③ 黄敏兰：《从中西"封建"概念的差异看对"封建"的误解》，《探索与争鸣》2007年第3期。

④ ［美］汉密尔顿、麦迪逊、杰伊：《联邦党人文集》，杨颖玥、张尧然译，中国青年出版社2014年版，第163页。

⑤ "No government can exist without taxation. This money must necessarily be levied on the people; and the grand art consists of levying so as not to oppress". — Frederick the Great, 18th Century Prussian King.

民个人征集的用以提供公共服务所需庞大资金的途径被称为税（英语：Tax，德语：Steuer）。基于此，现代国家往往被称为"税收国家"。国家征税的负担最终都会落到每个具体的纳税人上。正如美国政治家本杰明·富兰克林在1789年所说："在这个世界上，除了死亡和税收，没有什么事是确定无疑的。"① 美国民众对税的重要性的认识，甚至通过文学作品而被广为流传。例如，玛格丽特·米切尔（Margaret Mitchell）所创所的描绘美国内战前后美国南方人生活的长篇小说《飘》（*Gone with the Wind*）中说道，"死亡、交税和生孩子！它们中不论哪一个，来的时候都是不合时宜的！"② 可见，纳税意识已经深入人们的生活和观念之中。

　　纳税人是国家行使征税权的一方当事人，因而纳税人概念的性质与国家征税活动的性质密切相关，从这种意义上说，纳税人的概念具有"政治性"。从国家权力的角度看，征税权历来是国家统治权的重要内容，甚至是国家的核心权力。征税所涉的一切问题，如征纳税人、征税目的、征收方法、税率、税收支出等都是国家权力的体现。在西方资本主义国家宪法史上，诸如《大宪章》（*Magna Carta*，"*Great Charter*"）、《权利请愿书》（*Petition of Right*）、《权利法案》（*Bill of Rights*）等宪法性文件和具有里程碑意义的重大事件，都是在反对国王征税权的实践中而产生的。然而，在中世纪早期，国王除对王室直领地收取地租外，还可以征收两种赋税：一种是作为封君向直接封臣征收的封建税，另一种是作为国君向全国有产者征收的国税。封建税又分两类：一类是常税，即封臣有义务缴纳的封地继承税、协助金等。另一类是非常税，即在特殊情况下封君向封臣索要的赋税。按照封建原则，封君征收非常税时，需得到封臣的同意，一般封君要在封君法庭得到批准，国王则要经过贵族会议或御前扩大会议的批准。最初，王室财政仅靠封建税支撑，但英国安茹王朝以后，由于政府机构扩充，战争频仍，王室开支入不敷出，国王只得以

---

　　① 1789年11月13日，在Benjamin Franklin写给法国学科学家Jean-Baptiste Leroy的信中，富兰克林写道"Notre constitution nouvelle est actuellement établie, tout paraît nous promettre qu'elle sera durable; mais, dans ce monde, il n'y a rien d'assure que la mort et les impôts". 翻译成英语就是："Our new Constitution is now established, everything seems to promise it will be durable; but, in this world, nothing is certain except death and taxes."

　　② ［美］玛格丽特·米切尔：《飘》（下），李美华译，译林出版社2000年版，第796页。

征收国税来补充空虚的府库。国税也被认为是一种扩大征收范围的非常税，因此原则上其征收亦应获得纳税人（即国民）的批准。但国王不愿受此约束，经常擅自征收，而且征收的次数和金额日益增多，这就引起国民普遍不满。于是自视为国民代表的大贵族开始谋求建立"国王未经批准不得擅自征收国税"的制度，继而谋求将批准征税的权力归于他们可以参加的机构。①

在中世纪的西方，税收和城市身份之间的关系非常密切。在中世纪的欧洲大陆，税收被作为对公民合法私人财产的严重侵犯，只有在非常严格的条件下才可征收，而较低权力层课税的做法有其特别的领主（或者"封建"）身份关系和保护的法律依据。② 1215 年迫使英王约翰签署《大宪章》的那场贵族与王权的冲突，随着约翰随意征税而爆发，而征税必经被征者同意则正是大宪章确立的一个基本原则，大宪章的基本精神在于"限制王权""王在法下"保护个人权利。在税收方面，是否征收新税必须由帝国议会和国王"共同决议"。③ 1295 年，爱德华一世因发动对威尔士、苏格兰和法国的战争时而筹措战争费用，召开由各封建等级共同参加的议会。这次议会是议会史上具有划时代意义的事件，被称为"第一个代议性质的议会"，不仅标志着真正意义的英国议会的产生，而且还产生了另一个重要结果，即确立了税收法定原则。由于爱德华一世是为了增加税收以筹措战争经费而召开此次议会，所以贵族们对此非常警惕，要求爱德华一世重新确认大宪章的法律效力，同时提出几个补充条款，其中之一是要其签署承认《无承诺不课税法》（Statutum de Tallagio non concedendo）。

英国议会的形成过程表明，议会主要是一个纳税人会议。在 15 世纪之前，批准纳税也几乎是议会最主要的职能。④ 在《大宪章》的基础上，《无承诺不课税法》进一步表述为："非经王国之大主教、主教、伯爵、

---

① 刘新成：《英国都铎王朝议会研究》，首都师范大学出版社 1995 年版，第 174 页。

② ［美］理查德·邦尼：《经济系统与国家财政——现代欧洲财政国家的起源：13—18 世纪》，沈国华译，上海财经大学出版社 2018 年版，第 284、37 页。

③ ［德］乌维·维瑟尔：《欧洲法律史——从古希腊到里斯本条约》，刘国良译，中央编译出版社 2016 年版，第 275 页。

④ 曹钦白：《税收未被解读的密码》（上），陕西人民出版社 2009 年版，第 29 页。

男爵、武士、市民及其他自由民之自愿承诺，则英国君主或其嗣王，均不得征收捐税（tallage）或贡金（aid）。"① 最终，爱德华一世在1297年在贵族反对派要求下重新确立大宪章的法律效力，并签署几个补充条款，承认未经人民同意，国王不得以"紧急需要"为名征税，而人民同意即是议会批准。《无承诺不课税法》的签署标志着议会批税权的正式确立，《无承诺不课税法》规定，"如无全国公众的同意，并为了国王的共同利益，除古代应缴纳的协助金外，将不再征收协助金、税金等"。② 在北美，人民坚信"纳税而无代表权即是暴政"的理念，在美国独立战争之前，赋税问题一直是北美殖民者与宗主国之间整个斗争的中心点。独立战争更是直接起因于宗主国的课税和干预。美国《独立宣言》在历数英王罪恶时，"他不得我们允许就向我们强迫征税"便是重要的一条。之后，制定的宪法中有多个条款涉及对征税权的限制。

在中世纪前的几个世纪里，法兰西王国的收入主要以王室的产品为主，辅之以少量的以货币形式缴纳的税款。税收并非国家垄断，因为教会和领主也有权征收大量税款。但随着12世纪以来需求的增加，国家逐渐实施了"非常"的税收 15世纪开始征收具有永久性的皇家税（主要是土地税、商业税、盐税等）。随着17世纪王室专制主义的建立，税收的比重不断增加。在法国路易十四时期，财政大臣柯尔贝尔（或译"柯尔贝"）的主持下实行的以消除贪污和整顿官僚机构来提高法国税收的经济和财政政策获得巨大成效。当时法国的税收主要有商业税（aides，douanes）、盐税（gabelle）和土地税（taille）等。加之，法国国王路易十四以各种免税特权收买和驯服贵族和教士进行，规定贵族和教士不纳税，因此沉重的税务负担完全由农民和正在兴起的中产阶级（市民）负担。贵族和教士的免税特权家和对外战争的巨大耗费导致对平民的课征重税，

---

① 英文原文为：commonly called Statutum de tallagio non concedendo, that "no tallage or aid shall be laid or levied by the king or his heirs in this realm, without the good will and assent of the archbishops, bishops, earls, barons, knights, burgesses, and other the freemen of the commonalty of this realm ; and by authority of parliament holden in the five and twentieth year of the reign of king Edward the Third". 参见 Herbert Francis Wright, *The Constitutions of the States at War, 1914–1918*, Washington Government Printing Office, 1919, p. 245.

② 马克垚：《英国封建社会研究》（第2版），北京大学出版社2005年版，第62—68页。

这也埋下了大革命的种子。1787 年国王路易十六要求通过举债和增税计划导致与高等法院的冲突加剧，直接引发了大革命。实际上，财政问题是法国大革命爆发的一个主要因素，而召开三级会议是为了解决君主制的财政问题。1789 年法国大革命的原因之一，就是不断富裕的中产阶级，对法国不公平税收制度的发泄。1789 年 8 月 26 日由法兰西王国波旁王朝制宪国民会议通过《人权和公民权利宣言》（以下简称《人权宣言》）第 13 条规定：为了维持公共力量和支出行政管理费用，普遍的赋税是不可或缺的；赋税应在全体公民之间按其能力平等地分摊。《人权宣言》第 14 条规定：所有公民都有权亲身或由其代表决定公共赋税的必要性；自由地加以认可；知悉其用途；和决定税率、课税评定与征收方式，以及期间。《人权宣言》和其后的若干份宪法中，都贯穿着对征税权的限制并确立了税收平等原则。

三　纳税人概念在近代中国的引入

近代中国的税收制度源于清末民初，1840 年鸦片战争之后西方列强在中国设立租界，其税收制度开始传入。根据 1845 年签订的中英《土地章程》（也称"租界章程"），规定了租借地的修路造桥、完善警备、消防等一系列的市政建设费用来源和分担办 1846 年成立上海英租界租地人会，并于同年 12 月 22 日召开第一次租地人会议。根据 1854 年修订的《上海英美法租界土地章程》，租地人会议决定租界内的重要事项，包括市政公共设施建设、筹集各项事务费用、决定开征捐税等。[1] 1864 年，各国驻华公使团会议上为上海公共租界制定了五项主要应当遵循的原则，其中最后一条原则提出租界市政机构中应当有华人代表，在涉及有关华人市民利益时，须先征询其代表意见并得到其同意。1869 年修订的《土地章程》规定，纳税人会议的选举人不再局限于原有的租地人范围。凡在公共租界租赁房屋并且每年缴纳相应标准捐税的纳税人，均拥有选举工部局董事会董事的资格。由此，上海英美租界租地人会扩大为"纳税外人会"（又称"外人纳税会"或"纳税西人会"），作为租界内的决议

---

[1]　史梅定：《上海租界志》，上海社会科学院出版社 2001 年版，第 154 页。

机构，发挥议会的作用。① 这种会议分为年会和特别会议两种，年会决议的事项主要包括预决算、捐税、选举地产委员会等。上海英美租界更名为上海公共租界后，"纳税外人会"没有改变，仍然履行决议机构的职能。类似地，英国在侵占中国领土的天津英租界内，设立了中、外纳税人会和英租界工部局，这两个机构被标榜为居民自治性质的机构。中、外纳税人会是由中国纳税人和外国纳税人分别组织的，在形式上是租界的权力机构。两个纳税人会产生英租界董事会，再由董事会选出董事长和副董事长，组成工部局，是英租界的执行机构。《英租界章程》明确规定，英国总领事是中、外纳税人联合大会的召集人并主持会议，及有权当场口头或会议后书面否定会议所通过的决议。②

考察我国有关纳税人的正式表述及其概念的历史，可以发现，"纳税人"或者"纳税者"的概念源于对欧洲税制的介绍。1902 年由晚清作者雨尘子创作的取材于法国皇朝鼎盛时期的路易十四到步入衰败的马利安德列德王后执政期间的，旨在反对专制独裁，讲述法国大革命的章回历史小说《洪水祸》中使用了"纳税者""纳税者的权利"等用语。③ 清末民初官方文件中出现了纳税人的表述。1913 年《奉天公报》第 609 期刊登的奉天行政公署训令（财一字第 33 号，1913 年 11 月 24 日），对各税捐征收局的训令"兹将提议税捐局缴会联票应令按月直接送会并于票内添注纳税人姓名住址以便抽查……"，其中出现了"纳税人"的表述。④由于此前成立的"纳税外人会"中一直没有华人代表参与租界事务。而

---

① 王立民：《中国租界法制初探》，法律出版社 2016 年版，第 149—150 页。上海公共租界纳税外人会，亦称"西人纳税会"。受各国领事团操纵，维护、代理外国人在公共租界"权益"的团体。1869 年（清同治八年）9 月由原上海租地人会议转化而成。该会会员系拥有地产价值500 两纹银以上，每年纳巡捕捐或地税 10 两纹银以上，且居住于公共租界之内的外国人。参见章绍嗣《中国现代社团辞典 1919—1949》，湖北人民出版社 1994 年版，第 44 页。

② 中国人民政治协商会议天津市委员会文史资料委员会编：《天津文史资料选辑》（第 9辑），天津人民出版社 1980 年版，第 42 页。

③ "国之财源何自出，出于租税。国家备海陆军以保护人民。人民岁初其所得，以纳政府酬保护之劳是租税所由起也。租税出于人民，人民岁割其膏血之几分以充之。然则，国家之支使此租税固不可。与纳税者所不满之事业有不可密之而使纳税者无从窥其要也。""自今以后列国之仰财日急，纳税者之权将日重。"参见雨尘子《洪水祸》，《新小说》1902 年第 1 期，第 22 页。

④ 《奉天公报》1913 年 11 月 29 日第 609 号。

1919 年巴黎和会之后，恰逢公共租界纳税外人会议通过增税法案，由此激发华人商界的反增捐运动，同时提出解决华人代表的问题。同年 8 月 16 日，上海总商会召集商界代表开会，提出设立华人纳税会的建议。最终经上海总商会和英国驻沪总领事的商讨，英方最终允许设立 2 位华人顾问作为华人参与市政的过渡手段。1920 年 4 月 7 日召开纳税人会议，通过设立华人顾问委员会的议案，但否决了增加工部局华人董事。1920 年 10 月 6 日在上海成立"上海公共租界纳税华人会"（亦称"华人纳税会"），这是上海民族资产阶级参与公共租界市政权的团体。[1] 1920 年 10 月 14 日，公共租界纳税华人会召开首次会议。此后，于 1927 年组建法租界纳税华人会，以争取华人在租界的重要权益。

在欧美国家，对纳税人的称谓也存在多样化的现象。例如，德国《税法通则》第 33 条第 1 项规定，租税义务人（Steuerpflichtiger，我国台湾地区学者翻译为"租税义务人"），是指负担租税债务，负担租税债务担保责任，应为第三人之计算收取并提缴租税，以及应申报租税，提供担保，制作账册及会计记录或履行税法所规定之其他义务之人。日本国宪法第 30 条规定，国民遵从法律规定承担纳税义务。该条规定中的"国民"并非国籍意义上的"nation"的意思，而是 people 之意，不仅包括具有本国国籍的人，还包括外国人，而且，也包含作为社会构成单位的法人和团体。该条并非单纯的义务性规定，而是对纳税义务界限的规定，从而具有维护纳税人权利这种人权规定的性质。[2] 在日本税法理论中，纳税义务人（或者税的债务人）是指本来的纳税义务的主体，即在税的法律关系中负担税之债务者。[3]

我国台湾地区税法中纳税义务人与纳税者的概念同时并存，例如在"所得税法""土地税法""税收稽征法"等税收实体法和税收程序法中

---

[1] 该会代表大会设代表 81 名，每年选举一次。会议选举执行委员 27 名（1937 年起增至 35 名），任期三年。执行委员推选主任 1 名，副主任 1 名，常务委员 3 名（后增至 5 名）办理会务。参见章绍嗣《中国现代社团辞典 1919—1949》，湖北人民出版社 1994 年版，第 45 页。

[2] ［日］北野弘久：《税法学原论》（第五版），陈刚等译，中国检察出版社 2008 年版，第 54 页。

[3] ［日］金子宏：《日本税法》，战宪斌、郑林根等译，法律出版社 2004 年版，第 111 页。

称为"纳税义务人",在"纳税者权利保护法"中称为"纳税者"。"纳税者权利保护法施行细则"第2条第2款规定:"本法所定纳税者,包含各税法规定之纳税义务人、扣缴义务人、代征人、代缴人及其他依法负缴纳税收义务之人。"

四 中西纳税人概念比较

从中西方税的概念看,西方税的概念是一种基于财产等人身之外的负担,在多数情形下以财产是收益作为税的源头,而且其目的是用于公共需要;中国古代税的概念以人作为税的工具,在多数情形下,"人头税"是税制的重要内容。从中西方税的源流演变可以看出,西方社会的税的负担主体是社会主体,从而衍生出纳税人和纳税人权利等概念。中国古代的税收理念和制度无法衍生出纳税人的概念,更不用提纳税人权利的概念了,因为,税的负担者是被动的、地位低下的,只有绝对地服从,赋税的轻重缓急都依赖于皇帝的恩赐。

纳税人是税收实体法基本要素,主要解决向谁征税或由谁纳税的问题。从中西方纳税人概念的比较而言,纳税人概念的出现基于两个前提:一是现代政治上的共和主义,即每个人都是独立平等的社会主体,任何人要支配纳税人的赋税,要经过纳税人认可;二是法律上的财产权,即任何人的财产和税后所得、包括非劳动所得,都属于个人,没经过个体的同意,任何人不能获得属于个人的财产。国家无论课征什么税种,都要由一定的纳税人来承担,否则就不成其为税收。各税收实体法制度中关于纳税人的规定虽不尽相同,但都直接影响到某一税种的征税范围。在课税对象决定了税种的划分之后,某一税种的纳税人范围就成为征纳双方首先关心的问题。因此,在税法制定上,纳税人一般是税收实体法制度首先加以明确的要素。在税法执行层面,每一税收实体法制度都必须通过确定纳税人,来明确纳税义务的履行者和相关权利的行使者。

1949年到改革开放初期,人民并没有普遍地接受"纳税人"的概念,因为当时的纳税人主要是单位,而且这些单位基本上都是国有企业和集体企业。直到2000年前后,在我国仍然存在"人民"与"纳税人"谁大谁小、到底是为"人民服务"还是为"纳税人服务"的争论。① 这些观念和观点，当然不属于从宪法和税法意义上对公民、纳税人等概念的学术研究，却反映出社会公众对纳税人概念认识的思路，以及长期受意识形态影响而对纳税人认识存在一定的偏差。在舆论界，1999 年 1 月 8 日《解放日报》发表题为"当好人民的公仆"的评论员文章，针对宣传媒体中出现的"公务员要为纳税人服务"的说法，认为该提法不妥，"建设领导班子，首先要解决一个为谁服务的问题。……有的同志由于学习不够，在为谁服务的问题上产生了一些糊涂的认识，如提出纳税人是公务员的衣食父母，公务员要为纳税人服务，对此，有必要加以澄清"。评论员文章反驳的观点是：在我国，公务员是人民群众的一部分，绝对不能把二者割裂开来；一切干部都是人民的公仆，干部的权力是人民赋予的，全心全意为人民服务是根本宗旨，绝不能用"为纳税人服务"来取代"为人民服务"；在法律上，大部分群众的收入还没有达到缴纳个人所得税的标准，还不是"纳税人"等。② 从法学理论及税法学角度看，这种论述当然不是学术专业性论证，但其代表了一部分人对纳税人的内涵与外延的理解上的偏差。在法治观念下，纳税人的概念具有税法意义，要准确认识纳税人及其权利，必须以税法为依据。

纳税人观念的形成与税收的目的息息相关。因为，税收的目的和功能主要是增加财政收入，国家的税收收入是纳税人的税收付出，至于国家及其政府运用税收维护社会安全、社会秩序等为社会提供公共产品的行为，是国家职能的体现。从税收的聚财功能看，纳税人是直接负担纳税的义务人，纳税人的权利与纳税人的纳税义务、国家的征税权力相对应。保护纳税人权利是可持续征税、降低征收成本的必然选择，也是文明社会的重要标志之一。

---

① 牧惠：《该不该为纳税人服务》，《法制》2000 年第 9 期；李挺拔：《"人民"永远大于"纳税人"——与牧惠同志商榷》，《法制》2001 年第 1 期；《"纳税人"与"人民"谁大》，《法制》2001 年第 5 期；雷颐：《我们都是纳税人》，《南方周末》2001 年 5 月 17 日。

② 中共中央组织部党建研究所编：《党建研究纵横谈》，党建读物出版社 2000 年版，第 128 页。

第二节　税法要素上的纳税人概念

在现代税法意义上，纳税人（Taxpayers）的概念有广义和狭义之分。广义的纳税人是全体纳税人的总称，包括国家税收的缴纳人、代扣代缴人、负担人。此种意义上的纳税人是个整体性概念，具有一定的政治属性，是国家主权在税收领域的表现，即税收主权和税收管辖权所涵盖的本国全体公民和与本国税收管辖权有关联的外国人。在"纳税人权利保护""服务纳税人"等表述中所使用的纳税人，一般是广义的纳税人概念。狭义的纳税人，是指税法规定的负有直接纳税义务的单位和个人，即税款的实际缴纳者。这种概念的纳税人是税收法律关系的参加者，按照税法规定承担义务、享有权利。税法从实体和程序两个层面确定纳税人。在我国税法中，实体税法规定了每个税种的具体的纳税人，程序税法从税收征收管理角度，规定纳税人的范围，例如我国《税收征收管理法》规定，法律、行政法规规定负有纳税义务的单位和个人为纳税人。

一　纳税人与公民、居民的关系

在纳税人权利研究中，一般认为纳税人的概念和范畴与现代国家意义上的公民的概念和范围是一致的。由此将纳税人及其权利的边界扩大到作为公民参政议政权的范畴。诚然，广义纳税人的概念与公民的概念的范围具有一定的重合之处，公民是纳税人的主体，但是公民与纳税人之间还是存在明显的区别。公民权利与纳税人权利之间在性质、地位、范围等方面都存在差异。按照社会契约论和公民社会理论，公民是国家产生和存在的前提，公民与国家达成协议，将自己的一部分财产权利让渡给国家，以便国家为公民提供公共服务，当公民给国家持续地、固定地、无偿地让渡财产权利时，就具有纳税人的身份。可以说，公民是比纳税人范围更广、法律地位更高的主体。

第一，二者的法律地位不同。一般认为公民（citizen）指具有某一国国籍，并根据该国法律规定享有权利和承担义务的人。中国"公民"是指具有中华人民共和国国籍的人。我国《宪法》第 33 条规定：凡具有中华人民共和国国籍的人都是中华人民共和国公民。尽管在现行法律上对纳税人没有进行明确定义，但是在税法中，符合一定条件的外国人也是本国的纳税人，作为社会构成单位的法人和团体，也是纳税人。根据我国《宪法》第 2 条规定的"中华人民共和国的一切权力属于人民"，宪法坚持人民主权原则。人民行使国家权力的机关是全国人民代表大会和地方各级人民代表大会，全国人民代表大会是最高国家权力机关，它的常设机关是全国人民代表大会常务委员会。《宪法》第 62 条规定的全国人民代表大会行使的职权，包括审查和批准国家的预算和预算执行情况的报告。第 67 条规定，在全国人民代表大会闭会期间，审查和批准国民经济和社会发展计划、国家预算在执行过程中所必须作的部分调整方案。根据《宪法》第 89 条规定，编制和执行国民经济和社会发展计划和国家预算属于国务院行的职权。《宪法》第 96 条规定：地方各级人民代表大会是地方国家权力机关；第 99 条规定：县级以上的地方各级人民代表大会审查和批准本行政区域内的国民经济和社会发展计划、预算以及它们的执行情况的报告。《预算法》规定，我国实行一级政府一级预算制度。《预算法》第 13 条规定：经人民代表大会批准的预算，非经法定程序，不得调整。各级政府、各部门、各单位的支出必须以经批准的预算为依据，未列入预算的不得支出。

从《宪法》和《预算法》看，我国实行的是"二元制"预算和税收体系，即将作为财政收入主体的税收与作为财政支出的预算隔离，将"岁入"和"岁出"分开，岁入的核心是税收，岁出的核心是用税。作为公民的纳税人只遵从宪法规定的纳税义务，在宪法规定的纳税义务的范围内按照量能客课税原则纳税，而在用税方面则不具有对税的支配权。这种宪法构造通过人民代表制度将纳税与用税分离，纳税人无权以未经自己同意而用税，或者以政府用税违法为由主张税法上的权利。

第二，权利主体不同。识别公民的依据是国籍法，而纳税人以税法明确规定为依据。在国际法上，公民、外国人、双重国籍、无国籍人等都可能是某个或者谋者税收管辖权范围内的纳税人。在我国"一国两制"下，港澳台籍人士不一定具有中华人民共和国的公民身份，但可以成为我国税收主权范围的纳税人。纳税人既可以是个人，也可以是单位；公民是个体概念，单位不可能成为公民。在税法中，纳税人的类型较为复杂多样，有居民纳税人和非居民纳税人、自然人纳税人和企业纳税人等区别。由于不同纳税人在税收实体法和程序法上的纳税义务有所区别，其纳税人权利的范围也有差异。根据我国税法的规定，纳税义务人依据住所和居住时间两个标准，分为居民和非居民，分别承担不同的纳税义务。非居民纳税人属于我国税法规定的纳税人，但不是我国公民。此外，自然人纳税义务人包括中国公民、个体工商业户（个人独资企业、合伙企业投资者）、（在中国有所得的）外籍个人（包括无国籍人员），以及香港、澳门、台湾同胞。

与公民、纳税人概念相关的另一个概念是居民（inhabitant，住民）的概念。所谓居民，其文字含义是"住在某一地方的人"，即居住在中华人民共和国境内的人。所以居住在国外的中国公民不属于居民，但是符合一定条件的他国公民也可以成为我国居民。在国际法上，在一个主权国家境内长期或永久居住，并受居住国法律保护和管辖的自然人（包括本国人、外国人、双重国籍人和多重国籍人）、法人和法人团体都属于本国居民。按照国际货币基金组织的说明，居民是指在某个国家或地区居住期限达一年以上者，否则即为非居民。根据我国《居民身份证法》第2条的规定，居住在中华人民共和国境内的年满十六周岁的中国公民，应当依照本法的规定申请领取居民身份证；未满十六周岁的中国公民，可以依照本法的规定申请领取居民身份证。《居民身份证法》第9条规定：香港同胞、澳门同胞、台湾同胞迁入内地定居的，华侨回国定居的，以及外国人、无国籍人在中华人民共和国境内定居并被批准加入或者恢复中华人民共和国国籍的，在办理常住户口登记时，应当依照本法规定申请领取居民身份证。简言之，公民的身份是根据我国国籍认定，居民的身份是根据公民的常住户口认定。

《国务院关于实行公民身份号码制度的决定》规定，公民身份号码是国家为每个公民从出生之日起编订的唯一的、终身不变的身份代码，将在我国公民办理涉及政治、经济、社会生活等权益事务方面广泛使用。我国《境内居民个人外汇管理暂行实施办法》第2条规定：本办法所称"境内居民个人"（以下简称"居民个人"）系指居住在中华人民共和国境内的中国人、定居在中华人民共和国境内的外国人（包括无国籍人）以及在中国境内居留满一年（按申请人护照上登记的本次入境日期计算）以上的外国人及港澳台同胞。

在我国所得税法中，按照国际惯例，将居民分为居民个人与非居民个人、居民企业与非居民企业。《个人所得税法》第1条规定：在中国境内有住所，或者无住所而一个纳税年度内在中国境内居住累计满一百八十三天的个人，为居民个人；在中国境内无住所又不居住，或者无住所而一个纳税年度内在中国境内居住累计不满一百八十三天的个人，为非居民个人。《企业所得税法》第2条规定：居民企业，是指依法在中国境内成立，或者依照外国（地区）法律成立但实际管理机构在中国境内的企业；非居民企业，是指依照外国（地区）法律成立且实际管理机构不在中国境内，但在中国境内设立机构、场所的，或者在中国境内未设立机构、场所，但有来源于中国境内所得的企业。

第三，权利义务的性质不同。公民的基本权利属于政治权利，纳税人的权利是税法规定的权利。公民权利是指公民依法享有参与国家政治生活的基本权利，属于政治范畴，主要包括选举权和被选举权、参与国家管理的权利、政治参与的基本条件是知情权。从宪法角度看，公民的权利往往与自由联系在一起，我国《宪法》第35、第36条规定：中华人民共和国公民有言论、出版、集会、结社、游行、示威的自由、有宗教信仰自由。在人权保护层面，公民的基本权利涉及对公民基本权利的保护。我国《宪法》规定：中国公民在法律面前一律平等，国家尊重和保障人权，任何公民享有宪法和法律规定的权利，同时必须履行宪法和法律规定的义务。《宪法》第37条至第40条规定：公民的人身自由不受侵犯、公民的人格尊严不受侵犯、公民的住宅不受侵犯、公民的通信自由和通信秘密受法律的保护。此外，中华人民共和国公民对于任何国家机关和国家工作人员，有提出批评和建议的权利；对于任何国家机关和国家工作人员的违法失职行为，有向有关国家机关提出申诉、控告或者检举的权利。在税法层次，纳税人的权利属于具体权利，只有作为纳税人才能依法享有和行使。公民的基本义务是国家对公民最重要、最基本的法律要求，是公民必须履行的最低限度的和最主要的责任。我国公民的基本义务主要有以下五个方面：维护国家统一和各民族团结；遵守宪法和法律，保守国家秘密，爱护公共财产，遵守劳动纪律，遵守公共秩序，尊重社会公德；维护祖国的安全、荣誉和利益；保卫祖国、依法服兵役和参加民兵组织；依法纳税。纳税人的权利和义务，除宪法层面的原则性规定外，主要由税法实体法和税法程序法规定。

当然，公民的权利与纳税人的权利并非完全割裂，自然人纳税人是一国的重要纳税人，但是不排除不具有本国公民资格的自然人和组织成为本国纳税人。在国家政治和法律体系中，纳税人的概念具有不同的范围，可以分为最广义、广义和狭义三个方面的纳税人。最广义的纳税人应当是宪法意义上的纳税人，从公民权利和宪法角度讲，纳税人几乎与公民的概念重合，此种意义上的纳税人主要以参与政府运行、监督政府依法行政为主；在财税法中的体现就是代议制民主和预算民主，纳税人即使缴纳税款的主体，也是国家的主人。税收执法意义上的纳税人是广义的纳税人。从税收执法层面看，纳税人是与征税主体对应的实体概念，即征税主体依法征税的对象，这种意义上的纳税人不仅包括实体税法规定的纳税人，而且还包括税收程序法规定的辅助纳税人履行纳税义务的人，主要有代扣代缴义务人、税务代理人、纳税担保人、有义务协助征税机关征税的其他主体。狭义的纳税人是指税收司法意义上的纳税人，即能够以纳税人身份维护自身合法权益的主体，包括有权以自己的名义申请税务行政复议或者提起税务行政诉讼的当事人。狭义纳税人的概念需要同时具备实体税法和程序性税法所规定的权利和义务，一般是税收法律关系中的纳税人。

二 税收法律关系中的纳税人

在现代文明社会，税的征收和管理都是在税收法律主义原则（即税收法定原则）下展开的，税的开征、征收过程都必须有法律依据，国民只依据法律而负有纳税义务，在法律规定之外，不得强迫国民以纳税为名义履行给付义务。因此，在现代国家，国家与国民之间围绕税收的关系也不再是以往的纯粹的政治权力关系，而是法律上的具体征纳关系，这种法律关系通常称为税的法律关系。[①] 从税收法律关系的构造看，这种关系属于单向的权利或义务关系：对征税主体而言，依法拥有征税权力；对纳税主体而言，依法负有单方的纳税义务。由于纳税义务具有法定性，纳税义务除了源于宪法之外，在税收法律关系中，纳税义务应当源自税

① ［日］金子宏：《日本税法》，战宪斌、郑林根等译，法律出版社 2004 年版，第 19 页。

法。当前，我国是税收立法还没有完全实现税收法定的原则与目标，现行《税收征收管理法》规定，纳税义务人必须由法律和行政法规明确规定。随着税收法定原则的逐步落实，纳税义务必须源于税收法律。所以，在税收法律关系中，纳税人是指由税法规定的负有纳税义务的主体。

在税收法律关系中，通常将征税主体称为权力主体，将纳税主体称为义务主体。基于此，学者们按照不同的分类标准，将纳税主体细分为不同的类型，例如按照所有制将纳税人分为国有（或者国营）企业、集体企业、涉外企业（包括中外合资经营企业、中外合作经营企业和外商独资企业）、私营企业、行政机关和事业单位、个人等；按照纳税主体的不同作用，分为纳税人、代征人和协税人；[1] 按照纳税主体在民法上的类型，分为公民、法人和其他组织；[2] 在民法主体分类的基础上，进一步规范表述为自然人、法人和非法人单位（组织），并按纳税义务不同，划分为居民纳税义务人和非居民纳税义务人。[3]

从规范的定义角度看，税收法律关系是由税法确认和调整的，在国家税收活动中各方当事人之间形成的，具有权利义务内容的社会关系。[4]在税收征管实践中，纳税人的概念更为广泛，例如2004年10月国家税务总局关于印发《税务公文主题词表》的通知中，规定了36种具体的"纳税人"。[5] 随着经济全球化进程和共同申报标准（即 Common Reporting Standard，简称 CRS）的出现，具有跨国（境）流动或者收入来源于多处的高净值人士拥有"多重身份"，其作为税收居民身份的"税籍"对于个人总的税务负担而言越来越重要。在一国或地区的税收管辖权范围内，主要由该国或地区的税法规定为某种财产、行为、所得税的纳税人，从而产生税收法律关系，则具有纳税人的义务，同时也享有纳税人权利。从这种意义上说，纳税人与公民身份、境内企业或者其他组织的身份既

---

① 罗玉珍：《税法教程》，法律出版社1993年版，第28页。

② 孙树明：《税法教程》，法律出版社1995年版，第83页。

③ 刘剑文：《财税法教程》，法律出版社1995年版，第176页。

④ 刘剑文、李刚：《税收法律关系新论》，《法学研究》1999年第4期。

⑤ 纳税人包括：企业、公司、集团、国有、集体、民营、私营、联营、股份制企业、乡镇企业、民政福利企业、校办企业、劳服企业、供销社、信用社、外商、外商投资企业、外国企业、代表机构、驻外企业、行政单位、事业单位、军事单位、社会团体、个人、个体经营者、个体工商户、农民、农户、外国人、外籍雇员、外国居民、华侨、港澳台同胞、扣缴义务人。

有重叠关系，也具有独立性，保护公民政治权利的法律和保护民事主体的法律无法完全地保护作为一类独立法律主体的纳税人权利。因此，既有公法和私法确定和保护相应主体的法律权利的同时，也应当通过专门的税法来保护作为税法主体之一的纳税人的权利。

在我国法律中，尽管宪法规定纳税是公民的义务，但这并不意味着每一个公民都是税法意义上的纳税人，也不意味着不是公民的主体就不是纳税人。1987 年 1 月 1 日开始征收个人收入调节税后，纳税人的概念更具象化、直观了，纳税与部分公民的财产利益密不可分了。根据《税收税收管理法》，税务登记是识别纳税人身份的关键，任何从事生产经营活动的主体，在合法从事生产经营活动前，都要办理税务登记，领取税务登记证件后，才具有法定的纳税人资格。根据《税务登记管理办法》第 42 条：纳税人不办理税务登记的，税务机关应当自发现之日起 3 日内责令其限期改正；逾期不改正的，依照税收征管法的规定处罚。税务登记往往是办理工商登记的前提。对未取得营业执照从事经营的单位或者个人，除由工商行政管理机关依法处理外，由税务机关核定其应纳税额，责令缴纳；不缴纳的，税务机关可以扣押其价值相当于应纳税款的商品、货物；扣押后缴纳应纳税款的，税务机关必须立即解除扣押，并归还所扣押的商品、货物；扣押后仍不缴纳应纳税款的。所以，没有办理税务登记而实际从事生产经营的单位，也属于税法意义上的纳税人。

三 税收要素与纳税人

税收要素，一般是指构成税收制度的基本因素，即谁征税、向谁征、征多少以及如何征等，是构成税收制度和税收立法的最小单元，包括纳税人、征税对象和税率等。在税的理论上，税收要素分为具体要素和抽象要素两类，前者是税收制度要素，后者是税收分配关系要素。税收制度要素主要包括纳税人、课税客体（或者征税对象）、税基、税率等，其中，纳税人是直接负有纳税义务的单位及个人，表明国家直接向谁征税或谁直接向国家纳税，包括单位和个人。税收分配关系要素包括负税人、税源、税收负担率、行使课税权的主体。其中，负税人是最终负担税款的主体，税源是税收的来源，税收负担率是负税人所负税款占其收入的比率。除这些要素外，国家作为行使课税权的主体也是一个重要的因素。

这些要素组合在一起，构成了国家与经济单位及个人之间在税收分配中的社会关系。在税法中，税收要素通常包括纳税义务人、征税对象、税率、纳税环节、纳税期限、税收优惠和违法责任，其中，纳税义务人、征税对象和税率被称为税收的三大要素。纳税义务人（简称纳税人）是税法中规定的直接负有纳税义务的单位和个人，也称"纳税主体"。无论征收什么税，其税负总要由有关的纳税人来承担。每一种税都有关于纳税义务人的规定，通过规定纳税义务人来落实税收任务和法律责任。

课税要件是使纳税义务成立的要件。课税要件是用来代替私法上的债务关系成立时所需要的意思要件。作为各个税种共通的课税要件，一般包括纳税义务人、课税标的、课税标的的归属、课税标准以及税率五个方面。在课税要件中，纳税义务人是负担税的债务的人。在税收实体法上，纳税主体或纳税人之必备的课税要件，因此必须确定纳税人。纳税人的确定主要包括纳税人范围的确定和纳税人性质类别的确定。确定纳税人的范围比较简单和明确：凡是拥有、取得或者发生税收实体法所规定的应税客体的，除税收实体法另有规定之外，均应为该税收实体法的纳税人。但在不同类别的税收实体法的情况下，其纳税人范围的确定又稍有分别：在对商品劳务课税和对财产课税的情况下，由于其课税客体所具有的特点，其纳税人的范围一般局限在一国的领土范围之内，即通常所谓的境内；而在对所得课税时，因其课税客体所得额的取得从理论上讲可以来自世界各国，因而其纳税人的范围应涵盖境内和境外。不同的税收实体法应根据其课税客体的具体情况，科学合理地确定其纳税人的适用范围。①

四 纳税人与相关概念的关联

在税法意义上，纳税人属于税收主体的范畴，与其相关联的还包括纳税义务人、扣缴义务人、负税人、税收担保人等。厘清纳税人的概念，是认识和构造纳税人权利的基础。

1. 纳税人与纳税义务人

关于纳税人与纳税义务人的概念，有学者对认为"恰恰是这样一个

---

① 刘小兵：《中国税收实体法研究》，上海财经大学出版社 1999 年版，第 66 页。

称谓或概念，使得整个税收法制难脱不幸的境地"。① 在我国税收立法上，纳税人与纳税义务人同义，是指依法负有缴纳税款义务的人，即有义务向税务机构支付付款的个人或单位。财税法律和政策中，"纳税人"与"纳税义务人"的概念同时并用。1949 年以后的立法侧重从义务的角度定义纳税人，例如，1950 年发布的《全国税政实施要则》提出："纳税是人民的光荣义务，应在人民中树立遵章纳税的爱国观念。"在新中国成立之初的税收政策文件中，纳税人与纳税义务人的概念并没有严格的区分。例如，1951 年发布的《城市房地产税暂行条例》（已失效）第 11—14 条中使用"纳税义务人"的概念，② 但是对其没有任何定义。1951 年颁布的《中华人民共和国车船使用牌照税暂行条例》第一条规定："凡在开征车船使用牌照税之地区行驶车，船者，均依本条例之规定，向税务机关缴纳车船使用牌照税。"本条规定车船使用牌照税的征税客体是在特定地区行驶的车、船，但没有明确交税主体。该暂行条例第五条关于缴纳方式的规定中，出现"当地税务机关为便利纳税人缴纳，得改按半年或一年合并征收"的表述，此处的纳税人是实际缴纳税款的人。考虑到当时的法治观念和立法水平，对税法中的关键属于不予定义，也是可以理解的。该暂行条例所称的纳税义务人，其出发点是义务原则，纳税人的义务主要有申报房地产信息、逾期尚未申报和隐匿房地产不报或申报不实的处罚。将纳税视为人民的光荣义务，这是基于政治和道德说教的表述，并不是法律表达。但是，这种认识，始终贯穿于我国的税收立法与税收征管活动。

尽管从 1951 年到 1981 年制定的财税法律和政策文件中也使用纳税人

---

① 涂龙力、王鸿貌：《税收基本法研究》，东北财经大学出版社 1998 年版，第 129 页。

② 《城市房地产税暂行条例》第十一条：纳税义务人应于房地产评价公告后一个月内将房地坐落、房屋建筑情况及间数、面积等，向当地税务机关申报。如产权人住址变更、产权转移或房屋添建、改装，因而变更房地价格者，并应于变更、转移或竣工后十日内申报之。免税之房地产，亦须依照前项法规，办理申报。第十二条：税务机关应设置房地产查征底册，绘制土地分级地图，根据评价委员会之评价结果及纳税义务人之申报，分别进行调查、登记、核实并开发交款通知书，限期交库。纳税义务人对房地产评价结果，如有异议时，得一面交纳税款，一面向评价委员会申请复议。第十三条：纳税义务人不依第十一条法规期限申报者，处以五十万元以下之罚金。第十四条：纳税义务人隐匿房地产不报或申报不实，企图偷漏税款者，除责令补交外，并处以应纳税额五倍以下之罚金。

的概念。但是纳税人的概念始终没有得到明确的定义。当时由于实行高度集中的计划经济和公有制经济，作为公有制经济主体的国营企业上缴利润，非公有制经济几乎不复存在。1956 年 5 月全国人大常委会通过的《文化娱乐税条例》规定：凡在中华人民共和国境内经营电影、戏曲、话剧、歌剧、舞蹈、音乐、曲艺、杂技等文化娱乐的企业、文化娱乐的组织和举办文化娱乐演出的单位，都是文化娱乐税的纳税人。1956 年我国基本完成了对农业、手工业和资本主义工商业的社会主义改造，标志着中国生产资料所有制由私有变为公有。由于缺乏工商业的征税基础，所以，从 1958 年开始主要农业税和统一工商税两个税种是国家税收的基础。1958 年 6 月全国人大常委会通过的《农业税条例》规定：从事规定的农业生产、有农业收入的单位和个人，都是农业税的纳税人。1958 年 9 月全国人大常委会原则通过的由国务院发布的《工商统一税条例》（草案）规定：一切从事工业品生产、农产品采购、外货进口、商业零售、交通运输和服务性业务的单位或者个人，都是工商统一税的纳税人，应当按照本条例的规定缴纳工商统一税。在该阶段纳税人基本上都是本国公民。

改革开放初期的税收立法沿用了纳税义务人的概念。纳税人的范围逐渐从全体本国个人和单位，逐渐扩展到来华投资的外国实体和来华的外国人，以及有来源于中国境内收入的外国企业和个人。20 世纪 80 年代以来的税收立法中基本上都使用"纳税义务人"作为纳税主体。1980 年的《个人所得税法》第六条规定：个人所得税，以所得人为纳税义务人；1986 年的《个人收入调节税暂行条例》第二条规定：在中华人民共和国境内有住所，取得个人收入的中国公民都是个人收入调节税的纳税义务人（以下简称纳税人），都应当按照本条例规定缴纳个人收入调节税；1986 年《财政部关于中华人民共和国个人收入调节税暂行条例施行细则》首次将纳税义务人定义为：具有中国国籍、户籍，并在中国境内居住，取得条例规定纳税收入的公民。1986 年发布的《中华人民共和国车船使用税暂行条例》和《中华人民共和国房产税暂行条例》中，将纳税义务人简称纳税人。

在税法文本中，纳税人是纳税义务人的简称，将纳税人定性为纳税义务人，而没有之对应的"纳税权利人"的概念。当前，我国还没有制定税收基本法或者税法总则、税法典等税收领域具有统领地位的规范。

现行税收法律形式体现为规定每个税种的税收实体法和规定税收征收管理的税收程序法。如果，按照通常的理解，"没有无权利的义务，也没有无义务的权利"，纳税人的权利和义务应当是均衡的，纳税义务人的概念，一方面可以明确具体缴纳税款的主体，另一方面也是旨在从立法语言上强化纳税的义务性。在现行的实体税法和程序税法中，对纳税人概念的定义和解释都不甚清晰明确，例如《税收征收管理法》规定："法律、行政法规规定负有纳税义务的单位和个人为纳税人。"这种对纳税人的定义还远没有从本质上认识纳税人。实际上，税收征管关系中的纳税人概念不同于政治意义上的纳税人概念。将"纳税人"仅限于税款的实际缴纳者，还远远没有界定清楚"纳税人"的本质含义和准确定位。因为，纳税人不仅要履行税款缴纳义务，更为重要的是还必须享有权利。只有缴纳义务而没有享受相应的权利，只是被动的"税款的缴纳者"或者"税款承担者"，而不是"纳税人"。

2. 负税人与纳税人

负税人是指税收的实际负担者，即最终承受税收负担或最终实际负担税款的单位和个人。通常认为，凡是购买商品或者接受消费的人，都是纳税人，因为在实施增值税的国家，大多数商品中都包含了增值税，所以购买商品时将向国家交付税款，又如，针对特定商品的消费税也是由消费者负担的，所以每个公民都是纳税人。这种认识混淆了负税人与纳税人的概念。实际上，负税人是经济学上的概念，而纳税人是法律概念。当然，纳税人与负税人既有联系又有区别，二者有时重合，有时分别由不同的社会主体作为纳税人和负税人。纳税人与负税人是否一致，取决于直接税还是间接税。通常，以纳税人的收益或财产为课税对象的所得税、财产税，纳税人与负税人一致，这类税种也被称为直接税。以货物和劳务为课税对象的货物和劳务税，由于作为纳税人的生产者或销售者可以通过价格变化将税负转嫁到购买者或消费者身上，因此纳税人与负税人往往不一致，这类税种被称为间接税。

从国家征税的角度看，只要确定了由谁纳税就足够了，至于税款实际上出自哪个主体，则不重要。当然，国家在确定由谁交税时，一定会选择有交税能力的主体来交税，即按照财产能力和取得财产的能力来衡量谁是纳税人，这也是所谓量能课税原则的体现。在税收法律关系中，纳税人是直接向税务机关缴纳税款的单位和个人，是税收实体法不可或缺的基本要素，具有法定性和确定性；而负税人不属于税法要素，随税负的转嫁而变化，具有不确定性。纳税人的权利义务由税法明确规定，必须按照税法的规定行使权利、履行义务。负税人不是税法直接调整的对象，不必直接履行税法规定的纳税义务，也不直接享有税法仅赋予纳税人的权利。从税收立法目的来看，税收法律制度除了汲取国家财政收入，还具有调节负税人经济行为的立法意图，例如消费税法律制度具有引导负税人合理消费的目的。

此外，在税收代位权制度下，税务机关有权向纳税人的债务人追讨税款。2001 年修改的《税收征收管理法》首次在立法上规定了税收代位权制度。这一制度的引进，在我国税法上明确了税收的公法之债的属性，具有重大的理论价值。《税收征收管理法》第 50 条规定：欠缴税款的纳税人因怠于行使到期债权，或者放弃到期债权，或者无偿转让财产，或者以明显不合理的低价转让财产而受让人知道该情形，对国家税收造成损害的，税务机关可以依法行使代位权。税法上的代位权制度直接移用了原《合同法》有关代位权的规定，从而为税务机关行使代位权提供了法律依据。《民法典》第 535 条规定，因债务人怠于行使其债权或者与该债权有关的从权利，影响债权人的到期债权实现的，债权人可以向人民法院请求以自己的名义代位行使债务人对相对人的权利。根据《最高人民法院关于印发〈全国法院贯彻实施民法典工作会议纪要〉的通知》，民法典规定的"债务人怠于行使其债权或者与该债权有关的从权利，影响债权人的到期债权实现的"，是指债务人不履行其对债权人的到期债务，又不以诉讼方式或者仲裁方式向相对人主张其享有的债权或者与该债权有关的从权利，致使债权人的到期债权未能实现。在税收代位权制度下，拖欠税款的人，即纳税人的税收债务由纳税人的债权人代替履行缴纳税款。

3. 扣缴义务人与纳税担保人

扣缴义务人是按照税法规定承担代扣代缴、代收代缴税款义务的单位和个人。扣缴义务人的扣缴义务与纳税人的纳税义务都是税法规定的法定义务，但扣缴义务人不同于纳税人，其所扣缴的税款是以纳税人的名义缴纳的。扣缴义务人本身并不负担税款，其中代扣代缴义务人直接持有纳税人的收入，从中扣缴纳税人的应纳税款；代收代缴义务人不直接持有纳税人的收入，是在与纳税人的经济往来中收取纳税人的应纳税款并代为缴纳。税法规定扣缴义务人，是为了加强税源控制、防止税款流失和简化征管程序，因此，税法还规定税务机关应按照规定付给扣缴义务人代扣、代收手续费。而纳税人缴纳税款是履行自身的纳税义务，具有强制性、无偿性和固定性特征，征税机关不需要对纳税人支付费用。

与纳税义务人直接纳税不同，扣缴义务人并不是纳税义务人，其可以分为征收和缴纳两个阶段，第一阶段是扣缴义务人从纳税义务人应当得到的财物中收取税款，其目的是代替纳税义务人行使税收债务的金钱给付；第二阶段是将已经征收上来的税款再缴纳给国家或者地方公共全体等税的债权人，此过程是扣缴义务人在履行缴纳税款的义务。因此，如果征收缴纳义务人怠于履行纳税义务，与税的债务不履行一样，要受到滞纳金处分，或者扣缴义务人没有将已经由纳税义务人履行了税的债务的金钱给付义务而征收的税款侵吞截留的，应当由扣缴义务人承担继续履行纳税的义务。但是，从纳税义务的角度，真是的纳税义务人与扣缴义务人在履行税的债务时并没有本质上的区别，因此，在税法中，一般将纳税义务人与扣缴义务人统称为纳税人，各自享有税收征管上的权利。

纳税担保人是指是指经税务机关同意或确认，自然人、法人、经济组织以保证、抵押、质押的方式，为纳税人应当缴纳的税款及滞纳金提供担保的人。根据《纳税担保试行办法》的规定，纳税担保人包括以保证方式为纳税人提供纳税担保的纳税保证人和其他以未设置或者未全部设置担保物权的财产为纳税人提供纳税担保的第三人。纳税保证人，是指在中国境内具有纳税担保能力的自然人、法人或者其他经济组织。法人或其他经济组织财务报表资产净值超过需要担保的税额及滞纳金2倍以上的，自然人、法人或其他经济组织所拥有或者依法可以处分的未设置担保的财产的价值超过需要担保的税额及滞纳金的，为具有纳税担保能力。国家税务总局2009年公布的纳税人权利与义务公告中，也明确了纳税担保人的救济权，即纳税担保人同税务机关在纳税上发生争议时，必须先依照税务机关的纳税决定缴纳或者解缴税款及滞纳金或者提供相应的担保，然后可以依法申请行政复议；对行政复议决定不服的，可以依法向人民法院起诉。如果对税务机关的处罚决定、强制执行措施或者税收保全措施不服的，可以依法申请行政复议，也可以依法向人民法院起诉。

第三节　纳税人的类型

纳税人的概念，有经济上的纳税人和法律上的纳税人之区分，经济意义上的纳税人一般是指实际承担税收负担的主体，法律上的纳税人是指依据税法负有纳税义务的单位和个人。在法学研究中，一般从权利义务角度研究纳税人的概念、性质、分类、法律地位等。在税法上，依据不同的标准对纳税人进行分类，可以明确不同纳税人的权利义务，并根据各类纳税人的特点采取适当的征收管理措施。例如，有的学者以纳税人的法律地位，分为个体纳税人和群体纳税人。[①] 个体纳税人，是与税收征纳关系中征税主体的行政行为相对而存在的概念，是指税收法律关系的一方主体，即符合法定的纳税义务构成要件的纳税义务主体，具有行政法和行政诉讼法的主体资格。群体纳税人是与国家（具体为中央政府和地方政府）税权相对应的纳税人概念，其外延大于个体纳税人概念的外延，在特定情形下，群体纳税人的利益属于一共公共利益，可以通过公益诉讼机制维护。

一　纳税人的确定及其影响因素

在税法上，纳税人作为税法主体之一，承担税法规定的纳税义务，同时也享有税法和其他法律上的权利。从税法实践角度，纳税人有广义和狭义、抽象和具体之分。广义的纳税人，一般也是抽象意义上的纳税人，是指由宪法、立法法等税法之外的法律规定的富有纳税义务的主体；狭义的纳税人，一般是指具体的纳税人，是由税法所规定的纳税人，其合法权利被侵犯后，有权以纳税人名义通过各种法律途径维护其法定权利。因此，纳税人身份的确定，在纳税人履行纳税义务和纳税人对其合

---

① 祁志钢：《纳税人诉讼公法之债下的公权力与私权利》，中央广播电视大学出版社 2016 年版，第 7—8 页。

法权利进行法律救济方面具有重要意义。

1. 纳税人的确定

纳税人是依法负有纳税义务的主体,而法律主体的纳税义务源于税法的明确规定,只有通过税法才能确定纳税人的纳税义务。从规范意义而言,纳税人不仅是一种身份,而且是一种资格。例如,在我国增值税制度中,将纳税人区分为一般纳税人和小规模纳税人,这是纳税人在确定纳税分身之间必须作出的选择。早期的增值税一般纳税人管理制度适用的是《增值税一般纳税人资格认定管理办法》,由于一般纳税人需要进行资格认定,所以,一般纳税人是一种资格。后来,实行登记制,其登记依据变为《增值税一般纳税人登记管理办法》,只要纳税人按照规定报送齐全的和符合法定形式和要求的材料,税收机关受理后及时办理。所以,一般纳税人具身份的色彩。因此,增值税的一般纳税人既是一种"资格",也是一种"身份"。

在个人所得税纳税人身份认定方面,依据国际惯例,我国对居民纳税人和非居民纳税人的划分采用了各国常用的住所和居住时间两个判定标准。因为,居民是税收协定中一个十分重要的基本概念,判断一个纳税人是否具有本国的税收居民身份,是对其实施税收管辖权和给予其享受税收协定待遇的前提。《中国税收居民身份证明》是我国税收居民可享受我国政府与缔约国政府签署的税收协定待遇的核心文件。只要符合税法以及税收协定的相关标准,并与我国政府已签订税收协定的缔约国发生相应的应税行为,在向主管税务部门提出申请,经审批通过后即可获得身份证明,进而享受相关税收协定,符合条件的外国企业或个人亦可申请办理。此外,当纳税人身份被盗用,或者通过欺骗手段用纳税人的名字提交报税表,由此产生的退款等问题,都涉及纳税人维权的身份问题。

2. 影响纳税人确定的主要因素

国家无论课征哪种类型的税,都要由确定的纳税人来承担,否则就不称其为税收。因而,纳税人是税收实体法基本要素,旨在明确向谁征税或由谁纳税的问题。在课税对象决定了税种的划分之后,确定特定税种的纳税人范围,是形成税收征纳法律关系的核心问题。因此,在税法立法上,纳税人一般由税收实体法予以明确。在税法执行层面,税收实体法必须通过确定纳税人，来明确纳税义务的履行者和相关权利的行使者。从税收实体法和程序法的立法情况看，影响纳税人确定的因素主要有税收管辖权、课税对象、纳税环节和其他因素。

第一，税收管辖权。税收管辖权属于国家主权的重要组成部分，是影响纳税人确定的重要因素。税收管辖权对纳税人确定的影响主要体现在所得税法律制度中。我国在税收管辖权上兼采属地原则和属人原则，同时实行所得来源地税收管辖权和居民税收管辖权。对于跨境工作人士居民纳税人身份的认定，其规则相对复杂，一般依据税收协定加以认定。2016 年 10 月 11 日至 14 日，联合国经济和社会理事会在瑞士日内瓦召开了第十二届国际税收合作专家委员会会议提出了新的《联合国税收协定范本》，该协定范本第四条引入了"加比规则"（Tie breaker rule），[①] 用来判定同时具有双重税收居民身份的拥有者（非个人）的税收居民身份。

第二，课税对象。在一国税收管辖权范围内，课税对象是影响税收实体法制度确定哪些单位和个人是某一税种纳税人的主要因素，其不仅是区分税种的主要标志，也是纳税人确定的基础。国家开征某个税种，之所以要选择特定的单位和个人作为纳税人，其原因是这些单位和个人属于特定税种的课税对象，或者其实施的法律行为属于该税种的课税行为。与纳税人相比，课税对象是第一位的。拥有课税对象或实施了课税行为的单位和个人，才能成为纳税人。

第三，纳税环节。除课税对象外，税收实体法对纳税人的确定还受纳税环节设置的影响。例如，消费税的纳税人是在中国境内生产、委托加工和进口特定消费品的单位和个人，以及国务院确定的销售本条例规定的消费品的其他单位和个人，其课税环节是生产、委托加工和进口特定消费品，而金银首饰消费税的纳税环节是金银首饰零售环节，所以金银首饰消费税的纳税义务人是在中国境内从事金银首饰零售业务的单位和个人。[②] 在卷烟批发环节加征一道从价税政策实施后，在中国境内从事

---

① 加比规则，是按照"永久性住所—重要利益中心—习惯性住所"的顺序来协调双重居民身份矛盾的一种规则，当采用上述顺序进行判断后仍无法确定单一居民身份的，再由双方税务主管当局协商解决。

② 《财政部、国家税务总局关于调整金银首饰消费税纳税环节有关问题的通知》，经国务院批准，金银首饰消费税由生产销售环节征收改为零售环节征收。

卷烟批发业务的单位和个人被纳入卷烟消费税的纳税义务人。① 为了引导合理消费，促进节能减排，经国务院批准，对超豪华小汽车加征消费税政策实施后，将超豪华小汽车销售给消费者的单位和个人为超豪华小汽车零售环节纳税人。②

第四，其他因素对纳税人确定的影响。纳税人的确定还受社会经济发展水平、税收征收管理条件等其他因素的影响。例如，1986 年实施的《房产税暂行条例》第二条规定，房产税由产权所有人缴纳。产权属于全民所有的，由经营管理的单位缴纳。产权出典的，由承典人缴纳。产权所有人、承典人不在房产所在地的，或者产权未确定及租典纠纷未解决的，由房产代管员或者使用人缴纳。因此，房屋产权所有人、经营管理单位、承典人、房产代管人或者使用人，都是房产税的纳税人。2009 年发布的《财政部、国家税务总局关于房产税城镇土地使用税有关问题的通知》，将融资租赁的房产的承租人纳入房产税的纳税人范围，由承租人自融资租赁合同约定开始日的次月起依照房产余值缴纳房产税。2011 年国务院授权上海、重庆两地试点开征个人住房房产税，该两地符合条件的房屋产权人或者实际管理人便成为个人住房房产税的纳税人。

二　税法实践中纳税人的分类

在税收征收活动中，税务机关采取纳税人分级分类的办法，强化对纳税人的管理。在特定税种中，国家机关也属于纳税人。例如，根据《土地增值税暂行条例》第二条和《土地增值税暂行条例实施细则》第六条的规定，土地增值税的纳税义务人为转让国有土地使用权、地上的建筑物及其附着物并取得收入的单位和个人。其中所称的单位是指各类企业单位、事业单位、国家机关和社会团体及其他组织。在实践中，也有

---

① 《财政部、国家税务总局关于调整烟产品消费税政策的通知》。
② 《财政部、国家税务总局关于对超豪华小汽车加征消费税有关事项的通知》。

税务机关向行政机关作出纳税处理的决定。①

从纳税义务承担的角度，纳税人被区分为自然人和组织化的实体。不同的税种有不同的纳税人；纳税人与课税对象、计税依据和纳税环节有密切的关系。纳税人与税收实际负担人是两个不同的概念，因税种和经济条件的不同，纳税人有时是实际负担人，如个人所得税，有时不是实际负担如增值税。归纳而言，可以基于以下几个分类标准，将纳税人分为不同的类型。

（一）个体纳税人与单位纳税人

根据法律规定的纳税人的具体形式不同，可以分为个体纳税人和单位纳税人。在税收实体法中，个体纳税人主要是个人（自然人）。在我国法律制度中，一般将个体工商户和农村承包经营户视为个体。单位一般包括行政单位、企业事业单位、军事单位、社会团体及其他单位。从国籍看，个人既包括本国公民，也包括外国人和无国籍人；单位既包括本国单位，也包括税收管辖范围内的外国单位。

在各国税收制度中，通常将纳税人区分为个人和企业，企业是一个法人实体，为了税收目的而与所有者分开。这两种类型可以进一步划分

---

① 例如，2011年9月15日四川省南充市地方税务局稽查局对被南充市顺庆区交通运输管理局作出的南地税稽罚（2011）5号税务处理决定书，认定2009年6月南充市地方税务局稽查局在行政执法检查中发现南充市顺庆区交通运输管理局存在未缴、少缴房屋出租收入及其手续费和管理费，以及行政事业性收费应税收入、资金占用费收入等营业税、城市维护建设税、教育费附加、房产税、城镇土地使用税、车船税、土地增值税、企业所得税等税务违法行为，要求补缴。因南充市顺庆区交通运输管理局不执行税务局的税务处罚决定，南充市地方税务局稽查局向南充市顺庆区人民法院申请强制执行。受案法院依据《最高人民法院关于执行〈中华人民共和国行政诉讼法〉若干问题的解释》第八十八条的规定"行政机关申请人民法院强制执行其具体行政行为，应当自被执行人的法定起诉期限届满之日起180日内提出，逾期申请的，除有正当理由外，人民法院不予受理"，认定申请执行人南充市地方税务局稽查局作为本行政区域内的税务监督行政主管部门具有行政执法主体资格，因被执行人南充市顺庆区交通运输管理局的违法行为作出税务处理决定书，是在履行法定职责。但应该在法律规定的期限内向人民法院申请强制执行，但申请执行人在时隔三年之久才向人民法院申请强制执行，早已超过法律规定的申请执行期限。据此，依照《最高人民法院关于执行〈中华人民共和国行政诉讼法〉若干问题的解释》第八十六条第二款"人民法院对符合条件的申请，应当立案受理；对不符合条件的申请，应当裁定不予受理"之规定，裁定对申请执行人南充市地方税务局稽查局申请执行其2011年9月15日作出的南地税稽罚（2011）5号税务处理决定书一案不予受理。参见南充市顺庆区人民法院（2015）顺庆非执审字第7号。

为不同的子类型。个人纳税人可以分为公民或外国人（外国人是居住在国家边界内且不是该国公民的人）。依据企业设立所依据的法律，可分为国内企业和外国企业。外国企业还可以分为外国居民企业、外国非居民企业、合伙企业。常驻外国企业是在该国从事贸易或业务的外国企业。非居民外国企业是指在该国境内不从事贸易或业务但从该国的来源获得收入的外国企业。合伙企业是一种业务结构，公司的所有权和管理责任由两个或更多个人分担。合伙企业不是与所有者分开的法人实体，因此合伙企业本身不纳税。

在我国，改革开放前公有制占绝对地位时期，纳税人以企业等单位为主，个人纳税人居于相当次要的地位。所以，以国有企业为主体纳税人的时代，也就无所谓纳税人身份与纳税人权利的问题了。改革开放以后，随着多次税制改革，流转税和所得税逐渐成为我国的主体税种之后，个体纳税人的数量开始大量增加，尤其是1980年个人所得税法的实施，大量的工薪阶层成为直接税的纳税人。由此具备了纳税人意识的载体和条件。由于个体纳税人与单位纳税人在税源、纳税税种、纳税能力等方面都存在差别，为了更加有效地实行纳税管理，税务机关开始将纳税人进一步细分。

2016年国家税务总局印发的《纳税人分类分级管理办法》，将纳税人分为企业纳税人和个人纳税人。其中企业纳税人包括企业、事业单位、社会团体以及其他取得收入的组织，个人纳税人包括个体工商户和自然人。在税收征管中，企业纳税人分类以规模和行业为主，兼顾特定业务类型，企业纳税人按规模分为大企业、重点税源企业和一般税源企业。大企业专指税务总局确定并牵头管理的、资产或纳税规模达到一定标准的企业集团；重点税源企业是指省以下税务机关牵头管理的、资产或纳税规模达到一定标准的企业纳税人，具体标准由省税务机关确定；一般税源企业是指除大企业、重点税源企业以外的企业纳税人。自然人分类以收入和资产为主，兼顾特定管理类型，自然人按照收入和资产分为高收入、高净值自然人和一般自然人。高收入、高净值自然人是指税务总局确定的、收入或资产净值超过一定额度的自然人；一般自然人是指除高收入、高净值自然人以外的自然人。

（二）自然人、法人与非法人组织纳税人

由于纳税行为建立在民事行为基础之上，所以，民法中对民事主体的分类，对纳税人类型的确定具有重要意义。我国《民法典》将民事法律关系的主体分为自然人、法人和非法人组织三类。税法上的纳税人同时也是民法上的主体，加之民法对社会经济生活影响广泛，因此可以参照民法主体的分类，将纳税人分为自然人纳税人、法人纳税人和非法人组织纳税人三类，其中自然人纳税人主要是个人，在我国还包括个体工商户，法人纳税人和非法人组织纳税人可以统称为单位纳税人。

在民法上，自然人是指基于出生而获得民事主体身份的人，根据《民法典》的规定，自然人从出生时起到死亡时止，具有民事权利能力，依法享有民事权利，承担民事义务。根据自然人的纳税人身份，还可以进一步分为居民自然人和非居民自然人。根据我国税法，自然人纳税人识别号，是自然人纳税人办理各类涉税事项的唯一代码标识。有中国公民身份号码的，以其中国公民身份号码作为纳税人识别号；没有中国公民身份号码的，由税务机关赋予其纳税人识别号。自然人纳税人办理纳税申报、税款缴纳、申请退税、开具完税凭证、纳税查询等涉税事项时应当向税务机关或扣缴义务人提供纳税人识别号。

法人是具有民事权利能力和民事行为能力，依法独立享有民事权利和承担民事义务的组织，分为营利法人、非营利法人和特别法人三类。营利法人是以取得利润并分配给股东等出资人为目的成立的法人；非营利法人是为公益目的或者其他非营利目的成立，不向出资人、设立人或者会员分配所取得利润的法人；特别法人是指机关法人、农村集体经济组织法人、城镇农村的合作经济组织法人、基层群众性自治组织法人。根据企业所得税法，法人纳税人可进一步分为居民企业和非居民企业。

非法人组织是不具有法人资格，但是能够依法以自己的名义从事民事活动的组织，包括个人独资企业、合伙企业、不具有法人资格的专业服务机构等。关于合伙企业的纳税人身份，2000年《国务院关于个人独资企业和合伙企业征收所得税问题的通知》提出：为公平税负，支持和鼓励个人投资兴办企业，促进国民经济持续、快速、健康发展，国务院决定，自2000年1月1日起，对个人独资企业和合伙企业停止征收企业所得税，其投资者的生产经营所得，比照个体工商户的生产、经营所得征收个人所得税。实际上，合伙企业是人合企业，由居民合伙人承担纳税义务。

（三）财产税纳税人与所得税纳税人

课税对象是税收实体法确定纳税人的基础，根据课税对象的不同，纳税人可以分为所得税纳税人、货物与劳务税纳税人、财产税纳税人、资源税纳税人、环境保护税纳税人、行为税纳税人等。按照税收法定原则，每个税种都应当由法律规定，而且在税收立法中应当明确规定纳税人。在所得税中，还可以进一步具体分为综合所得税纳税人、分类所得税纳税人、营利所得税纳税人等。依据我国现行税制，税收可以分为流转税（也叫商品税）、财产和行为税、资源税、所得税等。流转税是以商品流转额为课税对象，主要有增值税、消费税；财产和行为税以纳税人拥有或支配的财产或取得财产的行为作为课税对象，主要有房产税、车辆购置税、车船税、契税、印花税、烟叶税等；资源税以在我国境内开发资源的单位和个人为纳税人，主要包括土地增值税、耕地占用税、城镇土地使用税、资源税等；所得税以个人或企业的所得额为课税对象的一类税，主要包括个人所得税和企业所得税。按照税种区分纳税人的意义在于，不同税种对应的纳税人其具体的计税依据、纳税环节、纳税方式、纳税期限等都存在差别，纳税人权利的具体内容和维权的方式也有所不同。

（四）居民纳税人与非居民纳税人

为了维护国家税收权益，行使国家税收管辖权，在所得税法律制度中，依据纳税人承担的纳税义务范围不同，分为居民纳税人和非居民纳税人。居民纳税人承担无限纳税义务，就其来源于全球（即征税国境内和境外）的所得缴纳所得税；非居民纳税人承担有限纳税义务，仅就其来源于征税国境内的所得缴纳所得税。我国对居民纳税人和非居民纳税人的划分采用了各国常用的住所和居住时间两个判定标准：住所标准所说的"住所"是税法的特定概念，它不是说居住的场所和居住的地方，而是指"因户籍、家庭、经济利益关系而在中国境内习惯性居住"；居住时间标准是在境内居住满一定时期。居民纳税人是指按照各相关国家法律，依据住所、居所、总机构、注册地、实际管理中心或其他类似标准确定的，在各该国负有无限纳税责任的纳税人。自然人构成居民的，通常以住所或居所为标准来判定。可以是法定住所或永久性住所，也可以是临时性居所或居住达到一定时间为限。根据《民法典》的规定，自然人以户籍登记或者其他有效身份登记记载的居所为住所；经常居所与住所不一致的，经常居所视为住所。居民自然人要承担其所在国的无限纳税责任。非居民纳税人是指在中国境内无住所又不居住或者无住所而在境内居住不满一定期限的个人。

在个人所得税法律制度中，一般以住所和居住时间认定居民纳税人和非居民纳税人。2018 年修改的个人所得税法，引入了作为个人所得税法特有的纳税人概念的居民个人和非居民个人。根据《个人所得税法》第一条的规定，在中国境内有住所，或者无住所而一个纳税年度内在中国境内居住累计满一百八十三天的个人，为居民个人。居民个人从中国境内和境外取得的所得，缴纳个人所得税。在中国境内无住所又不居住，或者无住所而一个纳税年度内在中国境内居住累计不满一百八十三天的个人，为非居民个人。非居民个人从中国境内取得的所得，缴纳个人所得税。居民个人取得的工资薪金所得、劳务报酬所得、稿酬所得、特许权使用费所得（即综合所得），按纳税年度合并计算个人所得税；非居民个人取得的四项综合所得，按月或者按次分项计算个人所得税。

在企业所得税法律制度中，通常依据企业成立时所依据的法律和实际管理机构、设立的分支机构、场所的所在地等，将企业分为居民企业和非居民企业。我国《企业所得税法》第二条规定，居民企业，是指依法在中国境内成立，或者依照外国（地区）法律成立但实际管理机构在中国境内的企业；非居民企业，是指依照外国（地区）法律成立且实际管理机构不在中国境内，但在中国境内设立机构、场所的，或者在中国境内未设立机构、场所，但有来源于中国境内所得的企业。在纳税义务方面，我国企业所得税法规定，居民企业应当就其来源于中国境内、境外的所得缴纳企业所得税。非居民企业在中国境内设立机构、场所的，应当就其所设机构、场所取得的来源于中国境内的所得，以及发生在中国境外但与其所设机构、场所有实际联系的所得，缴纳企业所得税。非居民企业在中国境内未设立机构、场所的，或者虽设立机构、场所但取得的所得与其所设机构、场所没有实际联系的，应当就其来源于中国境内的所得缴纳企业所得税。

由于居民纳税人和非居民纳税人的纳税义务不同，其享受的权利也不相同。为了执行中华人民共和国政府签署的避免双重征税协定和国际运输协定税收条款，非居民纳税人也有可能享受居民纳税人的税收待遇。在中国境内发生纳税义务的非居民纳税人需要享受协定待遇的，就需要界定非居民纳税人的范围。根据国家税务总局发布的《非居民纳税人享受协定待遇管理办法》（国家税务总局公告 2019 年第 35 号），享受协定待遇意义上的非居民纳税人，是指按照税收协定居民条款规定应为缔约对方税收居民的纳税人。非居民纳税人享受协定待遇，采取"自行判断、申报享受、相关资料留存备查"的方式办理。非居民纳税人自行判断符合享受协定待遇条件的，可在纳税申报时，或通过扣缴义务人在扣缴申报时，自行享受协定待遇，同时按照本办法的规定归集和留存相关资料备查，并接受税务机关后续管理。

（五）正规纳税人与扩张纳税人

在诸多税收分类中，依据税负能否转嫁而分为直接税和间接税。直接税由纳税人承担实际的税收负担，不会发生将税收负担转嫁到其他主体，例如财产税是由财产拥有人或实际管理人承担税负，所得税由取得所得的主体承担税负，纳税人与负税人是重合的。间接税是将纳税人可以将税负转嫁给他人的一种税，直接负有法定纳税义务的人并不承担实际税负，而是由其他人承担税负，例如流转税和资源税等，法定的纳税义务人并不承担实际税负，纳税人与负税人不重合。这种区分是所有税收分类中与纳税人权利最密切的一种分类。因为，直接税的纳税人与税收的实际承担人是一致的，所以纳税人能够直观感受到负担，纳税人意识更加强烈，纳税人可以自己的名义维护税收权利。与直接税相比较而言，间接税可以由纳税义务人向前或者向后转嫁，名义纳税人与实际纳税人并不一致，例如负有纳税义务的人通过商业行为将税负转移给生产者承担，或者将税款包含在商品售价中，转嫁给最终购买者承担。间接税的实际税负人不宜察觉承担实际税负的事实。

可以说，间接税对纳税人身份的认识最具隐蔽性。这也是造成在我国不同领域的人对纳税人概念和纳税人身份及其权利认识混乱的主要原因。根据税收征收管理法律的规定，间接税的纳税义务人并不是最终的实际税收负担人，而实际负税人不具有税法规定的纳税人身份。

间接税的隐蔽性导致对纳税人身份及其应然权利的影响，西方学者进行过大量的讨论。例如，约翰·密尔在《政治经济学原理》中描述了19世纪英国人关于直接税和间接税的争论一直持续，支持直接税的人提出的观点是：在直接税制下每个人都知道自己实际缴纳的税款，人们对税收的感觉直观而强烈，在使用公共支出时会考虑节约。① 在当代，日本税法学家北野弘久相对系统地论证了间接税弊端，尤其是政治后果，指出"纳税人作为主权者享有监督、控制租税国家的权利，并承担义务"，但这种国民主权原理的理念在间接税中"几乎不可能存在"。在间接税情况下，纳税人在法律上被置于"植物人"地位。直接税是增强人们"税痛"和"税意识"的法律制度，且能从法律上保障人们作为纳税人的地位，"所以具有阻止租税国家中'大政府'和'军费大国'出现的机能"。"最好能形成一种以直接税为中心的租税体系。间接税在理论上应处于补充这种直接税体系的地位。""只要消费税占据了国家财政的中枢，就会造成人们不能监督、控制租税国家运行状况的可怕状态②。"

间接税的纳税人可以进一步分为正规纳税人和扩张纳税人。所谓正规纳税人，是指间接税的法定纳税人，即在税法上承担纳税义务的主体，其具有税法规定的纳税义务，也应当享受与之对应的税法规定的实体权利和程序权利。扩张纳税人，是指间接税中实际负担税款的主体，尽管其不是税法规定的纳税义务人，也不具有税法上的权利。但是从财政法角度，实际税负人也是纳税人，其本质上是间接税的纳税义务人的扩张。如果一国的税收体制中，直接税的比例较高，而间接税的比例降低，就会将原来在税法上不承担纳税义务的主体变为承担纳税义务的主体，从而享有税法规定的权利。正如意大利财政学家阿米卡尔·普维亚尼（Amilcare Puviani）在1897年和1903年发表的《论公共收入的幻觉》和《论财政幻觉》两本著作中提出的：政府的财政支出给人们带来了好处，但人们就此忽略了自己付出的代价，纳税人的这种感觉就被称为"财政幻觉"。普维亚尼指出："在税收方面创造幻觉的最后一个也是最重要的

① ［英］约翰·密尔：《政治经济学原理》，胡企林、朱泱等译，商务印书馆1997年版。
② ［日］北野弘久：《税法学原论》（第五版），陈刚等译，中国检察出版社2008年版，第79页。

一个方式，是在个人不能实际了解谁是最后支付的情况下课税，即在不知道税收归宿的情况下课税。"① 如果公民以他们所纳的税赋来衡量政府财政支出的多少，那么政府会以让纳税人觉察不到的税收方式扩大财政支出。统治集团总是尽力创造财政幻觉，这种幻觉会使纳税人觉得所承受的负担比实际上的负担要轻，使受益人觉得提供给他们的公共商品和服务的价值比实际上的价值要大，其目标是有效而最大限度地减少被统治阶级的反抗，从而获取充足的收入。②

（六）一般纳税人与小规模纳税人

在增值税法律制度中，按照会计核算健全度和生产经营规模两个标准，将增值税纳税人分为一般纳税人和小规模纳税人。其中，以纳税人年应税销售额大小来衡量生产经营规模，会计核算健全程度不仅考虑纳税人的会计核算水平，还考虑纳税人是否能提供准确的税务资料。一般纳税人是指年应征增值税销售额超过国务院财政、税务主管部门规定的小规模纳税人标准的企业和企业性单位。小规模纳税人是指年销售额在国务院财政、税务主管部门规定标准以下，并且会计核算不健全，不能按规定报送有关税务资料的增值税纳税人。

我国在 1993 年引入增值税制度时，将增值税纳税人分为一般纳税人和小规模纳税人。《增值税暂行条例》（国务院令 1993 年第 134 号）规定"小规模纳税人销售货物或者应税劳务，实行简易办法计算应纳税额。"从 1994 年 3 月 15 日国家税务总局《增值税一般纳税人申请认定办法》（已失效）开始，在增值税中，按照财政部、国家税务总局规定的增值税纳税人年应税销售额为标准，实行一般纳税人和小规模纳税人的划分。根据国家税务总局关于印发《增值税一般纳税人申请认定办法》的通知，一般纳税人是指年应征增值税销售额，超过财政部规定的小规模纳税人标准的企业和企业性单位。根据 1994 年国家税务总局关于印发的《增值税小规模纳税人征收管理办法》（已失效），小规模纳税人是指年销售额在法规标准以下，并且会计核算不健全，不能按法规报送有关税务资料

---

① ［美］詹姆斯·M. 布坎南：《民主财政论》，穆怀朋译，商务印书馆 1993 年版，第 141 页。
② ［美］詹姆斯·M. 布坎南：《民主财政论》，穆怀朋译，商务印书馆 1993 年版，第 146—148 页。

的增值税纳税人。① 小规模纳税人会计核算健全，能准确核算并提供销项税额、进项税额的，可申请办理一般纳税人认定手续。当然，这两类纳税人的标准并非固定分类，而是由国家财税主管部门进行动态调整。

2009 年 12 月 15 日国家税务总局发布的《增值税一般纳税人资格认定管理办法》规定，年应税销售额超过财政部、国家税务总局规定的小规模纳税人标准的，应当向主管税务机关申请一般纳税人资格认定。其中，不需要办理一般纳税人资格认定的纳税人包括：个体工商户以外的其他个人，选择按照小规模纳税人纳税的非企业性单位，选择按照小规模纳税人纳税的不经常发生应税行为的企业。一般纳税人资格认定的权限，在县（市、区）国家税务局或者同级别的税务分局，纳税人应当向其机构所在地主管税务机关申请一般纳税人资格认定。根据《增值税专用发票使用规定》，增值税小规模纳税人（以下简称小规模纳税人）需要开具专用发票的，可向主管税务机关申请代开。② 2018 年《增值税一般纳税人登记管理办法》规定，增值税纳税人，年应税销售额超过财政部、国家税务总局规定的小规模纳税人标准的，除本办法第四条规定外，应当向主管税务机关办理一般纳税人登记。《财政部、税务总局关于统一增值税小规模纳税人标准的通知》规定，增值税小规模纳税人标准为年应征增值税销售额 500 万元及以下。

增值税的两类纳税人在适用税率或征收率、税款计算方法、缴纳程序、发票使用等方面都有所区别。将增值税纳税人划分为一般纳税人与小规模纳税人，使税务机关可以根据不同纳税人会计核算和经营规模上的区别对增值税纳税人实行差异化管理，加强对重点税源的监管，简化

---

① 会计核算不健全是指不能正确核算增值税的销项税额、进项税额和应纳税额。

② 按照《国家税务总局关于开展 2017 年"便民办税春风行动"的意见》的规定：扩大小规模纳税人自开专用发票试点行业范围。《国家税务总局关于开展鉴证咨询业增值税小规模纳税人自开增值税专用发票试点工作有关事项的公告》（国家税务总局公告 2017 年第 4 号）：为保障全面推开营改增试点工作顺利实施，方便纳税人发票使用，税务总局决定，将鉴证咨询业纳入增值税小规模纳税人自行开具增值税专用发票（以下简称"专用发票"）试点范围。《国家税务总局关于进一步明确营改增有关征管问题的公告》：将建筑业纳入增值税小规模纳税人自行开具增值税专用发票试点范围。《国家税务总局关于进一步深化税务系统"放管服"改革优化税收环境的若干意见》：试行代开增值税普通发票"线上申请、网上缴税、自行出票"模式，分行业扩大小规模纳税人自行开具增值税专用发票试点范围，促进小微企业发展。

小型企业计算缴纳方式和程序，保障增值税专用发票的正确使用与安全管理。由于增值税小规模纳税人的企业规模小，所以有资格享受国家支持小微企业发展的税收减免等优惠政策。所以，此种纳税人分类具有现实的经济意义。

（七）单独纳税人与连带纳税人

依据纳税人承担纳税义务的方式不同分为单独纳税人和连带纳税人。单独纳税人是指一个纳税人独立承担纳税义务；连带纳税人是指同一纳税义务由数人同负清偿或承担担保责任，或数人因共有而负有同一纳税义务，或经合并而负有同一纳税义务。连带纳税义务是由数个纳税人负担一个纳税义务的情形，将数个纳税人的纳税义务成为连带纳税义务。连带纳税人中，任一纳税人依照法律法规履行纳税义务或提供纳税担保，其效力及于其他纳税人。德国、日本税法中有关于连带纳税人和连带纳税义务的规定，例如日本《国税通则法》第五条规定了纳税人的继承者应同时继承其纳税义务，第六条规定企业合并时的继承纳税义务。连带纳税义务主要存在于共有物、共同事业或与该事业所属财产有关的税收，从同一被继承人取得的继承，或因同一被继承人遗赠而取得财产的有关继承税，共同登记等情况下的登记许可税、共同制作一项文书时的印花税等。在日本，关于连带纳税义务，还可以在一定范围内可以比照适用日本《民法典》第436、第437条和第441至445条的规定。因此，税收的债权人既可以对连带纳税义务中的某一个人命令其纳税，也可以命令连带纳税义务人的全体进行纳税。对连带纳税义务人中的某一个人的纳税要求，对其他连带纳税义务人也产生效力，当连带纳税义务人中的一个人缴纳了全部或者一部分税时，其他连带纳税义务人的纳税义务也因此而消灭。

我国税收实体法中没有关于连带纳税人的明确规定，只是在《税收征收管理法》中承认了连带纳税义务。《税收征收管理法》第48条规定，纳税人合并时未缴清税款的，应当由合并后的纳税人继续履行未履行的纳税义务；纳税人分立时未缴清税款的，分立后的纳税人对未履行的纳税义务应当承担连带责任。2015年公布的《税收征收管理法（修正案征求意见稿）》第79条将连带纳税人定义为：对同一纳税义务，数人共同承担清偿或者担保责任的，为连带纳税人。除法律、行政法规另有规定外，各连带纳税人对全部纳税义务负履行责任。连带纳税人履行纳税义务，其效力及于其他连带纳税人。履行纳税义务的连带纳税人，对于超过自己责任的部分，可以向其他连带纳税人追偿。

2005年国家税务总局印发的《纳税担保试行办法》规定，纳税保证为连带责任保证，纳税人和纳税保证人对所担保的税款及滞纳金承担连带责任。当纳税人在税收法律、行政法规或税务机关确定的期限届满未缴清税款及滞纳金的，税务机关即可要求纳税保证人在其担保范围内承担保证责任，缴纳担保的税款及滞纳金。在国家税务总局发布的规范性文件中，对具体涉税事项规定了承担连带责任的情形，例如《国家税务总局关于调整完善外贸综合服务企业办理出口货物退（免）税有关事项的公告》（国家税务总局公告2017年第35号）规定，代办退税的出口业务有按规定应予追回退税款情形，如果综合服务企业未能按照本公告第九条规定履行其职责，且生产企业未能按规定将税款补缴入库的，综合服务企业应当承担连带责任，将生产企业未能补缴入库所涉及的税款进行补缴。

三　特殊类型的纳税人

（一）共有财产纳税人

共有是指两个或者两个以上的人对同一项财产共同享有所有权。共有财产是指两个或者两个以上的人共同享有所有权的财产，如家庭财产，合伙财产等。《民法典》第297条、第302条规定，共同共有人对共有的不动产或者动产共同享有所有权；共有人对共有物的管理费用以及其他负担，有约定的，按照其约定；没有约定或者约定不明确的，按份共有人按照其份额负担，共同共有人共同负担。在税收政策中，1988年发布的《关于土地使用税若干具体问题的解释和暂行规定》规定，土地使用权共有的各方，应按其实际使用的土地面积占总面积的比例，分别计算缴纳土地使用税。如果共有财产的一方共有人负有纳税义务欠缴税款，该公共财产被作为纳税财产而强制执行时，就会涉及另一方财产共有人是否有抗辩权的问题。

1. 家庭共同财产的纳税人

2011年公布施行的《个体工商户条例》规定，个体工商户可以个人经营，也可以家庭经营。个体工商户在领取营业执照后，应当依法办理税务登记。《民法典》第56条规定，个体工商户的债务，个人经营的，以个人财产承担；家庭经营的，以家庭财产承担；无法区分的，以家庭财产承担。家庭财产，即法律上所认定的夫妻共同生活期间所拥有的财产。夫妻关系续存期间夫妻共同拥有的财产主要包括法定和约定两类，在夫妻一方婚后死亡或者离婚后必须对共同财产进行认定，以保护公民合法的财产权益。我国《民法典》第 1062 条规定，夫妻在婚姻关系存续期间所得的下列财产属于夫妻共同财产：工资、奖金、劳务报酬；生产、经营、投资的收益；知识产权的收益；继承或者受赠的财产，但是本法第 1063 条第三项规定的除外；其他应当归共同所有的财产。最高人民法院关于适用《中华人民共和国民法典》婚姻家庭编的解释（一）第 25 条至第 27 条的规定，婚姻关系存续期间的下列财产属于夫妻共同财产：一方以个人财产投资取得的收益，男女双方实际取得或则应当取得的住房补贴、住房公积金，男女双方实际取得或者应当取得的基本养老金、破产安置补偿费；夫妻一方个人财产在婚后产生的收益，除孳息和自然增值外，应认定为夫妻共同财产；由一方婚前承租、婚后用共同财产购买的房屋，登记在一方名下的，应当认定为夫妻共同财产。

《国家税务总局关于离婚后房屋权属变化是否征收契税的批复》规定，根据我国婚姻法的规定，夫妻共有房屋属共同共有财产。因夫妻财产分割而将原共有房屋产权归属一方，是房产共有权的变动而不是现行契税政策法规征税的房屋产权转移行为。因此，对离婚后原共有房屋产权的归属人不征收契税。《国家税务总局关于明确个人所得税若干政策执行问题的通知》明确"关于个人转让离婚析产房屋的征税问题"，即通过离婚析产的方式分割房屋产权是夫妻双方对共同共有财产的处置，个人因离婚办理房屋产权过户手续，不征收个人所得税。

2. 农村承包经营户

农村承包经营户，是指农村集体经济组织的成员，在法律允许的范围内按照承包合同规定从事商品经营。《民法典》第 55 条规定，农村集体经济组织的成员，依法取得农村土地承包经营权，从事家庭承包经营的，为农村承包经营户。根据《农业法》的规定，农村承包经营户在其合同财产范围内，享有对土地、山林、水面、滩涂等生产资料的生产经营权等各项权利。农村承包经营户的对外财产责任区分个人经营和家庭经营有所不同：以个人经营的，以个人财产承担；以家庭经营的，以家庭财产承担。共同共有财产的纳税人，可以约定税收负担的实际承担者。《民法典》第 56 条第 2 款规定，农村承包经营户的债务，以从事农村土地承包经营的农户财产承担；事实上由农户部分成员经营的，以该部分成员的财产承担。以家庭成员共同承包经营的，其所得税纳税义务，在税法上没有明确的规定，一般需要根据民法和税法确定。根据《个人所得税法》的规定，个人对企事业单位的承包经营，应纳个人所得税。

3. 合伙财产的纳税人

根据 1997 年颁布的《合伙企业法》，合伙企业是依法设立的由各合伙人订立合伙协议，共同出资、合伙经营、共享收益、共担风险，并对合伙企业债务承担无限连带责任的营利性组织。合伙企业存续期间，合伙人的出资和所有以合伙企业名义取得的收益都属于合伙企业的财产。合伙企业应当依法履行纳税义务。为公平税负，支持和鼓励个人投资兴办企业，促进国民经济持续、快速、健康发展，国务院决定，根据《国务院关于个人独资企业和合伙企业征收所得税问题的通知》，自 2000 年 1 月 1 日起，对个人独资企业和合伙企业停止征收企业所得税，其投资者的生产经营所得，比照个体工商户的生产、经营所得征收个人所得税。财政部、国家税务总局印发的《关于个人独资企业和合伙企业投资者征收个人所得税的规定》明确了合伙企业的投资者按照合伙企业的全部生产经营所得和合伙协议约定的分配比例确定应纳税所得额，合伙协议没有约定分配比例的，以全部生产经营所得和合伙人数量平均计算每个投资者的应纳税所得额。

2006 年修订的《合伙企业法》重新定义了合伙企业，即合伙企业是指自然人、法人和其他组织依照本法在中国境内设立的普通合伙企业和有限合伙企业。普通合伙企业由普通合伙人组成，合伙人对合伙企业债务承担无限连带责任；有限合伙企业由普通合伙人和有限合伙人组成，普通合伙人对合伙企业债务承担无限连带责任，有限合伙人以其认缴的出资额为限对合伙企业债务承担责任。合伙企业的生产经营所得和其他所得，按照国家有关税收规定，由合伙人分别缴纳所得税。可见，合伙企业本身并无纳税义务，而是由其合伙人承担所得税的纳税义务。在税收实践中，《财政部国家税务总局关于合伙企业合伙人所得税问题的通知》明确，合伙企业以每一个合伙人为纳税义务人。合伙企业合伙人是自然人的，缴纳个人所得税；合伙人是法人和其他组织的，缴纳企业所得税。而且，合伙协议不得约定将全部利润分配给部分合伙人。合伙企业的合伙人是法人和其他组织的，合伙人在计算其缴纳企业所得税时，不得用合伙企业的亏损抵减其盈利。《财政部、国家税务总局关于企业重组业务企业所得税处理若干问题的通知》第六条第（四）项第2目规定，被合并企业合并前的相关所得税事项由合并企业承继，第六条第（五）项第2目规定，企业分立，已分立资产相应的所得税事项由分立企业承继。

（二）破产财产纳税人

"债务人所欠税款"是我国破产法规定的一类债权，根据破产法的原理，债务人或者债权人可以依照规定向人民法院申请对债务人进行重整，而重整就是通过债务减免等计划避免债务人破产清算的一种制度。根据《企业破产法》的规定，人民法院受理启动破产程序后，债务人便丧失了对企业财产的管理和处分的权利，而是由人民法院指定的管理人接管债务人的财产，对其财产进行管理、变价和分配，必然要支出相应的费用，这些费用为破产费用。破产费用部应当包括因处分破产财产而产生的税款，因此，该法没有明确规定因处分破产财产而产生的税款的纳税人。但是，根据《税收征收管理法》的相关规定，破产人所欠税款除法律和行政法规另有规定的外，必须予以缴纳。

《企业破产法》第25条规定的管理人职责包括接管债务人的财产、印章和账簿、文书等资料，管理和处分债务人的财产等，但对因破产企业的财产变价处置而产生的税费的纳税主体，没有明确规定。然而，破产程序一经开始，债务人便失去了对其财产的管理权和处分权，而是由破产管理人接收破产企业的所有事务。破产管理人作为管理、处分破产财产的法定机关，其职责是指破产管理人在破产程序中依法享有的权利和承担的义务。根据《企业破产法》第111条的规定，管理人应当按照债权人会议通过的破产财产变价方案，适时变价出售破产财产。破产财产在优先清偿破产费用和共益债务后，依照下列顺序清偿：一是破产人所欠职工的工资和医疗、伤残补助、抚恤费用，所欠的应当划入职工个人账户的基本养老保险、基本医疗保险费用，以及法律、行政法规规定应当支付给职工的补偿金；二是破产人欠缴的除前项规定以外的社会保险费用和破产人所欠税款；三是普通破产债权。破产财产不足以清偿同一顺序的清偿要求的，按照比例分配。①

在民事方面，民事活动破产人将破产财产移交给破产管理人后，破产人并不丧失对破产财产的所有权，但丧失了对破产财产的占有、支配和处分权，也丧失了对破产财产以自己的名义开展适当民事活动的权利。而破产管理人就取得了以破产管理人名义实施必要的以破产财产为标的民事活动的权利。但是，在纳税方面，破产财产的纳税人是破产管理人，还是破产人，在实践中仍然存在争议。② 2015 年公布的《税收征收管理法修正案（征求意见稿）》第 81 条规定，对纳税人欠缴税款无法追征时，税务机关可以向支配或者获取纳税人财产的财产实际管理人、遗产执行人、清算组、总公司以及其他关系人追征。第 82 条规定：公司解散未清缴税款的，原有限责任公司的股东、股份有限公司的控股股东，以及公司的实际控制人以出资额为限，对所欠缴税款承担清偿责任。我国台湾地区"税捐稽征法"规定：法人、合伙或非法人团体解散清算时，清算

---

① 在税款受偿顺序方面，最高人民法院国税函（2005）869 号关于人民法院强制执行被执行人财产有关税收问题的复函明确说明："对拍卖财产的全部收入纳税人均应依法申报缴纳税款，税收具有优先权，人民法院应协助税务机关依法优先从拍卖中征收税款。"

② 例如，在"吴忠宁燕塑料工业有限公司破产管理人与吴忠市利通区地方税务局"行政诉讼一案中，原告吴忠宁燕塑料工业有限公司破产管理人不服吴忠市利通区地方税务局税收强制执行行政行为一案。原告认为，被告强行从原告账户扣划由原告委托拍卖公开拍卖破产财产拍得的破产企业国有工业用地使用权及地上附着物的增值税，以及城建税、教育费附加、地方教育费及水利建设基金和土地增值税税款的行政行为法律依据错误，且严重违反法律的原则性规定。原告认为，破产管理人系人民法院指定管理、处置破产企业的临时性机构，是法院的委托代理人，本身既不生产，也不经营，当然不是从事生产经营的纳税人，被告以《税收征收管理法》第 40 条为依据对"非生产经营的纳税人"采取强制错误。原告请求应依法撤销该行政行为，并责令被告返还非法扣划的财产。

被告辩称，被告作出强制执行决定的依据正确，符合法律规定，认为强制执行决定所认定的纳税主体认定正确、买卖双方的民事约定不能改变纳税义务主体。被告根据《税收征收管理法》第 40 条规定作出强制执行决定，是依据破产企业吴忠宁燕塑料工业有限公司取得拍卖其所有的土地及其附着物成为纳税义务人后，应当履行而未履行缴纳税款义务而采取的强制执行措施。原告作为其破产管理人，未及时履行法定职责，代为管理破产企业的财产不力，不仅危害税收管理制度，而且影响国家税款的及时足额入库。为维护税收秩序，被告依据税收征管法的规定，依法从原告代管的纳税义务人（即破产企业吴忠宁燕塑料工业有限公司）财产中划扣了破产企业拍卖行为应缴纳的税款，并未改变纳税义务主体，强制执行措施适用法律正确。一审 （转下页）

人于分配剩余财产前，应依法按税捐受清偿之顺序，缴清税捐；清算人违反前项规定者，应就未清缴之税捐负缴纳义务。

（三）遗嘱财产纳税人

对于纳税义务人死亡，遗有财产的纳税问题，我国现行税法没有明确规定。在我国 2015 年公布的《税收征收管理法修正案（征求意见稿）》第 80 条规定：未缴清税款的纳税人的财产赠与他人或者被继承的，以受赠人或者继承人为缴纳税款的责任人，但以其所受赠或者继承的财产为限。对此，我国台湾地区"税捐稽征法"规定：纳税义务人死亡，遗有财产者，其依法应缴纳之税捐，应由遗嘱执行人、继承人、受遗赠人或遗产管理人，依法按税捐受清偿之顺序，缴清税捐后，始得分割遗产或交付遗赠；遗嘱执行人、继承人、受遗赠人或遗产管理人，违反前项规定者，应就未清缴之税捐，负缴纳义务。

（接上页）法院认为，原告作为破产企业吴忠宁燕塑料工业有限公司的破产管理人，系纳税主体，应依法缴纳的增值税、土地增值税等税款。据此，驳回原告吴忠宁燕塑料工业有限公司破产管理人的诉讼请求。判决后，原审原告不服宁夏回族自治区吴忠市利通区人民法院（2017）宁0302 行初 13 号行政判决，向宁夏回族自治区吴忠市中级人民法院提起上诉。二审法院认为：第一，根据《企业破产法》第二十五条的规定，上诉人作为接受指定的破产企业管理人，依法必须承担履行缴纳破产人所欠税款的职责和义务。拍卖行与竞买人签订的有关拍卖成交后由竞买人承担相关税费的约定属民事权利义务约定，该约定超越法律法规所确定的权利义务，在纳税义务人尚未履行纳税义务前并不能必然导致上诉人丧失作为破产企业管理人应当承担的职责义务。第二，本案被上诉人所扣缴的税费属于破产企业管理人在对企业财产依法进行拍卖、变价后因财产增值而产生的增值税，并不是因变价行为本身而产生的费用，依法不属于《企业破产法》所规定的破产费用。原审将上述费用认定为破产费用不当，应予纠正。第三，被上诉人所依据的《税收征收管理法》《营业税暂行条例》等法律、法规仅是对被上诉人履行扣缴职责的行为、确定纳税义务主体以及确定纳税数额等事项所提供的法律、法规依据。但这些法律、法规并不能作为认定所扣缴的税款属于破产费用并具有符合《企业破产法》第 113 条规定的优先清偿的依据；加之，最高人民法院国税函（2005）869 号《关于人民法院强制执行被上诉人财产有关税收问题的复函》不适用本案，原审法院适用该函认定本案事实不当，本院予以纠正。据此，二审法院认定原审判决认定事实不清，适用法律错误，应予以撤销，判决撤销宁夏回族自治区吴忠市利通区人民法院（2017）宁 0302 行初 13 号行政判决，撤销被上诉人吴忠市利通区地方税务局作出的吴利地税强扣〔2016〕01 号税收强制执行决定。参见吴忠宁燕塑料工业有限公司破产管理人与吴忠市利通区地方税务局其他行政行为一审行政判决书，（2017）宁 0302 行初 13 号。吴忠宁燕塑料工业有限公司破产管理人与吴忠市利通区地方税务局行政强制二审行政判决书，（2017）宁03 行终 34 号。

根据我国《民法典》第1133条的规定，自然人可以依法立遗嘱处分个人财产，并可以指定遗嘱执行人。公民可以立遗嘱将个人财产指定由法定继承人的一人或者数人继承。自然人可以立遗嘱将个人财产赠给国家、集体或者法定继承人以外的组织、个人。尽管，我国民法中并没有明确界定遗产管理人的概念，但是规定了关于遗产保管的问题，《民法典》第1151条规定，存有遗产的人，应当妥善保管遗产，任何组织或者个人不得侵吞或者争抢。而存有遗产的人可能是继承人、受遗赠人、遗嘱执行人，也可能是继承人之外的任何人。

根据《民法典》第1159条的规定，分割遗产应当清偿被继承人依法应当缴纳的税款和债务；但是，应当为缺乏劳动能力又没有生活来源的继承人保留必要的遗产。第1161条规定，继承人以所得遗产实际价值为限清偿被继承人依法应当缴纳的税款和债务。超过遗产实际价值部分，继承人自愿偿还的不在此限。继承人放弃继承的，对被继承人依法应当缴纳的税款和债务可以不负偿还责任。此外，执行遗赠不得妨碍清偿遗赠人依法应当缴纳的税款和债务。《国家税务总局关于继承土地、房屋权属有关契税问题的批复》，对于法律规定的法定继承人（包括配偶、子女、父母、兄弟姐妹、祖父母、外祖父母）继承土地、房屋权属，不征契税。按照法律规定，非法定继承人根据遗嘱承受死者生前的土地、房屋权属，属于赠与行为，应征收契税。根据《民法典》第1162条的规定，执行遗赠不得妨碍清偿遗赠人依法应当缴纳的税款和债务。根据《关于个人取得有关收入适用个人所得税应税所得项目的公告》，房屋产权所有人将房屋产权无偿赠与他人的，受赠人因无偿受赠房屋取得的受赠收入，按照"偶然所得"项目计算缴纳个人所得税。但是存在"房屋产权所有人死亡，依法取得房屋产权的法定继承人、遗嘱继承人或者受遗赠人"情形的，对当事双方不征收个人所得税。

（四）司法、行政拍卖变卖纳税人

关于司法拍卖中涉及的税款由被执行人承担还是由买受人承担的问题，一直是司法拍卖税收实践中存在争议的问题。税务机关和人民法院在确定司法拍卖财产的纳税人问题上，存在认识上的不一致，而且各自制定和执行相应的规章和司法解释。在被执行人与买受人之间，也存在哪一方是纳税人的争议。根据《税收征收管理法》《企业所得税法》《土地增值税暂行条例》等税收程序法和实体法的规定，销售无形资产、不动产的单位为纳税人，因此，被执行人是法定纳税人，应依法自行履行纳税申报义务。但是在税收实务中，税务机关认为，虽然被执行人是法定纳税人，而司法拍卖公告中已经约定由买受人承担被执行人的相关税费，买受人应代被执行人履行纳税义务。

2005年9月国家税务总局针对最高人民法院的《关于人民法院依法强制执行拍卖、变卖被执行人财产后，税务部门能否直接向人民法院征收营业税的征求意见稿》的复函《关于人民法院强制执行被执行人财产有关税收问题的复函》中指出，人民法院的强制执行活动属司法活动，不具有经营性质，不属于应税行为，税务部门不能向人民法院的强制执行活动征税；无论拍卖、变卖财产的行为是纳税人的自主行为，还是人民法院实施的强制执行活动，对拍卖、变卖财产的全部收入，纳税人均应依法申报缴纳税款；鉴于人民法院实际控制纳税人因强制执行活动而被拍卖、变卖财产的收入，根据《税收征收管理法》第5条的规定，人民法院应当协助税务机关依法优先从该收入中征收税款。

2005年发布的《抵税财物拍卖、变卖试行办法》规定，抵税财物拍卖、变卖的被执行人是指从事生产经营的纳税人、扣缴义务人或者纳税担保人等税务行政相对人。有下列情形之一的，税务机关依法进行拍卖、变卖：采取税收保全措施后，限期期满仍未缴纳税款的；设置纳税担保后，限期期满仍未缴纳所担保的税款的；逾期不按规定履行税务处理决定的；逾期不按规定履行复议决定的；逾期不按规定履行税务行政处罚决定的；其他经责令限期缴纳，逾期仍未缴纳税款的。根据《抵税财物拍卖、变卖试行办法》第26条，以拍卖、变卖收入抵缴未缴的税款、滞纳金和支付相关费用时按照下列顺序进行：拍卖、变卖费用。由被执行人承担拍卖变卖所发生的费用，包括扣押、查封活动中和拍卖或者变卖活动中发生的依法应由被执行人承担的费用，具体为：一是保管费、仓储费、运杂费、评估费、鉴定费、拍卖公告费、支付给变卖企业的手续费以及其他依法应由被执行人承担的费用，包括未缴的税款、滞纳金。

2016年《最高人民法院关于人民法院网络司法拍卖若干问题的规定》第30条规定：因网络司法拍卖本身形成的税费，应当依照相关法律、行政法规的规定，由相应主体承担；没有规定或者规定不明的，人民法院可以根据法律原则和案件实际情况确定税费承担的相关主体、数额。在司法拍卖中，很多拍卖公告中明确"因拍卖产生的一切税费由买受人承担"。从司法解释看，因司法拍卖所产生的所有税都由买受人承担，买受人是司法拍卖产生的税费的纳税人。该解释与税收实体法规定的契税、土地增值税、企业所得税、个人所得税等存在不一致现象。产生这种现象的主要原因之一是税收征收管理法滞后于司法拍卖实践。需要从税收法律层面明确司法拍卖的纳税人，即买卖双方依照税法规定各自承担税费。

（五）企业合并分立的纳税人

1988 年颁布的《全民所有制工业企业法》规定，企业必须有效地利用国家授予其经营管理的财产，实现资产增值；依法缴纳税金、费用、利润；企业合并、分立或者终止时，必须保护其财产，依法清理债权、债务。《国家税务总局关于企业合并分立业务有关所得税问题的通知》（已失效）规定，企业合并，通常情况下，被合并企业应视为按公允价值转让、处置全部资产，计算资产的转让所得，依法缴纳所得税。《税收征收管理法》第 48 条规定，纳税人有合并、分立情形的，应当向税务机关报告，并依法缴清税款。纳税人合并时未缴清税款的，应当由合并后的纳税人继续履行未履行的纳税义务；纳税人分立时未缴清税款的，分立后的纳税人对未履行的纳税义务应当承担连带责任。此外，《财政部、税务总局关于继续实施企业改制重组有关土地增值税政策的通知》规定，按照法律规定或者合同约定，两个或两个以上企业合并为一个企业，且原企业投资主体存续的，对原企业将房地产转移、变更到合并后的企业，暂不征土地增值税。在契税方面，符合条件的公司合并、分立，对合并后、分立后公司承受原公司土地、房屋权属，免征契税。我国台湾地区"税捐稽征法"规定，营利事业因合并而消灭时，其在合并前之应纳税捐，应由合并后存续或另立之营利事业负缴纳的义务。

（六）纳税担保中的纳税人

根据我国税收征管法律法规和国家税务总局颁布的《纳税担保试行办法》，为了保障国家税收收入和保护纳税人、其他当事人的合法权益，我国建立了纳税担保制度。纳税担保，是指经税务机关同意或确认，纳税人或其他自然人、法人、经济组织以保证、抵押、质押的方式，为纳税人应当缴纳的税款及滞纳金提供担保的行为。纳税担保人包括以保证方式为纳税人提供纳税担保的纳税保证人和其他以未设置或者未全部设置担保物权的财产为纳税人提供纳税担保的第三人。纳税担保范围包括税款、滞纳金和实现税款、滞纳金的费用。用于纳税担保的财产、权利的价值不得低于应当缴纳的税款、滞纳金，并考虑相关的费用。纳税担保的财产价值不足以抵缴税款、滞纳金的，税务机关应当向提供担保的纳税人或纳税担保人继续追缴。

我国现行的纳税担保制度所采取的形式分为纳税保证人的保证和纳税人或第三人以财产担保两种。根据担保方式，纳税担保分为纳税保证、纳税抵押、纳税质押。纳税保证，是指纳税保证人向税务机关保证，当纳税人未按照税收法律、行政法规规定或者税务机关确定的期限缴清税款、滞纳金时，由纳税保证人按照约定履行缴纳税款及滞纳金的行为。纳税保证人，是指在中国境内具有纳税担保能力的自然人、法人或者其他经济组织。法人或其他经济组织财务报表资产净值超过需要担保的税额及滞纳金2倍以上的，自然人、法人或其他经济组织所拥有或者依法可以处分的未设置担保的财产的价值超过需要担保的税额及滞纳金的，为具有纳税担保能力。纳税保证为连带责任保证，纳税人和纳税保证人对所担保的税款及滞纳金承担连带责任。当纳税人在税收法律、行政法规或税务机关确定的期限届满未缴清税款及滞纳金的，税务机关即可要求纳税保证人在其担保范围内承担保证责任，缴纳担保的税款及滞纳金。纳税人在规定的期限届满未缴清税款及滞纳金，税务机关在保证期限内书面通知纳税保证人的，纳税保证人应按照纳税担保书约定的范围，自收到纳税通知书之日起15日内缴纳税款及滞纳金，履行担保责任。纳税保证人未按照规定的履行保证责任的期限缴纳税款及滞纳金的，由税务机关发出责令限期缴纳通知书，责令纳税保证人在限期15日内缴纳；逾期仍未缴纳的，依法对纳税保证人采取强制执行措施。

纳税抵押，是指纳税人或纳税担保人不转移对可以用作纳税抵押的财产的占有，将该财产作为税款及滞纳金的担保。纳税人逾期未缴清税款及滞纳金的，税务机关有权依法处置该财产以抵缴税款及滞纳金。纳税抵押财产应当办理抵押物登记，纳税抵押自抵押物登记之日起生效。抵押期间，经税务机关同意，纳税人可以转让已办理登记的抵押物，并告知受让人转让物已经抵押的情况。纳税人转让抵押物所得的价款，应当向税务机关提前缴纳所担保的税款、滞纳金。超过部分，归纳税人所有，不足部分由纳税人缴纳或提供相应的担保。抵押物灭失、毁损或者被征用的情况下，税务机关应该就该抵押物的保险金、赔偿金或者补偿金要求优先受偿，抵缴税款、滞纳金。抵押物灭失、毁损或者被征用的情况下，抵押权所担保的纳税义务履行期未满的，税务机关可以要求将保险金、赔偿金或补偿金等作为担保财产。

纳税质押，是指经税务机关同意，纳税人或纳税担保人将其动产或权利凭证移交税务机关占有，将该动产或权利凭证作为税款及滞纳金的担保。纳税人逾期未缴清税款及滞纳金的，税务机关有权依法处置该动产或权利凭证以抵缴税款及滞纳金。纳税质押分为动产质押和权利质押。动产质押包括现金以及其他除不动产以外的财产提供的质押。汇票、支票、本票、债券、存款单等权利凭证可以质押。纳税质押自纳税担保书和纳税担保财产清单经税务机关确认和质物移交之日起生效。纳税担保人以其动产或财产权利为纳税人提供纳税质押担保的，按照纳税人提供质押担保的规定执行；纳税担保书和纳税担保财产清单须经纳税人、纳税担保人签字盖章并经税务机关确认。

第四节　具体税种的纳税人

根据征税对象我不同，我国现行税种大致可以划分为流转税、所得税、财产和行为税等类型，不同的税种，其纳税人的类型有所不同。

一　流转税的纳税人

流转税是以财产流转额为征税对象的税种，我国目前开征的流转税包括增值税、消费税和车辆购置税。

1. 增值税纳税人

根据《增值税暂行条例》的规定，在中国境内销售货物或者提供加工、修理修配劳务以及进口货物的单位和个人，为增值税的纳税。按照《增值税暂行条例实施细则》的解释，作为增值税纳税人的单位是指企业、行政单位、事业单位、军事单位、社会团体及其他单位；个人是指个体工商户和其他个人。单位租赁或者承包给其他单位或者个人经营的，以承租人或者承包人为纳税人。在增值税征收实践中，将纳税人分为小规模纳税人和一般纳税人，二者在抵扣进项税、收优惠政策、增值税专用发票管理、税收征管程序等方面的权利义务有所区别。一般纳税人的纳税身份应当向主管税务机关申办理登记。2011 年修订的《增值税暂行条例实施细则》（以下简称《增值税实施细则》）第 28 条规定了小规模纳税人的认定标准：即从事货物生产或者提供应税劳务的纳税人，以及以从事货物生产或者提供应税劳务为主，并兼营货物批发或者零售的纳税人，年应征增值税销售额在 50 万元以下；除前项以外的纳税人，年应税销售额在 80 万元以下。除了增值税销售额标准之外，年应税销售额超过小规模纳税人标准的其他个人按小规模纳税人纳税；非企业性单位、不经常发生应税行为的企业可选择按小规模纳税人纳税。

《增值税实施细则》第 32 条规定，会计核算健全是指能够按照国家统一的会计制度规定设置账簿，根据合法、有效凭证核算。该实施细则第 33 条规定，除国家税务总局另有规定外，纳税人一经认定为一般纳税人后，不得转为小规模纳税人。2017 年实行的《增值税一般纳税人登记管理办法》规定，增值税纳税人，年应税销售额超过财政部、国家税务总局规定的小规模纳税人标准的，除符合不办理一般纳税人登记规定外，应当向主管税务机关办理一般纳税人登记。纳税人自一般纳税人生效之日起，按照增值税一般计税方法计算应纳税额，并可以按照规定领用增值税专用发票，财政部、国家税务总局另有规定的除外。小规模纳税人会计核算健全，能够提供准确税务资料的，可以向主管税务机关申请资格认定，不作为小规模纳税人，依照本条例有关规定计算应纳税额。在实践中，小规模纳税人的标准往往根据经济发展和税收政策进行调整，例如《关于统一增值税小规模纳税人标准的通知》将增值税小规模纳税人标准确定为年应征增值税销售额 500 万元及以下。而且，该通知还规定，按照《增值税暂行条例实施细则》第 28 条规定已登记为增值税一般纳税人的单位和个人，在 2018 年 12 月 31 日前可转登记为小规模纳税人。

2. 消费税纳税人

根据《消费税暂行条例》（1993 年发布，2008 年修订），在中国境内生产、委托加工和进口应税消费品的单位和个人，以及国务院确定的销售应税消费品的其他单位和个人，为消费税的纳税人。此后，在消费税改革中，进一步明确了特定消费品征税对象的纳税人。1994 发布的《财政部、国家税务总局关于调整金银首饰消费税纳税环节有关问题的通知》，将金银首饰消费税由生产销售环节征收改为零售环节征收。并且进一步明确了纳税人，即在中国境内从事金银首饰零售业务的单位和个人，为金银首饰消费税的纳税义务人；委托加工（另有规定者除外）、委托代销金银首饰的，受托方也是纳税人。2004 年国家税务总局取消了金银首饰消费税纳税人的认定要求。

2009 年，为了适当增加财政收入，经国务院批准，调整烟产品消费税政策，《财政部、国家税务总局关于调整烟产品消费税政策的通知》在卷烟批发环节加征一道从价税，在中国境内从事卷烟批发业务的单位和个人，也是卷烟消费税的纳税人。2016 年，为了引导合理消费，促进节能减排，经国务院批准，对超豪华小汽车加征消费税。《财政部、国家税务总局关于对超豪华小汽车加征消费税有关事项的通知》规定，"小汽车"税目下增设"超豪华小汽车"子税目，对超豪华小汽车，在生产（进口）环节按现行税率征收消费税基础上，在零售环节加征消费税，由此，将超豪华小汽车销售给消费者的单位和个人为超豪华小汽车零售环节纳税人。

3. 城市维护建设税的纳税人

我国 1985 年开征的城市维护建设税，其目的是扩大和稳定城市维护建设资金的来源。根据《城市维护建设税暂行条例》，凡缴纳产品税、增值税、营业税的单位和个人，都是城市维护建设税的纳税义务人。为了适应产品税改革，2011 年修订的《城市维护建设税暂行条例》将纳税人条款修改为：凡缴纳消费税、增值税、营业税的单位和个人，都是城市维护建设税的纳税义务人。2021 年 9 月生效的《城市维护建设税法》规定，在中国境内缴纳增值税、消费税的单位和个人，为城市维护建设税的纳税人，应当依照本法规定缴纳城市维护建设税。城市维护建设税的扣缴义务人为负有增值税、消费税扣缴义务的单位和个人，在扣缴增值税、消费税的同时扣缴城市维护建设税。可见，城市维护建设税属于"税上税"，其以特定税种的纳税人作为本税的纳税人。

4. 车辆购置税纳税人

2000 年实施的《车辆购置税暂行条例》规定，在中国境内购置应税车辆的单位和个人，为车辆购置税的纳税人。纳税人包括国有企业、集体企业、私营企业、股份制企业、外商投资企业、外国企业以及其他企业和事业单位、社会团体、国家机关、部队以及其他单位，个体工商户以及其他个人。2018 年通过的《车辆购置税法》将纳税人条款修改为：在中国境内购置汽车、有轨电车、汽车挂车、排气量超过 150 毫升的摩托车的单位和个人，为车辆购置税的纳税人。根据《道路交通安全法》第 9 条，车辆购置税的完税证明或者免税凭证属于申请机动车登记，应当提交的证明和凭证。在司法实践中，如果发生涉及车辆的纠纷，往往可以通过应税车辆的纳税人来推定机动车的所有人。

二 所得税的纳税人

所得税是以所得额为针对相对的税种，包括个人所得税和企业所得税。

1. 个人所得税的纳税人

1950 年，政务院发布的新中国税制建设的纲领性文件《全国税政实施要则》中涉及对个人所得征税的制度安排。当时主要针对个人薪给报酬所得税和存款利息所得税，但由于种种原因，一直没有开征。20 世纪 80 年代，我国相继开征了对外籍个人的个人所得税、对国内居民的城乡个体工商业户所得税和个人收入调节税。当时的外籍个人包括外籍人员、华侨和港澳同胞。1994 年将上述三税合一，颁布实施新的《个人所得税法》，初步建立起个人所得税制度。个人所得税的纳税义务人包括：中国公民，个体工商户，在中国有所得的外籍人员（包括无国籍人员）和香港、澳门、台湾同胞。2000 年发布的《国务院关于个人独资企业和合伙企业征收所得税问题的通知》提出，为公平税负，支持和鼓励个人投资兴办企业，促进国民经济持续、快速、健康发展，国务院决定，自 2000 年 1 月 1 日起，对个人独资企业和合伙企业停止征收企业所得税，其投资者的生产经营所得，比照个体工商户的生产、经营所得征收个人所得税。

根据国际惯例采用住所和时间两个标准，把纳税人分为居民和非居民两类，分别承担不同的纳税义务。2018 年修订的《个人所得税法》规定，在中国境内有住所，或者无住所而一个纳税年度内在中国境内居住累计满一百八十三天的个人，为居民个人；居民个人从中国境内和境外取得的所得，依法缴纳个人所得税。在中国境内无住所又不居住，或者无住所而一个纳税年度内在中国境内居住累计不满一百八十三天的个人，为非居民个人；非居民个人从中国境内取得的所得，依法缴纳个人所得税。《个人所得税法》第 9 条规定，个人所得税以所得人为纳税人，以支付所得的单位或者个人为扣缴义务人。纳税人有中国公民身份号码的，以中国公民身份号码为纳税人识别号；纳税人没有中国公民身份号码的，由税务机关赋予其纳税人识别号。扣缴义务人扣缴税款时，纳税人应当向扣缴义务人提供纳税人识别号。

2. 企业所得税的纳税人

1949 年首届全国税务会议上通过的统一全国税收政策的基本方案，包括对企业所得和个人所得征税的办法。1950 年，政务院发布的《全国税政实施要则》在全国设置 14 种税收，其中涉及对所得征税的有工商业税（所得税部分）、存款利息所得税和薪给报酬所得税 3 种税收。1950 年开征的工商业税（所得税部分）的纳税人包括私营企业、集体企业和个体工商户。国营企业因政府有关部门直接参与经营和管理，而且其财务核算制度与一般企业差异较大，所以国营企业实行利润上缴制度，不缴纳所得税。这种制度的设计适应了当时高度集中的计划经济管理体制的需要。1958 年和 1973 年进行的两次重大税制改革的核心是简化税制，其中的工商业税（所得税部分）主要还是对集体企业征收，国营企业只征工商税，不征所得税。

改革开放初期，为适应引进国外资金、技术和人才，开展对外经济技术合作的需要，"七五"计划期间逐步推开税制改革。1980 年 9 月，第五届全国人民代表大会第三次会议通过的《中外合资经营企业所得税法》，将中外合资企业作为企业所得税的纳税人。1981 年 12 月，第五届全国人民代表大会第四次会议通过的《外国企业所得税法》，外国企业所得税的纳税人为在我国境内设立机构、从事独立经营或与我国企业合作生产、合作经营的外国公司、企业和其他经济组织；以及在我国境内虽未设立机构，但取得来源我国的所得的外国公司、企业和其他经济组织。

在吸引外资和建立外资企业所得税制之后。从 1983 年开始将我国境内企业改革和城市改革作为重大改革举措，1983 年全国试行国营企业"利改税"，之后实行了 30 多年的国营企业向国家上缴利润的制度改为缴纳企业所得税的制度。1984 年 9 月，国务院发布《国营企业所得税条例（草案）》和《国营企业调节税征收办法》。国营企业所得税的纳税人为实行独立经济核算的国营企业；国营企业调节税的纳税人为大中型国营企业。1985 年 4 月，国务院发布了《集体企业所得税暂行条例》，1988 年 6 月，发布《私营企业所得税暂行条例》。国营企业"利改税"和集体企业、私营企业所得税制度的出台，企业所得税的纳税人范围逐渐扩大。

为适应建立社会主义市场经济体制的新方向，20 世纪 90 年代开始进一步扩大改革开放，按照统一税法、简化税制、公平税负、促进竞争的原则，先后完成了外资企业所得税的统一和内资企业所得税的统一。1991 年 4 月第七届全国人代会将《中外合资经营企业所得税法》与《外国企业所得税法》合并，制定了《外商投资企业和外国企业所得税法》，并于同年 7 月 1 日起施行。外商投资企业是指在中国境内设立的中外合资经营企业、中外合作经营企业和外资企业；外国企业是指在中国境内设立机构、场所，从事生产、经营和虽未设立机构、场所，而有来源于中国境内所得的外国公司、企业和其他经济组织。1993 年 12 月 13 日，国务院整合了《国营企业所得税条例（草案）》《国营企业调节税征收办法》《集体企业所得税暂行条例》和《私营企业所得税暂行条例》，制定了《企业所得税暂行条例》，纳税人是实行独立经济核算的企业或者组织，具体包括国有企业，集体企业，私营企业，联营企业，股份制企业，有生产、经营所得和其他所得的其他组织。

2008 年实施的《企业所得税法》，改变之前内资企业所得税以独立核算的三个条件来判定纳税人标准的做法，将以公司制和非公司制形式存在的企业和取得收入的组织确定为企业所得税纳税人，具体包括国有企业、集体企业、私营企业、联营企业、股份制企业、中外合资经营企业、中外合作经营企业、外国企业、外资企业、事业单位、社会团体、民办非企业单位和从事经营活动的其他组织，保持与国际上大多数国家的做法协调一致。

三　财产和行为税的纳税人

财产和行为税是以财产占有、流转或者处置财产的行为作为征税对象的税种，目前主要有资源税、房产税、土地增值税、耕地占用税、契税、印花税、车船税、烟叶税。

1. 资源税纳税人

根据《资源税暂行条例》第 1 条，在中国境内开采本条例法规的矿产品或者生产盐（以下简称开采或者生产应税产品）的单位和个人，为资源税的纳税义务人，应当依照本条例缴纳资源税。《财政部、国家税务总局关于钒矿石资源税有关政策的通知》规定，在我国境内开采钒矿石（含石煤钒）的单位和个人应依照《资源税暂行条例》及相关规定缴纳资源税。《国务院关于修改〈中华人民共和国资源税暂行条例〉的决定》第 1 条规定，在中华人民共和国领域及管辖海域开采本条例规定的矿产品或者生产盐（以下称开采或者生产应税产品）的单位和个人，为资源税的纳税人，应当依照本条例缴纳资源税。2017 年有财政部、税务总局、水利部发布的《扩大水资源税改革实施办法》，在部分试点省份实行水资源税改革，将直接取用地表水、地下水的单位和个人，为水资源税纳税人。2019 年颁布的《资源税法》规定，在中国领域和中国管辖的其他海域开发应税资源的单位和个人，为资源税的纳税人。

2. 房产税纳税人

《房产税暂行条例》第 2 条规定，房产税由产权所有人缴纳。产权属于全民所有的，由经营管理的单位缴纳。产权出典的，由承典人缴纳。产权所有人、承典人不在房产所在地的，或者产权未确定及租典纠纷未解决的，由房产代管员或者使用人缴纳。《财政部、国家税务总局关于房产税、城镇土地使用税有关政策的通知》规定，居民住宅区内业主共有的经营性房产，由实际经营（包括自营和出租）的代管人或使用人缴纳房产税。《财政部、国家税务总局关于房产税城镇土地使用税有关问题的通知》规定，无租使用其他单位房产的应税单位和个人，依照房产余值代缴纳房产税；产权出典的房产，由承典人依照房产余值缴纳房产税；融资租赁的房产，由承租人依照房产余值缴纳房产税。2011 年国务院授权上海和重庆试点征收个人住房房产税，两地分别规定了个人住房房产税的纳税人。2021年全国人大常委会授权国务院在部分地区开展房地产税改革试点工作，我国的房地产税改革和立法得以向前推进。

3. 土地增值税纳税人

1993年颁布的《土地增值税暂行条例》规定，转让国有土地使用权、地上的建筑物及其附着物并取得收入的单位和个人，为土地增值税的纳税义务人，应当依照本条例缴纳土地增值税。《土地增值税暂行条例实施细则》规定，土地增值税暂行条例所称的单位，是指各类企业单位、事业单位、国家机关和社会团体及其他组织；所称个人，包括个体经营者。《国家税务总局关于未办理土地使用权证转让土地有关税收问题的批复》规定，土地使用者转让、抵押或置换土地，无论其是否取得了该土地的使用权属证书，无论其在转让、抵押或置换土地过程中是否与对方当事人办理了土地使用权属证书变更登记手续，只要土地使用者享有占有、使用、收益或处分该土地的权利，且有合同等证据表明其实质转让、抵押或置换了土地并取得了相应的经济利益，土地使用者及其对方当事人应当依照税法规定缴纳营业税、土地增值税和契税等相关税收。

4. 城镇土地使用税纳税人

1988年9月27日国务院令第17号发布的《城镇土地使用税暂行条例》，之后虽然经过多次修订，但是纳税人的规定没有变化。城镇土地使用税的纳税人是在城市、县城、建制镇、工矿区范围内使用土地的单位和个人。《国家税务局关于检发〈关于土地使用税若干具体问题的解释和暂行规定〉的通知》规定，土地使用税由拥有土地使用权的单位或个人缴纳。拥有土地使用权的纳税人不在土地所在地的，由代管人或实际使用人纳税；土地使用权未确定或权属纠纷未解决的，由实际使用人纳税；土地使用权共有的，由共有各方分别纳税。《财政部、国家税务总局关于集体土地城镇土地使用税有关政策的通知》规定，在城镇土地使用税征税范围内实际使用应税集体所有建设用地，但未办理土地使用权流转手续的，由实际使用集体土地的单位和个人按规定缴纳城镇土地使用税。《财政部、国家税务总局关于房产税城镇土地使用税有关问题的通知》规定，对在城镇土地使用税征税范围内单独建造的地下建筑用地，按规定征收城镇土地使用税。针对2013年山东省地方税务局《关于中国石化集团胜利石油管理局土地使用税政策问题的请示》《国家税务总局关于中国石化集团胜利石油管理局城镇土地使用税有关政策问题的批复》，中国石化集团胜利石油管理局改制企业所占用的土地，应由该土地的土地使用权人，即中国石化集团胜利石油管理局缴纳。

5. 耕地占用税纳税人

《耕地占用税暂行条例》规定，占用耕地建房或者从事非农业建设的单位或者个人，为耕地占用税的纳税人，应当依照本条例规定缴纳耕地占用税。《国家税务总局关于耕地占用税征收管理有关问题的通知》进一步明确了纳税人的认定，即耕地占用税纳税人应主要依据农用地转用审批文件认定。农用地转用审批文件中标明用地人的，用地人为纳税人；审批文件中未标明用地人的，应要求申请用地人举证实际用地人，实际用地人为纳税人；实际用地人尚未确定的，申请用地人为纳税人。占用耕地尚未经批准的，实际用地人为纳税人。2018 年通过的《耕地占用税法》规定：在中国境内占用耕地建设建筑物、构筑物或者从事非农业建设的单位和个人，为耕地占用税的纳税人。

6. 契税纳税人

1997 年发布的《契税暂行条例》规定，中国境内转移土地、房屋权属，承受的单位和个人为契税的纳税人。《契税暂行条例细则》规定，以划拨方式取得土地使用权的，经批准转让房地产时，应由房地产转让者补缴契税。《财政部、国家税务总局关于企业以售后回租方式进行融资等有关契税政策的通知》规定，以招拍挂方式出让国有土地使用权的，纳税人为最终与土地管理部门签订出让合同的土地使用权承受人。2020 年通过的《契税法》在纳税人的规定，延续了《契税暂行条例》的规定。

7. 印花税纳税人

根据《印花税暂行条例》第 1 条的规定，在中国境内书立、领受本条例所列举凭证的单位和个人，是印花税的纳税义务人，应当按照本条例规定缴纳印花税。《印花税暂行条例施行细则》明确单位和个人是指国内各类企业、事业、机关、团体、部队以及中外合资企业、合作企业、外资企业、外国公司企业和其他经济组织及其在华机构等单位和个人。《国家税务局关于货运凭证征收印花税几个具体问题的通知》将在货运业务中凡直接办理承、托运运费结算凭证的双方，均纳入货运凭证印花税纳税人的范围。《国家税务总局、铁道部关于铁路货运凭证印花税若干问题的通知》规定，铁路货运业务中运费结算凭证载明的承、托运双方，均为货运凭证印花税的纳税人。2021 年通过的《印花税法》规定，在中国境内书立应税凭证、进行证券交易的单位和个人，为印花税的纳税人，应当依照本法规定缴纳印花税。

8. 车船税纳税人

2011 年颁布的《车船税法》规定，在中国境内属于本法所附《车船税税目税额表》规定的车辆、船舶的所有人或者管理人，为车船税的纳税人，应当依照本法缴纳车船税。其中，所有人是指在我国境内拥有车船的单位和个人；管理人是指对车船具有管理权或者使用权，不具有所有权的单位。前述单位，包括在中国境内成立的行政机关、企业、事业单位、社会团体以及其他组织；前述个人，包括个体工商户以及其他个人。根据《车船税法实施条例》，车辆是指依法应当在车船管理部门登记的机动车辆和依法不需要在车船管理部门登记、在单位内部场所行驶或者作业的乘用车、商用车、挂车、其他车辆、摩托车。根据《车船税法实施条例》《机动车交通事故责任强制保险条例》《国家税务总局关于保险机构代收车船税开具增值税发票问题的公告》的规定，保险机构作为车船税扣缴义务人，在办理机动车交通事故责任强制保险代收车船税。船舶，包括机动船舶和游艇。机动船舶按照其净吨位计税、游艇按照其艇身长度计税。

9. 船舶吨税

我国于 1952 年进入船舶吨税这一税种，根据政务院财政经济委员会批准、1952 年 9 月 29 日海关总署发布的《海关船舶吨税暂行办法》，在中国港口行驶的外国籍船舶和外商租用的中国籍船舶，以及中外合营企业使用的中外国籍船舶（包括专在港内行驶的上项船舶），均按本办法由海关征收船舶吨税。该税种的实际纳税人是船舶使用人。2011 年国务院通过的《船舶吨税暂行条例》规定，自中国境外港口进入境内港口的船舶（即"应税船舶"），应当依照本条例缴纳船舶吨税（简称吨税）。在《船舶吨税暂行条例》基础上于 2017 年通过的《船舶吨税法》基本沿袭了暂行条例的规定，在纳税人方面没有变化，即应税船舶负责人负有纳税义务。

10. 烟叶税纳税人

2017 年颁布的《烟叶税法》规定，在中国境内依照《烟草专卖法》的规定收购烟叶的单位为烟叶税的纳税人。纳税人应当依照本法规定缴纳烟叶税。国家对烟草专卖品的生产、销售、进出口依法实行专卖管理，并实行烟草专卖许可证制度。根据《烟草专卖法实施条例》的规定，从事烟草专卖品的生产、批发、零售业务，以及经营烟草专卖品进出口业务和经营外国烟草制品购销业务的，必须依照《烟草专卖法》和本条例的规定，申请领取烟草专卖许可证。烟叶由烟草公司或其委托单位依法统一收购。烟草公司或其委托单位根据需要，可以在国家下达烟叶收购计划的地区设立烟叶收购站（点）收购烟叶。设立烟叶收购站（点），应当经设区的市级烟草专卖行政主管部门批准。未经批准，任何单位和个人不得收购烟叶。从这些法律法规的规定，烟叶税的纳税人是取得烟叶收购许可证的单位是纳税人，如果未取得烟叶收购许可证而非法收购烟叶的，不属于烟叶税的纳税人。因此，税务部门无权追缴税款和处罚。

第 三 章

税法法源与纳税人权利

第一节　税法法源与纳税人权利
保护的法律依据

一　法源与税法法源

（一）法源的概念与类型

1. 法源与法律渊源

法源（sources of law），即法的渊源的简称，其基本含义是法的来源或法律产生效力的栖身之所，也称法律的形式。法的来源问题是法理学中的重要范畴，一般是指法律在特定国家或政权中的合法存在形式。法律渊源也是一个具有多重含义的术语，其在中外法学文献中存在不同的理解和解释。考察西方社会的法源，英美法系的早期法律主要源于习俗。从法源的表型形式看，存在不成文法源和成文法源的区分。国王的神圣权利、自然权利和法律权利、人权、公民权利和普通法等属于早期的不成文法源；而且司法判例和判例法可以修改甚至创造法律渊源。立法、规则和条例构成了可编纂和可执行的有形成文法来源。在大陆法系中，法律渊源包括法典和习惯。有学者认为，法律渊源不同于法律规范，"法律渊源"是一个模棱两可的术语，其可以用于指代某些代理人或机构（例如立法机关、法院），也可用于指代这些代理人或机构的立法活动所生产的"产品"（例如法律法规、司法判决），甚至还可以是生产此类"产品"的过程（例如法律文本的制定，对争议的裁决）等。①

---

① Fábio Perin Shecaira, "Sources of Law Are not Legal Norms", *Ratio Juris*, Vol. 28, Issue 1, March 2015, pp. 15－30.

在现代汉语中，"渊"有深水、深的意思，"源"是水流起头的地方、来源的意思，例如水源，"渊源"一词比喻事物的本源。① 从汉语词义看，法源是借用"水源"的构词方法，意在说明法、法律的来源，而法律渊源的构词方法是法律与渊源的结合，意在表明法律这一现象的本源，包括其最初的形态和演化的过程，乃至现在的形态，进而引申为法的约束力来源，即法的效力的源头。因而，法的渊源至少包含两层意思，一是法的历史来源，二是法的效力根据。在中国的制定法中，宪法、法律、行政法规、地方性法规、行政规章、自治条例和单行条例都属于法律渊源，具有可强制执行的效力。

法律渊源与法律形式（forms of law）是既有联系又有区别的两个概念，一个是关注法律从何而来的问题，另一个是关注法律的存在状态或表现形式问题。法律形式是指法律的存在状态、外部形态或者表现形式。法律形式是法律内容的载体和外在表现，例如，以文字形式表现的法律，被称为制定法或成文法；以人们认可的习惯、习俗等不成文的形式所体现的具有普遍约束力的规则，被称为习惯法；此外，在国际社会中，还存在以国际条约、国际惯例等形式表现的国际法。法律渊源最通常的含义是指法律的效力或约束力的来源。从这种意义上而言，法律渊源是指由国家或社会所形成的，能够成为法官裁判依据或者人们行事准则，具有一定法律效力和法律意义的规范的表现形式。②

2. 法律渊源的类型

依据不同标准或视角，可以将法律渊源分为不同类型。

一是依据成文法律产生的依据，可以分为历史渊源和理论渊源。法的历史渊源是指历史上引起法律原则或法律规则所产生的历史事件。如11世纪的普通法和14世纪至15世纪的衡平法，是现代英国法的历史渊源；法的理论渊源，即促进立法和法律改革的理论原则和哲学原理，如古典自然法学是近代西方国家政治和法律制度确立的重要理论渊源。

二是依据法律渊源通过文字表达的方式，分为成文法渊源和不成文

---

① 中国社会科学院语言研究所词典编辑室编：《现代汉语词典》（第7版），商务印书馆2019年版，第1608、1614页。

② 张光杰：《法理学导论》，复旦大学出版社2015年版，第40页。

法渊源。成文法渊源是指一国立法体制下由不同层次的拥有立法权的机构制定发布的各层次的具有约束力的规则；不成文法是指非由立法机关制定的具有普遍约束力的规则，主要表现为习惯、习惯法、先例、判例、指导性裁判案例等。

三是依据执法机关和司法机关作出具有法律效力的决定，法律渊源分为正式的法律渊源和非正式法律渊源。正式法律渊源是指具有约束力的规范来源，包括制定法、判例法、习惯法、国际条约；非正式法律渊源是具有说服力但不具有约束力的规则、观念、原理等，包括习惯、公共政策、普遍的正义观念、常识、权威性学说等。

四是依据法律产生的源头，分为立法渊源和司法渊源。从立法角度看，法律渊源是一个与立法体制有密切关系的概念，如果将法律视为立法机关通过法定程序制定的权威性文件，那么法律渊源就应当指该法律形成的合法性依据或者渊源。因此，"法源"一词可以用来指立法意义上的法律形成的合法性依据，例如罗马法是《拿破仑法典》的法源，普鲁士习惯法是《德国民法典》的法源。[①] 在司法法理学看来，如果法律是法院的司法判决活动，那么"法律渊源"就是法官在形成判决的过程中所参考的权威性法律依据，因而，成文法、司法解释、被法律认可或者授权法院可以作为裁判依据的习惯都属于法律渊源。

在不同的国家或者同一个国家不同的时期，法律渊源存在不同的表现形式，其原因是：一是国家经常会根据社会关系重要性的程度、范围的大小等不同情况将创制调整社会关系的法律的权力分配给不同地位的机构，由此产生的结果便是形成效力等级不同、种类多样的法律渊源；二是不同的国家结构形式是造成法律渊源多样性的原因；三是历史传统对法律渊源的形成发挥着重要作用。

（二）税收法定与税法法源

1. 税收法定原则中"法"的含义

从税收法定主义的源头考察，1215 年制定的英国《大宪章》中出现了税收法定主义的萌芽；1627 年《权利请愿书》中规定，非经国会同意，不宜强迫任何人征收或缴付任何租税或类此负担，从而在早期不成文宪

---

① 张光杰：《法理学导论》，复旦大学出版社 2015 年版，第 44 页。

法中确立了税收法定主义。① 作为法国大革命时期的纲领性文件，1789 年颁布的《人权和公民权宣言》第 14 条规定："所有公民都有权亲身或由其代表决定公共赋税的必要性，自由地加以批准，知悉其用途，并决定税率、税基、征收方式和期限。"而且还规定："财产是不可侵犯与神圣的权利，除非合法认定的公共需要对它明白地提出要求，同时基于公正和预先补偿的条件，任何人的财产皆不可受到剥夺"。此后，该理念和原则在资本主义世界得以确立，成为各国征税时必须遵守的法律原则。所谓税收法定，其本质是课税必须经过人民（即纳税人）的同意，人民同意课税是以议会通过为要件，至于这种同意表现为成文法还是不成文法并不重要。现代意义上的税收法定原则中的"法"并非指法律、法规、条例、规章、制度等广义上的法律，而是指由最高国家权力机关通过立法程序所制定的法律。这是因为只有由具有立法权的最高权力机关制定的法律才符合和体现民意，人民据此缴纳其承诺的税收才是合法的。②

根据我国《立法法》的规定"税种的设立、税率的确定和税收征收管理等税收基本制度"只能制定法律，为实现宪法确立的税收法定原则，提供了制度保障。此处所称的"法律"，应该是指由全国人大及其常委会制定并颁布的法律。因为，《立法法》第 2 条规定，"法律、行政法规、地方性法规、自治条例和单行条例的制定、修改和废止，适用本法"，在该法第二章"法律"一章中规定了国家立法机关的立法权限和立法程序、法律解释等事项。

2. 税法法源的类型

税法的法源是指有关税法的法律规范的存在形式。无论是成文法传统还是判例法传统，一国的税法法源不同于一般法的法源理论所描述的情形，也不同于民法、刑法等法典化程度高的法律规范的渊源，税法法源要比传统的私法和公法的法源更加复杂。例如，美国税法是世界上最为复杂的税法之一，税法的来源可以分为立法、行政和司法来源。美国宪法、法案以及美国签署的税收条约都是联邦税法的立法渊源；税法的行政来源，最常见的是财政规则，即由财政部和国内税务局发布的法

---

① 张守文：《论税收法定主义》，《法学研究》1996 年第 6 期。

② 张守文：《论税收法定主义》，《法学研究》1996 年第 6 期。

律声明，这些规则既可以由国会明确授权，也可以由财政部或国内税务局的行政权力制定，对国内税务局具有约束力，但是对法院没有约束力；司法意见构成了联邦税法的第三个来源，所有审理联邦税案的联邦法院，都会发表解释、补充和在某些情况下制定新法律的司法意见，这些意见的权威性取决于哪个法院撰写该意见以及撰写时间。有些国家在税法中明确规定了税法的渊源。例如，《蒙古国税务总法》第 2 条规定，蒙古国税法体系由蒙古国宪法、蒙古国税务总法及与此相关的其他法律、法规和文件构成，在蒙古国参加的国际条约的情况下，以国际条约的规定优先。

因此，税法的法源不仅包括宪法、法律，还包括税务主管部门的上级机关制定发布的法规、税务主管机关制定和发布的一般性税务规则、针对特定事项发布的规范性文件等。我国的税法法源包括宪法、法律、税收法规、税务规章，至于税务规范性文件、最高发布的涉税指导性案例是否属于税法法源，在理论上存在争议，但是在税务实践中能够发挥税法法源的作用。当然这些法规、规则、规范性文件不得同上位法抵触，而且对税务机关也具有约束力。我国台湾地区"税捐稽征法"第 2 条规定：财政部依本法或税法所发布之解释函令，对于据以申请的案件发生效力。但有利于纳税义务人的，对于尚未核课确定的案件适用。财政部发布解释函令，变更已发布解释函令的法令见解，如果不利于纳税义务人，自发布日起或财政部指定之将来一定期日起，发生效力；于发布日或财政部指定之将来一定期日前，应核课而未核课之税捐及未确定案件，不适用该变更后的解释函令。

二 纳税人权利的法律依据

(一) 纳税人权利的宪法依据

由于公民是一国税负的最终承担者，公民与纳税人多有重叠，所以现代法治国家的宪法中都明确规定公民的基本权利和纳税义务。因而，公民的基本权利理应成为纳税人免受国家征税权滥用之害的"保护伞"。宪法中的涉税条款应当包含税收法定原则、税收公平原则和量能负担原则等税法基本原则。由于公民依法承担的纳税义务是维持政府存在的财力基础，而宪法对公民基本权利的确认和保障，为国家提供了征税的正当性依据，即国家和政府的存在是保护公民权利的前提。然而，纳税人依法纳税的权利与义务作为税收法定原则的一体之两面，只有进入作为国家根本大法的宪法的视野，真正地上升为一项宪法权利，才能得到宪法法律的切实保障。[①] 因此，如果不能在宪法层面确立纳税人的地位及其基本权利，则纳税人的权利就难以通过宪法的下位法得到有效保护。

1. 纳税人权利的宪法表达

纳税人权利在宪法上表达，往往通过宪法所确认和保障的公民基本权利来实现的，通过规定公民权利体现纳税人权利。作为公民的纳税人，其最基本的权利有政治权利、人身权利和财产权利，作为组织的纳税人，其基本权利是财产权利。这些权利在有些国家宪法中得以体现。例如美国宪法中并没有直接规定与纳税人相关的权利，但是在美国宪法修正案中规定的公民权利，可以作为纳税人保护其财产权的宪法依据。美国宪法第四修正案规定"人民的人身、住宅、文件和财产不受无理搜查和扣押"，第五修正案规定"未经正当法律程序，不得被剥夺生命、自由或财产；不给予公平赔偿，私有财产不得充作公用"。《法国宪法》第 34 条规定："各种性质的赋税的征税基础、税率和征收方式"属于法律规定的事项，而法律应由议会投票通过。《德国基本法》关于"人的尊严"的条款规定：人的尊严不可侵犯。尊重和保护人的尊严是一切国家权力的义务；第 14 条"财产权，继承权和财产征收"的规定，是保障财产权和继承权的基本法依据。除了宪法之外，纳税的具体义务及其履行主要体现在一般法律层面。就宪法与一般法律中对纳税义务的规范看，宪法中的纳税义务是设定一般法律中纳税人纳税义务的根据，一般法律中的纳税义务是宪法纳税义务的具体化；宪法中的纳税义务是一般法律中的公民纳税义务的正当性判断标准，一般法律设定的纳税义务应当符合宪法规定。

我国对税收制度作较为完整规定的宪法性文件是 1949 年制定的《共同纲领》，其第 1 章第 8 条规定："中华人民共和国国民均有保卫祖国、遵守法律、遵守劳动纪律、爱护公共财产、应征公役兵役和缴纳赋税的义务。"第 4 章第 40 条规定："国家的税收政策，应以保障革命战争的供给、照顾生产的恢复和发展及国家建设的需要为原则，简化税制，实行

---

① 张富强：《纳税权入宪入法的逻辑进路》，《政法论坛》2017 年第 4 期。

合理负担。"该条不仅规定了国民的纳税义务,而且还对用税原则、税制效率、量能课税和公平税负等原则性问题加以规定,但是反观此后的几部宪法对税制和税法的规定则几乎付之阙如。在 1954 年《宪法》"公民的基本权利和义务"一章中规定了"中华人民共和国公民有依照法律纳税的义务"。1975 年《宪法》和 1978 年《宪法》删除了该条款。1982 年《宪法》回归 1954 年《宪法》的体例,其关于税收的直接规定仅仅在"公民的基本权利和义务"一章中规定"中华人民共和国公民依照法律纳税的义务"。

2. 我国近代宪法中纳税人权利条款的变迁

从我国近代以来的宪法文本变迁看,在公民与国家之间的宪法关系及公民纳税义务与国家征税权关系演变进程中,尽管公民的身份和地方发生了本质的改变,但公民负有纳税义务则一以贯之。从清末民初,国民的身份经历了从臣民到公民的变迁。从 1908 年的《钦定宪法大纲》到 1982 年《宪法》,共出现了 13 部宪法或宪法性文件,其中 11 部规定了公民(臣民)的纳税义务。在《钦定宪法大纲》所附的"臣民权利义务"中规定,"臣民按照法律所定,有纳税、当兵之义务。臣民现完之赋税,非经新定法律更改,悉仍照旧输纳"。由于《钦定宪法大纲》中规定的纳税义务主体是"臣民",可见臣民与皇室法律地位的不对等的社会本质,也意味着尚未树立现代国家的观念,纳税的义务主体与税的受益者是分离的,臣民负有纳税义务,皇室享受税的利益。1911 年颁布的《中华民国临时约法》第 13 条规定,"人民依法律有纳税之义务"。1914 年颁布的《中华民国约法》第 11 条、1923 年颁布的《中华民国宪法》第 19 条、1941 年颁布的《中华民国训政时期约法》第 25 条,以及 1946 年颁布的《中华民国宪法》第 19 条,都是借鉴西方资本主义国家的宪法思想,依据主权在民思想,赋予纳税主体的人民的地位。需要注意的是,北洋政府和国民党政府统治下的中国,尽管在法律文本中规定了公民的权利,但是其法律在本质上仍然属于资产阶级的法律,人民的权利也没有得到有效保护和实现,从而无法实现税的"取之于民、用之于民"。

在中国共产党领导下于 1934 年制定的《中华苏维埃共和国宪法大纲》第 7 点、《陕甘宁边区施政纲要》第 13 条、《中国人民政治协商会议共同纲领》第 8 条、第 40 条,以及 1954 年《宪法》第 102 条都确立了公民的纳税义务和国家的税收政策，其共同点在于实现了税的"取之于民，用之于民"理念。当然，我国宪法文本的变迁，也反映了公民与国家关系的变化。同时，"纳税义务不仅意味着国家和纳税人之间的纵向关系，而且是政治共同体成员间相互义务的横向关系的产物"。①

3. 我国现行宪法中的纳税人权利和义务

我国现行《宪法》第一章总纲部分的主体性概念是"人民"，宪法第2条规定：中华人民共和国的一切权力属于人民。人民行使国家权力的机关是全国人民代表大会和地方各级人民代表大会。人民依照法律规定，通过各种途径和形式，管理国家事务，管理经济和文化事业，管理社会事务。《宪法》第二章公民的基本权利和义务部分使用的主体概念是"公民"。在宪法上，公民与国籍联系在一起，宪法第33条规定，凡具有中华人民共和国国籍的人都是中华人民共和国公民。中华人民共和国公民在法律面前一律平等。国家尊重和保障人权。任何公民享有宪法和法律规定的权利，同时必须履行宪法和法律规定的义务。

我国《宪法》第56条规定："中华人民共和国公民有依照法律纳税的义务"，然而纳税同时是对公民财产权、工作权甚至生存权的限制，宪法第13条亦同时规定公民的合法的私有财产不受侵犯，第45条规定中华人民共和国公民在年老、疾病或者丧失劳动能力的情况下，有从国家和社会获得物质帮助的权利。两者之间应如何衡平，则有待通过立法加以权衡和具体化。2001年2月28日由全国人大常委会批准的《经济、社会及文化权利国际公约》也规定，各缔约国应维持劳工及其家属符合公约规定之基本生活水平。由此看来，基于维护人性尊严的立场，政府基于财政需要课税，除落实税收法定主义原则外，更应以法律确保征税不能过度严苛而侵害公民权利。在我国宪法中，纳税是对公民财产权的限制，而对于公民来说，财产权与宪法所规定的人格尊严权、经济自由权及物质帮助权等产生竞合现象，如果只依照财产权之保障范围来界定纳税依据，则公民之受益性质之经济自由权将受到侵害。②

---

① 朱孔武：《基本义务的宪法学议题》，《广东社会科学》2008年第1期。

② 韩大元、冯家亮：《中国宪法文本中纳税义务条款的规范分析》，《兰州大学学报》（社会科学版）2008年第6期。

　　纳税是公民的宪法义务，公民纳税义务来源于法律的规定。由于宪法和法律不在同一个层次，与宪法相抵触的一切法律都是无效的。因此，"公民有依照法律纳税的义务"这一宪法层面的规定表明，公民纳税义务的具体来源是法律，也就表明，只有法律才能对公民设定纳税义务，而且法律设定的具体纳税义务，公民必须遵守，不得逃避。

　　（二）纳税人权利的税法依据

　　纳税人权利及其保护的法律渊源，主要在于一国的税收法律中，包括税收实体法和税收程序法。在 20 世纪 80 年代的全球性税制改革浪潮期间，各国为加强纳税人权利保护，纷纷重新检视过去过滥且不受限制的征税权力，加强了国内立法保护。例如，加拿大在 1982 年颁布了《加拿大权利和自由宪章》，随后加拿大《所得税法令》据此进行了多次修订以便与该宪章保持一致。美国则直接修改《国内收入法典》，先后于 1988 年、1996 年、1998 年集中颁布了三部《纳税人权利法案》（*Taxpayer Bill of Rights*）。

　　有些国家在税法中专门规定纳税人的权利和义务，例如，一些中亚国家的税法典中规定了纳税人权利与义务。《吉尔吉斯共和国税法》（吉尔吉斯共和国 2012 年 5 月 18 日第 55 号法律）第 2 篇 "税收法律关系的参与者" 中的第 3 章专章规定了 "纳税人和扣缴义务人"；《乌兹别克斯坦共和国税法》第 4 章 "税收关系主体的权利和义务"；《土库曼斯坦税法典》第 4 章纳税人的权利和义务。与纳税人权利保护相关的隐私权法、信息法也是各国完善立法的一个重要方面，如澳大利亚的《隐私权法案》、德国的《数据保护法案》、瑞典的《数据法案》、英国的《数据保护法案》均是在 20 世纪 80 年代前后颁布实施的。税收领域相关的其他法律还涉及信息法、隐私权法、行政程序法、行政裁决法、行政诉讼法等。目前，一国国内法律仍是纳税人权利得到保护的最主要的渊源，因超国家法或国际法的影响而承担相应的国际义务，也多是以修订、补充和完善相应的国内法律来实现的。在日常税收征管程序中纳税人所享有的大量的、具体的权利主要还是源自国内税法。

　　我国税法上的纳税人权利主要体现在《税收征收管理法》中，但是并不同于有些国家在税收程序法中设专章规定纳税人权利。从立法表达看，《税收征收管理法》对纳税人权利的规范通过集中规定权利、授权性规范和义务性规范三种类型明确纳税人的权利。该法第 8 条集中规定了纳税人的权利。授权性规范条款中一般表达为"纳税人可以……"，例如该法第 31 条"纳税人因有特殊困难，不能按期缴纳税款的，经省、自治区、直辖市国家税务局、地方税务局批准，可以延期缴纳税款"、第 33 条"纳税人可以依照法律、行政法规的规定书面申请减税、免税"等。义务性规范是指通过对税务机关设定义务而间接实现地对纳税人权利的承认与保护，法律条款一般为"税务机关不得……""税务机关应当……"等，例如该法第 28 条规定：税务机关依照法律、行政法规的规定征收税款，不得违反法律、行政法规的规定开征、停征、多征、少征、提前征收、延缓征收或者摊派税款。第 39 条规定：纳税人在限期内已缴纳税款，税务机关未立即解除税收保全措施，使纳税人的合法利益遭受损失的，税务机关应当承担赔偿责任。从三种规范形式看，基本上是围绕第 8 条所规定的纳税人权利，通过对纳税人的授权性规范和对税务机关的义务性规范，实现在税收征管中对纳税人权益的具体保护。

（三）纳税人权利的税收行政规则依据

在各国建立和完善纳税人权利保护法律制度的同时，征税机关的税收行政规则在保护纳税人权利中具有重要地位。在现代税收法定和依法行政原则下，税务机关发挥着重要作用，其不仅是行政法上的行政主体，而且是直接与纳税人交往的纳税服务机关。税务机关也开始转变行政观念，从征税者角色转变为征税者与提供税务服务并存，以纳税服务为工作宗旨，将纳税人视为"顾客"，为纳税人提供专业、便捷和文明礼貌的纳税服务。

在提供纳税服务中，通过制定行政规则来有效保护纳税人权利，是现代国家文明征税的基本要求和重要内容。在这方面，较为普遍的做法是颁布《纳税人权利宪章》《纳税人权利宣言》《纳税人权利义务公告》等。尽管，此类宪章、宣言、公告等大多不具有可强制指定的法律效力（美国等少数国家的纳税人权利宪章除外），但其对纳税人权利的承诺是税务机关约束自身权利和保护纳税人的手段，从而为纳税人主动提供更多的法定权利之外的保护措施。纳税人权利保护的行政规则不仅是税务机关应当遵循的行政指导性规则，而且还是纳税人知情权的有效保障。在现代政府信息公开和行政透明化要求下，税务机关针对纳税人权利保护制定的行政规则因受源于契约法理论的"诚实信用原则"（或者"禁止反言原则"）的约束①，这类行政规则也能够为纳税人提供更高层次的保障。

在法律生活中，当事人不得对对方的合理期待和信赖采取背信弃义的态度和行为准则，这也就意味着，当事人不得把自己的诺言以其存在错误为由来推翻现前说过的话。因此，诚实信用原则的法理在于保护因相信错误的言行而已经采取行动的当事人的期待和信赖。诚实信用原则不仅是贯穿于民法和商法的一般原则，而且也适用于税法法律关系。税务行政机关及其工作人员在税务行政执法时正式地向纳税人作出的意思表示，被纳税人相信这一来自税务行政的意思而进行了一定的作为或者不作为，税务行政机关无视纳税人的利益状况，后来以其前述意思表示是错误的为由，对纳税人进行课税。这种税务行政的背信弃义在诚实信用原则上是不成立的。尽管，税法是强行法，不同于私法对诚实信用原则的尊崇，但是由于法的安定性要求，纳税人基于信赖税务机关的错误意思表示实施的行为，其行为应当肯定。因此，凡是税务机关作出的保护纳税人权利的规则和承诺，税务机关应当言行一致，不得出尔反尔。因此，在现代服务型政府和税务行政服务理念下，征税机关制定的针对纳税人的行政规则，在一定程度上能够称为纳税人保护的权利渊源。

（四）纳税人权利的国际税法规则依据

由于国际经贸往来，需要调整国与国之间因货物的跨国流动和跨国纳税人的所得而产生的国际税收分配关系的法律规范，这些法律规范是保护跨国纳税人权利的重要依据。这些法律规范形成了国际税法规则，大致可以分为两种类型。

一种是国际条约或者国际法规则。纳税人权利及其保护的国际规则主要源于国际条约和被认可的国际法规则。在税收领域，双边或多边税收条约是最常见和最普遍的国际条约，被一国认可的国际法则可以分为国际习惯法和被文明国家认可的一般法律原则。其适用主要依赖于法院的司法审判功能，来保证纳税人享有体现在这些法源中的权利。例如，2013 年《中华人民共和国政府和瑞士联邦委员会对所得和财产避免双重

---

① 诚实信用原则是德国法系的原则，禁反言（estoppel）法理上英美法系的原则，二者在目的与机能上是一致的。

征税的协定的议定书》中约定，双方认为，在交换信息时，被请求方国内法中关于纳税人权利的程序性规定，在信息被传递给请求方之前，应予适用。双方还认为，该规定旨在确保纳税人能够适用公正的程序，而并非为了妨碍或不当拖延信息交换的进程。

另一种是超越国家法的法律规则。超越国家的法律是指由区域性国际组织制定并无须经过成员国议会同意即具有效力的法律。目前，欧盟法属于超越欧盟成员国主权的法律。区域性国际组织的条约对纳税人权利的保护主要以两种形式实现：一种是条约在缔约国内自动产生法律效力，另一种是必须通过一国最高权力机关批准后转化为内国法律，之后才能得到法院的认可。欧盟条约要求其规定适用于签约国的国内法中，欧盟成员国有义务承认条约在内国的直接适用效力。[①] 例如，2016 年发布的由欧盟委员会制定的《欧洲纳税人准则范本指南》（*Guidelines for a Model for an European Taxpayers' Code*），是欧洲纳税人和成员国税务管理部门遵循的行为模式，而不是严格的法典或章程。尽管，该准则不具有强制性和约束力，但该准则包含了旨在确保纳税人和税务管理部门的权利和义务之间平衡的指导方针。成员国可以根据国家的需要或文本添加或调整要素，基于成员国税法的一般原则和最佳做法，该准则有助于加强税务机关和纳税人之间的合作、信任和信心，从而确保二者的权利和义务更加透明。

第二节　纳税人权利的概念与特征

一　纳税人权利的概念

（一）权利概念的沿革

纳税人权利是一个相对宽泛的术语，并没有公认的界定标准。但是，

---

① 欧洲法院通过一个税收判例确立了个人可以直接在一国地方法院主张条约规定适用的司法原则。在 *Van Gend en Loos v Nederlandse Administratie der Belastingen* 案中，荷兰从德国进口了一种化学产品，进口关税的税率受到了建立欧洲经济共同体条约的第 12 条的质疑。争议内容是该化学产品被荷兰关税局重新进行税目分类，实际提高了关税，这为第 12 条所禁止。荷兰政府主张个人不能援引条约中的条款，欧洲法院则认为条约既对个人设定义务，同时也授予权利给个人，这些授予的权利既可以是明确表述的，也可以是暗含的。参见 Case 26/62 ［1963］ ECR 1，［1963］ CMLR 105 at 129。

学术界普遍认为，纳税人权利的概念源于权利，是特定主体所享有的法律上的权利。然而，何为权利，其在法律上一直存在着争议，主要有意志说、利益说和法力说等学说。从西方权利观念的历史演进看，现代权利概念的诞生是理论上点滴进步的结果。大致经历了自然法的世俗化和自由意志主义和权利概念相结合两个阶段。[1] 在 1789 年颁布的法国《人权和公民权宣言》第 2 条明确定义了权利的基本内容："一切政治结合均旨在维护人类自然的和不受时效约束的权利。这些权利是自由、财产、安全与反抗压迫。"尽管，中国近代以前的文献中，曾出现过"权利"一词，但与现代意义上的权利概念相去甚远。源于西方民主政治实践的权利概念，通过近现代以来的法律移植过程传到中国，并与中国传统文化和政治统治理念相结合，演变成了中文话语体系下的权利概念。正如美国汉学家金勇义所说，中国没有西方那种与生俱来的、超自然的、绝对的权利观念，但中国传统中存在相对的、源于具体的社会场合和社会条件的权利。[2] 由于中西权利生成的基础存在巨大差异，所以，当近代以来西方的"Rights"出现在中国封建王朝统治者和士大夫们面前的时候，他们难以理解和接受基于平等、自由观念下的权利概念，这在如何翻译"Rights"一词中体现等淋漓尽致。例如，在 1830 年西方传教士编写的《东西洋考每月统记传》中将 rights 一词用中文"人人自主之理"来表达时，并不被当时的士大夫官僚阶层所接受。[3] 在字源上，权利翻译自英语"right"和德语"Recht"。汉语语境中的"权利"和英语中"right"其原本意思并非一致。英语"right"的本义是正当、合理、合法、合乎道德的东西，例如生存、受教育、宗教信仰自由等，而汉语中的权利具有权力和利益复合而成的含义，权利就是得以享受特定利益之法律上之力。

1. 西方权利概念的在中国的传播

直到 1864 年丁韪良翻译的《万国公法》出版，在中国的语言体系中才出现了近代西方意义上的"权""权利""私权""人之权利""人民权

---

[1] 方新军：《权利概念的历史》，《法学研究》2007 年第 4 期。

[2] 金勇义：《中国与西方的法律观念》，辽宁人民出版社 1989 年版，第 114 页。

[3] 韩大元：《基本权利概念在中国的起源与演变》，《中国法学》2009 年第 6 期。

利""人民私权""自然权利"等用语。① "权利"概念传入之初，被解释为："凡一国，自主自立者，皆有权，准外人入籍，并可以土著之权利授之。"② 从此以后，英语中的 Rights 与中文的权利一词相互对应，但是，权利一词保留了 Rights 中所指的国家合法权力和利益，舍弃了其中所蕴含的个人自主、自由的观念。可以说，在权利概念的移植过程中，中西方文化之间发生了尖锐的冲突，同时造成了权利概念的多样性。有学者把权利的存在状态分为两类：一类是法律所明文规定的权利，另一类是"推定权利"，即根据社会经济、政治和文化发展水平，依照法律的精神和逻辑推定出来的权利。③

在纳税人意识逐渐萌芽的过程中，清末报界也出现过倡导自由和纳税人的权利的文章。譬如，受西方言论自由观念的影响，被誉为清末民初报界先驱的林白水先生在其创办的《中国白话报》第 1 期"论说"栏目中的文章中写道："……（清朝）这些官吏，他本是替我们百姓办事的。……（因为）天下是我们百姓的天下，那些事体，全是我们百姓的事体。……倘使把我们这血汗换来的钱粮拿去大家分去瞎用……又没有开个清账给我们百姓看看，做百姓的还是拼命地供给他们快活，那就万万不行的！"④ 发表在 1904 年 2 月 16 日第 7 期的"论说"栏目中《国民的意见》一文中指出："租税共权利平等。凡国民有出租税的，都应该得享各项权利，这权利叫自由权，如思想自由、言论自由、出版自由……"，不仅提出了"纳税人的权利"的概念，更将思想自由、言论自由、出版自由视为最重要的自由权。⑤ 在经历了几千年封建社会的等级观念至极的中国，林白水以大白话诉求"纳税人的权利"，使得普通读者的观念自然受到颠覆，在当时是不可思议的。

反观英语世界，作为权威法律词典之一的《布莱克法律词典》将权利细致地描述为多种含义：作为一个抽象意义上的名同，权利指一个人

---

①　李贵连：《〈万国公法〉：近代"权利"之源》，《北大法律评论》1998 年第 1 卷第 1 辑。

②　王健：《沟通两个世界的法律意义——晚清西方法的输入与法律新词初探》，中国政法大学出版社 2001 年版，第 164 页。

③　张文显：《法理学》，法律出版社 1997 年版，第 117 页。

④　林慰君：《我的父亲林白水》，时事出版社 1989 年版，第 25 页。

⑤　林立新：《报界先驱林白水研究论文集》，福建人民出版社 2008 年版，第 198 页。

固有的、对他人发生影响的权力、特权、制度或要求；……权利可以被解释为一个人所拥有的在国家的同意或协助下控制他人的能力；作为一个长期使用的结果，权利可以指由宪法或其他法律保障的权力、特权或豁免；权利在狭义上，可以指财产客体的利益或资格以及任意拥有、使用或享用它或让渡、否弃它的正当的、合法的要求。①

我国《现代汉语词典》将"权利"词条解释为：公民或法人依法行使的权力和享受的利益。② 然而，现代汉语中对权利的通用解释说以公民和法人主体，将权利的范围扩大到权力和利益，这种理解显然与法律上对权利和权力的区分是不一致的。

2. 纳税人权利观念的传入

"纳税人"和"纳税人权利"的观念，源自西方理论和实践。鸦片战争之后，西方国家纷纷在中国开设租界，西方制度和观念开始直接与中国人接触。令人难以想见的是，公园的出现竟然促成租借地居民产生了"纳税人意识"。1868 年在上海租借出现了中国最早的公园，由作为当时英美租界当局的工部局创办的外滩公园是西方列强在中国设立的公共场所。③ 该公园所占土地是英国驻沪领事馆前由泥沙积累于一只沉船而形成的涨滩。根据 1854 年《洋泾浜北首外国人租借地皮章程》第五款，这块地应当由公众使用。经英国领事同意，由上海运动事业基金会出资于 1868 年在此地建成公园，但是该公园不对中国人开放。由于当时刚刚出现公园，中国人入园看新鲜者颇多，并有时在公园内攀折花木，工部局以此为借口禁止华人入内。从 1885 年开始，租界的一些华人商界领袖与工部局交涉，工部局以"园小不能容纳许多华人"为辞。《申报》发表《论华商函致工部局请准华人得共游公家花园事》的评论文章指出："本埠之有公家花园也，造之者西人，捐款则大半出自华人。西人于造成之后，名之曰公家花园，以见其大公无私之意。然名则为公家，而其实则仍系私家。"因为不准华人入内则"此事似于公家两字显有矛盾。盖华人

---

① Henry Campbell Black, *Black's law dictionary*, St. Paul：West Pub. Co.，1979，pp. 1189 - 1190.

② 中国社会科学院语言研究所词典编辑室编：《现代汉语词典》（第 6 版），商务印书馆 2012 年版，第 1075 页。

③ 原名为 public park，中国人称为"公家花园"，即现在的黄浦公园。

苟有执以问西人者谓：公家花园之创，与夫平时管理、修葺一切等费，皆出自西人乎，抑出自华人乎？以工部局所捐之款计之，华人之捐多于西人者几何？则是此园而例以西法，华人断不至被阻"。①

在各方压力下，1889 年 5 月租借工部局允许一些中国部门发放执照，每张执照可使用一周，但是因执照数量少，时间久了，竟形同虚设。随后，上海人民联名给上海道台龚明瑗写信，要求政府直接干涉，信中说华人坚持入园的目的"非以其园风景之佳，必欲一游而后快，诚以其基址既属于中国官地，其费又大半取自华民捐税，而中国人民，反遭寸步不得入，不平若斯，……试问此园既以公共为名，果将居我华人于何等地位！"② 华人争取入园的权利，不仅是反对殖民者种族歧视的一个胜利，促进了绅商、市民民族意识的觉醒；而且增强了中国人的"公共空间"的观念和"公共"意识和"纳税人权利"意识的觉醒。

3. 纳税人权利观念的确立

从中西法治发展进程看，纳税人权利的概念及其实质内容，并不是近代西方启蒙运动以来随着自然权利、天赋权利等法律思想而来的，而是 20 世纪七八十年代在西方兴起的"纳税人权利宣言"的产物。当时，西方主要资本主义国家，尤其是采用英美法系的国家诸如澳大利亚、加拿大、美国、英国，以及受英美法影响较大的日本等国家相继颁布纳税人宪章、纳税人权利宣言等，用以增强和宣告纳税人权利的法案，逐渐形成了具有普遍性的纳税人权利体系。不同于具有悠久历史传统的民事权利及其体系所具备的逻辑性和严密性，纳税人权利通常由税法以描述性定义加以确认，其内在逻辑性不具备民事权利体系的严密性。

按照辩证关系和法理意义上权利义务的关系，因为没有无权利的义务，也没有无义务的权利，所以，纳税人履行纳税义务，相应地就享有纳税人的权利。税收法律关系的两重性决定了纳税人的权利可以从纳税人对征税机关的权利这一微观层面和纳税人对国家（政府）的权利这一宏观层面来理解。可以说，在我国改革开放之前，无论是阶级斗争意识

---

① 雷颐：《公园古今事》，《炎黄春秋》2008 年第 4 期。

② 上海市黄浦区革命委员会写作组、上海师范大学历史系：《上海外滩南京路史话》，上海人民出版社 1976 年版，第 47 页。

形态还是经济体制，都缺乏产生权利意识的土壤和基础，更谈不上纳税人权利。改革开放以后，随着意识形态的松绑和私有财产观念逐渐的确立，无论是国家领导层还是普通大众，都出现了法制意识和财产意识，加之1987年《民法通则》的实施，对私人财产权的承认和法律保护加速了人民对法制的普遍诉求。在税法领域，纳税仅仅是"人民的光荣义务"的观念逐渐被"纳税不仅是义务，也应当享有权利"的观念取代，税务机关也开始重视纳税人的合法权益。在我国税务管理实践中，通常认为，纳税人的权利是纳税人在依法履行纳税义务时，由法律确认、保障与尊重的权利和利益，以及当纳税人的合法权益受到侵犯时，纳税人所应获得的救助与补偿权利。

当然，税收管理实践中所显现的朴素的感性权利意识远远不能适应国家治理的法治化要求，需要从逻辑和抽象层次上提炼纳税人权利的内涵和外延。在税法学界，有学者认为，纳税人权利就是指纳税人在依法履行纳税义务时，法律对其依法可以作出或不作出一定行为，以及要求他人作出或不作出一定行为的许可与保障，包括纳税人的合法权益受到侵犯时应当获得的救助与补偿。[①] 这种定义显然是模仿和比附民事权利定义的产物。也有学者定义为，纳税人享有以宪法和法律为基础，仅在租税的征收和使用符合宪法规定原则的条件下才承担纳税义务的权利，这就是纳税人的基本权利。[②] 该定义在一定程度上揭示了纳税人权利的一些特征，但是它属于逆向定义和循环定义，并没有揭示纳税人权利的内涵。因为，该定义将纳税义务的对应层面作为纳税人权利，但是仍然无法清晰揭示纳税人权利概念的本质。仿造民事权利的概念，还可以将其定义为：纳税人权利是纳税人在税收法律关系中所享有的，并为税收法律所认可的各项权利的总称。

（二）纳税人权利的法律表达

在我国税收立法和执法中，与纳税人权利近义的另一个术语是"纳税人合法权益"，其基本含义是指纳税人在依法纳税过程中，根据国家法律、行政法规的规定应当享有的权利和受法律、行政法规保护的利益。

---

① 刘剑文：《税法专题研究》，北京大学出版社2002年版，第166页。

② 甘功仁：《纳税人权利专论》，中国广播电视出版社2003年版，第14页。

我国《税收征收管理法》第 1 条立法目的条款中有"保护纳税人的合法权益"的提法，但是置于"加强税收征收管理、规范税收征收和缴纳行为，保障国家税收收入"之后。

从词义理解，纳税人权利是纳税人这一纳税主体的所享有的权利。由于纳税义务源于宪法和税法等公法，所以，纳税人权利属于公法意义上的权利。但是，其与宪法上的公民基本权利和民事法律关系中民事主体所享有的民事权利之间既有区别，也有联系。从广义上理解，纳税人权利是宪法和法律规定的使用公共产品与服务的权利，是纳税人在国家、经济、社会生活中的根本性的权利，这种权利是作为人"与生俱来、不证自明"的权利，它往往以公民权利和人权的形式表现①；从狭义上理解，纳税人权利是纳税人根据税法的确认和规范，在履行其法定的纳税义务过程中，可以依法作出一定行为或不作出一定行为，以及要求征税机关作出某种行为或不能作出某种行为，从而实现自身的合法利益；从税收征收实践看，纳税人的权利是指纳税人在依法履行纳税义务时，由法律确认、保障与尊重的权利和利益，以及当纳税人的合法权益受到侵犯时，纳税人所应获得的救助与补偿权利。

在法律中，"权利""权益"和"利益"概念的含义有所不同。一般而言，"利益"的外延最宽，并非所有的利益都受法律承认和保护，受法律承认和保护的利益被称为"权益"，一般理解为权利和利益的综合。"权利"的外延最窄，权利与义务对应，权利的产生，意味着义务的产生，"权利"必须由法律规定，包括权利的主体、客体、取得方式、内容、行使、限制等。在立法中，按照法律所保护的特定主体的权益，有消费者权益、投资者权益、股东权益、所有者权益、妇女权益、儿童权益、老年人权益、残疾人权益、劳工权益、农民权益等；按照权益的客体，有财产权益、土地权益、技术权益等。权益的保护或者保障一般是由权益享有主体之外的特定主体给予保护，或者通过对权益主体相对应的主体设定义务的方式加以保护。例如在消费者权益保护方面，除了规定消费者的权利，还通过设定经营者的义务、国家保护消费者的义务、社会组织保护等来实现。

---

① 涂龙力、王鸿貌：《税收基本法研究》，东北财经大学出版社 1998 年版，第 135 页。

权利是法理学体系的基石性范畴。在私法秩序中，"权利—义务"是基本的思维逻辑与规则设计模式；在公法秩序中，"权利—权力"则成为基本思维框架。① 在宪法中，公民的权利被称为基本权利。所谓基本权利指的是宪法承认的个人维持其尊严生活所需要的基础性权利，它根源于人作为人应当享有的道德权利。正如道德具有历史性，基本权利也不是一成不变的，其服务于人在政治共同体中的具体生活，处于持续演进的过程之中。这些权利常被称为宪法权利、基本权利、基本权，有时也被简单地称为人权。基本权利是不可让渡、不可侵犯、不可剥夺的，是宪法的核心内容，宪法必须服务于保障和实现这些权利。同时，这些权利在法律权利的体系中也处于核心地位，任何其他法律都必须尊重它们，并确保其有效实施。② 在私法中，权利是私法的中心概念，应为多样性法律生活的最终抽象化。按照德国法学家萨维尼的观点，权利是一种"意思力"或者意思支配，即权利是个人意思自由活动或个人意思所能支配的范围；德国法学家耶林强调，该意思力的赋予旨在满足特定的利益，认为权利是法律所保护的利益。现代民法学界通说认为，权利是享受特定利益的法律之力。其中，物权是直接支配其标的物而享受其利益的具有排他性的权利；债权是请求特定人为特定给付（作为，不作为）的权利。③

从权利与权益的概念中可以看出，权利是一个更加严肃的概念，具有严密的解释学概念属性和法哲学构成体系和功能，权益的概念一般是立法中的一种统称。在税法上，纳税人权利的概念能够更加明确地体现纳税人的法律地位，是税收法律关系中的主要内容，也是税的构成要素的核心。纳税人权利不仅具有法定性，而且是作为公民的纳税人的公法权利和私法权利在税法中的体系化，具有自然权利属性和不可剥夺性、不可转让性。

---

① 姜明安：《党员干部法治教程》，中国法制出版社 2014 年版，第 121 页。
② 周伟、谢维雁：《宪法教程》，四川大学出版社 2012 年版，第 291 页。
③ 王泽鉴：《民法总则》（增订新版），（台北）新学林出版股份有限公司 2014 年版，第 109 页。

二　纳税人权利的特征

从我国学术界对纳税人权利概念的界定，主要来自财税学界和财税法学界两个领域，这两个领域由于学科视角、研究范式、研究领域的不同，导致对纳税人权利定义的思路存在较大差异。从纳税人权利概念的演变过程可以看出，财税学界的定义侧重从国家税收的角度界定纳税人权利，法学界侧重从法律上的权利概念出发，将其扩展到税收领域。这种情况与我国的税收实践与税收立法相互脱节的现实有关。对纳税人权利缺乏法律上的定义，在税收立法中以国家税收权力为主导，国家与纳税人之间处于不平等的地位，人们观念中往往认为，国家永远高于个人，政府的征税行为也不应当受纳税人的约束。这种长期以来形成的国家与纳税人关系的观念，体现在对税的本质的认识中，就是强调税收的无偿性、强制性、固定性。这种根深蒂固的观念长期占据我国税收立法和税法执法，直到近年来，税收法定的观念得到税法学界的普遍认定，并得到立法上的回应。

2013 年党的十八届三中全会通过的《中共中央关于全面深化改革若干重大问题的决定》，首次明确提出"落实税收法定原则"。以此为契机，2015 年 3 月 15 日，十二届全国人大三次会议修改的《立法法》将"税收法定原则"写入其中。可以说，截至 2015 年，作为征税依据的强制性规范主要源于行政法规、规章，以及由税务机关制定的用来解释法规规章的规范性文件。2015 年以后，逐渐将原来的税收行政法规上升为税收法律。这为纳税人权利的实体法保护奠定了基础。

在我国法治建设进程和税收法律实践中，不同层次和不同领域的法律都在构建和保护某些特定的权利，例如宪法规定的公民的权利，民法规定的自然人、法人、非法人组织等民事主体的民事权利，消费者权益保护法规定和保护的消费者权利，金融法保护储蓄人的权利，诉讼法确认好保护诉讼主体的权利等，这些权利在层次上和领域上存在差异。不同法律确认和保护的特定主体的权利，这些主体性的权利具有不同特征。就纳税人权利而言，具有以下特征。

（一）纳税人权利是被税法规定的实在权利

从法律角度看，纳税人权利属于实在法上的权利，即实然权利。法理学一般认为，权利的本质由多个方面的属性组成，有学者把权利的本质属性归纳为利益（benefit）、主张（claim）、资格（entitlement）、权能（power，authority）和能力（ability、capacity）、自由（freedom）五个基本的、必不可少的要素。① 美国乔治敦大学哲学教授汤姆·彼彻姆（Tom. L. Beauchamp）将权利的解释分为四种：以权力解释权利、以利益解释权利、以资格解释权利、以一种有效的要求权解释权利。② 可见，权利的多维度的，对权利存在与人类社会的状态给予的解释，都涉及权利存在的形式。在法理学和法哲学意义上，一般在"应然"和"实然"两种范畴下探讨权利，进而把权利的存在状态分为"应然"状态下的权利（简称应然权利）和"实然"状态下的权利（简称实然权利）。西方自然法思想中的"自然权利""道德权利"就是在应然状态下探讨的人的"应然权利"；"实然权利"指权利的实现存在状态，是权利由可能性向现实性转换后的状态。因为权利义务关系是法律规则要解决的核心问题，所以在一个以权利为本位的制度框架中，实然权利也就表现为法律关系的主要内容及其法的实现的最主要方面，具体表现为立法、法律适用、守法等法的运行秩序。

纳税人权利不同于纳税主体享有的政治权利和民事权利等，尽管在权利的外观上可能重复，但这并非同一层次的概念。纳税人的权利来源于宪法和税法的明确规定，属于实然权利的范畴，可以通过诉讼机制维护。在国家层面，宪法规定的权利是一切实在权利的最高来源，但是宪法权利并非在所有国家都可以通过宪法诉讼的方式予以维护，但至少宪法的纳税人权利具有宣示性和最高性。纳税人及其权利首先是税法的范畴，是税收法律关系的核心内容之一，所以确认纳税人权利是税法的重要内容。只要在税法中得到确认的纳税人权利，才能通过诉讼制度予以维护。当然，纳税人权利体系中，既有涉及作为纳税人的公民的政治权利，也有民事主体的民事权利，在税务诉讼中还享有作为诉讼主体的权利。但是其核心是纳税人权利，是其他法律规范中的权利的来源。例如，

---

① 夏勇：《人权概念的起源——权利的历史哲学》（修订版），中国政法大学出版社2001年版，第46—48页。

② L. Beauchamp Tom, "The Right to Privacy and the Right to Die", 2000.

纳税人的隐私权与民法中的自然人的隐私权，既有关联，也有区别。如果税法没有规定纳税人的隐私权，则无法通过民法直接维护其权利。因为，民法中的隐私权仅限于民事法律关系，而税收法律关系与民事法律关系是不同的法律关系。当税法明确规定了纳税人享有因纳税而涉及的个人隐私或商业秘密不被税务机关侵犯时，纳税人才可以税法作为维护其权利的法律依据。

所以，从税法构造和税收法律关系层面看，纳税人的权利是有税法明确规定的权利，是一种实在权利，税法规定的纳税人权利受法律保护。我国自 2001 年 4 月修订的《税收征收管理法》中，首次在法律层面对纳税人权利予以集中表达。2009 年国家税务总局发布的关于纳税人权利和义务的公告，是税收征收管理法在税务执法中的具体化，并非法定的独立的纳税人权利。

（二）纳税人权利是公法与私法相互兼容的权利

自从古罗马法中出现公法与私法的划分以来，受其影响的大陆法系国家法律体系的基本类型就是公法与私法。尽管，20 世纪以来，出现了公法私法化和私法公法化现象，但是大陆法系根深蒂固的公法与私法分类的传统没有受到太大影响。税法的调整对象是税收法律关系，其一方主体肯定是代表国家形式征税权的国家机关，其所维护的利益也至少包括国家税收权益，从此种意义上税，税法属于公法，一般不会有太大争议。

但是，20 世纪在德国行政法学和税法学界存在的税收法律关系内涵的"权力关系说"和"债务关系说"之争，凸显了税法的行政法上权力关系认知路径和民法债权债务关系认知路径。从此，税法的纯粹公法属性受到挑战，而被认为是兼有公法与私法的新的法域。这种观念给税法学理论带来了一系列变革，并且标志着传统税法中占据主要地位的权力要素开始退却，作为税收债权债务关系一方的纳税人的法律地位开始被提升到新的层次，由此纳税人权利保护成为税法理论和实践的重要内容。

在我国，由于长期受权力主导的社会形态主导，国家观念和集体主体传统导致个人在社会和在法律中的地位没有被提升到应有的高度。纳税是一种天经地义的义务的观念长期占据主流意识形态和官方宣传，直到 20 世纪 80 年代以来，改革开放所引发的权利意识的觉醒，与经济体制改革所适应的民商法制度建设和民事权利在法律上的确立之后，纳税不再是绝对的义务，而且还应当享有与之相适应的权利。随着经济法作为独立法律部门的出现，税法属于行政法还是经济法的争议也由此产生。在我国行政法上，征税机关属于行政主体，征税行为属于行政行为，税收争议适用行政复议和行政诉讼，纳税人是税收/税务行政关系中的相对人看待，从这种意义上说，税法上行政法。但是，在经济法领域，财政法和税法一般被视为经济法。尽管学术界对税法属于行政法还是经济法存在不同的认识，但是在国家层面已经明确了税法的部门法归属。

2011 年发布的《中共全国人大常委会党组关于形成中国特色社会主义法律体系有关情况的报告》的通知，是党中央首次就中国特色社会主义法律体系问题专门发布的文件。2011 年 3 月 10 日，全国人民代表大会常务委员会委员长吴邦国向十一届全国人民代表大会四次会议作全国人大常委会工作报告时宣布，到 2010 年年底，我国形成了以宪法为统帅、法律为主干，包括法律、行政法规、地方性法规等多个层次的法律规范在内，由宪法相关法、民法商法、行政法、经济法、社会法、刑法、诉讼与非诉讼程序法等多个法律部门组成的有机统一整体。尽管，在法律部门的划分中没有单独的税法部门，但是一般将税法划归到经济法的范畴，将税收单行法列为经济法部门。虽然，这相当于从政治上宣布中国特色社会主义法律体系已经定型，但是将税法划入经济法的范畴并非不可争议，甚至还存在税法属于独立部门法的可能。从税法的部门法属性看，当前税法兼具行政法和经济法的属性，大致可以说，在微观税收征管领域，税法的行政法属性较强；在税收宏观调控领域，税法的经济法属性更强。无论如何理解，税法规定的纳税人权利兼具行政法和经济法属性，其公法属性更明显。当然，从税收债权债务理论看，税法还具有民法的属性。

（三）纳税人权利因纳税人的弱势地位而产生

在税收法律关系中，与代表行使征税权的税收机关相比，纳税人处于弱势地位。之所以存在这种法律上和事实上的弱势地位，其原因在于税收立法、税法执法和纳税人组织能力等层面。第一，从税收立法层面看，税法具有很强的公法特征，在税法立法中就决定了纳税人与税务机关的法律地位不平等。在普遍的国家主义理念下，纳税人难以参议税收立法，而且在税法中往往体现的是纳税义务，纳税人的权利与义务不对应、不平衡。及时在秉持税收债权债务理论的国家，税务机关也被赋予强大的税收执行权。第二，从税收执法层面看，税务机关属于公法人，既有源自行政机关本身的权力，也有来自税法规定的权力，税务机关处于主动地位，纳税人权利要服从征税权力。即使因征税机关的过错导致纳税人利益受损，也难以通过民事程序来维权。加之，税法本身所固有的不确定性，在税法适用中通常要进行解释，而税法解释权由税务机关行使，纳税人只有被动接受。第三，同税务机关具有的强大的机构和组织体系相比较，因整体意义上的纳税人具有抽象性而无法对抗税务机关的违法行为，个体意义上的纳税人往往难以组织起来，以集体的力量维护权益。

经济发展和社会进步，使得个人成为政治、经济、社会等领域的独立主体，社会的价值取向逐步从权力本位向权利本位转向。法律的理念也从个体义务转向个人权利。在此权利本位观下，整个法律规范体系以保障权利为重心。国家存在的目的以保护国民的利益为前提，行政权力以不侵犯私人合法权益为界限。从形式看，国家征税无疑是对私法主体财产权的某种程度的剥夺，这种剥夺以人民或者其代表同意而通过的法律规定为限。由民法保护的私法主体的财产权，在税法中体现为纳税人向国家缴纳的税收，为了防止征税机关任意剥夺纳税人的合法财产，就必须赋予纳税人权利，以防止和对抗国家的恣意征税行为。

在税法实施上，纳税人权利是微观层面和个体意义上的纳税人权利，因为，这些权利是具体纳税人在与特定的税务机关的行政关系中表现出来的，是在具体的税务登记、税款征纳、税务检查等领域产生的法律关系中，通过个体纳税人的行为才能得以充分实现的权利，而且可以通过司法程序维护这些权利。相对于征税机关的征税权——来源于国家或地方政府的税权，纳税人负担纳税义务，并不享有足以抗辩税权的权利，只享有抗辩超出纳税人义务范围的请求权的权利。赋予纳税人的各项权利总的来说都是为更好地实现纳税义务（如知情权），是辅助义务履行（如保密请求权）、预防纳税义务不当扩大（如减免税申请权）或对已发生的纳税损失进行补救（如陈述权、申述权、退还多交税款权和复议诉讼权等）等的防御性权利。纳税人作为个体所享有的权利是纳税人整个权利体系中的第一个层次。[1] 税收行政法律关系意义上的纳税人权利是一种狭义的和具体的纳税人权利。只有作为税务机关的税务行政的相对人时，才是税务行政关系中的纳税人，才享有税收征管法规定的纳税人权利。

第三节 纳税人权利的类型

一 纳税人权利分类的学说

从不同的角度，或者按照不同的标准，纳税人权利可以划分为不同的类型，这对于理解纳税人权利的内涵和外延，及其不同层次的法律保护具有后总要意义。有学者按照权利被赋予形式的性质，将纳税人权利分为道德权利（应有权利）与法定权利（实在权利）；按照确定权利的法律规范位阶，分为基本权利、具体权利、补救性权利等。[2] 这些分类有益于更加清晰地认识纳税人权利的特征和性质。例如，按照权利所体现内容的重要、具体程度，可分为宪法性权利与一般性权利，一般性权利还可以分为民事权利和税法权利；按照权利的效用和表现形式，可分为实质性权利与程序性权利；按照权利是否独立存在或权利之间的相互关系，可分为原权利与救济权；按照权利与纳税人的关系，可分为专属权与一般权；按照权利的作用，可分为请求权、支配权和变动权；按照权利的行使状态，可分为行动权与接受权；按照权利的存在形态，可分为应有权利、习惯权利、法律权利、现实权利；按照税收阶段，可分为征收环节的抗辩权利和征收后的救济权利等。

我国税法学者对纳税人权利类型的认识和深入研究，受日本税法学家北野弘久的影响较大。北野弘久提出的纳税人基本权利的概念，即"纳税人仅以遵从符合宪法的形式承担纳税义务的权利。换言之，它是保

---

① 祁志钢：《纳税人诉讼公法之债下的公权力与私权利》，中央广播电视大学出版社 2016 年版，第 11 页。

② 黎江虹：《中国纳税人权利研究》（修订版），中国检察出版社 2010 年版，第 173—175 页。

障纳税人在宪法规定的规范原则下征收与使用租税的实定宪法上的权利。"① 受北野弘久倡导的纳税人基本权利理论的启发，中国学者也将纳税人权利分为基本权利和一般权利。所不同的是对纳税人的基本权利和一般权利的具体内涵，看法并不尽一致。总体而言，纳税人宪法上的权利是所有的纳税人，包括间接税的真实负税人对于国家的要求权，因为每个纳税的个人基本上也就是公民。② 有学者从财政学角度出发，认为纳税人应该享有纳税赞同权、选举代表权、政府服务权和税款节俭权这四项基本权利。③

在法学界，张守文将纳税人主体的权利归纳为：限额纳税权、税负从轻权、诚实推定权、获取信息权、接受服务权、秘密信息权、赔偿救济权等。④ 刘剑文和熊伟提出纳税人宪法上的权利与税法权利的体系，认为宪法上的权利主要是：纳税人的财产权、平等权、生存权、选举权和被选举权、言论自由、结社权等。⑤ 陈少英将纳税人权利分为纳税人的宪法权利和税法权利，在宪法权利内又分为积极要求权和消极防御权。积极权利是积极主动维护权利的权利，消极的权利是免于被侵害、被剥夺的权利。纳税人在宪法上的积极参与权包括：参与税收立法权、公共物品选择权、享受公共物品权、言论自由权、对税收征收和使用的监督权。而纳税人在宪法上的消极防御权则强调纳税人权利保护的底线，主要包括纳税人的财产权、生存权、平等权和自由权。⑥ 梁发祥等将纳税人基本权利分为积极要求权与消极防御权，其中，积极要求权包括代表权、同意权、知情权、监督权、诉讼权；消极防御权包括生存保障权、财产权、享受公共服务权、平等和公平对待权。⑦

---

① ［日］北野弘久：《税法学原论》（第四版），陈刚、杨建广等译，中国检察出版社 2001 年版，第 58 页。

② 梁发祥、梁发苗：《纳税人权利纵论》，甘肃民族出版社 2010 年版，第 56 页。

③ 张馨：《财政公共化改革——理论创新·制度变革·理念更新》，中国财政经济出版社 2004 年版。

④ 张守文：《税收原理》，北京大学出版社 1999 年版，第 62—63 页。

⑤ 刘剑文、熊伟：《税法基础理论》，北京大学出版社 2004 年版，第 80—85 页。

⑥ 陈少英、王峥：《纳税人权利保护探析》，载刘剑文主编《财税法论丛》第 8 卷，法律出版社 2006 年版，第 24—67 页。

⑦ 梁发祥、梁发苗：《纳税人权利纵论》，甘肃民族出版社 2010 年版，第 63—105 页。

不同研究领域和研究侧重点的学者对纳税人权利的分类，都在不同程度上揭示了纳税人权利的本质和特征。不可否认的是，纳税人权利是一个由多层次、多方面权利构成的"权利束"，是一系列权利的总和，不仅体现在纳税环节，还应当体现在政府用税环节。但是，从税法角度看，纳税环节的各种权利才属于纳税人的具体权利，是可以通过诉讼途径寻求救济的权利。按照纳税人权利的内容和功能，可以分为财产性权利、人身性权利和程序性权利。按照纳税人权利的法律来源，可以分为宪法上的纳税人权利、民法上的纳税人权利、税收实体法上的纳税人权利和税收程序法上的纳税人权利。按照纳税人权利来源的规范逻辑，可以分为直接的纳税人权利和间接的纳税人权利，所谓直接的纳税人权利是指由法律法规直接规定为纳税人的权利或权益，所谓间接的纳税人权利是指从税务机关对纳税人应当履行的职责推导而来的权利。

依据宪法规定的人民主权原则，还可以将纳税人权利分为代表权、监督权和救济权三大类。一是代表权，包括选举权、被选举权、罢免权、委托权等。正如英国历史上脍炙人口的"无代表，不纳税"（No taxation without representation）格言。这在前资本主义社会是一种非常进步的思想，即国王征税必须征得议会的同意，没有经过人民代表（下议院议员）的同意，国王无权征税。进而引申出未经纳税阶层的同意的征税是非法的，人民可以不纳税。因此，纳税的标准必须由纳税人的代表决定，国家预算及其支出也要受到代表的审查和同意。国家如果未经人民同意就凭借暴力或者强制力征税不具有正当性。二是监督权，即纳税人的知情权、表达权、批评权、质询权、听证权、结社权等。税的征收与支出要对纳税人公开，要征得纳税人（或由人民选举产生的代表）同意，要接受纳税人的监督与问责。三是救济权，包括行政复议申请权、行政诉讼权、控告检举权、获得公正对待权、求偿权等，其核心的是当纳税人权利受到侵害后诉诸法律解决获得公正判决的权利。

在各种分类中，具有综合意义的分类是抽象的纳税人权利与具体的纳税人权利。抽象的纳税人权利，也即纳税人的基本权利、整体性权利，这种权利是纳税人作为整体在与国家的关系中所产生的权利；具体的纳税人权利，也即纳税人个体权利，可救济的纳税人权利，是在具体的纳税人与国家征税机关的关系中所产生的权利；程序性纳税人权利，即纳税人按照法定程序维护其利益的权利。

二　抽象的纳税人权利

纳税人基本权利，也即全体纳税人的整体权利，是指通过税收所体现的国家与纳税人之间的政治经济关系中纳税人拥有的权利，这些权利是通过税收体现的宏观上纳税人的整体权利，是宪法规定的公民基本权利的具体表现，体现在宪法或者税收基本法中。纳税人整体权利，在北野弘久创立的"现代税法学"中，被称为"纳税人的基本权利"。北野税法学关于纳税人基本权的核心内容是"在税租国家体制中，可以说宪法规定的规范原则全部是关于征收与使用租税，人们遵从宪法规定的规范原则，在其限度内使用租税。并以此为前提，仅遵从宪法规定的原则承担租税义务。"① 刘剑文认为，纳税人基本权利不可能突破宪法公民权的现有界限，而只能在其范围内寻求最大可能的实现。在很大程度上，纳税人基本权利已经不是一个理论问题，而是公民权在税收领域如何实现的问题。在理念上赞同有关纳税人基本权利理论，国家不仅应该依法征税，更应该依法用税。如果税款被用于违反宪法或法律的用途，要求纳税人缴纳税就失去了其正当性基础。② 因此，纳税人享有以宪法为基础，仅在租税的征收与使用符合宪法规定的原则的条件下才承担纳税义务的权利，该项权利就是纳税人的基本权利，即纳税人仅以遵从符合宪法的形式承担纳税人义务的权利。③

1. 选择公共产品的权利

我国目前对于纳税人公共产品选择权没有明确的立法，因此，这一权利目前来说并不是一项法定权利，而是纳税人应该拥有的应然性的"自然权利"。纳税人是公共产品费用的主要提供者，根据权利与义务相一致的原则，纳税人在履行了为公共产品提供资金的义务的同时，就取得了选择和决定公共产品的品种和供应量的权利，相应也取得了选择和

---

① ［日］北野弘久：《税法学原论》（第四版），陈刚、杨建广等译，中国检察出版社2001年版，第57页。

② 刘剑文、熊伟：《税法基础理论》，北京大学出版社2004年版，第86—88页。

③ 甘功仁：《纳税人权利专论》，中国广播电视出版社2003年版，第52页。

决定作为公共产品基本资金来源的税收的项目和额度的权利。这就决定了税收的征收和支出的过程实际是一个公共选择和决定的过程，公共选择的过程是通过财政税收立法的过程来实现的。

从税收的角度来说，纳税人是公共财政的主要贡献者，享有对国家的"债权"，政府代表国家履行提供优质公共产品的责任，也是在履行"债务"。对于纳税人来说，公共选择机制，一般是指民众或者公众的选择过程，就是说将民众的意愿和选择偏好统一起来一致行动的意思，我国的公共产品选择机制主要以集体选择方式存在。当然，我国的公共选择超越了西方建立在理性人基础上的公共选择机制，所关注的不仅是个人利益的最大化，而且更加关注集体利益和社会福利的最大化。我国的公共产品选择制度，与国家政权的组织形式是分不开的。

2. 参与税收立法的权利

税法是税收活动的法律依据，税收立法是一切税收活动的起点。根据税收法定主义原则，公民拥有通过立法确定自身纳税义务的权利，这种税收立法权是先于公民的纳税义务的，是税收机关征税，纳税人履行纳税义务的唯一依据。除经过法定的民主程序所制定的税收法律外，征税机关不得以其他依据向纳税人课征税收，否则，纳税人有权拒绝未经授权的税收课征。理论上，我国纳税人参与税收立法的权利主要通过两条途径实现：一是通过自己选举的代表直接参与税收立法；二是通过对税收立法草案的社会讨论参与税收立法。其中第一种是纳税人参与税收立法的主要形式。然而，在税收立法实践中，税收法律法规基本上都是由国家财税主管部门主导起草法案，从而形成了税法的基本框架结构。早期颁行的税收法规的起草和表决过程纳税人是无从参与的。近些年来，在税法立法中，公众才有机会通过法律草案征求意见的方式，提出对税法草案的修改意见，但是这对法案的主要内容的影响较小。

3. 依法纳税的权利

纳税人依法纳税的权利包含两层意思，一是公民具有纳税的权利，任何组织和个人不得妨碍和侵害公民纳税的权利；二是公民具有依法纳税的权利，公民有权只依据法律规定的范围、依据和程序纳税，对于非法的或者超越法定范围的税收征收，纳税人有权拒绝并请求法律保护。国家与纳税人之间的关系是以法律为基础建立起来的税收法律关系，非一般的经济关系，也非一般的行政管理关系。税收和法律的本质属性和特定功能，决定了税收活动必须与法律形式结合在一起，即税收必须依法进行，税收活动必然以法律为基础，也就是税法理论中的税收法定原则。遵循税收法定原则，纳税人权利意味着税收的征收必须基于法律的规定进行，没有法律依据，国家不能征税，任何人也不得被要求纳税。所有的税收行为必须具有法律依据，税收立法与执法只能在法律的授权下进行，没有法律依据，税务机关不得随意征收税款。其中，税收法定原则主要包括课税要素法定、课税要素明确、征收行为合法、征纳符合法定程序、违法行使国家征税权须负法律责任等。

4. 享受公共服务的权利

公民个人的纳税义务是没有与之相对应具体的国家对待给付的权利的，但是国家提供的公共服务可以看作对公民整体纳税义务对应权利的体现，公民通过向国家纳税获得国家提供的公共服务，因而公民享有享受公共服务的权利。而国家对公共服务的提供也通常作为税收合理性的来源，国家提供的失业救济、养老金、医疗保险、义务教育以及良好的居住环境、城市交通和社会服务是针对全体公民的。那么，公民向国家纳税以保障公共服务的持续就是合理的，既然公共服务建设的资金来源于公民，那么享受公共服务就是公民的应然权利。

5. 享受公平纳税的权利

纳税人享受公平纳税的权利，也即税法学中的税收公平原则，又称非歧视性原则，是公平原则在课税中的体现。纳税人享受公平纳税的权利是指国家在征税时应当根据公民的负担能力课税，税收负担在社会成员间的分布状态应当符合社会公平标准。因此，税收公平原则就是支付能力原则，主要解决通过税收立法在各个纳税人之间如何分配税收负担的问题，包括两层递进的含义：一是国家课税应以纳税人的税负能力为依据；二是支付能力相同者同等课税，税负能力不同者课税也应有所区别。例如，在我国实行的核准制税收优惠制度中，国家税务主管部门通过制定发布针对特定行业，甚至特定纳税人的税收优惠政策，导致相同事项的纳税人承担不同的纳税义务，这对于没有享受税收优惠的纳税人而言是一种歧视对待，是不公平的税收政策。

6. 监督税收征收的权利

纳税人对税收征收的监督权，是指那是人对税务行政机关在税务行政执法过程中的监督权利，是纳税人在税收征收程序上的权利，具体是指纳税人对税务行政机关执行国家法律、贯彻税收方针政策以及税务行政执法的效果等情况，进行总体评价和监督的权利，与在具体的税收征纳过程中纳税人对税务机关及其税务人员所进行的"一对一"的监督是不同的。纳税人监督税收征收权利的基本内容包括对税收征收管理的监督、对税务机关和税务人员征收行为的监督，权利的基础则是税收征收公开制度。然而，纳税人的税收监督权的法律保障是十分有限的。对税务机关的监督，通常由专门的国家监督检查机构通过外部监管和税务机关内部监管实现。在税务机关的内部监管规则上，由国家税务总局发布的规范性文件规定，例如《国家税务总局党组关于加强对税收执法权和行政管理权监督制约的决定》，税收执法权监督的重点是征收、管理、稽查、处罚各个环节。征收环节主要是对税款的征收、入库、上解、提退的监督。防止出现应征不征、高开低征，或收人情税、关系税，收过头税；混淆入库级次，截留、转引税款；违规开设税款过渡账户，贪污挪用税款；擅自变更税法税率、制定提退政策，超标准、超范围提取代征手续费，巧立名目提退税款等违法违纪问题；处罚环节主要是对处罚依据是否准确，裁定是否适当，程序是否合法进行监督。防止应罚不罚，重责轻罚，高定低罚，以补代罚，以罚代刑等问题的发生。当然，税务机关的内部监督制约，如果能够得以实施，也是有利于纳税人权利保护的。

7. 监督税款使用的权利

税款使用监督权，即对国家财政支出的监督权。从话语层面，我国是人民民主国家，"取之于民，用之于民"是国家税收的本质，国家为了社会公共利益征收税款，同时为了社会公共利益使用税款，政府应当仅是根据纳税人的授权而成为的纳税人缴纳公共资金的托管人和支配者，其终极所有者仍是整体的纳税人，既然纳税人对自己缴纳的公共资金享有终极所有权，那么也就当然对这些公共资金如何使用支配享有决定权和监督权。根据宪法对国家预决算要由全国人民代表大会审议通过的规定，目前我国纳税人对税收使用的监督权行使主要是通过行使选举权，选出人民代表，通过全国人民代表大会代表纳税人对税收使用进行监督。

8. 质疑税收和税法是否公平合理的权利

质疑政府征税是否公平、合理，是纳税人的更高层次的权利。在法治国家，普遍实行税收法定，纳税人通过直接民主或代议制民主机制表达政治和经济等诉求，政府在征税和用税方面受到来自议会等代议机构和自由媒体的监督。当税收负担严重超过人们的预期或者用税不合法，就会受到纳税人的质疑甚至反对，从而达到征税权与纳税人权利相互制约与平衡的结果。纳税人的质疑权，还表现在为对显著违背公平正义原则的税法，具有质疑的权利，通过公开发表观点、向政府请愿等方式表达意见，通过各种"游说集团"向政治人物陈述观点，希望获得支持，并在各种政治活动和政治集会上表达民众的观点等。有的还可以通过纳税人个体、纳税人组织等民间团体提起公益诉讼的方式，请求法院裁定某项税法或者税收制度违宪违法等。

9. 适当的抵抗不合理税收的权利

政府本身不过是人们选择用来执行自身意愿的一种模式，在人们的意愿通过政府体现出来之前，这种模式也同样可能遭滥用，走向堕落。① 在公民面对政府权威时，必须服从，还是可以不从。由此出现了公民不服从（civil disobedience）理论。美国哲学家梭罗认为："权威必须获得被统治者的认可或赞成才行。除非本人同意，否则它（指政府，作者注）没有绝对权力对个人和财产行使权力。"② 当政府委派税务人员收税时，表达纳税人对政府难有满意爱戴可言的最简单、最有效——也是最不可或缺的方式就是即刻拒绝缴税。③ 阿伦特从合法性（legitimacy）与合宪性

①　［美］亨利·戴维·梭罗：《复乐园》，任伟译，四川文艺出版社 2012 年版，第 83 页。

②　亨利·戴维·梭罗（1817—1862 年），作家，超验主义运动的代表人物。他出生在马萨诸塞州的康科德，毕业于哈佛大学。他主张回归自然，代表作是《瓦尔登湖》。1846 年 7 月，梭罗居住在瓦尔登湖时，当地的治安官要他支付投票税，但梭罗拒绝支付税款。是夜，警官把他关到康科德的监狱里。第二天，一位未透露身份的人士支付了税款，他获释了。但是，他表明他不能向一个容许奴隶制存在并对墨西哥发动帝国主义战争的政府缴税。他撰写了一篇解释自己行为的演说稿，并于 1849 年发表（即《论公民的不服从》）。当时，这篇文章没有引起什么关注，但是到了 19 世纪末，这篇文章却成了经典之作。参见［美］林肯等《美国理想之书》，张文武等译，安徽文艺出版社 2013 年版，第 123—124 页。

③　［美］亨利·戴维·梭罗：《复乐园》，任伟译，四川文艺出版社 2012 年版，第 95 页。

（constitutionality）的角度认为，引发公民不服从的原因有可能是政府行为或改革方式有违合法性或合宪性的要求。当为数众多的公民都相信，正常的变革渠道不再通畅，冤屈将无法上达视听、洗刷昭雪时，或是相反，当政府试图改变或已经着手变革，并且坚持那些其合律性和合宪性遭到严重质疑的行为方式时，就会发生公民不服从。①

公民不服从是一种公开的、非暴力的、按照良心去对抗法律的行为，其目的通常是使政府的法律或政策发生某种改变。② 在罗尔斯的《正义论》中，公民不服从的理论就是专门为一个"接近正义的宪制民主社会"而设计的。在罗尔斯看来，这种社会总体上是组织有序的，不过其间也发生了对正义的严重侵犯，但公民们承认并接受宪法本身的权威性。不过，罗尔斯的理论还有一个更进一步的限定，也就是说公民不服从，既不能建立在自我利益的基础上，也不能单纯建立在群体的利益基础上，而是要诉诸共享的正义观念。③ 从西方的公民不服从理论看，建立在社会契约论基础上的现代政治，离不开纳税人，当税收和税法严重违背社会公正原理的时候，纳税人有权反以非暴力的方式抵制和拒绝。

10. 纳税人结社的权利

结社权作为一项基本人权，包含在《世界人权宣言》《公民和政治权利国际公约》《经济、社会和文化权利国际公约》等一系列国际法文件中。例如，《世界人权宣言》第 20 条第 1 款提出"人人有权享有和平集会和结社的自由"。其中，结社通常分为以营利为目的的商业结社（如公司，企业）和以非营利为目的的政治、宗教、学术、慈善等结社（如政党，教会，协会，慈善组织）。现代大多数国家宪法所保障的公民结社的权利，主要指以非营利为目的的各种结社。

我国《宪法》第 35 条明确规定，公民有言论、出版、集会、结社、游行、示威的自由。所以结社自由是公民的宪法权利。在单行法立法中，也体现了结社自由的宪法规定。例如，《消费者权益保护法》规定："消

---

① ［美］汉娜·阿伦特：《共和的危机》，郑辟瑞译，上海人民出版社 2013 年版，第 55 页。

② Hugo A. Bedau, "On Civil Disobedience", *Journal of Philosophy*, Vol. 58, No. 21, Oct. 1961, pp. 653 – 665.

③ John Rawls, *A Theory of Justice*, Harvard University Press, 1971, pp. 364 – 365.

费者享有依法成立维护自身合法权益的社会团体的权利。"由此规定，消费者依法成立维护自身合法权益的社会团体，是公民结社权在消防费者权益保护法中的具体化。《工会法》规定，工会是职工自愿结合的工人阶级的群众组织，中华全国总工会及其各工会组织代表职工的利益，依法维护职工的合法权益；维护职工合法权益是工会的基本职责。工会在维护全国人民总体利益的同时，代表和维护职工的合法权益。

在税法实践层面，《国家税务总局关于加强纳税人权益保护工作的若干意见》提出过"设立纳税人权益保护组织，构建纳税人维权平台"的意见。税务机关要注重发挥税务机关的职能作用，主导建立纳税人权益保护组织，实现纳税人权益保护组织管理规范化、活动常态化。快速响应纳税人权益保护组织代表纳税人提出的意见、建议和权益维护诉求，并将维护纳税人权益落到实处。充分发挥行业协会、政府相关部门和纳税人的积极性，增进征纳沟通和社会协作，拓展纳税人权益保护工作的广度和深度。

当然，结社权应当依法行使。我国《社会团体登记管理条例》规定："社会团体必须遵守宪法和法律、法规，维护国家的统一和民族团结，不得损害国家的、社会的、集体的利益和其他公民的合法的自由和权利。"依法设立的纳税人社团，是一种维护纳税人合法权益的社团，并非政治性社团，而是作为纳税人整体权利的体现。

三　具体的纳税人权利

具体的纳税人权利，即作为具体的纳税人个体所享有的权利，是纳税人在履行纳税义务的过程中，依法可以作出或者不作出一定行为以及要求他人作出或者不作出一定行为的许可和保障。[1] 具体的纳税人权利一般通过专门的纳税人权利法案、纳税人权利宪章等形式体现。在我国，主要体现在《税收征收管理法》以及国家税务总局的规范文件所规定的纳税人权利。具体的纳税人权利是受税法明确保护的纳税人权利，该项权利直接影响到纳税人的财产权的保护和财产利益，主要目的在于保证纳税人的收入或者财产不被非法征收。主要包括以下权利。

---

[1]　刘剑文、宋丽：《税收征管法中的几个重要问题》，《税务研究》2000 年第 11 期。

1. 法定最低限额纳税权

法定最低限额纳税权，也称拒绝额外缴税，是指纳税人应当依法缴纳其应缴纳的税款，有权在法律规定的范围内选择最低幅度的税款数额，在不违反税收法律的情况下，有权进行合理的税收筹划，使其税负最小化。经合组织（OECD）制定的《纳税人宣言》中规定"纳税人有权考虑个人的具体情况和收入的多少按税法规定只缴纳应缴税金，拒绝缴纳额外税金"。我国是经合组织成员国，并对该项宣言没有保留，因此我国纳税人应当享有法定最低限额纳税权。法定最低限额纳税权是纳税人享有的在不违反法律前提下一项极为重要的权利，目的是避免纳税人的合法财产被非法侵害。

2. 最低生活保障权

在税法意义上，最低生活保障权是对抗税收立法上对纳税人过度负税和在税收征管上强制税收的具体权利。保障纳税人本人及其家属的最低生活水平是各国税法公认的纳税人权利。根据《世界人权宣言》第25条第1款的规定，人人有权享受为维持他本人和家属的健康和福利所需的生活水准，包括食物、衣着、住房、医疗和必要的社会服务。在各国税制设计中，通常在直接税中体现对纳税人最低生活保障权的保护。我国《个人所得税法》通过对确定纳税人应纳税额的"收入额减除费用"制度和个人的福利费、抚恤金、救济金、基本养老金等维持个人最低生活水平的所得实行免税制度等体现税法对纳税人最低生活保障权的保护。在税收征管中，税务机关责成纳税人提供纳税担保的，对个人及其所扶养家属维持生活必需的住房和用品，不在税收保全措施的范围之内，税务机关采取税收保全措施和强制执行措施不得查封、扣押纳税人个人及其所扶养家属维持生活必需的住房和用品。由于我国尚未制定税法总则或者专门保护纳税人的税收法律，所以在纳税人最低生活保障权的定位及其保护上，目前主要依据的是相关的税收单行法的具体规定。这种情况在一定程度上有助于保护纳税人的最低生活水平不因税款的征收而恶化，但是这仅限于直接税和税收征管中的纳税担保、保全措施和强制措施，并没有从税法上界定纳税人最低生活水平及其涉税救济措施。

3. 享受税收优惠权

纳税人依法享受税收优惠权，是《税收征收管理法》赋予纳税人的重要权利。根据《税收征收管理法》第33条的规定，纳税人可以依照法律、行政法规的规定享受减税、免税。但是，纳税人行使税收优惠权受到法律严格限制。在税收优惠权设定上，根据《税收征收管理法》第3条的规定，税收的减税、免税依照法律的规定执行；法律授权国务院规定的，依照国务院制定的行政法规的规定执行。任何机关、单位和个人不得违反法律、行政法规的规定，擅自作出税收减税、免税同税收法律、行政法规相抵触的决定。在税收优惠权行使程序上，需要纳税人书面申请，并经法律、行政法规规定的减税、免税审查批准机关审批。在税收优惠权消灭上，根据《税收征收管理法实施细则》的规定，享受减税、免税优惠的纳税人，减税、免税期满，应当自期满次日起恢复纳税；减税、免税条件发生变化的，应当在纳税申报时向税务机关报告；不再符合减税、免税条件的，应当依法履行纳税义务；未依法纳税的，税务机关应当予以追缴。

4. 获得税收抵免税权

税收抵免权是纳税人基于所得税法所享有的一项权利，基本目的是避免双重征税。税收抵免是国际上采取较多的避免相关国家对纳税人的所得进行双重征税的制度，我国规定为税额限额抵扣制度，核心内容是，纳税人来源于境外所得已在境外缴纳的所得税税款，准予在汇总纳税时从其应纳税额中扣除，但是扣除额不得超过其境外所得依法计算的应纳税额。我国纳税人的税收抵免权还包括《企业所得税法》规定的税额抵免权，如纳税人购置用于环境保护、节能节水、安全生产等专用设备的投资额，可以申请按法律规定的一定比例实行税额抵免。

5. 申请退税权

纳税人所享有的申请退税权，是指纳税人申请税务机关退还多缴的税款的权利，税务机关核实后，应当依法定程序将多征的税款退还给纳税人。我国纳税人向税务机关申请退还税款的范围包括：多缴退税、结算退税、政策性退税以及其他退税。其一，多缴退税。纳税人应当在法律规定的限额内纳税，纳税人有权请求税务机关返还多缴纳的税款。如若纳税人缴纳的税款没有实体法依据，但是纳税人根据税务机关的决定缴纳了税款，纳税人就享有税收返还请求权，且由于被撤销的征税决定自始无效，纳税人的税收返还请求权应当是自缴纳税款之时发生。《税收征收管理法》第51条规定："纳税人超过应纳税额缴纳的税款，税务机关发现后应当立即退还；纳税人自结算缴纳税款之日起三年内发现的，可以向税务机关要求退还多缴的税款并加算银行同期存款利息，税务机关及时查实后应当立即退还；涉及从国库中退库的，依照法律、行政法规有关国库管理的规定退还。"其二，结算退税。如果纳税人的税款是按季度、年度预缴的，到季末、年终结算时，应该多退少补。其三，政策性退税。包括税收法律、行政法规规定的，或者财政部、国家税务总局规定的或特案批准的退税项目等。例如出口退税、外资企业中的外国投资者将所得的利润在中国市场再投资的退税等。其四，其他退税。除上述原因外，由于其他特殊原因需要退税的，如企业销货退回等，纳税人也有权申请退税。在实践中，由于应税的民事基础行为被依法撤销后，纳税人如何实现退税权，还存在诸多障碍。在现行税收征收管理法中，并未明确规定因应税的民事行为被法院撤销或宣布为无效后，已经缴纳的税款应当退还纳税人。这在实践中产生诸多纳税争议，纳税人的此种退税申请往往得不到税务机关的支持。

6. 纳税人信赖利益保护权

纳税人信赖利益，主要是指纳税人对税务机关的信赖。对纳税人而言，信赖虽然不能带来积极的经济利益，但是信赖一旦被税务机关破坏，纳税人就可能蒙受不必要的经济损失。[1] 纳税人信赖利益所保护的对象是纳税人的信赖利益，利益的内容是纳税人因为信赖税务机关的涉税行为所丧失的财产利益。纳税人信赖利益保护的构成要件包括：纳税人信赖的对象是税务机关，纳税人基于信赖而为一定行为，并且这种行为对纳税人造成了损失。纳税人信赖利益保护体现在我国《企业所得税法》第57条中，"本法公布前已经批准设立的企业，依照当时的税收法律、行政法规规定，享受低税率优惠的，按照国务院规定，可以在本法施行后五年内，逐步过渡到本法规定的税率；享受定期减免税优惠的，按照国务院规定，可以在本法施行后继续享受到期满为止，但因未获利而尚未享受优惠的，优惠期限从本法施行年度起计算"。新法该条针对的是在税法实施前的交易行为而非纳税人的主体资格，也就是说企业在新法实施前

---

① 刘剑文、熊伟：《税法基础理论》，北京大学出版社2004年版，第169—173页。

的交易行为所享受的优惠税率不会遭受溯及征收，这就保护了纳税人的信赖利益。

四　纳税人的程序性权利

税收程序性权，是权利主体在追求实体权利得以实现的过程中所拥有的权利，纳税人程序性权是指为制约国家机关的权力，保障纳税人实体权利的实现，在一定的法律程序中为纳税人设定的权利。纳税人程序性权利是实体权利的自然延伸，一般不直接包含具体的实体利益，对实体权利有一定的依附性。如为了保障纳税人依法纳税的权利，程序法中设定了纳税人的无偿咨询权、知情权、陈述权等，并规定实体权利受损时得到救济的权利，如申辩权、检举控告权、提起行政复议权、提起行政诉讼权和请求国家赔偿的权利等。

纳税人的程序性权以国家税务机关的程序性义务的存在为条件，税务机关不履行程序义务就是侵害了纳税人的程序权利，应承担相应的法律责任。因此，程序性权利就具有控权的作用，在税收领域中，纳税人通过行使程序性权利对税务机关的行政权力实施控制，以达到用权利控制权力的效果，从而最终实现税务机关与纳税人之间权利义务的均衡。纳税人程序性权利除了具有保障实体性权利实现的工具性价值，还具有独立的作为目的的内在价值。主要体现为对人格的尊重，对人性的重视等富有道德色彩的内在价值的实现，即程序正义的实现。

1. 知情权

纳税人知情权是指纳税人或扣缴义务人有权向税务机关了解国家税收法律、法规的规定，税收政策以及与征纳程序有关的其他情况。我国《税收征收管理法》第 8 条第 1 款明确规定："纳税人、扣缴义务人有权向税务机关了解国家税收法律，行政法规的规定以及与纳税程序有关的情况。"纳税人是负有纳税义务，要将自己的一部分财产无偿地转移给国家，因此纳税人有权了解依据什么样的法律、法规的规定使自己承担纳税义务，该项纳税义务的具体内容是什么，应纳什么样的税，税额如何确定如何履行义务，履行义务的同时享有哪些权利等。

纳税人的知情权主要通过告知制度实现，告知制度分为事前告知、事中告知以及事后告知。事前告知是指税务机关在作出税务行政行为之前，向纳税人告知该行为的法律依据、事实依据和纳税人应有的权利。事中告知是指税务机关所进行的税务活动的全部过程，除涉及国家秘密和业务密码外，均应对纳税人公开。事后告知是指税务机关作出税务行为后，应告知纳税人行为的结果和纳税人不服此行为应有的救济方式及途径，如可申请行政复议，提起行政诉讼等。告知制度可以最大限度地避免和防止税务机关违法和不当行为的发生，从而保护纳税人的合法利益。

2. 保密权

保密权，是指纳税人有权要求税务机关为纳税人的情况保密，税务机关也应当负有为纳税人的情况保密的义务。纳税人要求税务机关为其保密的事项一般包括以下两项：一是纳税人的商业秘密，包括纳税人的账簿、记账凭证、商业报表、生产经营情况、客户往来资料、在银行或其他金融机构的存款账户、资产状况等。纳税人的商业秘密是使得纳税人在市场竞争中处于有利地位的筹码和手段，税务机关在税收征收中了解到的纳税人的商业秘密如果被泄露，则会给纳税人带来不利影响，因此，税务机关应当严格保守纳税人的商业秘密。二是纳税人的个人隐私，包括纳税人的个人财产状况、家庭状况等。任何人均享有隐私权，税务机关对在税收征收过程中了解到的纳税人的个人隐私保密是对纳税人基本人权的尊重和保护。

例如，《税收征收管理法》第 8 条第 2 款规定："纳税人、扣缴义务人有权要求税务机关为纳税人、扣缴义务人的情况保密。税务机关应当依法为纳税人、扣缴义务人的情况保密。"第 59 条规定："税务机关派出的人员进行税务检查时，……有责任为被检查人保守秘密。"第 54 条第六项规定，税务机关在税务检查中所获得的纳税人资料，不得用于税收以外的用途。这一规定限定税务机关在税收征收过程中所获悉的纳税人资料的用途，不允许税务机关用于税收之外的目的，这也是纳税人保密权的体现。

3. 获得咨询权

获得无偿咨询权，是指纳税人有权获得税务机关提供的无偿的纳税咨询服务。随着社会经济的发展，纳税义务的设定日益复杂，各税种涉及的要素繁多，纳税人、税目、税率、计税依据、计税方法、计税期限、减免退税规则等各项事项，一般纳税人若需全面了解需耗费相当时间成本，往往得不偿失。因此，税务机关为纳税人提供无偿咨询服务，既能帮助纳税人正确履行纳税义务，也能帮助节约社会总成本，具有积极意义。我国《税收征收管理法》第7条规定："税务机关应当广泛宣传税收法律、行政法规，普及纳税知识，无偿为纳税人提供纳税咨询服务。"该条明确规定了获得无偿咨询是纳税人的权利，税务机关有义务无偿提供该服务，体现了我国税收征收管理从传统"监督打击型"向"管理服务型"的转变。纳税人行使无偿咨询权可以采用多种方式，如口头询问、书面询问、电话咨询等方式。

4. 请求听证权

纳税人听证权是纳税人行使一种正式的对税务机关行为以及行为依据发表质证意见的程序的权利。纳税人听证权一般适用于对纳税人影响重大的征税事项，听证的具体制度要求是：听证应当公开举行，听证应当在合理的时间内进行，纳税人听证权利应当被及时通知以及纳税人享有得到资讯与法律帮助的权利等。纳税人听证权的行使，可以使纳税人充分地参与到针对其决定的形成过程中，防止行政权的滥用，使得税务机关作出的决定能够在对证据充分的质证以及讨论的基础上形成，更具科学合理性。

5. 非法程序拒绝权

纳税人程序抵抗权即纳税人拒绝权，是指征税机关实施征税行为时未履行法律明确规定的程序义务，纳税人、扣缴义务人以及纳税担保人享有的拒绝执行或合作的权利。例如我国《税收征收管理法》第59条规定："税务机关派出的人员进行税务检查时，应当出示税务检查证和税务检查通知书，并有责任为被检查人保守秘密；未出示税务检查证和税务检查通知书的，被检查人有权拒绝检查。"如果税务机关进行检查时，未依法履行程序义务，未出示税务检查证和税务检查通知书，纳税人就有权行使程序抵抗权，拒绝检查。但是在征纳过程中，纳税人对征税决定的程序抵抗权，只能通过申诉、复议、诉讼等途径实现。

6. 陈述与申辩权

陈述权是指纳税人对税务机关作出的决定享有的陈述自己意见的权利。申辩权是指纳税人认为税务机关对自己的处理行为在定性或者适用法律上不够妥当或者不够准确，进而说明自己的观点，进行辩解的权利。根据现行法律的规定，陈述权与申辩权的行使都与行政处罚法中的有关规定联系密切，均以行政处罚为条件，我国《行政处罚法》第 32 条规定，当事人有权进行陈述和申辩，行政机关必须充分听取当事人的意见，对于当事人陈述、申辩的理由和证据事实，应当进行调查核实。对于当事人提出的事实、理由或证据成立的，行政机关应当采纳。另外，根据我国《行政处罚法》第 42 条的规定，税务机关在对纳税人作出较大数额罚款等处罚决定之前，应当告知纳税人有要求听证的权利。纳税人要求听证的，税务机关应当组织听证。此外，《行政处罚法》第 32 条第 2 款规定的"行政机关不得因当事人申辩而加重处罚"的规定也未纳税人行使陈述、申辩权提供了保障。纳税人的陈述、申辩权不只在受到税务机关行政处罚时才能行使，在其他情况下，例如纳税人和税务机关就纳税事项发生争议时，税务机关也应当听取纳税人的陈述和申辩。

7. 申请行政复议权

纳税人的申请行政复议权是指纳税人、扣缴义务人、纳税人担保人认为税务机关的具体行政行为侵犯其合法权益，依法向上一级税务机关或作出税务具体行政行为的税务机关所在地人民政府提出行政复议申请，请求纠正违法的或者不当的具体行政行为，以维护自身的合法权益的权利。

根据《税务行政复议规则（试行)》的规定，纳税人及其他税务当事人对税收征收行为不服，应当先向复议机关申请行政复议，对复议决定不服，再向人民法院提起诉讼。凡是涉及税收征收行为的，申请人必须遵守复议前置的原则，并且申请行政复议不停止具体行政行为的执行。除此之外的其他税务行为，申请人既可以选择申请行政复议，也可以选择直接向人民法院起诉。

申请人可以在得知税务机关作出具体行政行为之日起 60 日内提出行政复议申请，因不可抗力或者被申请人设置障碍等其他正当理由耽误法定申请期限的，申请期限自障碍消除之日起继续计算。复议机关收到行政复议申请后，应当在 5 日内进行审查，并自受理申请之日起 60 日内作出行政复议决定，延长期限不超过 30 日。复议机关受理行政复议申请，不得向申请人收取任何费用，复议活动所需经费，应当列入本机关的行政经费，由本级予以保障。

8. 提起行政诉讼权

纳税人的提起行政诉讼权是指纳税人、扣缴义务人、纳税担保人等当事人认为税务机关或税务机关工作人员的具体税务行政行为侵犯其合法权益，而依法向人民法院提起诉讼，人民法院依法定程序审查具体税务行政行为的合法性并作出裁判的活动。行政诉讼是司法对行政的一种法律监督制度。我国《税收征收管理法》第88条规定，当事人对税务机关的处罚决定、强制执行措施或者税收保全措施不服的，可以依法申请行政复议，也可以依法向人民法院起诉。

人民法院受理税务行政诉讼的范围，包括不服税务机关作出的具体行政行为，不服税务机关作出的复议决定以及其他符合行政诉讼法规定的行为。原告必须是与税收具体行政行为有利害关系的公民或组织。有权提起诉讼的公民死亡，其近亲属可以提起诉讼，有权提起诉讼的法人或者其他组织终止，承受其权利的法人或者组织可以提起诉讼。被告是作出具体行政行为的税务机关，改变原税务机关作出的具体行政行为的复议机关，根据法律、法规授权作出税务行政行为的组织。国家税务机关工作人员不能成为税务行政诉讼的被告。人民法院在审理税务行政诉讼案件过程中，不停止具体行政行为的执行。

9. 请求行政赔偿权

纳税人的请求行政赔偿权是指纳税人和其他税务当事人的合法权益受到税务机关及其工作人员违法行使职权的侵犯并造成损害，纳税人和其他税务当事人有权请求税务行政赔偿的权利。税务行政赔偿是指税务机关作为履行国家赔偿义务的机关，对本机关及其工作人员的职务违法行为给纳税人和其他税务当事人的合法权益造成的损害，代表国家进行赔偿的制度。行政赔偿请求必须在法定期限内提起，根据《国家赔偿法》第32条的规定，赔偿请求人请求国家赔偿的时效为两年，自国家机关及其工作人员行使职权时的行为被依法确认为违法之日起计算。

10. 控告检举权

控告检举权是我国宪法规定的公民的基本权利，纳税人控告权是指受税务机关或者税务人员的违法失职行为侵害的纳税人对税务机关及其工作人员的违法失职行为，有向有关机关进行揭发和指控的权利。纳税人检举权是指纳税人对于违法失职的税务机关及其工作人员，有向有关机关揭发事实，请求依法处理的权利。《税收征收管理法》第 8 条和第 13 条规定了纳税人的控告检举权，其中第 8 条规定纳税人、扣缴义务人有权控告和检举税务机关、税务人员的违法行为。第 13 条规定，任何单位和个人都有权检举违反税收法律、行政法规的行为，税务机关应当按照规定对检举人给予奖励。

第四节　纳税人权利的层次性与结构体系

一　纳税人基本权利与纳税人税法权利

将纳税人及其权利问题置于整个法律体系中，就会发现纳税人权利问题不仅是税法研究和税法立法中的重要内容，而且与公民的宪法权利、财产权利、社会性权利等息息相关。毕竟，现代社会逐渐朝着民主法治文明的方向发展，作为财富创造者的公民，不仅是宪法的主体，也是民法和税法的主体，只不过在不同领域的法律中，其名称和所构成的法律关系有所区分而已。有学者认为，财税法是"一个涉及众多法律部门的综合法律领域"，"是一个相对独立的法律领域，不属于现有的部门法，而是一个采用另外一种划分方法，在某种意义上与现有部门法相并列的相对独立的法律领域"。[①] 如果将纳税人置于财税法的核心，那么纳税人的权利涉及宪法层面、民法层面和税法层面。

1. 纳税人的基本权利

纳税人的基本权利，即纳税人在宪法上的权利。宪法中通常不会规定纳税人的具体权利，甚至在有些国家宪法中没有规定纳税人权利。从理论上而言，纳税人基本权利是指，纳税人享有以宪法为基础权利，主要是公民权利在税法中的"投射"，例如公民享有的参与立法权、监督权等政治性权利和宪法保障的公民的基本权利。从我国宪法看，公民的基本权利体系形成于 1949 年 9 月通过的《中国人民政治协商会议共同纲领》（以下简称《共同纲领》）这一具有宪法性质的文件。其第一章总纲中规定了公民的基本权利，包括：选举权和被选举权，思想、言论、出

---

① 刘剑文：《中国大陆财税法学研究视野之拓展》，《月旦财经法杂志》2005 年第 1 期。

版、集会、结社、通信、人身、居住、迁徙、宗教信仰及示威游行的自由权，男女平等权等。以《共同纲领》为基础的 1954 年《宪法》第三章设 "公民的基本权利和义务" 专章，主要包括：法律面前人人平等，选举权和被选举权，言论、出版、集会、结社、游行、示威的自由，宗教信仰自由，人身自由，通信自由，劳动权，休息权，获得物质保障权，受教育权，控告权等。1982 年《宪法》中规定："任何公民享有宪法和法律规定的权利，同时必须履行宪法和法律规定的义务。"体现了以基本权利与义务并重为原则，强调权利与义务一致性。

目前，我国宪法学界对基本权利的认识，存在多种分类。有的把基本权利分为参政权、人身自由和信仰自由、经济和教育文化以及特定人的权利这四种类型。有的把基本权利分为平等权、政治权利和自由、人身自由和信仰自由、社会经济文化权利与特定人的权利这五个方面。有的把基本权利分为：人格权、平等权、精神自由、经济自由、人身自由、政治权利、社会权利、获得权利救济的权利这八个方面。有的基本权利分为平等权、政治权利与自由、宗教信仰自由、人身自由、监督权、社会经济权利、文化教育权利和自由、妇女的权利和自由、有关婚姻、家庭、老人、妇女和儿童的权利、华侨、归侨和侨眷的权利这十个方面。其中每一项基本权利又具体分为若干不同的权利形态，构成完整的权利体系。

我国在宪法上纳税人的基本权利主要以公民权的形式存在，作为公民的纳税人，也享有宪法规定的公民权利。这其中包括：纳税人的人格权、经济社会权、生存权、平等权、结社权、监督权、救济权等。作为纳税人的公民的宪法上的权利是纳税人权利的根本法源头和依据，在税收立法时，应当将其作为纳税人权利的最高来源予以体现，而且不得限制纳税人的宪法性基本权利。

2. 作为民事主体的纳税人的一般性权利

纳税人的一般性权利是指法律上纳税人维护自身合法权益的权利，主要体现在民商法等私法中。世界各国由于法律的传统和对权利的认识的差异，对纳税人的权利的范围的规定也有所不同，但归纳起来还是有很多的共同之处。主要包括：限额纳税权、诚实推定权、获取信息权、接受服务权、秘密信息权、赔偿救济权等。当然，纳税人的权利范围将会随着现代税收理念的进一步不断完善与扩大。自然人和法人是一国的主要纳税人，而自然人和法人是民法上的概念，其权利在民法上被称为民事权利。民事权利是法律赋予民事主体享有的利益范围和实施一定行为或不为一定行为以实现某种利益的意志。利人直接享有的某种利益（如人身权）和通过一定行为获得的利益（如财产权）；权利人自己为一定行为或不为一定行为和请求他人为一定行为或不为一定行为，以保证其享有或实现某种利益；在权利受到侵犯时，能够请求有关国家机关予以保护。民事权利依不同的标准可分为财产权和人身权，绝对权和相对权，请求权、支配权、形成权和抗辩权，主权利和从权利等。民法上的自然人首先是具有自然生物属性的人，从出生开始就获得了民事主体资格。

根据我国《民法典》的规定，民事主体的人身权利、财产权利以及其他合法权益受法律保护，任何组织或者个人不得侵犯。自然人享有生命权、身体权、健康权、姓名权、肖像权、名誉权、荣誉权、隐私权、婚姻自主权等权利。法人、非法人组织享有名称权、名誉权、荣誉权等权利。自然人的个人信息受法律保护。任何组织和个人需要获取他人个人信息的，应当依法取得并确保信息安全，不得非法收集、使用、加工、传输他人个人信息，不得非法买卖、提供或者公开他人个人信息。民事主体的财产权利受法律平等保护。民事主体享有法律规定的其他民事权利和利益。纳税人权利与作为纳税人的自然人、法人、非法人组织等民事主体既有联系，又有区别。民法中所称的民事权益，包括生命权、身体权、健康权、姓名权、肖像权、名誉权、荣誉权、隐私权、婚姻自主权、监护权、所有权、用益物权、担保物权、著作权、专利权、商标专用权、发现权、股权、继承权等人身、财产权益。可以说民法中的财产权是税法中纳税人权利的核心，因为税收的本质是用人民手中索取财产或利益，所以国家征税就是对人们的财产的剥夺，只不过现代社会普遍通过税收立法来合法且按照法定程序剥夺人们的财产。从这种意义上说，财产权是对抗国家征税权的基本依据，既然税收是合法地获取人民的财富，那么纳税人的权利中的一个核心是财产权保护。

二 税法上的纳税人权利体系

根据税法的功能，税法被分为实体税法和程序税法，也被称为税收实体法和税收程序法，实体税法是规定税收法律关系主体的实体权利和义务的法律规范的总称，这些实体权利和义务直接影响到纳税人的财产权利，是具体税种的征税和计税依据，也是税法的核心内容。例如所得税法、增值税法、消费税法、房产税法等属于实体税法。程序税法是指国家为了实现实体税法目的所发生的调整国家税收征收和纳税人缴纳税收关系中的程序问题，其中具体规定了税收征纳双方具体如何征税和如何纳税，主要包括税收确定程序、税收征收管理、税收检查程序、税务争议解决程序等。例如，我国实施的税收征收管理法、税务行政复议规则等，属于程序税法。程序税法是对具体实施实体税法的规定，以规定国家行使征税权和纳税人履行纳税义务的具体步骤等程序。纳税人权利也可以分为由程序税法规定的纳税人权利和由实体税法规定的纳税人权利。

1. 程序税法上的纳税人权利

我国的程序税法主要是《税收征收管理法》，根据该法的规定，纳税人在税收征纳过程中的法定权利，可以归纳为以下权利：

（1）知情权。纳税人有权向税务机关了解国家税收法律、行政法规，以及与纳税程序有关的情况。

（2）信息秘密权。税务机关应依法保守纳税人的隐私和商业机密，除非法律有规定并依照法定程序，税务机关不得向任何第三人泄露纳税人提供的资料。纳税人、扣缴义务人有权要求税务机关为纳税人、扣缴义务人的情况保密。税务机关应当依法为纳税人、扣缴义务人的情况保密。

（3）申请减税、免税、退税的权利。纳税人依法享有法定的申请减税、免税、退税的权利。即纳税人有权根据税收法律规定及自己的实际情况向征税机关申请减免税款和多缴税款退还。

（4）基本生活保障权。《税收征收管理法》第42条规定："税务机关采取税收保全措施和强制执行措施必须依照法定的权限和程序进行，不得查封、扣押纳税人个人及其所扶养家属维持生活必需的住房和用品。"

此项规定同样适用与扣缴义务人、纳税担保人。其第 79 条规定："税务机关、税务人员查封、扣押纳税人个人及其所扶养家属维持生活必需的住房和用品的，责令退还，依法给予行政处分。"

（5）纳税申报方式选择权。纳税人有权根据自身实际依照相关规定，由本人或委托代理人办理税收申报，或依法采用邮寄、网络、数据电文或者其他便捷方式办理纳税申报等事项。《税收征收管理法》第 89 条规定："纳税人、扣缴义务人可以委托税务代理人代为办理税务事宜。"其第 26 条规定："纳税人、扣缴义务人可以直接到税务机关办理纳税申报或者报送代扣代缴、代收代缴税款报告表，也可以按照规定采取邮寄、数据电文或者其他方式办理上述申报、报送事项。"

（6）延期申请权。延期申请权包括申请延期申报权和申请延期缴纳税款权。《税收征收管理法》第 27 条第 1 款规定："纳税人、扣缴义务人不能按期办理纳税申报或者报送代扣代缴、代收代缴税款报告表的，经税务机关核准，可以延期申报。"其第 31 条第 2 款规定："纳税人因有特殊困难，不能按期缴纳税款的，经省、自治区、直辖市国家税务局、地方税务局批准，可以延期缴纳税款，但是最长不能超过三个月。"前者为纳税申报延期，后者为缴纳税款延期。

（7）获取凭证权。《税收征收管理法》第 34 条规定："税务机关征收税款时，必须给纳税人开具完税凭证。扣缴义务人代扣、代收税款时，纳税人要求扣缴义务人开具代扣、代收税款凭证的，扣缴义务人应当开具。"第 47 条规定："税务机关扣押商品、货物或者其他财产时，必须开付收据；查封商品、货物或者其他财产时，必须开付清单。"

（8）陈述、申辩权。纳税人对税务机关所作出的决定，享有陈述权，申辩权。

（9）税收监督权。纳税人对税收行政部门违反税收法律、行政法规的行为有权进行检举和控告。

（10）申请行政救济和司法救济权。纳税人依法享有申请行政复议、提起行政诉讼和请求国家赔偿的权利。当纳税人不服税务机关的决定裁决，可向上级机关申请行政复议，并可以依行政诉讼法、国家赔偿法等，向人民法院提起行政诉讼，也就是将案件交由独立的机构仲裁充分保障纳税人的行政、司法救济权。

（11）控告、检举权。纳税人对税务机关、税务人员的违法、违纪行为有权控告和检举。

（12）有受尊重权。纳税人享有礼遇善待权，《税收征收管理法》第9条第2款规定："税务机关、税务人员必须秉公执法，忠于职守，清正廉洁，礼貌待人，文明服务，尊重和保护纳税人、扣缴义务人的权利，依法接受监督。"

（13）诚实纳税推定权。一般认为，诚实推定权指税务机关在无相反证据的情况下，应推定纳税人没有税收违法行为。[①]

（14）限额纳税权。纳税人超过应纳税额缴纳的税款，自结算缴纳税款之日起，三年发现的可以要求退还多缴的税款，并加算银行同期存款利息。

（15）拒绝非法检查权。税务机关派出人员进行税务检查时，未出示税务检查证和税务检查通知书的，被检查人有权拒绝检查。《税收征收管理法》第59条规定："税务机关派出的人员进行税务检查时，应当出示税务检查证和税务检查通知书，并有责任为被检查人保守秘密；未出示税务检查证和税务检查通知书的，被检查人有权拒绝检查。"

（16）请求回避权。《税收征收管理法》第12条规定："税务人员征收税款和查处税收违法案件，与纳税人、扣缴义务人或者税收违法案件有利害关系的，应当回避。"税务征收、稽查人员与被征、被查对象有下列关系之一的，应当自行回避，被征、被查对象也有权要求他们回避：税务征收、稽查人员与被征、被查人对象有近亲属关系的；税务征收、稽查人员与被征、被查对象有利害关系的；税务征收、稽查人员与被征、被查对象有其他可能影响公正执法的。对被征、被查对象认定应当回避的，税务征收、稽查人员是否回避，由本级税务机关的局长决定。

2. 实体税法上的纳税人权利

实体税法以规定纳税人义务为主要目的，通常规定课税目的、征税对象、税目税率、计税依据和方式、缴纳期限、地点等实体税法的基本要素。一般不直接规定纳税人权利。在我国税收实体法中，通常只规定纳税人的义务和税务机关的权力，表现更多的法律条文规定纳税人"应

---

① 侯卓、吴东蔚：《论纳税人诚实推定权的入法途径》，《北京行政学院学报》2021年第2期。

当……""不得……",而规定纳税人"可以……"的条文比较少见,归纳我国现行规定各税种的税收实体法,可以归纳出纳税人可以行使的权利主要有以下内容。

(1)纳税人纳税资格申请权。在《增值税暂行条例》中,可以被认为是纳税人权利的规范只有会计核算健全、能够提供准确税务资料的小规模纳税人"可以向主管税务机关申请资格认定,不作为小规模纳税人",该规定可以称为纳税人纳税资格申请权。

(2)纳税人享受税收优惠权。各单行实体税法都规定了以减税或者免税为主的税收优惠制度,这些税收优惠,分为申请类税收优惠与核定类税收优惠。税法规定的免税、减税,属于纳税人的法定权利,应当受到税法保护。

(3)法定项目扣除权。在应纳税额计算上,纳税人有权依法扣除法定的扣除项目。例如,《企业所得税法》的规定,在计算应纳所得税额时,企业按照规定计算的固定资产折旧、无形资产摊销费用、符合扣除条件的长期待摊费用等费用,准予扣除。

(4)税额抵免权。税额抵免是指是指按照税法规定可直接冲抵应纳税额的一种税收优惠措施。通常在所得税中体现得最为明显。《企业所得税法》第23条规定,企业取得的居民企业来源于中国境外的应税所得和非居民企业在中国境内设立机构、场所,取得发生在中国境外但与该机构、场所有实际联系的应税所得,已在境外缴纳的所得税税额,可以从其当期应纳税额中抵免,抵免限额为该项所得依照本法规定计算的应纳税额;超过抵免限额的部分,可以在以后五个年度内,用每年度抵免限额抵免当年应抵税额后的余额进行抵补。第24条规定,居民企业从其直接或者间接控制的外国企业分得的来源于中国境外的股息、红利等权益性投资收益,外国企业在境外实际缴纳的所得税税额中属于该项所得负担的部分,可以作为该居民企业的可抵免境外所得税税额,依法抵免。《个人所得税法》第7条规定,居民个人从中国境外取得的所得,可以从其应纳税额中抵免已在境外缴纳的个人所得税税额,但抵免额不得超过该纳税人境外所得依照本法规定计算的应纳税额。

(5)与税务机关协商权。《企业所得税法》第42条规定:企业可以向税务机关提出与其关联方之间业务往来的定价原则和计算方法,税务机关与企业协商、确认后，达成预约定价安排。按照国家税务总局发布的《特别纳税调查调整及相互协商程序管理办法》，税务机关通过关联申报审核、同期资料管理和利润水平监控等手段，对企业实施特别纳税调整监控管理，发现企业存在特别纳税调整风险的，可以向企业送达《税务事项通知书》，提示其存在的税收风险。企业收到特别纳税调整风险提示或者发现自身存在特别纳税调整风险的，可以自行调整补税。企业要求税务机关确认关联交易定价原则和方法等特别纳税调整事项的，税务机关应当启动特别纳税调查程序。税务机关实施特别纳税调查时，应当按照法定权限和程序进行。

第 四 章

纳税人权利保护的理论
基础与基本范式

第一节 纳税人权利保护的理论基础

纳税人有无权利？为什么要保护纳税人的权利？这些问题不仅涉及对纳税人权利的定性，而且涉及纳税人权利保护的理论基础。纳税人权利保护有其存在的正当性、必要性，是与民主、法治紧密相关的，纳税人权利保护在建设法治国家中具有重要作用。纳税人权利保护的理论的立足点要追溯到税收的本质，税收本质学界多认为是纳税主体向征税主体让渡一部分的权利，以作为个人接受公共服务、享受公共产品的对价。基于此，多数西方国家将其在价值上评为"恶"，国家必须通过严格的制度设计以实现税收的公平和正义。[①] 在经济学、政治学和法学理论中都蕴含着纳税人权利保护的依据。厘清纳税人权利保护理论的基础，有利于构建纳税人权利保护理论体系，对完善纳税人权利保护制度具有重要作用。

一 纳税人权利保护的经济基础

税收是国家政权赖以存在和运转的经济基础，是国家发挥作用和执行其职能的财力保障。作为税收的直接目标和结果的税款来源于人们的生产劳动过程及其劳动成果，纳税人是税款的提供者。之所以主要以税

---

① 冯诗婷、郑俊萍：《税收本质与纳税人权利保护之理论基础》，《税务研究》2017 年第 3 期。

收的形式获得国家存在和运转的财力，是因为税收是国家凭借其建立在合法性和正当性基础上强制力而实施的财富分配方案。但是强制征税的权力往往会引发人们的反对，甚至激烈的对抗，因此，税收收入既是国家财政的来源，也是对人们财产权或者劳动权的无偿攫取，税收的深度、广度和强度直接关系到纳税人的理性选择。在税收强度与经济增长的关系上，出于人的经济理性的实际，当国家对人们的所有劳动成果都以税收的名义征收，则人们再也不会继续生产，因而国家的税源就会中断。然而，如果国家没有从人们的劳动成果中获得税收，则国家就会因缺乏固定的财力来源而无法履行其维持产生活动秩序和实现经济增长的基本职能。因此，税收与经济增长之间存在密切关系，现代经济学通常以"拉弗曲线"表示税率与国家税收收益之间的关系。

国家对人们征税的多寡，直接关系到人们的生产劳动积极性和对未来的预期，从而反映到经济增长方面，就是善的税收制度安排发挥鼓励生产和增加国家税收收入的作用，恶的税收制度安排不仅使国家难以获得履行其职能的必要的财力，而且还破坏了人们的生产劳动秩序和交往规则。因此，从此意义上而言，善的税收制度既要考虑国家税收的存量和增量因素，也要考虑纳税人的感知。历史经验表明，善的税收制度必须从纳税人利益出发，维护纳税人的基本权利，从而降低纳税中的对抗成本并提高纳税意愿。在一定历史时期，权利的产生和发展与当时的经济发展有重要的联系，厘清经济基础和纳税人权利的关系，有利于把握纳税人权利理论的内涵，完善纳税人权利保护理论指导思想，以实现纳税人权利保护的目标。

在众多经济学流派中，各种经济理论都或多或少地展示了其对现实世界的解释力，然而，公共产品理论与征收的正当性、合理性具有重要意义。公共产品理论对纳税人权利保护提供了重要的经济基础。在公共产品理论下，人的需求被分为私人需求和公共需求，私人需求主要通过市场机制实现，但是公共需求因其特殊性而无法通过市场机制供给。在公共财政理论中，被誉为全球著名的现代财政学之父的里查德·马斯格雷夫认为，公共需求通常有社会需求和价值需求两类。社会需求是国家因其公共职能所必然提供的，如警察、法院等；而价值需求是由于市场无法满足而导致的需要由政府来提供的那部分，如学校、住宅等。这部分需求本可以由市场来提供，但由于这些需求过大可能导致市场无法完成有效供给而转移给国家。① 公共产品理论最经典的解释是萨缪尔森在《公共支出的纯理论》一文中提出的，纯粹的公共产品是这样的产品或劳务，即每个人对这种物品或劳务的消费，不会导致他人对该物品或劳务的消费的减少。②

公共产品是由公共经济部门提供用来满足人类共同欲望的资财。③ 公共产品是经济学上的重要概念，其具有三个特性，效用的不可分性、消费上的"非排他性"和"非竞争性"和外部性。正是由于公共产品具有这些特性，使得价格机制很难进行运作，容易导致"搭便车"的问题，由于公共产品在收费上存在困难，私权主体无人愿意提供公共产品，在这种情况下，市场机制在提供公共产品领域不能很好地发挥作用，只能由政府来承担公共产品的供给问题。政府应当运用公共财政职能提供社会所需要的公共产品，美国经济学家约瑟夫斯蒂格利茨指出："政府显著的特性——拥有全体社会成员和强制力——使政府在纠正市场失灵方面具有某些明显的优势。"④

在公共产品理论的基础上，西方经济学者提出了税收价格理论，认为税收是人们享受政府提供的公共产品而支付的价格，人们不是无偿地将自己的财产转让给国家，而是在享受政府提供的公共产品的前提条件下所支付的对价。国家自身没有能力为纳税人提供公共产品，必须依赖赋税取得税收收入作为提供公共产品的成本，纳税人也需要缴纳税款来支持国家提供公共产品。税收是纳税人享受国家提供公共产品而支付的费用。布坎南认为，对公民来说，政府服务的直接成本是税收，而课税方式会明显影响人们对扩大或缩小政府服务的态度。⑤ 税收体现的是国家和纳税人之间的交换关系，国家与纳税人的关系类似买卖双方，国家为

---

① ［美］詹姆斯·M. 布坎南、里查德·A. 马斯格雷夫：《公共财政与公共选择》，类承曜译，中国财政经济出版社 2000 年版，第 28—33 页。

② Paul A. Samuelson, *The Pure Theory of Public Expenditure*, The Review of Economics and Statistics, Vol. 36, No. 4, Nov. 1954, pp. 387 – 389.

③ 张守文：《税法原理》，北京大学出版社 2001 年版。

④ ［美］约瑟夫·E. 斯蒂格利茨：《政府为什么干预经济——政府在市场经济中的角色》，郑秉文等译，中国物资出版社 1998 年版，第 74 页。

⑤ ［美］詹姆斯·M. 布坎南：《民主财政论》，穆怀朋译，商务印书馆 1993 年版，第 14 页。

纳税人提供公共产品，向纳税人收取一定税款作为提供公共产品的成本。纳税人作为买方有义务以纳税的形式向国家支付公共产品的价格，要求国家按照其要求提供公共产品。

公共产品理论揭示了国家征税权的本源是纳税人享有公共服务的权利。① 在公共产品理论下，国家取得税收的基础是人民对公共产品的需要，国家不是强制剥夺公民财产的专横统治者，而是代表社会利益进行公共产品提供的服务者。因此，纳税人的纳税行为只是完成一次公共产品对价的支付，国家和纳税人是在一种平等、平衡的状态下的交换关系。既然，纳税人以缴纳税款的方式享有公共产品和公共服务，本质上是一种消费行为，那么纳税人权利是作为公共产品的消费者所应当享有的权利。因此，纳税人有权自主决定以何种纳税项目、纳税方式缴纳税款，纳税人亦有权要求国家按照其要求相应提供公共产品。国家征税的目的是利用公共财政提供纳税人所需的公共产品。基于此目的，国家和纳税人处于平等的地位，国家需要按照纳税人的需求提供公共产品，保障纳税人的权利。

二　纳税人权利保护的政治基础

政治是一个历史范畴和概念，其随着人类社会的产生而产生。从权力观的角度看，政治是人们围绕公共权力展开的活动以及政府运用公共权力而对资源所进行的权威性分配过程。② 就政治与法律的关系而言，政治是法律产生和发挥作用的前提。③ 政治的核心是权力，而现代多数国家政治活动的基本核心是以代议制议会为最高国家权力机关，或者是最高国家立法机关。英国著名的思想家和政治家爱德蒙·柏克（Edmund Burke）在"论与美洲和解的演讲"中说道："从最早的时代起，我国（即英国）为自由而进行的伟大斗争，针对的主要是课税问题。"④ 事实上，英国议会的形成过程表明，其雏形是一个纳税人会议。而且，在 15

---

① 陈少英、王峥：《纳税人权利保护探析》，载刘剑文主编《财税法论丛》第 8 卷，法律出版社 2006 年版，第 24—67 页。

② 许超：《政治学概论》，中国矿业大学出版社 2017 年版，第 2 页。

③ 王浦劬：《政治学基础》（第三版），北京大学出版社 2014 年版，第 14 页。

④ ［英］爱德蒙·柏克：《美洲三书》，缪哲译，商务印书馆 2003 年版，第 89 页。

世纪前，批准征税几乎是议会最主要的职能，后来才逐渐演变为对国家社会经济政治事务进行立法的机构。正如格劳秀斯所说："为了共同利益，国王对私人所有物的财产权优先于私人所有者的权利。由此可见，为了满足公共开支的需要，每一位公民对国家所负的财政义务都优先于对债务人的偿还义务。"[①] 而议会起源于税收并非偶然，这是纳税人为了维护自己的财产经过无数曲折的斗争，最终找到的以权利制约权力的制度性方法。[②] 税收是关系国家生存和发展的支柱，对于国家和政权而言，其重要性不言而喻。

任何国家政权必须面对一个常见的问题：筹集税收以支持政府的各项行为。尽管不同的政权采用的方法各不相同，但都是从国内社会抽取资金来支付政府的开支。正如有些学者认为，在独裁统治政权下，税收可以采取完全掠夺的方式实现。此外，在那些国内社会能很好组织在一起抵制税收掠夺的地方，政府官员为了取得税收必须与主要的社会和经济利益团体进行协商，这就要求政府能够提供安全、秩序和公共物品，以此作为税收的交换。[③] 在政治、税收与法治的关系上，现代税制的形成深受社会契约论和主权在民思想的影响。

1. 社会契约理论与征税的正当性及其限度

早在古希腊就出现了社会契约理论的萌芽，文艺复兴开始后欧洲思想界对国家的起源、国家的本质等问题作出了激烈的讨论。随着欧洲资本主义的迅速发展，自由、平等思想快速传播，反映了欧洲从封建国家到近代资本主义国家发展的趋势。此后，一大批启蒙运动思想家继续丰富和发展了社会契约理论。格劳秀斯认为："国家是自由的人们为了享受权利和追求共同利益结合而成的一种完美的联合体。"[④] 霍布斯在《利维坦》中描述："生活在自然状态中的人终其一生，都将生活在没有安全保障

---

① ［荷］格劳秀斯：《战争与和平法（修订版）》第一卷，［美］弗朗西斯·W. 凯尔西等英译，马呈元译，中国政法大学出版社 2018 年版，第 38 页。

② 曹钦白：《税：给你制衡权力的权利》，陕西人民出版社 2012 年版，第 101 页。

③ ［美］罗伊·T. 梅耶斯等：《公共预算经验：面向绩效的新发展》第 1 卷，苟燕楠、董静译，上海财经大学出版社 2005 年版，第 277 页。

④ ［荷］格劳秀斯：《战争与和平法（修订版）》第一卷，［美］弗朗西斯·W. 凯尔西等英译，马呈元译，中国政法大学出版社 2018 年版，第 48 页。

的恐惧之中。而在单纯的自然状态下，所有的人都是平等的，爱好自由的人类之所以要建立国家，使自己似乎收到种种限制，完全是为了保护自己并由此得到比在自然状态下更为满意的生活，换言之，建立国家的目的是使自己摆脱战争的威胁。人们为了和平共处和防御共同的敌人，群体重大每个人都同意吗？他们全体的权利授予一个人或几个人，……当前述七月订立之时，就是国家按约建立之日；而这一个人或者几个人就被称为国家的主权者。主权者就获得了相应的权力。①"洛克将自然状态解释为一个理想的社会状态，人们享有生命、财产、自由、平等的权利，但是缺少公正的法律和公正的裁判者，为了克服自然状态的缺陷，人们之间签订契约，每个人自愿放弃一部分权利转让给代理者，形成代表社会全体成员一致的国家。为了正确地理解政治权力并追溯其起源，卢梭考察了所有人的自然状态，即一种完全自由的状态。然而，自然理性告诉人们，人们一出生就享有维持自己生存的权利，人生来就有权享有完全的自由，并且不受控制地享受自然法赋予的一切权利和利益。但是，如果政治社会本身没有保护财产权的权力，从而惩罚这个社会里一切人的犯罪行为，就不称其为政治社会，也不能继续存在，所以只有在政治社会里，每个成员都放弃了那种自然权力，把它交给社会，……于是，国家得到了权力。②

卢梭认为，放弃自己的自由，就是放弃自己作为人的资格，就是放弃人类的权利甚至放弃自己的义务。但是，在自然状态中侵害人类生存的各种障碍在强度上超出了每个个人为了维持该状态所能使用的力量；而找到一种结合形式，它用全部共同的力量来捍卫和保护每个结合者的人身和财产；每个人虽与众人结合，却只服从他自己，并且和从前一样自由，这就是社会契约所要解决的根本问题。③ 社会契约论的主要观点认为，公民和国家达成一致，由每位公民让渡自身权利的一部分，以期与

---

① ［英］霍布斯：《利维坦：在寻求国家的庇护中丧失个人自由》，吴克峰译，北京出版社2008年版，第64、74、81、86—88页。

② ［英］约翰·洛克：《政府论两篇》，赵伯英译，陕西人民出版社2004年版，第131、144、178—179页。

③ ［法］让·雅克·卢梭：《社会契约论》，杨国政译，陕西人民出版社2004年版，第7、11页。

国家交换某些利益与当自身权利受到侵犯时得到国家强大公权力的保护与帮助。这部分权利就包括财产权，即公民向国家缴纳税款。

以社会契约论为理论基础发展的税法上的"对价说""交换说"等理论都将纳税人放在重要的地位，削弱了国家至上主义对税收的影响，纳税人权利保护逐渐成为一个亟待解决的重要问题。在当今社会，引入社会契约论的思想有助于遏制行政权力的扩张和滥用，强调国家和纳税人处于平等的地位，国家征税权来源于人民的授权。人民的权利不能被剥夺，过分强调纳税义务而忽略权利是有悖于社会契约论思想的。基于社会契约理论，纳税人有权反抗违反社会契约的税收。因为，在自然法思想和社会契约论框架中，君主或执政者的权力来源于经自然法启示而由人们订立的社会契约，因此，社会契约是公意（人们的整体意志）是本源性意志，而君主或执政者的法律是派生性意志。既然君主或执政者的权力源于社会契约，那么国家主权就只能是人民主权。一切违反自然法的法律都是恶法，人民没有无条件服从这些恶法的义务，由此得出了作为主权者的人民有行使本来属于自己的反抗权的结论。

洛克既承认政府权力存在的必要性，也强调政府权力的目的是实现国家幸福，因而对严重损害社会利益的政府进行变革是正当的。所以，才有反抗权的存在。[①] 正如洛克所言，当立法机关企图侵犯臣民的财产，使他们自己或社会的任何部分成为人民生命、权利或财富的主宰者或任意处置时，他们就背弃了赋予他们的委托。当立法者企图夺取和破坏人民的财产或把人民置于专断权力下的奴役状态时，立法者就使自己与人民处于战争状态，人民也就免除了再服从他们的义务……因此，立法机关无论何时侵犯了这个社会的基本准则，并因野心、恐惧、愚蠢或腐败而试图自己攫取或让其他任何人掌握一种绝对权力，以便支配人民的生命、权利和产业，他们就因这种背弃委托的行为而丧失了人民为了完全相反的目的授予他们的权力。那种权力就回归于人民，人民有权恢复自己原来的自由，并通过建立他们认为适当的新立法机关来谋求自己的安

---

① 王方玉：《论洛克的反抗权理论及其流变与影响》，载齐延平主编《人权研究》（第18卷），山东人民出版社2017年版，第219页。

全和保障。① 卢梭也认为，社会契约所赋予的主权体对臣民的权利绝不能超出公共利益的范围。② 反抗权并非仅仅停留在社会契约论之中，而是被应用到美国独立之路上。1776 年的《美国独立宣言》写道：生命权、自由权和追求幸福的权利是不可剥夺的权利，为了保障这些权利，人类才建立政府，而政府的正当权力是经被治理者的同意而生产的。……但是，当追逐同一目标的一连串滥用职权和强取豪夺发生，证明政府企图把人民置于专制统治之下时，那么人民就有权利，也有义务推翻这个政府，并为他们未来的安全建立新的保障。③ 我国学者也认为，公民的政治权利，又是公民对国家权力的一种自卫权、抵抗权。④ 国家征税是行使国家权力的重要内容，因此，作为征税依据的"公意"和税款用途的"公益"必须源自法律的明确规定，否则，非法的横征暴敛因其没有法律依据而不具有合法性，纳税人有权抵制。

2. 主权在民理论与税权在民

关于国家主权的来源和归属问题，不同时期存在不同的观念。在西欧资产阶级革命时期，针对维护封建专制统治的"主权在君""君权神授"理论，提出了主权来自人民授权的学说。在英国革命时期，约翰·弥尔顿坚持认为君主的权力是由人民的意志产生的，君主"应该是国民的公仆"，"人民的权力"是"至高无上的"。⑤ 在得自人民的权力的国家主权的行使上，弥尔顿提出："国家的主权必须交给一个最高议事会，但不是转让给它，而是让它代理，好像存放在它那里的样子。"⑥ "主权在民"在英国的体现就是议会主权体制，既在名义上由公民的代表——代议士代替原来的王权控制主权，又不直接使公民自己来控制主权。⑦

在社会契约理论的基础上，国家的产生是基于公意，国家权力来源

---

① ［英］约翰·洛克：《政府论两篇》，赵伯英译，陕西人民出版社 2004 年版，第 254 页。

② ［法］让·雅克·卢梭：《社会契约论》，杨国政译，陕西人民出版社 2004 年版，第 125 页。

③ ［德］格奥尔格·耶里内克：《〈人权与公民权利宣言〉——现代宪法史论》，李锦辉译，商务印书馆 2013 年版，第 69 页。

④ 郭道晖：《公民权与公民社会》，《法学研究》2006 年第 1 期。

⑤ 姜士林：《宪法学辞书》，当代世界出版社 1997 年版，第 37 页。

⑥ ［英］约翰·弥尔顿：《建设自由共和国的简易办法》，殷宝书译，商务印书馆 1964 年版，第 22 页。

⑦ 张爽：《英国政治经济与外交》，知识产权出版社 2014 年版，第 15 页。

于人民的授权，国家主权属于作为个体的人民。借助"公意"概念，卢梭在西方政治思想史上率先完全地提出了"主权在民"理论。卢梭提出，人民主权"不外是公意的运用"。所谓公意，即公共意志，是所有个人意志的总和。这种公意的来源是订立契约的人民的一种政治承诺："我们每个人都以其自身及其全部的力量共同置于公意的最高指导之下，并且我们在共同体中接纳每一个成员作为全体之下不可分割的一部分。"① 卢梭坚信，国家应保持较小的规模，这样才能将更多的权利赋予人民；同时，使政府的行政运行更有效率。主权在民理论认为，人民是国家真正的主人，国家存在的基础是接受人民的委托、为了保护本国人民的人身、自由和财产权而建立起来的，在人民授权的范围内进行政治活动。

在主权在民理论中，国家与人民之间达成了社会契约，而社会契约论认为人民的意志是国家行为的根源，国家的行为必须经过全体人民的同意。从主权在民可以推导出税权在民的结论。因为，主权在民理论的赋税原理是：国家是由全体人民为了保护自身权利让渡自身部分个体权利得来的；以契约形式赋予国家生命，以立法赋予其意志，以纳税赋予其血液。而国家权力存在是基于人民让渡的那一部分权利，依靠人民缴纳的赋税作为经济基础，并为人民提供其社会生活必须享有的公共产品和服务。国家与人民的关系是代理人与委托人的关系，人民让渡一部分自身的权利，从而国家得以运行，由此也应当服从国家的管理，但这并不是绝对的、无条件的，人民通过民主的机制参与国家决策的决定环节。

相比较资产阶级思想家的主权在民思想中的"人民"主要是资产阶级，在马克思主义理论下，现代国家观的一个基本观点就是人民主权（即主权在民），而"人民"的主体是广大无产阶级。马克思主义的人民主权理论更加彻底地揭示了现代国家从根本上超越以"主权在君，君权神授"为权力来源的中世纪封建专制主义国家。1843 年《黑格尔法哲学批判》的一个重要的焦点问题就是黑格尔企图调和人民主权论与君主主权论，主张在德国实行君主立宪制，而马克思则旗帜鲜明地主张人民主

---

① 肖丹：《西方主权理论的嬗变：从卢梭到马克思的发展理路》，吉林人民出版社 2016 年版，第 87 页。

权论，批判君主主权论、君主立宪论。^① 1844 年 11 月马克思《关于现代国家的著作的计划草稿》的第二部分，通过总结法国大革命的历史经验，再次把"人民主权"作为现代国家制度创新的本质特征。在税收的来源上，马克思主义认为，资产阶级的国家政府以瓜分剩余价值的形式来获取税收，从而表现出与前资本主义社会所不同的特殊性，但这并不能改变税收的本质规定。^② 马克思认为，与剥削阶级社会税收性质的本质区别是，社会主义税收的性质在于"取之于民，用之于民"。

3. 税收国家理论与宪法国家理论

"税收国家"（Steuerstaat）最早在奥地利财政社会学家鲁道夫·葛德雪（Rudolf Goldscheid）1917 年发表的《国家资本主义或国家社会主义》一书中被提出。^③ 然而，看似清楚的"税收国家"一词，不仅指福利国家中的特殊公共财政收益机构，而且还意味着间接掠取私人生产或消费商品的历史新标准。在某种程度上，作为税收国家的税收工具，税收与其他的国家收入，诸如收费、强制性服务、国家产品的价格等相反。因此，税收国家状态时资本主义中具有严格财政保障的协调经济增长状态的表达。^④ 由于税收国家本身而言不拥有公共财产也不经营公共事业，不具备财政基础，国家获取财政收入的主要方式就是通过运用公权力向纳税人征取税收。所以说，税收国家存在的基础是纳税人所缴纳的赋税。马克思指出："赋税是政府机器的经济基础，而不是其他任何东西的经济的基础。"^⑤ 现代税收国家的典型是欧美国家，国家财政 90% 以上来源于税收。与税收国家相对应的概念还包括"资产收益国家""规费国家"等。^⑥ 税收国家理论认为国家的存在和发展是为了满足公共需求，维护国家共同利益。北野弘久对税收国家进行了阐述，他认为税收国家是"财政收入绝大部分来源于税收的一种国家体制"，并且他认为税收国家中的

---

① 王东：《马克思十大理论创新》，中央编译出版社 2018 年版，第 314 页。

② 戎生灵：《中外地方税收理论·比较·现实》，中国经济出版社 2005 年版，第 48 页。

③ Gudrun Exner, "Rudolf Goldscheid (1870 – 1931) and the Economy of Human Beings", *Vienna Yearbook of Population Research*, Vol. 2, 2004, pp. 283 – 301.

④ Sebastian Huhnholz (2018), Steuerstaat, Handbuch Staat, pp. 371 – 382.

⑤ 蒙木桂：《〈哥达纲领批判〉导读》，中国民主法制出版社 2018 年版，第 118 页。

⑥ 刘剑文、熊伟：《税法基础理论》，北京大学出版社 2004 年版，第 29 页。

具体税收法律规则应当在宪法层面上进行规制。① 在税收国家中，还有一个重要的前提是财产私有。正因财产是私有的，国家对纳税人财产的获取必须经过纳税人的同意，并通过公正合法的方式进行。国家对税收存在高度依赖性，那么必须赋予纳税人独立、平等的地位，将纳税人权利保护作为税收国家的重要任务之一。税收本质是对公民财产的一种侵犯，应当受到宪法和其他法律的约束，税收法定原则应当是税收国家的帝王原则，严禁随意增设纳税义务的违法行为，防止对纳税人权利造成肆意侵害。

目前，我国还不属于真正意义上的税收国家，因为税收占全部财政收入的份额不大。有学者认为，在税收国家中，国家征税权来源于私人对国家所提供公共产品的需求，我国应当加强法制建设，构建税收国家。② 因为在国家在朝着税收国家迈进的过程中，税收理念会不断发生改变，从原先以国家利益至上的国库主义理念被税收"公共性""对价性"替代，凸显纳税人的主体地位，税收国家建设应当以完善纳税人权利立法为重要目标，使税法成为规范国家征税权利的法，成为纳税人权利保障之法。③

三 纳税人权利保护的法理基础

从政治学和经济学意义上，税收的本质是公民享有政府或公共团体提供的公共产品的对价。在税收债权债务法律关系中，纳税人和政府处于平等的法律地位，不存在税务机关凌驾于纳税人之上的情形，纳税人之所以负有纳税的义务，是因为纳税义务以法律为依据。所以，法治是纳税人权利保障最终的基础，只有在法律的框架下才能够规范和制约公权力，防止公权力肆意扩张造成公民权利的损害。既然纳税人负有义务，就应当依据法律的规定及时足额缴纳税款，不得实施偷税、漏税等规避纳税义务的行为。基于纳税义务而派生的纳税人权利，是纳税人作为纳

---

① ［日］北野弘久：《日本国宪法秩序与纳税者基本权——租税国家的宪法保障装置》，陈刚、雷田庆子译，《外国法学研究》1998 年第 2 期。

② 刘剑文：《重塑半壁财产法——财税法的新思维》，法律出版社 2009 年版，第 41 页。

③ 张富强：《论税收国家的基础》，《中国法学》2016 年第 2 期。

税主体应当享有的权利，也是制约国家征税权的根据。纳税人权利及其保护的法理基础揭示的是国家征税权的合法性与正当性基础。在国家合法性以及存在基础的论题上，霍布斯、洛克、卢梭等康德之前的政治哲学家都试图从社会契约的角度来解释，这些古典思想家都试图以"同意"（consent）作为国家的合法性和存在的基础。合法性是权力的核心概念，其代表了社会成员对统治权力的认可程度，而权力的合法性是针对权利概念而言的，即合法的政府是为了社会的共同利益而服务的。征税是国家和政府向部分或者全体人民的索取，其合法性的来源和表现都应当符合政权的合法性，即源于人民的授权并为了全体人民的共同利益。因而，可以从纳税义务的"宪定化"、税收法治原则、纳税人与国家之间的税收债权债务关系等考察征税的合法性和纳税人权利保护的正当性。

1. 纳税人权利保护的宪法根据

列宁曾说过：宪法就是一张写满人民权利的纸。[①] 而税收国家中的公民都是直接税或者间接税的纳税人，在此意义上纳税人与公民的权利紧密相连。我国 2004 年宪法修正案中首次写入了保护私有财产。宪法保护私有财产的精神表明国家通过行使征税权向纳税人索取财产的行为必须具有合法和正当性的法理基础。在宪法中确立税收法定主义，从形式上为国家征税行为设定了正当的规则和程序，并且划分出国家征税权和纳税人权利的边界，任何违反税收法定、税收宪定的征税行为是对纳税人的侵害。宪法以保障人权为目标之一，纳税人作为抽象人权的载体，其权利理应受到保障。只有将纳税人权利上升到宪制维度才能真正体现纳税人的主体地位。纳税人的生存权和财产权是紧密联系的，因此，国家的征税行为必须在保障纳税人生存权的前提下进行，否则是违宪的。宪法中的平等权也是纳税人权利保护的依据，以此为会根据，征纳关系应当建立在平等的基础上。宪法意义上的财产权是一种先于国家征税权而存在的权利，而税收是基于私人财产权基础上的社会契约之债。

---

① 王振民：《依宪治国、依法行政》，载百名法学家百场报告会组委会办公室编《百名法学家纵论中国法治进程》第 5 辑，新华出版社 2011 年版，第 94 页。

2. 税收法治的核心在于纳税人权利保护

法治原则在税法中的体现，其核心是税收法治。税收法治的核心是纳税人权利保护，正因为如此，甚至有学者认为纳税人权利保护是税收法治的灵魂。[①] 税法应该是以规定征税机关及其征税权为主的法律，还是以纳税人权利及其保护为核心的法律，是一个涉及国家与纳税人之间关系和税法定位的根本性命题。现代法治国家，也是税收国家，因为，民主国家的主体和核心是国民，而且国家利益与纳税人利益是可以相互兼容的，正如所有现代国家以税收的来源和目的在于"取之于民、用之于民"作为税收正当性的口号。因此，税收法治的出发点既不是征税者之法，也不仅是保障国家财政收入之法，更不是维护征税者权力之法；而是纳税人之法，是保障纳税人权利之法，保障纳税人生存权、财产权等基本人权之法。首先，纳税人之法应当是"良法"，而"良法"首先是"权利本位"之法。就权利与义务的关系而言，税收"权利本位"主张税收权利是目的，纳税义务是手段，纳税义务的设置是为了税收权利的实现；就税收权利与征税权力的关系而言，国家征税权力的配置和运作只是为了保障公民权利的实现。其次，纳税人之法是税收民主的诉求。按照人民主权原则，国家是作为主权者的国民的自治团体，所以，维持国家及其活动的必要经费是国民的共同费用，应由国民自己负担。但是，国家征税应以国民的同意为前提，并以国民的需要为使用去向，国民仅对符合此要件的税收承担纳税义务。国民（通过其代表机关）行使税收立法权是税收民主的主要表现，而纳税人的那些最重要的权利也都与税收民主密切相关。最后，纳税人权利之法是税收立法的基础。参与税收立法权是纳税人参与决定征税对象、范围、税率、减免税等各项与其财产权让渡直接相关的因素的权利，这意味着在税收立法过程中需要更加注重民主决策。

3. 税收法律债权债务关系税收债务

税收法律关系是由税法确认和调整而成的，在国家税收活动中发生的以权利和义务为内容的社会关系。税收法律关系涵盖的范围是广泛的，所有与税收有关的法律关系都可以作为税收法律关系的组成部分，其主

---

① 季卫东：《宪法的理念与实践》，上海人民出版社 2016 年版，第 148 页。

要包括国家与纳税人之间的税收法律关系、纳税人和征税机关之间的税收法律关系、国家机关之间因税权划分而形成的税收法律关系。纳税人和国家之间的关系反映了税收法律关系的本质。在德国和日本的税法理论中占据重要地位的学说是税收债权债务关系说，即国家与纳税人之间的税收法律关系本质是一种公法上的债权债务关系，表现为国家对纳税人请求支付税款。① 有学者认为，可以从两个层面对税收法律关系进行界定，在抽象层面上将税收法律关系界定为公法上的债务关系，具体层面上，将税收法律关系界定为债务关系和权力关系。② 债务关系说将纳税人和国家的关系比作债权人与债务人，将税收行为债务关系说揭示了税收法律关系是平等主体之间的法律关系，国家和纳税人是具有独立的法律地位，纳税人有义务缴纳税款，国家承担提供相应的公共产品的义务。在债务关系说产生之前还存在一种税收法律关系权力关系说，与债务关系说不同，权力关系说强调的是国家对公民财产具有支配权，国家的权力至高无上，公民只能无条件地服从。我国长期以来实行的税收国库主义、国家本位的思想过分强调公民对征税权的服从，忽视个体权利保护，纳税人保护问题在法律上处于真空状态。在债务关系说下，纳税人的地位发生了转变。国家和纳税人形成了债权债务关系，应当按照法律的规定享有各自的权利和履行义务。纳税人在履行了税收这一金钱给付义务的同时，便拥有选择与享受国家提供公共产品和服务的权利，并且在这一过程中享有国家保障其自身利益不受侵害的权利。

第二节　税收根据理论与纳税人权利保护观念

一　近代以来国家主义立场的税收根据论

传统中国是一个以义务为本位的国家，国家主义一直占据着主导地位。典籍和制度中没有出现近现代世界文明国家普遍存在的"权利"概念。在法家的统治术和儒家纲常伦理道德规范中，人民只有服从的"本

---

① ［日］金子宏：《日本税法原理》，刘多田译，中国财政经济出版社 1989 年版，第 47—65 页。

② 刘剑文：《税法学》（第 2 版），人民出版社 2003 年版，第 89—95 页。

分"。这种义务本位观一直贯穿于中国社会之中。有学者认为，古代中国法"不讲平等、无视个人、不知权利为何物，只看身份，没有自由合意，所有这些都与近代社会、近代法律的基本原则相悖"。"中国传统法观念的主旋律是义务，无任何权利的音符。"① 古代中国一直把尧、舜、禹，周朝文、武两王等最早的帝王视为圣人和能人，而且能人治国的观念代代相传。自从"今皇帝并有天下，别黑白而定一尊""君主言出法随，天下事无大小皆决于上"（《史记·秦始皇本纪》）的封建时代以来，天下大小事务不管轻重都由皇帝来决策，是一个通行法则。在专制制度下，皇权至上，不受任何制约，在此理念下，统治者有权对国民任课赋税而不需要有任何依据，也没有人敢去质疑征税的合法性、正当性，统治集团也从来不以提供公共服务作为自己的责任。

传统中国在论证天下是君主私产的同时，也使税收沦为了统治者聚敛财富的工具，传统社会的子民只能是赋税的担负者而不可能成为纳税权利的主体。在古代中国民本思想下，民众向朝廷缴皇粮国税是一种天经地义的事情。清末新政初期，以轻徭薄赋为优良治国方略的传统民本理念依然在思想界占据主流。② 但是，统治阶级一刻也没有放松对社会财富的攫取。按照杜赞奇等人对国家建构的研究，19 世纪末，国家从农村攫取税赋主要依靠县衙门的胥吏，地方上的地保、乡保，以及乡绅和庶民领袖。杜赞奇认为，这些人都是国家和社会之间的经纪人，其中胥吏、地保、乡保充当经纪人的目的是给自己赢利，故称赢利型经纪人，乡绅和庶民领袖为了保护自己的社区免受赢利型经纪人的盘剥而承揽税赋事宜，所以他们是保护型经纪人。③ 孔飞力也认为，晚清时期横亘于国家与农民之间、使农民负担不断加重而国家税收不能相应增长的，是包揽税收事宜并中饱私囊的中间人，通常是胥吏和乡绅。④

---

① 梁治平、齐海滨等：《新波斯人信札——变化中的法观念》，贵州人民出版社 1988 年版，第 117、131 页。

② 任晓兰：《财政预算与中国的现代国家建构》，天津社会科学院出版社 2015 年版，第 65 页。

③ ［美］杜赞奇：《文化、权力与国家：1900—1942 年的华北农村》，王福明译，江苏人民出版社 2003 年版，第 28—52 页。

④ ［美］孔飞力：《中国现代国家的起源》，陈兼、陈之宏译，生活·读书·新知三联书店 2013 年版，第 96 页。

在近代中国思想家中，魏源的税收思想在当时的经济思想中极为罕见和独到。在分析国家兴衰的原因上，提出"使人不暇顾廉耻，则国必衰；使人不敢顾家业，则国必亡"。从而强调了私人财产的重要性，其直接涉及国运兴衰。在国家赋税上，主张培植和保护税源，并用"植柳树"和"割韭菜"比喻涵养税源的重要性和苛重税敛的危害性，"善赋民者，譬植柳乎，薪其枝而培其本根；不善赋民者，譬则剪韭乎，日剪一畦，不罄不止"。进而提出纳税人财产保护的思想，"彼贪人为政也，专朘富民；富民渐罄，复朘中户；中户复然，遂致邑井成墟"。①

即使在清西学东渐的背景下，面对清政府的频繁加税，也有学者为这一观点辩护。光绪三十二年（1906）十二月初八刊载在《申报》上的《论君主之财宜与国家之财区别》一文，在很大程度上从国家观的角度反映了清代末期文人志士对国家财政问题理解转型与深化，文中指出："中国取财于民，其税额不及泰西之重。然税额偶加，则人民咸疾首蹙额以怨其上，此岂人民果无爱国之心耶？抑中国土瘠民贫，不堪在上者之诛求耶，是皆不然。夫国家之取财于民也。不外以一国之财，治一国之事，仍散一国之民。故人人均有纳税之主义，若中国应不然，不以财为国家之公财，而以财为君主之私财。由是中国之愚民，以为吾辈之纳税，皆所以供君上之私用也。上日富则民曰贫，一若财聚于上与富藏于民，成一相反比例，呜呼，此人民所由，以加赋为病政也。"② 在实践上，当清政府于1907年决定尝试开征印花税时，便遭受了来自商民的重重阻力。③

主张君主立宪制的学者提出的立宪改革思路，提出将公共财政和赋税限制在宪法框架内的想法。梁启超认为，立宪是建立公共财政体制的前提，提出"制定宪法为国民第一大业"的主张。④ 而且，梁启超强调宪法的至上性、稳定性、权威性和实践性。他提出："国中无论何人，其有违宪者，尽人得而诛之也"⑤，主张绝不允许任何人凌驾于宪法之上；他

---

① 魏源全集编辑委员会编校：《魏源全集》（第 12 册），岳麓书社 2004 年版，第 72 页。
② 《论君主之财宜与国家之财区别》，《申报》1906 年第 12128 号第一版。
③ 李向东：《清末民初印花税研究 1903—1927》，河南人民出版社 2015 年版，第 278—280 页。
④ 梁启超：《饮冰室合集》文集之三十，中华书局 1989 年版，第 82 页。
⑤ 梁启超：《饮冰室合集》文集之二十六，中华书局 1989 年版，第 51 页。

还说，宪法应当稳定，"非可以朝令而暮改"；① 而且，宪法应当具有权威性，否则就没有人遵守宪法；宪法应当具有实践性和可实施性，"非将以为装饰品也，而实践之之为贵"。② 梁启超的立宪制度体现了他对宪法的正确认识，即宪法是用来约束政府的，不是约束人民的，是人民要求政府做什么，而不是政府规定人民哪些该做、哪些事不该做。这一宪法思想对理解税收极其重要，因为如果没有宪法的限制，政府的征税和花费预算都将无法控制，又会出现"施令如牛毛，挥霍如流水，无一民能食其利"的局面。③ 如果不制宪，政府无论是征税还是花钱都将无法控制，整个社会就会堕入"税收黑暗"中无法自拔。1913 年梁启超撰写的《进步党拟中华民国宪法草案》第 84 条中提出，"凡新课租税及变更税率，以法律定之"。④ 体现了当时已经将"税收法定原则"入宪的进步做法。在政府与纳税人的关系上，他认为，"民出租税以供国家之用，实天经地义也"；⑤ 同时也认为，人民有纳税的义务，也就有监督政府经费执行情况的权利。

当时，已经认识到不同体制下的纳税人权利之差异。譬如，1921 年《申报》记载的："纳税义务也，立宪国之税与专制国之税异，民主立宪国之税又与君主立宪国之税异。专制国之税有义务而无权利，立宪国之税则权利须与义务相当，所谓不出代议士不纳租税是也。君主立宪国之税，权利与义务相当而已，民主立宪国之税则如主人之资本委托其仆人经理，不惟应有查账之权，苟有错误并得斥退其仆人者也。我国非所谓民主立宪国乎，而何以我国之纳税人虚拥主人之名，一任其仆人之营私舞弊而绝不过问也。即有过问者，而其仆人之抵抗主人，若不自知其为仆人而一如专制国之君主，惟其言，而莫予违也。呜呼，中国之纳税人。"⑥

已经接受西学，在上海格致书院这一新式学校的青年学者杨毓辉主

① 梁启超：《饮冰室合集》文集之二十一，中华书局 1989 年版，第 51 页。
② 梁启超：《饮冰室合集》文集之二，中华书局 1989 年版，第 48 页。
③ 梁启超：《梁启超全集》（第 4 集），北京出版社 1999 年版，第 2237 页。
④ 梁启超：《梁启超全集》（第 5 集），北京出版社 1999 年版，第 2625 页。
⑤ 梁启超：《梁启超全集》（第 5 集），北京出版社 1999 年版，第 2840 页。
⑥ 《可怜中国之纳税人》，《申报》1921 年 1 月 12 日（第 17206 号），第 16 页。

张"发展工商、振兴土货、以收利权",也在为加税辩护,他认为:"中国每遇加税,论者辄谓竭泽而渔。然试与列邦比较,则中国所征税课,实轻于彼族倍蓰。泰西各国无一物而不税,无一事而非税,每遇国有大事,则尤诸税并起,额外加增",甚至认为"矧以中国幅员之广,户口之繁,为环球各国所罕有,而其每岁所人,不逾万万,率以八九千万为常。试以四百兆户口按数均分,每人每年平均纳税约计二角五六分,而以东西各国人民每人孵蛋之税额互相比较则轻微已甚"。同样地,在试办印花税的问题上,杨毓辉认为,"参仿西法举行印花之税而其章程规则仍以利国而不病民为宗"。而"举行新政匡济时艰,皆国民公共之事业,苟其度支不给自应征取于民,此则不能以重征病民者相提并论"。①

近代国家转型时期,随着民权观念的传入,纳税人权利的思想也逐渐被人民所接受。在晚清就已经有学者认识到国家的财政支出,应该得到纳税民众的许可与监督的问题,财政预算的意义就在于能够使国家的财政处于民众的监督之下,即"所谓预算者,国家预定收入、支出之大计划也。盖国用之收入,收入之于民也。收入自民故不能不求民之允诺。欲民允诺不能不示以信用。预算者,示民以信用之契据也。国用之支出,亦以为民也。支出为民,故不得不邀民之许可。欲民许可不得不受其监督者,授民以监督之凭证也"。② 有学者提出了民众财政参与权,即所谓"使薄海臣民皆得参与财政之权,增所应增,减所应减,悉裁诸舆论之大公而朝廷不复以向来之私见参之,上利国而下不病民,此诚万国之所莫及者也"。③ 如果公民怠于行使自己监督财政的权利,甚至被认为是自弃天职,所谓"各国之立宪也,莫不因君民冲突乃由君主让其权力之一部于人民而其始也。亦莫非因人民之要求而得之租税之承诺权,其得之也亦同是国民对于政府为正式之要求乃欲达其目的之惟一手段也",所以"预算一事乃政府引起我国民对于政府而行使其监督权者也。国民如放弃其责任而不尽其监督之责,是谓自弃其天职"。④

---

① 杨毓辉:《论国家征税之公理》,《北洋法政学报》1908 年第 60 期。

② 佚名:《论国家于实行立宪之前宜速行预算法》,《南方报》1906 年 11 月 6 日。《东方杂志》1906 年第 3 卷第 13 期转载了该文的节选内容。

③ 社说:《财政私议》,《东方杂志》1908 年第 3 期。

④ 《论国民当知预算之理由及其根据》,《时报》1907 年 4 月 21 日。

严复论述赋税正当性时，也认同纳税是国民公职，与此同时，更加强调国家对于国民应负有的责任。即"夫赋税贡助，所以为国民之公职者。其义盖于分功。民生而有群，徒群不足以相保，于是乎有国家君吏之设。国家君吏者，所以治此群也。治群之职，委之国家而公出其所费"。他认为，"治人者势不能自养，于是乎养于治于人之人"，"于是劳心劳力之功以分，而群小人之职以异"，"功分而省费，职异而事精，必如是而后生逐群和也"。[①]

尽管，古代中国有契约制度，但从没有出现抽象的契约理论和一般的契约原则，并且也没有形成当今所谓的契约自由、平等观念。原因首先在于，契约主体之间的等级身份造成了契约权利、义务分配的不平等；其次，契约在当时作为官府管理的手段远远超出当事人之间的自由意志。[②] 西方社会契约论思想传入中国后，逐渐深入国内，税收的基础被认为是公民向国家让渡自己一部分权利，由此享受国家提供的公共产品和服务，国家必须按照公民的意志去使用税收。此观点虽然受到许多学者支持，但也有不少质疑。认为对价说虽能够提升纳税人在税收征收中的地位，但没有对纳税人保护的充分理论支持。由于纳税人多大程度上享受到了与其支付的税金相匹配的公共服务和产品是没有办法量化的，这种观点知识为了为税收提供一个合理的理由，更多偏向国家利益而非纳税人权利。许多学者从社会契约角度讨论纳税人和国家之间的关系，认为税收是个人接受公共服务、享受公共产品的对价。

二　我国改革开放之前的税收根据理论与税收立法

中华人民共和国成立之初，人民政府就开始寻找新税源。但由于受制于当时的国内外经济环境，缺乏建立现代税收制度和税收法制的基础。当时的税收根据理论主要是"国家分配论"，把税收根据归于国家政治权力的必然结果。在生产资料的公有制背景下，绝大部分生产资料属于国家所有，而作为国家公共权力的维持费用，主要通过公有财产及其增值。

---

①　严复：《原富》，商务印书馆 1931 年版，第 288—289 页。

②　彭诚信：《"观念权利"在古代中国的缺失——从文化根源的比较视角论私权的产生基础》，《环球法律评论》2004 年秋季号。

但是，由于当时国有经济效率相对较低，所以难以满足国家财政收入的需要。因而，从农业和工商业领域获取税收来增加国家财政收入成为首要选择。

从 1949—1953 年国家财税收入情况看，关税、盐税以及农业税的比例显著下降。与此相对应，国有企业的利润和工商业税稳步增长，成为政府收入最重要的组成部分，其中工商税主要有营业税、消费税和所得税。当时，大多数企业规模小，注册登记资料欠缺，所以征税的困难在于如何确定营业税和所得税的纳税人。确定纳税人的主要办法是通过行业组织来确定哪些是具有一定规模的工商企业，通过走"群众路线"，让居民组织确定零售经营的商贩并通过民主评议等手段识别纳税人和应缴税款。由于当时公民个体几乎没有法律意义上的生产资料和私人财产，也缺乏基于劳动而获取的收入，因此公民并非实际的纳税主体。

不同于大陆法系国家的税法从民法中寻找思想源泉、英美法系国家的税法从衡平法中寻找思想源泉，[①] 我国税法的思想渊源可以分为两个阶段，1950—1978 年的税法立法和 1978 年改革开放以来的税收立法。1950—1978 年，对税法的认识和税法实践大致经历了税法初步建立、税法修正、"非税论"阶段和"税收无用论"等阶段。

1949 年 9 月 29 日通过的《中国人民政治协商会议共同纲领》第 40 条规定："国家的税收政策，应以保障革命战争的供给、照顾生产的恢复和发展及国家建设的需要为原则，简化税制，实行合理负担。"这是党和政府在中华人民共和国成立初期制定税收政策总的方针。为了建设新的税制，1949 年 11 月 24 日召开的第一届全国税务工作会议提出，简化税制、增加税收的方针，拟订《全国税政实施要则》。1950 年 1 月 30 日政务院发布的《关于统一全国税政的决定》和《全国税政实施要则》中提到："纳税是人民的光荣义务，应在人民中树立遵章纳税的爱国观念。"《全国税政实施要则》提出：农民负担远超过工商业者的负担，为使负担公平合理，应依据合理负担的原则，适当地平衡城乡负担。除了农（牧）业税之外，在全国范围内设货物税、工商业税、盐税、关税、薪给报酬

---

① 杨小强：《寻找法律的思想根源》，《法学家茶座》第 12 辑，山东人民出版社 2006 年版，第 41 页。

所得税、存款利息所得税、印花税、遗产税、交易税、屠宰税、房产税、地产税、特种消费行为税和使用牌照税 14 个税种，确立了新中国的税收政策。

在纳税人方面，规定公私合营企业，合作社都应向国家纳税，不得例外；外侨及其所经营的企业，必须遵守中华人民共和国法令，照章纳税。这一时期是税法建立阶段，是税法新旧轮替阶段，从旧税法向统一的新税法过渡时期，税法内容不利于私营工商业者，对国营商业部门和供销合作社给予较多优待。由于公私关系和经营方式改变引起的税源变化，直接影响到国家税收计划的完成。出现了商品流通扩大，税收相对减少，税制同经济发展不相适应的新情况。初步建立的税制，将工商业者作为主要的纳税人。

1952 年 12 月政务院发布《关于税制若干修正及实行日期的通告》，以简化税制为主要措施，按照"公私一律平等纳税"的税收和税法思想进行的税法修正，对于扭转经济日益繁荣、税收相对下降的局面和调动私营企业的积极性发挥了重要作用。1954 年全国人民代表大会第一次会议通过的《中华人民共和国宪法》第 102 条规定，公民有依照法律纳税的义务。由此从宪法层面确立了公民作为纳税人的法定义务。1958 年全国人大常委会通过的《农业税条例》和《工商统一税条例（草案）》。《农业税条例》将从事特定的农业生产、有农业收入的单位和个人，作为农业税的纳税人；《工商统一税条例（草案）》将一切从事工业品生产、农产品采购、外货进口、商业零售、交通运输和服务性业务的单位或者个人，作为工商统一税的纳税人。1973 年进行的税收政策调整，将纳税人的范围限定在国营企业只缴纳工商税，集体企业只缴纳工商税和所得税。

三　市场经济体制确立以来税收根据论与纳税人权利理论

1978 年开始以经济建设为中心，实行社会主义现代化建设和改革开放决策以后，开始真正从农业经济走向工商业经济，税收来源也发生了重大变化，面对商品经济和工商社会，经济形态复杂化，需要更加复杂和确定的税收制度，由此，我国税法才步入改革和发展的道路。税制改革的趋势是不断扩大征税范围，纳税主体也更加丰富。

在国有经济占统治地位的计划经济体制下，缺乏平等自由的市场交换观念和做法，加之受"文化大革命"期间形成的"非税论"的影响，除了依据马克思主义经济学的生产、交换、分配、消费四阶段理论提出的"国家分配论"外，关于征税依据及其合法性的研究，传统"国家分配论"简单地把税收根据归结为国家的政治权力外，基本上没有形成系统的税收根据理论。改革开放后，引入的商品经济和建立市场经济体制之后，交换观念才得以形成并确立了中国特色社会主义市场经济体制，并且税收重新成为中国规模最大的财政收入形式，我国学者开始研究西方税收根据理论，并结合中国经济和法治实践，先后提出了"国家政治权力说""国家职能说""国家最高所有权说"等。[①] 20 世纪 90 年代后，理论界就税收根据，针对以前的观点进行充分，进一步提出了诸如"权利交换说""经济利益说""税收债务说"等。

1. 国家政治权力说

"国家政治权力说"源自"国家分配论"。"国家政治权力说"认为，参与社会产品的分配，要么凭借财产权力，要么凭借政治权力，个人通常凭借财产权力来参与分配社会资源，而国家依据政治权利参与社会财富的分配，因此，国家作为政治权力的唯一拥有者，有权获得一部分社会财富。即使在公有制国家依据国家所有的财产参与分配，但仍然需要依据政治权力来分得一部分人们创造的财富。"国家政治权力说"与传统的"国家分配论"是一脉相承的，该学说一度成为财政税收学界占统治地位和广为流行的学说。该学说认为，国家是一个阶级压迫另一个阶级的工具；国家不参与社会产品的生产，却要参与社会产品的分配；国家参与社会产品分配的根据就是其政治权力。

我国社会主义市场经济体制确立后，部分"国家分配论"者也逐步将利益因素引入"国家政治权力说"，提出了所谓的"权益说"。"权益说"仍然坚持"国家政治权力说"的核心命题，同时承认社会主义国家与纳税人之间也存在着利益关系，但又认为这种利益关系不同于等价交换的利益关系，而是长远利益与眼前利益、整体利益与局部利益、国家

---

① 国家税务总局教育中心编：《国家税收教学大纲（试行本）》，中国税务出版社 1999 年版，第 4 页。

利益与个人利益的关系，或者说是"取之于民，用之于民"的利益关系。"权益说"强调"国家政治权利说"是以"利益说"为前提的，两者是统一的。①

2. 国家职能说

"国家职能说"也被称为"国家需要说"，其根源于马克思主义的国家学说。马克思主义国家学说中的税收观点认为，税收本质体现了以国家为主体的特殊分配关系，分配的主体是国家，分配的客体是社会剩余产品，分配的目的是为实现国家职能服务，分配的结果有利于统治阶级。国家职能说认为，国家为满足实现其职能的需要就必须以强制的、无偿的方式参与对社会产品的分配，即政府征税的根据是满足国家实现其职能的需要。

该说认为国家为满足实现其职能的需要就必须以强制的、无偿的方式参与对社会产品的分配，即政府征税的根据是满足国家实现其职能的需要。后来，一些学者对"国家职能说"作了补充论证：税收分配形成对社会产品的扣除，依据的是现有的生产规模、生产能力、国家的需要和可能以及在实践中摸索出来的规律性，这些都是凭借国家职能才能解决的；法律上的国家职能外化成法权，于是税收就成为一种权利和义务法律关系，而在事实上国家职能外化为宏观生产要素，依据受益原则构成整个社会经济活动的一部分成本，即税收。国家职能的外化形式法权和宏观生产要素，构成国家课税的直接依据。②

3. 国家社会职能说

"国家社会职能说"提出，在社会正义的范围内参与分配的根据只能是参与生产，国家以执行社会职能为社会再生产提供必要外部条件的形式参与生产，所以税收根据是国家的社会职能。税收根据首先是国家的服务性职能及由此产生的国家与人民之间的互利关系；在此基础上根据社会经济发展的需要，国家也可在一定范围和限度内以其管理性职能为根据向人民征税。国家执行其社会职能是其课税的权利，国家拥有政治

---

① 邓子基：《社会主义市场经济与税收基础理论》，《当代经济科学》1993 年第 4 期。

② 喻雷：《再谈课税依据》，《财经问题研究》1993 年第 8 期。

权力是其课税的力量保障，权利与权力的统一，构成国家课税的事实。① 尽管，国家社会职能说也是从国家职能的角度来论证税收根据，但在理论基础和逻辑推理等方面与"国家职能说"有着很大的区别。该理论将国家利益和社会公共利益区分开来，税收不再单纯为了国家利益，而是将维护社会公共利益也作为税收所要实现的重要目的。

4. 法律权利交换说

"法律权利交换说"认为税收之所以存在，除了国家的存在之外，还在于人民的权利需要得到政府的确认和保护；税收就是个人和企业获得各种权利而承担的义务并付出的一种费用，它是一种超经济法权关系的体现。②"法律权利交换说"不仅希望在总体上解释国家课税的根据，而且力求说明各具体税种开征的原因，它认为不同的人（包括法人）所享有的权利是不同的。按权利与义务对等的原则，他们应当承担的税收义务或者说国家应开征的税种也应不同，例如，企业享有自然资源开采权，国家就应开征资源税；企业享有利润支配权，国家就可开征所得税；而企业享有经营权，国家就可以开征流转税。③

与传统的"国家政治权力说"相比，改革开放以后中国提出的税收根据理论，基本上不再简单地认为税收只是人民对国家的一种无偿支付，而都不同程度地认同政府与人民之间的税收关系包含利益因素在内的观点，并且在解释税收根据时或多或少地吸纳了利益赋税或利益交换的思想。如果说"国家职能说"中体现的利益赋税思想还有些模糊的话，那么在"国家社会职能说"和"法律权利交换说"等论说中，这一思想就已经相当明确了，部分"国家分配论"者也将其主张的"国家政治权力说"改造成为"权益说"。

5. 税收债权债务说

有研究认为，税收债法理论一改国家分配论的权力观，不仅为学界理解税收、税法的基本理论提供了新的思路，更有助于构建有中国特色的社会主义财政法体系。税收之债法律关系中，当事人的平等地位要求

①　马国强：《税收学原理》，中国财政经济出版社 1991 年版，第 27 页。
②　马国贤：《政治经济学》，中国财政经济出版社 1995 年版，第 258 页。
③　闫锐、朱迎春：《税收学》，立信会计出版社 2011 年版，第 20 页。

奉行严格的税收法定主义，税收法定主义的遵循又提升了纳税人的法律
地位，使纳税人的权利获得更多保护。税收之债法律关系的平等性、税
收法定主义和纳税人权利保护构成了税收债权债务关系理论的基点。① 有
的还认为，按照大陆法系的基本观点，凡法律关系，自产生之初就带有
平等的烙印。税收法律关系虽然从形式上看属于不对等法律关系或隶属
型法律关系，但其主体各方的法律地位也具有平等性。因为，无论
"这类法律关系的参加者的特殊情况如何，不论他们是个人、组织或政
府，他们在法律上、在特定法律关系中都是具有独立身份和相对自主性
的主体。否则，不可能构成一个法律关系的两极"。② 从税收征纳主体
的法律地位看，纳税人与税务机关在法律地位上具有平等性。③ 不仅纳
税人与税务机关法律地位的平等，而且国家与纳税人之间税收法律关系
也是平等的。④ 在财税法学界，有学者认为，税收实体法法律关系的重
心是债权债务关系，税收程序法主要是以国家行政权力为基础，体现权
力关系的性质。刘剑文认为："当对某一具体的税收法律关系加以定性
时，应当根据其内容、所涉及的主体以及其所处国家税收活动过程的不
同阶段，来界定处于特定情形下特定的税收法律关系的性质；当需要对
抽象的作为整体的税收法律关系定性时，可以认为其性质是税收债权债
务关系。"⑤

从税收债权债务理论的生成看，该理论受民法债的理论的影响较大，
例如，起源于德国的税收债权债务说与德国根深蒂固的民法法系传统具
有密不可分的原因。当前，除了受私法之债理论的影响之外，公法之债
的理论也是税收债权债务理论的源泉。我国学者倡导的税收债权债务理
论不仅受德国、日本学者的观念的启发，而且也与我国民法中的债的理
论和立法实践有关。民事债权债务原理及其制度体现在我国的《税收征
收管理法》之中。例如，税收连带责任制度、税务代理制度、纳税担保
制度、税务连带责任制度、税收代位权、撤销权、多纳税款退回请求权

① 《中国法律年鉴》，中国法律年鉴出版社 2009 年版，第 743 页。

② 张文显：《法学基础范畴研究》，中国政法大学出版社 1993 年版，第 166 页。

③ 许建国：《中国税法原理》，武汉大学出版社 1995 年版，第 66 页。

④ 涂龙力、王鸿貌：《税收基本法研究》，东北财经大学出版社 1998 年版，第 135 页。

⑤ 刘剑文：《税法专题研究》，北京大学出版社 2002 年版，第 62 页。

制度等。纳税人有合并、分立情形的，应当向税务机关报告，并依法缴清税款。纳税人合并时未缴清税款的，应当由合并后的纳税人继续履行未履行的纳税义务；纳税人分立时未缴清税款的，分立后的纳税人对未履行的纳税义务应当承担连带责任。欠缴税款的纳税人因怠于行使到期债权，或者放弃到期债权，或者无偿转让财产，或者以明显不合理的低价转让财产而受让人知道该情形，对国家税收造成损害的，税务机关可以依法行使代位权、撤销权。税务机关依照前款规定行使代位权、撤销权的，不免除欠缴税款的纳税人尚未履行的纳税义务和应承担的法律责任。纳税人超过应纳税额缴纳的税款，税务机关发现后应当立即退还；纳税人自结算缴纳税款之日起三年内发现的，可以向税务机关要求退还多缴的税款并加算银行同期存款利息，税务机关及时查实后应当立即退还；涉及从国库中退库的，依照法律、行政法规有关国库管理的规定退还。

第三节　纳税人权利保护的基本范式

由于各国税制根植于本国的历史传统和政治经济体制之中，在不同时期形成的税收政治和税法制度，其中所蕴含的纳税人权利及其保护的程度都有所不同。但是，在人类社会进步中，国家与纳税人之间并非总是对立，国家权力与纳税人权利存在一致性。在纳税人权利确认和实现上，存在多种实现途径，主要体现为公法范式、私法范式、公共财产权法范式和国际法范式。

一　纳税人权利保护的公法范式

传统的税收权力关系说认为，税收法律关系依托国家的财政权力而产生，是在作为权力主体的国家或地方的公共团体与人民之间形成的关系，这种法律关系具有人民服从于国家权力的特征。这种理论以国家意志论和国家分配论为基础，推崇国家凭借其强制性权力参与社会财富的分配，从而以强制性、无偿性和固定性作为税收的基本特征。在此理论下，税法通常不考虑对纳税人财产权的保护，国家征税的目的是满足其财政需要。由于强调以法律优位、法律保留为核心内容的法治国家观，仅仅是一种形式上的法治国家观。然而，法律保留在财政领域的表现，并非以法律内容为实质，而是在财政领域存在着行政委托和自由裁量不受制约的现象，这使得宪法对公民基本权利的保护往往流于形式。虽然，税收是以国家权力为强制的一种征收行为，但是毕竟是从纳税人财产中抽取一部分财产。

作为政府收入主要来源的税收，与国家对私人财产的征收征用的不同之处在于，税收具有强制性、固定性、无偿性等特征。虽然，税的征收是为了纳税人的整体福利，但是作为具体纳税人的个体，其纳税义务独立于从用税中所获得的收益。政府存在的必要条件是具有独占的征税权，这是确定具体征收程序及其他法律问题的最低要求。当个人或实体的纳税不能符合政府要求时，可能会受到诸如罚款、没收等惩罚。至于公民为什么应当纳税，征收机关应受何种限制等问题，传统税法学理论难以提供满意的回答。因为，传统观点忽视了税收在调节收入分配差距、保护特定资源等税收目的，也忽视对纳税人基本权利的保护。随着法治观念的深入，税法理论的研究也越来越倾向于对纳税人权利保护的关注，在公法领域，从宪法和税权的基本理论角度，寻求解释纳税人权利保护的必要性。从以权力为本位的公法范式看，通过宪法来规范和制约国家征税权，是保护纳税人权利的基础。

（一）公法理论下的纳税人权利

从法律属性划分看，税法的公法色彩更加浓厚。因此，税权属于公法权力，其源自人民的授权，是国家机关行使的涉及税收的权力的总称。宪法是配置国家征税权和国民纳税义务的最高根据，也是税收正当性的唯一法律依据。事实上，西方宪法的产生过程与税收活动存在密切关系。1215 年英国《大宪章》这一具有历史意义的宪法性文件，形成了法律面前人人平等的原则和议会原则，确立了未经人民同意不得课税的现代税收原则。在 1688 年"光荣革命"过后，建立了议会主权原则。1689 年10 月英国通过的《权利法案》（全称为《国民权利与自由和王位继承宣言》，*An Act Declaring the Rights and Liberties of the Subject and Settling the Succession of the Crown*）第 4 条规定："凡未经议会准许，借口国王特权，为国王而征收，或供国王使用而征收金钱，超出议会准许之时限或方式者，皆为非法。"从而确立了议会拥有征税权的宪法规则。

在数百年的宪法演变过程中，西方宪制法治国家都通过颁布成文宪法或者宪法性文件，确立了政府征税须经纳税人同意的理念，借此形成了由纳税人权利制约政府征税权的税收制度，从而在宪法上确立了征税的合法性，使得宪法在保护纳税人的合法权益方面具有基石性法律地位。在戴雪的公法思想中，议会的最高立法权、渗透在一般法律结构中的普遍规则，以及宪法常规在宪法秩序中所扮演的角色，是英国宪法的三项原则。① 从法律角度看，议会主权是英国政治制度的首要特征，英国议会有权根据英国宪法制定或者废除任何法律。根据议会主权原则，议会通过的法律都应该具备平等的最高的法律地位，且后续议会可以任意修改前议会的制定法。

英国的宪法原则和规则直接影响了美国宪法的观念和内容。作为世界上第一部成文宪法的《美国宪法》第 1 条第 7 款"议案条款"规定："所有的征税议案应首先在众议院提出，但参议院可以对议案提出或同意修正案。"第 1 条第 8 款所规定的国会的税收权力，即"国会有权规定和征收直接税、进口税、捐税和其他税，以偿付国债、提供合众国共同防务和公共福利，但一切进口税、捐税和其他税应全国统一"。1791 年通过的美国《权利法案》（即美国宪法第一至第十修正案）中，第四修正案和第五修正案规定了财产权保护和正当程序原则。可以说，美国宪法中对税收的规范，是纳税人对抗政府滥用征税权的有力法律武器。

在德国公法理论中，法治国家理论居于重要地位。在法治国家理论看来，国家征税权与财产保护原则的分离是社会法治国渗透到法治国家的宪法机制的一个方面。而促进税收国家（德语：Steuerstaat）的发展是实现社会法治国的必要条件。但是，为了社会财富的再分配而无限度地运用国家的征税权，也会破坏法治国家的财产保障制度，从而损害法治国家的自由保障体系。② 在税收立法权分配上，《德国基本法》第 105 条

---

① ［英］马丁·洛克林：《公法与政治理论》，郑戈译，商务印书馆 2021 年版，第 196 页。

② ［德］恩斯特—沃夫冈·伯肯弗尔德："法治国家概念的形成与发展"，载［奥］汉斯·凯尔森《德意志公法的历史理论与实践》，王银宏译，法律出版社 2019 年版，第 134—135 页。

规定：如果税收的全部或部分属联邦所有，或具备第 72 条第 2 款所指条件①，联邦对其他赋税收入享有竞合立法权。地方消费税和奢侈物品税不与联邦法律规定属同类的，各州享有立法权。

当然，与西方资本主义国家对公权力的界定和限制不同，建立在马克思主义和列宁的国家观基础上的社会主义国家，尤其强调国家权力对社会经济的统治性地位。根据列宁的国家观，国家是阶级矛盾不可调和的产物，是统治阶级用来统治和压迫被统治阶级的工具。列宁认为，集中管理国家经济是生产资料的国家所有制、进行国民经济计划和苏维埃国家的经济作用所决定的客观需要。②

在公法层面，与纳税人的纳税义务相对的是国家的征税权力，国家的征税权力是国家税权的主体。在认识纳税人基本权利时，税权是许多学者必然先界定的一个词。我国学术界，"税权"存在多种内涵，对其外延的解释既有交叉重叠，也有显著区别。我国税务学界通常认为，税权是国家权力的重要组成部分，即国家机关行使的涉及税收的权力的总称。③ 按照各国政治体制的差异，税权在中央政府与地方政府之间的配置也有所不同，联邦制国家的税权一般体现为联邦政府和地方政府各自享受独立的税权，而单一制国家的税权通常集中在中央政府。根据税权在立法、行政和司法领域的体现，税权也被分为税收立法权、税收行政权和税收司法权。近些年，税法学界关于税权的认识在不断深入。有学者从纳税人基本权及其保障的层面认为，税权是由国家主权派生的，国家对税拥有取得权（课税权）和使用权（支出权）。④ 有观点认为，税权是国家为实现其职能而取得财产所有权之权，体现在税收立法、税款征收、税务管理等方面。有的研究认为，税权存在于不同的层面，包括国际层面与国家层面，国家层面与国民层面，立法层面与执法层面等。⑤ 在国际

① 《德国基本法》第 72 条第 2 款规定：为在联邦领域内创造同等生活条件，或出于捍卫整体国家利益、维护法制和经济统一的原因有必要制定联邦法律的，联邦在竞合立法范围内享有立法权。

② ［苏］彼得罗夫：《列宁与经济立法》，杨紫烜译，《经济与法》1980 年第 4 期。

③ 许善达、胡彦炜：《国家税收》，中国税务出版社 2002 年版，第 81 页。

④ 陈刚：《税的法律思考与纳税者基本权的保障》，《现代法学》1995 年第 5 期。

⑤ 张守文：《税法原理》，北京大学出版社 2016 年版，第 62—63 页。

法上，税权是一国对税收实务的管辖权即税收管辖权，体现的是国家征税权；在国内法上，国家与国民均可以成为税权的主体，国家的税权包括税收权力与税收权利，体现的是国家的税收债权。现代国家基本上都在法律上宣称"一切权力属于人民"，由此可见，国家税权是国民的整体税权，而国民的个体税权则是国民有关税收的权利，包括税收知情权、税收筹划权等。①

有学者在既有研究的基础上，将税权分为广义和狭义两个层面。狭义的税权是国家立法机关、国家行政机关、国家司法机关在税收领域所拥有的各种国家权力的总称，国家权力由宪法和法律规定，属于"公权力"的范畴。因此，在通常意义上，纳税人不能成为税权的主体（即使享有税权的国家机关在从事私法活动时也不属于税权主体）。广义的税权是在宪法层面而言的，宪法上的税权是指在宏观上、应然意义上的税权，其发生在国家与国民之间，因此，国家与国民均可以成为广义税权的主体。②

在税收权力关系上，税权表现为由国家行使的税收立法权、行政权、司法权；在税收债务关系上，税权表现为由国家作为债权人行使税收债务的请求与收益权。当然，在宪法层面上，税权的两种表现是不可分的。从"一切权力属于人民"的现代政治原则出发，国家所拥有的税权是代表人民而行使的，因此国民作为整体也享有税权。在税权的实现上，国民的税权包括民主立法权和民主监督权，民主立法权是人民通过其选出的代表参与宪法和税收法律的制定过程；民主监督权是指人民有权对税收的立法、执法和司法活动提出意见和建议。

（二）通过制约税权保护纳税人权利

通常，国家有两种渠道从公民那里获得财产，一种是直接占有，包括以强制手段实施的没收和罚款，有时政府也可通过直接购买而获得财产，但在这种情况下，购买的价格往往低于市场价格，这至少在部分上是一种直接占有或"拿"走。③另一种是通过征税，包括对财产的征税和

---

① 张守文：《税权的定位与分配》，《法商研究》2000年第1期。
② 施正文：《论征纳权利——兼论税权问题》，《中国法学》2002年第6期。
③ 许炎：《赋税原则的宪法阐释》，《江苏行政学院学报》2007年第4期。

对人的征税。虽然，直接占有充分体现了国家权力的强制性；国家通过税收途径获取资金，是行使征税权的结果。征税权的正当性在于：纳税人所缴纳之税款以纳税人一致同意的方式被用于为社会公众提供公共产品。由于私有财产先于国家而存在，所以私有财产权是制约国家征税权的先在权利。

纵观西方国家宪法演变史，赋税是引起国家政治体制变革的关键因素。因为，在现代政体中，税收具有两个根本特点：一是纳税义务来自宪法和税法的规定，这意味着只有立法机关才有权决定开征何种税以及如何征；二是纳税的目的是支持政府执行法律，以及作为持续实现国家各种正当功能的手段。① 因此，社会变革的动力源自对财产权利的保护。事实证明，当旧制度保护普遍的财产权利时，就会出现新的制度取而代之。在制度变迁与经济增长理论中，诺思认为制度因素是经济增长的关键，一种能够对个人提供有效激励的制度是保证经济增长的决定性因素。② 在各种制度因素中，产权保护最为重要。在任何国家都存在利益集团，政府的权力如果不能受到有效的制约就有可能形成掠夺之手，利益集团的寻租之手与政府的掠夺之手在一定条件下相互结合，就会形成掠夺型制度。而利益集团成员和政客（或政府官员）都是追求利益最大化的。政客们在利用权力来追求个人利益的时候，阻碍经济增长的税收、管制、腐败、短缺等现象就会出现。③

从博弈论角度看，私有财产制度下的博弈是正和博弈，但在掠夺型制度下，掠夺者与被掠夺者之间的博弈结果是零和博弈。这是因为掠夺型制度只是将财富从被掠夺者那里转移到掠夺者手中，社会财富总量没有增加，社会的经济也就不会增长；相反，由于被掠夺者的生产积极性遭受打击，此后的社会财富总量还可能会下降。诺思认为，如果统治者提供的基本规则能够尽可能地降低交易成本，社会经济就会繁荣；反之，

---

① 周永坤：《纳税人基本权与税文化——〈纳税人基本权研究〉序》，《江苏警官学院学报》2011 年第 1 期。

② ［美］道格拉斯·思诺、罗伯斯·托马斯：《西方世界的兴起》，厉以平、蔡磊译，华夏出版社 1999 年版，第 5 页。

③ ［美］安德烈·施莱弗、罗伯特·维什尼：《掠夺之手——政府病及其治疗》，赵红军译，中信出版社 2004 年版，第 13 页。

如果统治者运用暴力的比较优势来界定和实施能够使其租金最大化的产权安排，则经济增长就会停滞。前一种制度安排是有利于经济发展的私有财产制度，统治者提供的基本制度规则是界定和实施产权，并且通过税收获得正当的财产；后一种制度安排属于掠夺型制度。政府通过正式的法律和合法税收渠道敛聚起大量资金，但这些资金却变成容易到手的猎物，受到非法且在事实上不受限制的对公共资金的大规模侵吞。①

从国家征税权的合法性和正当性视角，如何控制国家税权的配置和行使，是保护纳税人财产权利和因纳税而派生的各种权利的关键。北野弘久提出"纳税人基本权利"的理论，认为纳税人享有以宪法为基础，仅在税收的征收与使用符合宪法规定的原则的条件下，才具有承担纳税的义务。② 北野弘久认为，税收法律关系的性质应归结为公法上的债权债务关系，应当从纳税人的"权利规范""人权规范"角度把握税法。从其出发点看，北野弘久的税法学思想立足于纳税人立场，以宪法和人权为理论基础，将税法视为纳税人的权利立法，从公法角度论证税法对纳税人权利保护的应然性。我国学者提出，在纳税人合法权益受到侵害的现象没有被完全遏制的情况下，需要从国家治理宏观策略转移到"科学有效的权力制约和协调机制"的层面，应当从源头上制约征管权力，从而实现维护纳税人合法权益的目的。③ 不仅如此，还应当从税收立法权配置层面，规范国家税权的行使。

（三）公法范式下纳税人权利保护的原则

在公法理论和实践中，凭借国家强制性权力征税是国家存在的基本条件和国家履行其职能的表现。以宪法为根基的财政宪法学强调，纳税人与国家属于公法上平等的债权债务关系主体，纳税人享有宪法赋予的人民主权、基本人权以及对于国家征税、用税的最终决定权和监督权。④虽然，在公法上，国家征税权优先于纳税人的财产权，但是基于纳税人

① ［美］伊曼努尔·华勒斯坦：《历史资本主义》，路爱国、丁浩金译，社会科学文献出版社1999年版，第30页。

② ［日］北野弘久：《税法学原论》，陈刚、杨建广译，中国检察出版社2001年版，第58页。

③ 贾康、欧纯智：《创新制度供给：理论考察与求实探索》，商务印书馆2016年版，第286页。

④ 单飞跃：《纳税便利原则研究》，《中国法学》2019年第1期。

的宪法地位和税收征纳关系的主体地位，通过规范和限制征税权及其行使，从而保护纳税人权益，是现代法治社会的基本准则。在公法范式下，纳税人权利保护主要通过税收立法和税收执法过程中国家权力机关遵循税收法定原则、税收公平与平等原则、比例原则来实现。

1. 税收法定原则

国家行使课税权，是对公民财产权的必要的侵犯，因此必须受到严格的法律保留的原则约束。因此，在法治主义之下，为保障国民的自由与权利，税收属于法律保留事项，必须由代议制民主通过法律的形式来决定。[①] 政府征税的依据就只能是法律，也即遵循税收法定原则。税收法定原则为税的赋课与征收，必须依据法律，课税实体的内容，包括税收债务人、课税对象、税率、课税标准等事项，及课税程序的内容，包括税收申报、查核、征缴等各项课征程序，均需依据法律的规定，以示国家对国民的课税，系经立法机关的慎重审议，非行政机关的独断专行。[②]

税收法定原则要求税务机关应当依法征税，应当遵循课税合法、正当原则。课税合法正当原则，包括课税有法律依据、课税需在法定的权限内、课税程序合法等内容。税收法定原则要求税务机关在征税时禁止类推适用。基于依法行政、法明确性的要求，征税机关应遵守法律的规定，对于执行的规定纳税义务的法律，其内容、对象、目的、范围等应当是明确的，纳税人按照税务机关征税的法律依据得以预见其税务负担。税务机关与法院不得援引个别类似事件的处理，加重或设定人民之租税负担。[③]

税收法定原则还要求税务机关在征税时遵循纳税人信赖保护原则。在行政法律关系上，信赖保护原则是指人民因相信既存之法秩序，而安排其生活或处置其财产，则不能因嗣后法规之制定或修正，而使其遭受不能预见之损害，用以保护人民既得权益。[④] 一方面，对于依法作出的税务行政决定除非法律有明确规定不得更改；另一方面，对于现行法律的

---

① 高军、白林：《税收法定原则与我国税收法治》，《理论与改革》2010 年第 5 期。

② 张劲心：《租税法概论》，（台北）三民书局 1979 年版，第 7 页。

③ 陈敏：《宪法之租税概念及其课征限制》，《政大法学评论》1981 年第 24 期。

④ 黄俊杰：《纳税人权利之保护》，北京大学出版社 2004 年版，第 56 页。

规定不得变更执行，以保护纳税人根据现行法律的预期信赖。[1] 信赖保护原则的基础在于基于法治国原则，法律预见性是受规范者理性行动与自我负责行为的前提，因此法律规定本身应明白确定，使受规范者可预见其行为之法律效果，而进行之后的生活安排与资源分配，法律明确而后才有长期规划之可能。[2] 税务机关作为执法机关，应当维护法律的这种明确性，并保持税法的相对稳定和可预期性。

2. 税收公平与平等原则

法律上的公平原则，在税法中体现为量能课税。量能课税原则要求国家征税应当按照纳税义务人可以给付税款的经济能力来衡量其纳税负担，这是宪法上平等权在税收征纳关系中的体现要求。衡量纳税人纳税能力的因素主要是财产收益、所得和消费情况等，主要目的是防止对纳税人过度征税。在税收公法意义上，量能课税原则不仅是平衡税收征纳关系的主要准则，而且是衡量税收征税行政效能的重要依据。因为，在税收行政关系中，征收机关以国家征税权为依据，依托强制性手段的征税行为，如果为了征收便利而牺牲纳税人利益，则会违反税收平等原则。

量能课税原则，是从税收正义的观点所建立的税法基本原则。[3] 量能课税原则本身，有意在创设国家与具有财务给付潜能的纳税义务人之间的距离，以确保国家对每个公民给付之无偏无私，不受其所纳税额影响。[4] 在满足纳税人的税负水平与其经济状况相适应的条件下，纳税义务人缴纳的纳税与国家的具体对待给付不具有对价性，国家不因纳税义务人给付的多寡而提供个别不同的具体服务。由于其符合社会基本价值观与公民的道德情感，亦有利于国家财政，因此，量能课税原则被认为是

---

① 叶姗：《地方政府以税抵债承诺的法律约束力——基于"汇林置业逃税案"的分析》，《法学》2011 年第 10 期。

② 我国台湾地区"司法院大法官会议解释"释字第 385 号（税捐优惠的权利与义务）苏俊雄大法官协同意见书："作为课税基础之法律规定，当然以其有效性为前提；故若法律因废止程序废止或因施行期满而当然废止者，既已失其效力，自不得再为课税之依据。惟基于信赖保护原则之考量，法治国亦肯认在一定条件下，使已废止之法律对于特定案件，仍具有规范效力，以维护人民之既得权益。就此，学理上有称之为法律的'后续力'。"

③ 黄茂荣：《税法总论：法学方法与现代税法》（第 1 册），（台北）植根法学丛书编辑室 2005 年版，第 378 页。

④ 葛克昌：《税法基本问题（财政宪法篇）》，北京大学出版社 2004 年版，第 121 页。

税法的"结构性原则""基本原则"。①

　　税收负担要和纳税人经济能力或纳税能力相适应。通常从两个方面来进行：一是经济能力或纳税能力相同的人应当缴纳数额相同的税收，税收不应是专断或有差别的，应当以同等的方式对待条件相同的人，即所谓的"横向公平"，横向的公平是由宪法平等原则以及社会国原则所派生，用以确立与其他纳税人之间的关系。二是经济能力或纳税能力不同的人应当缴纳不同的税收，以不同的方式对待条件不同的人，被称为"纵向公平"，纵向的公平是由宪法财产权、生存权等条款及精神所派生，其主要目的在于保障不具负担能力者或仅具有限的负担能力者，免于遭受课税的侵害。在税收实体法领域，量能课税原则意味着纳税人公平纳税。税收公平的判定有双重标准，外部标准体现为经济发展程度相近的国家或地区，税负水平也应相近，内部标准体现为政府以及纳税人对税负的接受程度。内部标准体现的是纳税人意志，应更为重要。将税收公平的内部标准抽象成规则形式，便是政府征税应使各个纳税人承受的负担与其经济状况相适应，并使各个纳税人之间的负担水平保持均衡。②

　　另外，在量能课税时应当遵循实质课税原则。实质课税原则，亦称实质课税主义，它是实质公平正义对形式公平正义的修正和限制。实质课税是指所得或财产，当法律形式上的归属与其经济上的实质所属不一致时，为达税收负担的公平，税法上应当以经济的实质为考虑的基准作为征收的依据。也就是说，在课税要件事实的认定上，如发生法律形式、名义、外观与真实的事实、实态，或经济实质有所不相同时，税收课征的基础与其依从形式上存在的事实，应当选择重视事实上存在的实质，才更为符合税收基本原则要求。③ 平等原则在税收程序法上体现为平等对待原则，作为法律适用原则，平等原则要求法律之前人人平等，即税务机关和法院在适用税法时，应符合平等原则。平等对待原则要求纳税人获平等的对待，作为法律上平等的主体，纳税人有权要求税收程序予以

---

　　① 蔡维音：《全民健保财政基础之法理研究》，（台北）正典出版文化有限公司 2008 年版，第 165 页。

　　② 高军：《论税法中公平纳税原则》，《大连大学学报》2010 年第 1 期。

　　③ 许多奇：《论税法量能平等负担原则》，《中国法学》2013 年第 5 期。

平等的对待。只有平等对待纳税人，才能保证税收程序以及通过程序而产生的结果符合形式正义的要求，实现纳税人之间的负担公平。如果税法适用不平等，则可能产生不平等的税收负担。因此，税法的平等原则，适用对象为纳税人，法律规定对纳税人都是平等的，作为租税债权人的国家以及代表国家行使征税权的税务机关负有适用法律平等的义务。[①] 由于税收具有限制财产权的公法负担性质，其本质上属无对价给付，所以，只有全民平等普遍课税，才能维持平等的适用的税法的公平与正当性。

3. 比例原则

在法律上，比例理论可以追溯到亚里士多德，而比例的法理实践则是经过数个世纪的发展，是对亚里士多德以来比例理论的不断完善和修改的历史过程。[②] 现代法律上的比例原则的思想，可以追溯至英国《大宪章》的规定，即人们不得因为轻罪而受重罚。比例原则，意味着当怀疑某项法律或行政措施可能有违反宪法时，就可以用比例原则来检验其是否违宪，若其可通过比例原则的检验，即为合宪；反之，为违宪。19 世纪，德国的警察法中首次出现比例原则观念，之后比例原则在行政法理论与实践中得到了极大的发展。[③] 德国行政法学者奥托·迈尔（Otto Mayer）在 1895 年出版的《德国行政法》中，主张"警察权力不可违反比例原则"。20 世纪初，德国另一位行政法学者弗莱纳（F. Fleiner）在《德国行政法体系》一书中用"不可用大炮打小鸟"的名言，比喻警察行使权力的限度。[④] 法律观念上的比例原则在法律上体现，出现在德国 1931 年的《普鲁士警察行政法》规定，警察处分必须具有必要性，才是合法的。该法第 14 条将必要性定义为："若有多种方法足以维持公共安全或秩序，或有效地防御对公共安全或秩序有危害之危险，则警察机关得选择其中一种，惟警察机关应尽可能选择对关系人与一般大众造成损害最小方法为之。"

---

① 葛克昌：《税法基本问题（财政宪法篇）》，北京大学出版社 2004 年版，第 179 页。

② Engle, Eric, "The History of the General Principle of Proportionality: An Overview", *Dartmouth Law Journal*, Vol. X: 1, 2012, pp. 1 – 11.

③ 陈鹏：《公法上警察概念的变迁》，《法学研究》2017 年第 2 期。

④ 黄学贤、杨红：《我国行政法中比例原则的理论研究与实践发展》，《财经法学》2017 年第 5 期。

比例原则要求行政主体的行政活动，在合法的范围内，注意合理的比例和协调。在传统的比例原则上，派生出了适当性原则、必要性原则、狭义比例原则等更加具体的原则。适当性原则是指国家所采取的措施，必须有助于达成目的，由此也被认为"合目的性原则"；必要性原则是指，当存在多种措施可以实现法律上的目的时，国家应采取对人民侵害最小的那种措施，由此又称"侵害最小原则"或"最小侵害原则"；狭义比例原则是指国家采取的措施造成人民基本权利的侵害和国家期望达成的目的之间，应该有相当的平衡，而不是明显的均衡，例如某不能为了达成很小的目的，而使人民蒙受太大的损失。

在税收关系中，"人民财产权利因为增进公共利益而必须有所限制，但必须有节度，否则税负高达足以产生没收人民财产之实质效果时，财产权保障即失其意义。盖公用征收尤有补偿，如许可课征极端高度之租税，则可以没收人民财产而无须补偿，岂事理之平"。① 因此比例原则的适用必须保护纳税人的不受过度执行权，租税征收必须有度。在税法上，比例原则包括课税适当性原则与禁止过度原则。所谓适当性，指需保持税源的稳定性与可持续性，税课后仍能保持，供将来私人利用与国家课税，禁止没收性税课。私人财产权是受宪法保护的纳税人基本权之一，所有人为公益而负有纳税义务，纳税人的生存发展状况是公益的评判标准之一，不得过度课税而导致私人财产权制度严重受损影响私人生存发展。②

比例原则以"方法"与"目的"的关联性切入，检视国家行为的合宪性，从而避免人民自由与权利遭受过度侵害。具体到税收征收领域，比例原则要求税务机关的征税行为必须符合必要性、妥当性与衡平性的原则。首先，税务机关限制手段须适当并有助于征税目标的达成。其次，税务机关的在征税过程中使用的手段或者措施应当是为国家征税所必需的，在达成目的有多种手段时，须采取侵害人民权益最小的手段。最后，对于基本权侵害程度与所欲达成的目的，须处于一种合理且适度的关系，

---

① 陈敏：《宪法之租税概念及其课征限制》，《政大法律评论》1981 年第 24 期。
② 施正文：《略论税收程序性权利》，《税务与经济》2003 年第 1 期。

采取的手段措施与所造成的损害不得与所欲达成的目的利益显失均衡。[1]

二 纳税人权利保护的私法范式

关于税收以及税法的界定，社会契约论从个人本位也就是人民需要的角度，结合国家提供公共服务的职能来说明税收的起源和本质，税法则是以人民的授权为前提，将其意志法律化的结果，从而保证人民对于公共服务的需要能够得到持续、有效的满足。纳税人权利保护的私法范式以社会契约论为理论起点，以税收债权债务关系为核心，结合税收二元论的理念，在法治国以及市场经济对私人财产所有权确认与保障的条件下，既从私法公平价值、诚实信用原则方面体现对纳税人权利的保护，也明确了国家财政税收的债权请求权定位。其中，国家提供的公共服务与纳税人的部分财产权利让渡就是契约中交换的主要内容，契约的订立以及实行过程中则会体现司法的公平价值和诚实信用原则。

（一）私法理论下的纳税人权利

1. 私权本位与纳税人权利优位

私权是不经过私权拥有者的自由意志的同意就不得被让渡的个体权利，私权意义上的自由意志产生于个体的自由，而自由行为是人的自由特性所产生的行为。在私权与税权的关系上，强调税权应当尊重私权和税收中的私权本位，并不是要否认税权的公权力本位的价值，而是从保护私权的角度维护税权的正当性。因为，税权在本质上是个体自由权的产物，私权拥有者在自由意志的支配下自愿让渡个体的私权而形成的。只是，在现代国家产生以后，税权被国家垄断。在资产阶级革命前，税权被王权所独占，这就失去了其作为个体自由权的本性，因此，资产阶级革命的思想萌芽及其实践，几乎都发端于对税权独占的挑战。例如，英国的自由大宪章和光荣革命，以及美国独立革命，都是围绕对税权的争夺而展开的，基于此，甚至可以认为英美国家的资产阶级革命本身是一场"税权革命"，美国独立战争的根源在于北美移民们从税的本质上思考英王随意征税的不公平。其逻辑起点是让税权回归到私权的本性，"税权革命"就是让以国家或者集体的名义对个人征税是否得到私权主体基

---

[1] 钟典晏:《扣缴义务问题研究》，北京大学出版社 2005 年版，第 26—27 页。

于自由意志的同意，从而让税权回归到私权主体的自由意志的框架内。"无代表不纳税"的口号简约而深刻地体现了私权个体对税权回归私权属性的呼声，就是使财产所有者的税以是实质正当合理的方式用于实现私权主体的共同福利。因此，在个体自由意志和国家意志的本质关系上，无法绕开私权而认识税权。

按照社会契约理论，国家和法是人们之间相互缔结契约的产物，缔约的目的在于满足公共需要、控制权力和保障人权。而作为社会契约理论核心的契约自由观念以及与此密切相关的平等、人权观念不仅体现在作为商品交换媒介的具体的契约关系中，也体现于国家的起源以及人民与国家之间抽象的"契约"关系之中。在市场经济体系中，虽然价格会发挥"看不见的手"的功能，使社会资源的配置达到最高效率。但是在某些情况下，如公共产品的供给、外部性、贫富差距等自由市场并不能保证达到资源的有效运用。政府在向纳税人征收税款，同时有义务为纳税人提供公共产品和公共服务。这就是纳税人与国家之间基于税收的契约关系的基本内容，在私法权利本位的背景下，契约精神及其所内含的公平、诚信等价值观念则体现在纳税人权利保护各方面。

诚然，税权属于国家，但是纳税人也应当以合理的方式参与国家事务。纳税人可以纳税人身份参与国家政治生活，通过对财政支出的监督和制约，干预政治权力的运作。[①] 税款来自纳税人的私人财产，纳税人之所以缴纳税款是因为他们有着共同的使用公共产品的需要。从福利经济学角度看，纳税人享有比自己所缴税款价值较多的公共产品效用是正当合理的。在市场经济体制下，税法的理念出发点如从国家权力本位主义转向市场主体权利本位主义，有利于站在纳税人的角度考虑征税的合理性以及税法设计的得失，使税法的立法宗旨不仅体现为保障国家依法行使征税权，同时也体现为保护纳税人在实体和程序上的权利不受非法侵害。

2. 私权与纳税人权利

权利意识和权利保护是野蛮时代和文明时代的分界线。从逻辑的角度来看，权利并不是当然应该有的。在人类社会的初期阶段，由于生产

---

① 罗俊杰、刘霞玲：《税法私法化趋势理论探源》，《税务研究》2010 年第 4 期。

力低下和社会的组织程度化不高，整个社会基本上没有权利意识。正如恩格斯在《家庭，私有制和国家的起源》中所说的："在氏族制度内部，权利和义务之间还没有任何差别；参加公共事务，实行血族复仇或为此接受赎罪，究竟是权利还是义务这种问题，对印第安人来说是不存在的；在印第安人看来，这种问题正如吃饭、睡觉、打猎究竟是权利还是义务的问题一样荒谬。"① 以确认和保护私权为核心的私法，是人类文明进步的重要标志。私权是税权的基础，纳税人权利是私权在税收关系中的体现，二者都与财产权有关，私权是确立和保护私人财产免受干扰、侵犯的依据，而纳税人权利是行使私权的一种结果。

依据马克思关于所有制的观点，权利是直接源于私有制。私有制出现后，由于个人的需求不可能完全通过自己的劳动得以满足，这就自然而然地产生了与他人进行产品交换的需要。产品交换的过程，其实就是所有物的让渡的过程。从而，逻辑地思考，若要保证产品交换的成功，就会必然会出现产品交换者双方彼此之间要求某种利益的可能，这种使得产品交换得以经常性进行的前提条件就是双方都认可交换的是各自的东西，而且交换之后不能要回在交换之间属于自己的东西，即交换行为完成之后，用以交换的东西就不属于自己，而交换来的东西才属于自己。这就是权利产生的逻辑结果，也是实践结果。

个人为了满足某种需要，可以通过交换别人的东西来实现这种满足，并付出一定的东西用来满足别人的需要，交易得以完成。个人之外的组织，例如国家、政府、群体等组织需要实现组织目标，也要依靠一定的产品或者财产，这些产品或者财产必须源自个体的劳动，满足这种需要的就是现代意义上的税收。在现代国家形态下，国民基于对公共产品的需求，自愿让渡部分私产以税的形式缴纳给国家，国家基于组织公共产品的需要而向国民征税。作为整体的纳税人缴纳税款以后有权请求国家提供公共产品，国家则有权要求纳税人以纳税的方式偿付消费公共产品应当支付的对价。但既然国家源于人民的授权，国家权力的行使，当然以实现人民的权利为依归。赋予国家以课税权力，直接的目的是保障国

---

① 《马克思恩格斯选集》第 4 卷，人民出版社 1972 年版，第 155 页。

家顺利地实现税收债权。①

在税收关系中，除了纳税人的权利之外，主要体现的是国家税收权力（或称为征税权）的运行，税收权力与税收权利的二元结构，体现的是政府与纳税人之间的一种双向债权债务关系。政府行使征税权力，承担提供公共产品的义务，纳税人承担纳税的义务，享有享用公共产品的权利。税收的"交换""对价"性质的经济学思想以及私法上"契约""权利义务对等"的法学思想契合了税权的二元论思想，对税收法律关系中处于弱势一方的纳税人，能使其权利得到更有效的保护，另外，也能有效规范政府征税行为，建立和谐的税收征纳关系，保障国家的长治久安和社会和谐发展。

（二）税收债权债务理论

在 19 世纪 20 年代德国学术界对税收法律关系性质的论战中，德国法学界提出了税收债权债务关系理论。在德国税收立法中构造了"税收之债"的税法概念和制度，1919 年德国通过的《税收通则》第二章规定了"税收债法"，详细规定了纳税义务人和税收债务关系，并且在第六章规定了强制执行制度。其中，"税收债务关系"一节规定了税收债务关系的成立、消灭、税收债务的内容、移转等事项。随后税收债权债务理论不仅在大陆法系传统的法国、意大利、瑞士被借鉴和采纳，而且还影响了英国、美国等英美法系国家的税收立法。该理论不仅影响了欧美各国的税法理论和税收立法，而且还对东亚及东南亚地区产生了直接影响，日本、韩国、新加坡等地的税收立法和纳税人保护制度也接受了税收之债的理论。

随着我国市场化、法治化改革的推进，私权观念在政治和意识形态层面得以确立，并且在法律层面逐渐展开，在民事立法的基础上，财税法学界对税收法律关系性质的认识逐渐从税收权力关系转向税收债权债务关系。尽管，我国税法学界关于税收之债的研究取得了一些进展，税法学界从整体上接受了税收之债的理念，但税收债权债务的法律制度在我国尚未建立。

有学者梳理了我国改革开放以来税法学界关于税收债务理论研究的

① 张富强：《论税权二元结构及其价值逻辑》，《法学家》2011 年第 2 期。

脉络，从税收债务关系理论之译介（1978—1989）、确立（1990—2001）、展开（2002—2008）、融合（2009—2018）的历程发现，对该理论的研究已经达成了诸多共识，但也存在些许差异。税收债务关系理论在形成上具有较强的路径依赖，在结构上表现特定的非均衡性，在展开上遵循私法到税法之逻辑，在呈现上更多是一种理论前提，在涵摄上范围限定于税法总论。①

（三）纳税人的诚实推定与信赖保护

征纳双方在税收实践中均应贯彻诚实信用原则，也即双方在征纳实践中应诚实、守信并相互照顾彼此利益，以维护公平的税收秩序。鉴于征纳双方中税务机关更为强势并可能因完成特定税收任务或实现特定税收利益而推定纳税人有逃避税款征收行为之预先假设，而在具体执法程序中对纳税人施加更多不利影响，诚实推定权作为纳税人基本权利之一在税法学界得以提出并受到重视。诚实推定权是纳税人权利的重要组成部分，是税收法治的核心要素之一。税法上的诚实推定权包括申报诚实推定权、纳税诚实推定权和救济诚实推定权，诚实推定权既是一种程序性权利，也是一种实体性权利。

诚实推定权纳税人在申报、纳税和寻求权利救济时应拥有得到税务机关和有关机关充分信任的权利。税务机关在没有确凿的证据证明某一税务违法事实或行为存在的情况下，应在先认定纳税人是诚实的，是可以信赖的和无过错的，直到有足够的证据并由执法机关来推翻这一认定为止。② 具体而言，诚实推定权包括三个方面的权利：其一，申报诚实推定权。纳税人申报纳税过程中，如无特定事实或相关证据，税务机关应认定其申报是积极、诚实和可信的，不能在相关程序中进行区别性或选择性对待。其二，纳税诚实推定权。纳税人计算和缴纳税款等纳税过程中，如在会计上、资料准备上或程序上无特定错误或明显瑕疵之处，不应预先被假设为逃避税收行为或被区别性、选择性对待。其三，救济诚实推定权。发生税务争议和纳税人寻求复议等救济过程中，税务机关应基于诚实推定原则，依职权承担相应调查义务，在特定事实证明和举证

---

① 余鹏峰：《中国税收债务关系理论的回顾与前瞻》，《私法》2019 年第 2 期。

② 甘功仁：《纳税人权利专论》，中国广播电视出版社 2003 年版。

责任分担等方面注重对纳税人权利的保护。以上三个方面的权利，相互衔接、递进和补充，构成了纳税人诚实推定权的主要内容。①

信赖利益是通过基于维持纳税人对税法的信赖而要求税务机关受纳税人信赖利益的特别拘束，进而保障纳税人的可预期税收利益和相关权益。纳税人信赖利益，主要是指纳税人对税务机关的信赖。对纳税人的信赖利益保护也是诚实信用原则的要求，对纳税人而言，信赖虽然不能带来积极的经济利益，但是信赖一旦被税务机关破坏，纳税人就可能蒙受不必要的经济损失。② 纳税人信赖利益所保护的对象是纳税人的信赖利益，利益的内容是纳税人因为信赖税务机关的涉税行为所丧失的财产利益。纳税人信赖利益保护的构成要件包括：纳税人信赖的对象是税务机关，纳税人基于信赖而为一定行为，并且这种行为对纳税人造成了损失。

三 纳税人权利保护的公共财产法范式

（一）公共财产法与公共财产权

在财税法意义上，公共财产法是治理"公众之财"之法，控制政府公共财产权之法，规范政府财政收支行为之法，进而彰显其保护纳税人权利之法的本质。③ 从模糊的公共财产规范到清晰的公共财产规则，是公共财产制度化的过程，一系列明确的用来规范公共财产的规则集合而成的财税法律体系被视为制度而存在，此即作为制度事实的"公共财产法"。④ 公共财产法的核心概念是公共财产权。

1. 公共财产权的概念

在传统意义上，财产权是一种防御权，属于消极性的权利，其主要目的在于防范来自他人或政府的侵犯。但是，随着社会经济发展和人权范围拓展，财产权从古典意义上保持消极性权利向现代的积极性权利扩

---

① 王桦宇：《论税法上的纳税人诚实推定权》，《税务研究》2014 年第 1 期。
② 刘剑文、熊伟：《税法基础理论》，北京大学出版社 2004 年版，第 169—173 页。
③ 刘剑文：《公共财产法：财税法的本质属性及其法治逻辑》，《财经法学》2015 年第 1 期。
④ 吴凌畅：《从"公共财产"到"公共财产法"——以财税法学科研究定位为视角》，《财经法学》2017 年第 1 期。

展，并完成从公民政治权利到经济社会权利的转化。[①] 对于国家集聚私人之财以形成的公共财产，在财税法的框架下形成公共财产权，区别于私法中的财产法，公共财产法更强调从私人财产继受、转化而来的公共财产。根据不同的标准，对财产权存在不同的分类。在宪法层面和公法意义上，财产权更多地呈现为相对于公权力而言的私权利，属于国家强制力保护的具体的实然权利。而在更深层次的权利归属上，财产权可以区分为私人财产权和公共财产权，前者指归属于人民的具体的财产及其权利，而后者则指政府通过课税或经营公共资源而获得具体的财产及其权利。[②] 在立法上，正如《德国基本法》第14条第2款的规定，"财产权应伴随有社会责任，它的使用应服务于公共福利"。

有学者将财产权与税法结合起来，通过对政府财政权核心要素的提炼，创造性地提出"公共财产权"的概念。所谓公共财产权是指政府基于其公共性特质取得、用益和处分财产的权力，包括对私人财产征税、处罚、国有化等非对价性给付，征收土地房屋、收费、发行公债等对价性给付，以及支配这些财产的权力。[③] 从现代财税法意义上，公共财产权表现为对公共财产的取得、用益和处分。由于财产权的社会义务构成公权力对私人财产取得的正当基础，但公权力对私权利的侵犯总是比私权利对公权力的制衡要大得多，所以其规制的核心在于控权。因此，建构于公共财产权概念之上的公共财产法其核心也是控权。这种控制应以最终有利于社会国家的基本要求或社会公共福祉为基本取向。

公共财产权在脱胎于行政权的财政权的基础上形成，但更为注重财产的转化、使用及其动态过程。[④] 公共财产的取得应当受到法律的明确授权。从契约论的角度理解，一方面，财政的功能是"聚众人之财，为众人之事"，因而将一部分私人财产转换成为公共财产，是实现公众利益的

---

① 邓剑光：《论财产权的基本人权属性》，《武汉大学学报》（哲学社会科学版）2008年第5期。

② 王桦宇：《公共财产权及其规制研究——以宪法语境下的分配正义为中心》，《上海政法学院学报》2013年第5期。

③ 刘剑文、王桦宇：《公共财产权的概念及其法治逻辑》，《中国社会科学》2014年第8期。

④ 刘剑文：《论财税体制改革的正当性——公共财产法语境下的治理逻辑》，《清华法学》2014年第5期。

前提和基础；另一方面，国家以税收之名取得的财产并非属于政府的私产，而是政府基于公共性目的借助公权力而代替纳税人持有的信托财产集合，这种公共财产可以视为集合化的"私人财产"，其支配应受到宪法、法律的严格约束。① 从财政权看，财政权的关键要义是取得和支配财政资金，而公共财产权则被进一步界定为政府基于其公共性特质转化（取得）和支配（占有、使用、收益、处分）私人财产的权力，具体对应于政府在财政收入、财政支出和财政监管上的公权力。按照宪法基本权利理论，公民的私人财产权应负有社会义务，政府通过公权力将私人财产转化为公共财产应具有正当性，但政府在行使这项权力及其在后续具体支配公共财产时，也仍应严格遵循法律规定。然而，在现代社会财政权不断扩张的趋势之下，公共财产法意在强调对财政权的控制。因此，公共财产权是一种积极的，但应受控制的公权力，既包括通过征税、收费、发行公债等取得公共财产的权力，也包括通过预算和法定程序来支配公共财产的权力。

2. 公共财产权的本质属性

公共财产权在本质上是一种权属性界定，即对公权力机关取得和支配公共财产的权力的确认。其概念建构基于私人财产转化为公共财产过程中的三组界定性关系：一是状态性界定，私人财产主要通过政府财政行为转化为公共财产；二是正当性界定，私人财产能够转化为公共财产的正当性基础在于其公共性特质；三是法权性界定，私人财产转化为公共财产后，其法权属性需要进一步确认。在此基础上，可以将公共财产权的本质属性归纳以下方面：

第一，公共财产权在权属安排上是一种公权力。公共财产权是政府基于公共性而生的公权力，其脱胎于作为行政权的财政权，因此更加注重财产的转化、支配及其动态过程。公共财产的取得、用益和处分大致对应于财政权概念下的收入、管理和支出。公共财产的取得，是指政府对私人财产征税、处罚、国有化等非对价性给付，以及征收土地房屋、收费、发行政府债等对价性给付；公共财产的用益，是指按照符合正当

---

① 李友梅、肖瑛、黄晓春：《当代中国社会建设的公共性困境及其超越》，《中国社会科学》2012 年第 4 期。

性要求的民主程序将取得的公共财产妥善安排；公共财产的处分，是指公共财产按照既定的预算安排进行支出。

第二，公共财产权在权力类型上是一种积极的权力。通常意义上的私人财产权作为一种私权利，是不受侵犯的消极权利，但公共财产权作为公权力往往以积极行使的方式运行，通过合理规划和安排公共财产的用益和处分，以实现公共财产取得和支配的经济绩效和功能效用最大化，促进社会整体的公共福祉。一方面，政府需要积极守护私人财产权，防止公权力对私人财产权的不当干预和侵犯；另一方面，基于公共性的立场，"立法者需要在应当保护的财产利益和公共利益之间进行权衡，并且达到平衡"，① 国家应依照正当性原则取得公共财产，并积极发挥公共财产的功用，使其在完成财产属性转化后仍能有效促进公共利益，进而使私主体公平、普遍和公开地获得相应收益和收益机会，并为私主体行使积极财产权利提供物质基础。

第三，公共财产权在价值取向上是一种应受控制的权力。公共财产权在表现形式上是一种政府从事财政行为的权力，其行使会对私人财产权造成相当影响。这种影响可能是即时的或在同时代发生，也可能是延时的或在代际出现。以发行政府债为例，欲使财政收入最大化，一些地方政府把未来的潜在税额作为当期用途，这样会影响潜在纳税人私人财产权的价值和安全。② 所以，与私人财产权应受保护的立场相对，公共财产权是一种应受控制的权力，这种控制应以最终有利于社会国家的基本要求或社会公共福祉为基本取向。与此同时，这种面向社会公共福祉的规则安排，不应局限于当前财政用度或者赤字困境的现实需要，还应考虑为未来经济稳定发展创造合理预期。③

3. 私人财产权的社会义务

宪法关于财产权社会义务的规定，对包括民法在内的整个法律体系

---

① ［美］罗尔夫·施托贝尔：《经济宪法与经济行政法》，谢立斌译，商务印书馆2008年版，第203页。

② ［澳］布伦南、［美］布坎南：《征税权——财政宪法的分析基础》，载［澳］布伦南、［美］布坎南《宪政经济学》，冯克利等译，中国社会科学出版社2004年版，第127—128页。

③ 刘剑文、王桦宇：《公共财产权的概念及其法治逻辑》，《中国社会科学》2014年第8期。

产生了深刻的影响，并在宪法作为"高级法"的观念以及违宪审查制度被普遍确立的背景下，现代宪法取代了近代民法在法律体系建构中的中心地位。[①] 从财产权绝对到财产权承担社会义务的转变，意味着财产权的功能从保障私人自由任意地使用和支配财产，转而开始承担社会利益再分配的功能。[②] 例如，魏玛宪法在第 153 条第 3 款规定："所有权负有义务，财产权的行使要以公共福祉为目的。"德国《基本法》第 14 条第 2 款规定："财产权负有义务。其行使应同时有益于公共福祉。"也就是说，"财产的使用必须符合社会责任，且受制于立法为公共利益而对所有人平等规定的限制"。财产权不仅具有权利性，而且还同时具有义务性。换言之，财产权行使时亦应有助于公共利益，财产权具有社会义务性，是社会福利原则具体化的表现。[③] 与此同时，"财产权保障，旨在确保个人依财产制存续状态，行使其自由使用、受益及处分状态，但财产权附有社会义务，在超过财产权自由之宪法上界限时，亦即滥用私法自治时，则可不拘泥于私法约定，依常规课予相同公法负担，而为调整"。[④] 如此，在立法上，国家并非不能制定合理限制财产权的法律以对财产权的社会义务作出明确性规定，且在司法过程中亦会参照财产权的相对性理论来作出裁判。在此理论指引下，有补偿的征税和有对价的征收作为对财产权的适当限制，就具有了正当性基础。[⑤]

（二）公共财产权视角的纳税人权利保护逻辑

将公共财产权界定为一种积极的、应受控制的公权力，通过对其行使进行有效的法律调整，是研究公共财产权控制的基本前提。对公共财产权的控制，以便有效保护纳税人权利，是公共财产法的理论核心，贯穿于公共财产取得、用益和处分全部环节的关键要素。就税收而言，对公共财产权控制的基本要求主要包括法源明确、程序正当、争讼便利

---

① 薛军：《"民法—宪法"关系的演变与民法的转型——以欧洲近现代民法的发展轨迹为中心》，《中国法学》2010 年第 1 期。

② 张翔：《财产权的社会义务》，《中国社会科学》2012 年第 9 期。

③ 法治斌、董保成：《宪法新论》，（台北）元照出版有限公司 2012 年版，第 274—275 页。

④ 葛克昌：《税法基本问题（财政宪法篇）》，北京大学出版社 2004 年版，第 164 页。

⑤ 张翔：《财产权的社会义务》，《中国社会科学》2012 年第 9 期。

等。① 在公共财产权视角下，纳税人权利与公共财产的来源、转化、实现、救济相关。

1. 公共财产权的来源

在财税法领域，权源的正当性也就是课税权的正义性问题。私有财产不仅是繁荣的基础，也是自由本身的保证。② 从法律观点而言，人民的金钱给付是国家财政收入的核心要素，国家经由行使课税权，将人民财产权转换成公法上的强制性财政收入。③ 只有通过行使具有正当性的征税权，才能将私人财产中的一部或全部移转让渡给国家。所以，对统治者的控制，一直是通过对征税权的约束来实现的。④ 当国家以财政方式获得收入，人民即会提出其依据的正当性。而这种正当性，在实体价值上表现为社会正义，在程序意义上则体现为财政民主。只有财政本身取得管理上的正当性，自由与秩序的良好架构方能达成。如果政府不依赖自己作为财产所有者的收入来维持运作，而是越来越依赖于对私有财产以赋税方式进行的索取，最终要在纳税人与国家之间构建起一种权利与义务相当的宪法逻辑，承认财产权原则对国家权力的在先约束。在公共财产权使私人财产转化为公共财产时，也应严加约束并判断其正当性与必要性。对于非对价性给付的税款取得，虽然在宪法和行政法学理上具有正当性，但仍有限制的必要，也即是说征税行为应符合量能负担、法律保留等税法原则。

2. 公共财产权的转化

公共产品的效率性并不能证明财政过程的正当性。在法学层面，税收是私人财产向政府的让渡，应当在宪法制度和纳税人基本权利层面寻求其正当性依据。现代法治社会的基本要求是，政府基于公权力对私人财产进行转化并借以形成公共财产，应受到法律的严格授权和控制。税

---

① 刘剑文、王桦宇：《公共财产权的概念及其法治逻辑》，《中国社会科学》2014 年第 8 期。

② ［美］詹姆斯·M. 布坎南：《财产是自由的保证》，载［美］查尔斯·K. 罗斯编《财政权与民主的限度》，刘晓峰译，商务印书馆 2007 年版，第 27—76 页。

③ 黄俊杰：《财政国与课税收入之立法》，《月旦法学杂志》2002 年第 84 期。

④ ［澳］布伦南、［美］布坎南：《征税权——财政宪法的分析基础》，载［澳］布伦南、［美］布坎南《宪政经济学》，冯克利等译，中国社会科学出版社 2004 年版，第 10 页。

收法定原则即是对政府此种财产转化权的控制和制约，以寻得对公共财产的治理。与此同时，政府取得的此种财产并非成为政府的财产，而只是政府基于"公共性"而代替纳税人持有的信托财产集合，是集合化的私人财产，其支配仍应受到宪法、法律的严格约束。而公共财产法的要义是规制公共财产，限制或者控制政府的公共财产权，以实现对纳税人权利的有效保护。就公共财产的转化，按照税收法定原则，税收立法必须遵守税负公平、量能课税、社会公正、税收效率、财政需要、不溯及既往等原则，并在具体执行中贯彻比例原则、信赖保护原则与禁止推定原则。因此，我国的税收立法应体现规范公共财产权和税收立法法律化的法治精神，以完全的"人大立法"逐步取代现行"授权立法"。①

3. 公共财产权的实现

财产权除服从内在的制约以外，还必须服从积极的目的规制（政策性的规制），使之与社会公平相互协调。② 也就是说取之于民的公共财产的使用应当有利于社会发展与人民生活幸福感的提升。北野弘久主张，从全面维护纳税人权利出发，赋税的使用也应纳入宪法控制领域，提出作为纳税人的人民享有对符合宪法目的的税的征收与支出民主管理的权利，这是由宪法直接引导出来的新人权，是"纳税人基本权"。国家税款的使用包括财产用益与处分，在税款的用益与处分中对公共财产权的限制应当包括程序正当与实体上的合理分配。公共财产的用益，即财政预算管理及公共财产的保值增值。政府对于已经依法取得的公共财产，应尽到善良管理人的勤勉义务，对公共财产的使用应按照公开透明、规范有序和平衡控制的要求进行，秉承量入为出和技术谦抑的基本原则。从历史上看，国家预算的建立过程，是封建君主的专制权力被剥夺的总过程的一个组成部分。而处于国家预算制度约束下的财政，与以往任何时期财政的关键性区别，却是其具有的财政分权与制衡的内容。③ 从政治理论基础的层面来看，分权学说和均衡政制理论是预算法治得以建构的前

---

① 王桦宇：《公共财产权及其规制研究——以宪法语境下的分配正义为中心》，《上海政法学院学报》2013 年第 5 期。

② 葛克昌：《国家学与国家法》，（台北）月旦出版社股份有限公司 1996 年版，第 137 页。

③ 张馨：《比较财政学教程》，中国人民大学出版社 1997 年版，第 288 页。

提假设和基本命题；从政治权利运作的角度来看，议会的主要职能是立法、监控财政（预算）和监督政府；① 而从权力格局演进的意义来看，议会政治地位和权力范围的不断上升和扩张，实际上体现和反映了现代意义上预算过程和制度的发端与完善。随着现代以来国家职能的不断扩张，行政作用日趋复杂化与多样化，财政规模随之大幅膨胀，但同时，"此种'量'的变化，终将迫使各方不得不正视财政规范之'质'的低落问题"。②

4. 公共财产权的救济

公共财产权的取得和分配过程中，亦可能会侵犯私人财产权，此时获得权利的救济就非常重要。有学者提出，基本权利作为一种宪法权利，国家理应承担保护义务和功能，但与此同时国家保护功能应当与防御权功能并列处于最主导地位。③ 也即，国家在积极保护私人财产权和防止公权力机关肆意侵犯而被转变为公共财产权。德国法学家阿尔伯特·亨泽尔（Albert Hensel）认为，税收法律关系是一种公法上的债权债务关系，税收债务的成立不以行政权的介入为必要条件，国家和地方公共团体在法律上与人民是对等的关系；这种法律关系不是单方性命令服从关系，不能认为命令者对相对人不负回答责任，以及相对人无权审查命令的适当性。命令者与相对人法律地位对等，应重视设立纳税人权利救济程序。从另一个角度来观察，税法的稳定性亦能作为静态功能保护私人财产权。"因国家之财政需求须赖私有财产权人来分担，使国家无须自为经营财产，经税源——财产权长期得以保留在私人手中。其前提即为税法之存在，其存在使私有财产权保障得以实现。"④ 在目前的法律框架内，就公力救济而言，通过宪法诉讼、行政程序、行政诉讼、行政补偿、国家赔偿等司法和行政方式可以获得具体的私人财产权的救济；而就抽象的私

① 刘建飞、刘启云、朱艳圣：《英国议会》，华夏出版社 2002 年版，第 69 页。

② 蔡茂寅：《财政作用之权力性与公共性——建立财政法学之必要性》，（台北）《台大法学论丛》1996 年第 4 期。

③ 陈征：《基本权利的国家保护义务功能》，《法学研究》2008 年第 1 期。

④ 葛克昌：《宪法对公私法间法秩序之指导协调功能》，《当代公法理论——翁岳生教授六秩华诞祝寿论文集》，（台北）月旦出版公司 1993 年版，第 240 页。

人财产权保护的自力救济而言,[①] 则应通过代议机构行使权能的方式得以实现。但在更为本质的意义上,权利救济按照次序逻辑可以分为三个阶段:一是事前的协商参与程序;二是事中的预算监督程序;三是事后的行政和司法程序。其中,事后的行政和司法程序救济是纳税人个体获得救济的最重要的方式。

四 纳税人权利保护的国际法范式

人类所享有的权利和自由无不应以人权的标准加以衡量,以人权的视角加以评析,以保证维持共同体存续基础的共同道德原则不被侵犯,人类固有的尊严及其平等的和不移的权利不被侵犯。人权不是法律权利,而是作为全人类的道德权利,其不仅不是法律和政治权力可以增减或取消的,而且是确证或批判法定权利的根据。[②] 人权在各国及地区对公民权利的保护中应当是一个最小限度的保护标准,国家及地区可以在满足公民基本人权保护的情况下通过法律创设其他公民权利,但是不得对包含在人权范围内的公民权利予以剥夺。人权应当是公权力行使的边界,在公权力限制私权有正当理由的税法领域,尤其应当注意公权力行使的界限,普遍人权的最低标准是不得越过的。虽然,诚如美国法学家霍姆斯曾说过税收是文明的对价,但是国家征税权毕竟是对国民财产权利的一种侵犯。因而,人权在税法领域中的实现,必然体现为对纳税人权利的确认和保障。从人权视角分析,纳税人权利就是人权在税法中的贯彻与实现。作为承担国家财政作用的一方当事人—纳税者,既不应该被仅仅当作征收租税的客体来对待,也不应该被当作承担租税义务的被动的租税负担者来操纵,所有的纳税者都享有不可侵犯的固有权利,这个固有权利的标准就是人权。

(一) 普遍人权理论与国际法范式

1. 人权的普遍性与道德性

人权的本质决定了人权的普遍性基础就存在于人权的道德基础,普

---

① 贺海仁:《自我救济的权利》,《法学研究》2005 年第 4 期。

② 夏勇:《人权概念的起源——权利的历史哲学》,中国政法大学出版社 2001 年版,第 220—221 页。

遍性的人权只能来自普遍性的道德。人权的普遍性决定一国实然法律所规定的法定权利必须要符合人权内涵的要求，而纳税人权利也因此从普遍性人权那里确立了其确定的、不移的、稳固性的根基。人权是人之作为人而应有的权利，它表达的是这样一种确定不移的观念："存在某些无论被承认与否都在一切时间和场合属于全体人类的权利。人们仅凭其作为人就享有这些权利，而不论其在国籍、宗教、性别、社会身份、职业、财富、财产或其他任何种族、文化或社会特性方面的差异。"① 人权的普遍性是人权属性的主要方面，而人权普遍性的根基在于人权的本质是一种道德权利，其本身并不依赖法律而存在，它依赖的是"以人性论为基础的抽象的、经验的道德原则"和"以习俗、传统、和社会规则为基础的具体的、经验的道德原则"，"这两种道德原则都是人类社会发展的一定阶段上社会物质生活条件和精神文化的产物"。② 尊重和维护人权是每一个共同体的"社会义务"。人权概念意味着根据道德准则按照一定的道德程序应赋予的权利被转化并被确认为一个政治社会的法律秩序中的法律权利，因此，国家有义务"建立各种制度和程序，制订计划，利用一切资源来满足这些人权的要求"。③

2. 最低限度的人权及其保护

当论及人权的普遍性道德基础时，英国学者米尔恩的低限人权观是值得关注和探讨的学说。米尔恩在充分认识道德多样性的基础上，从为任何形式的社会结合所必需的最小限度的普遍道德原则中推导出最小限度的人权标准。在《人的权利与人的多样性——人权哲学》中，米尔恩指出，一种"经得起理性辩驳的人权概念不是一种理想概念，而是一种最低限度标准的概念。更确切地讲，它是这样一种观念：有某些权利尊重它们是普遍的最低限度的道德标准的要求"。④ 尽管人类生活的共同体

---

① ［英］米尔恩：《人的权利与人的多样性——人权哲学》，夏勇、张志铭译，中国大百科全书出版社1995年版，第2页。

② 夏勇：《人权概念的起源——权利的历史哲学》，中国政法大学出版社2001年版，第170—171页。

③ ［美］路易斯·亨金：《权利的时代》，信春鹰、吴玉章、李林译，知识出版社1997年版，第3页。

④ ［英］米尔恩：《人的权利与人的多样性——人权哲学》，夏勇、张志铭译，中国大百科全书出版社1995年版，第7页。

可以采取多种形式，而且历史上也确实如此，但有某些道德原则为各种形式的社会生活所必需，即"只要有社会生活存在，不管其具体形式如何，就必须有某些道德原则"。① 这些原则包括行善、敬重生命、公平对待、伙伴关系、社会责任、不受专横干涉、诚实信用、礼貌和儿童福利。这九项道德原则为任何形式的社会结合所必需因而是普遍的，也是最小限度的。各个社会或共同体因生活方式不同，作为社会生活基础的观念、价值和制度不同又各有其独特的具体道德。因个别共同体特定道德之间的差异就会产生道德的多样性，这种多样性是共同体各自生活方式中道德差异的幅度。② 但在"最低限度"的意义上，两者完全一致，而最低限度的人权分别是：生命权、公平对待的公正权、获得帮助权、自由权、被诚实对待权、礼貌待遇权和儿童受抚养权。纳税者的基本人权要得到保障，纳税人的权利中就应该包含最低限度的人权规定。从人权的视角审视税法，就是要将一种普遍性的人权内涵融入纳税人所享有的权利之中，在此基础上演绎纳税人在税法中应享有的基本权利。当然，这种普遍性的人权只能是一种低限意义上的人权，由此才能赋予纳税人基本权不可缺少、不可剥夺、不可让与的属性，从而决定这种纳税人权利应该成为一种最低限度的法律保护标准。③

（二）普遍人权意义上的纳税人权利保护

由于人权的普遍性要求人类社会需要公认并遵守的人权内容，但是由于人类的差异性，不同的人所享受的人权状况存在巨大差异，为了保护基本人权，就需要在世界范围内确立一套基本的人权规则，约束各国政府的行为。从世界范围的人权保护看，存在两个层次的人权保护，一是超越国际法的人权保护，二是国际法框架内的人权保护。由于人权的普遍性和道德性，所以人权是超越国际法的，在现代社会，1948 年联合

---

① ［英］米尔恩：《人的权利与人的多样性——人权哲学》，夏勇、张志铭译，中国大百科全书出版社 1995 年版，第 57 页。

② ［英］米尔恩：《人的权利与人的多样性——人权哲学》，夏勇、张志铭译，中国大百科全书出版社 1995 年版，第 71—72 页。

③ 丁一：《纳税人权利保护的最低法律标准——一种人权的视角》，载刘剑文主编《财税法论丛》（第 2 卷），法律出版社 2003 年版，第 79—91 页。

国大会通过的《世界人权宣言》属于超越国家法的人权准则①，属于自由的范畴。在米尔恩看来，不受专横干涉的自由既是作为共同体生活的道德原则，也是每个成员享有此项自由的权利。在符合法律授权规定以及不违反禁止性规定的情况下，只要纳税人的行为对其义务履行无不利影响，那么纳税人就享有不受任何专横干涉的权利，也就是不受专横干涉的自由权。在税法中，不受专横干涉的自由权主要体现为纳税人享有税法遵从下的自由权，包括纳税人的人身自由权、人格尊严权、诚实推定权、隐私权、信息权、接受礼貌对待权等内容。

1. 人身自由权。《世界人权宣言》第 3 条即规定，人人享有生命、自由和人身安全。该宣言第 9 条规定，任何人不得加以任意逮捕、拘禁或放逐。不同于古代社会存在债务奴隶制度，在现在社会，纳税人的人身自由权是纳税人得以作为纳税人存在、参加税收法律关系，享有与行使纳税权利的最基本保障。根据这项权利的要求，纳税人除依法被法庭认定实施了税收犯罪活动而受到刑事处分外，其他任何形式下的税收征管行为，均不得侵犯其人身自由权。各国税务当局无权限制纳税人的人身自由。

2. 人格尊严权。人格尊严是人权的基础，纳税人的人格尊严同样需要慎重保护，税务机关不得因所涉及的税务争议或纠纷，包括对纳税人税务事件的处分而侵犯或损害纳税人的人格尊严，不得羞辱纳税人。纳税人应当受到人格保护，即税务机关在任何情况下均需保护和维护纳税人的人格尊严，即使有证据证明纳税有偷税、漏税、欠税、逃税等违法行为时，纳税人也有权维护并要求税务机关切实保护纳税人的人格。

3. 诚实推定权。该权利与人格尊严权存在密切联系，是指税务机关在尚无真凭实据证明某一税务违法事实或行为的存在的情况下，应首先认定纳税人是诚实的，是可以信赖的和无过错的，直到有足够证据并由执法机关来推翻这一认定为止。② 诚实推定权能有效保证纳税人免受税务

① 《世界人权宣言》的英文表达是"Universal Declaration of Human Rights"中"universal"本身具有"普遍的、宇宙的、全体的、共同的"等含义。

② 涂龙力等：《税收基本法研究》，东北财经大学出版社 1998 年版，第 147—148 页。

机关粗暴无礼的干涉，在人格尊严不受侵犯的同时利于其经济、高效地履行纳税义务以及开展自身活动。例如，加拿大《纳税人权利宣言》赋予纳税人诚实假定的权利："你有权被认定为诚实除非有相反的证据。"澳大利亚《纳税人宪章》规定，除非纳税人行为有异，应视纳税人是诚实地处理有关税务事宜。

4. 隐私权。联合国《公民和政治权利国际公约》将隐私权界定为任何人的"私生活、家庭、住宅和通信不得加任意或非法干涉"。对纳税人而言，其隐私权不仅涉及个其家庭重大隐密事项，还应包括虽不重大却为当事人所不愿为人知晓的个人信息以及与其生存、发展的经济等经济信息、经营管理秘密等内容，税务机关有义务承担保密责任，使纳税人机密记录免于泄露，并担保只在合法必要的限度内使用有关资料、信息。这项权利对维护纳税人的人格尊严及自由权非常重要。《纳税人宣言》范本中规定的隐私权内容为：纳税人有权要求税务机关不要过分侵害纳税人的权利。纳税人有权拒绝税务机关无理搜查住宅及被要求提供与正常课税并不相关的信息。美国《纳税人权利宣言》第2条专门规定了隐私权与保密性："除非法律授权，否则美国联邦国税局不会向任何人透露纳税人所提供的任何信息。纳税人有权知道联邦国税局为何要求提供信息、如何使用信息，以及纳税人不提供这些信息的后果。"英国《纳税人权利宪章》规定了隐私与保密的权利："您提供给税务局和海关事务的信息，将被严格保密，只在法律允许的范围内使用。"加拿大《纳税人权利宣言》中规定了"隐私与保密权"："你有权要求我们仅为法律允许的目的使用你所提供的个人与财产信息。"我国《税收征收管理法》第8条第2款也规定了纳税人享有保密权，即纳税人、扣缴义务人有权要求税务机关为纳税人、扣缴义务人的情况保密。税务机关应当依法为纳税人、扣缴义务人的情况保密。

5. 信息权

共同道德原则中的诚实行为原则要求所有的共同体成员在一切交往中忠诚并信守诺言，无论何时都要在语言和行为上保持诚实。此原则包含的人权便是诚实对待的要求权，权利人享有被告知与其有关的任何事情的真实情况的权利。① 诚实对待权在税法中的体现则是纳税人据此享有被告知与纳税有关的一切信息的要求权，即信息权。具体而言，纳税人有权要求税务机关提供有关税制及如何运用税额测定方法的最新信息，以及告之包括诉讼权在内的纳税人的一切权利。信息权包含了纳税人享有主动了解知晓所有税法全面、准确、适时的知情权，和享有被告知与自身纳税义务有关的一切信息的告知权。与这两项要求权相关的义务则是，政府及其税务机关负有尽其所有合理的努力使纳税人获取相关信息资料的义务。信息权对于纳税人合理地预测各种经济交易和事实的税收效果，以便理性地作出自己的经济决策具有重要的意义，它是纳税人进行税收预测与筹划的前提和基础。OECD 的《纳税人宣言》范本中规定了纳税人享有要求提供信息权。美国国内收入署为保证纳税人信息权的享有，定期免费发放纳税人权利手册以及有关税法信息的最新资料。例如，英国《纳税人权利宪章》将信息权与获取帮助权一并规定，"税务局和海关负有帮助纳税人了解并履行税法所规定的相关义务的责任"。加拿大《纳税人权利宣言》明确规定了纳税人的信息权，纳税人有权期望政府将尽所有合理的努力使其能得到关于所得税法全面、准确、适时的信息。

6. 礼貌对待权

礼貌也是一项共向道德原则。米尔恩认为"礼貌包含了霍菲尔德所说的关于权利人在一切场合都受到礼貌对待的要求权"。它"要求一个共同体和任何形式的联合体的成员在相互关系中总是彬彬有礼，不仅必须不得为无端的粗暴行为，而且必须表现出对他人情感的尊重"。"不过，倘若基于正义和社会责任的坦诚之言或诚实无欺的行为使对方感到震惊或苦恼，则不属不礼貌"。② 纳税人与税务机关权利义务的非对等性，使得税务机关似乎总处于一种主动和强势的地位，相对而言，纳税人则处于一种被动、接受的劣势地位。因此，强调纳税人享有礼遇权，可使纳税人免受税务机关的粗暴、蛮横、漠视等无礼待遇，使纳税人的权利主

---

① ［英］米尔恩：《人的权利与人的多样性——人权哲学》，夏勇、张志铭译，中国大百科全书出版社 1995 年版，第 169 页。

② ［英］米尔恩：《人的权利与人的多样性——人权哲学》，夏勇、张志铭译，中国大百科全书出版社 1995 年版，第 169—170 页。

体地位得到应有的尊重。这项纳税人权利在各国税收中也均有规定，美国《纳税人权利宣言》规定纳税人享有"专业与礼貌服务的权利"："如果你相信一个国内收入署的雇员没有以职业的态度对待你，你应该告诉雇员的上级。如果该雇员上级的回答不能令人满意，你应上书给你所在地区的税务局局长或税务服务中心主任。"英国《纳税人权利宪章》规定纳税人享有"礼貌与周到服务的权利"："税务局和海关职员将始终如一地礼貌、周到、快捷地履行其职责。"加拿大《纳税人权利宣言》规定了"礼貌与周到的权利"："你在与我们打交道时有权得到礼貌与周到的待遇，无论我们是要求你提供信息还是安排会面或查账。"我国《税收征管法》修订后增加了纳税人享有礼遇善待权："税务机关、税务人员必须秉公执法，忠于职守，清正廉洁，礼貌待人，文明服务，尊重和保护纳税人、扣缴义务人的权利，依法接受监督。"

人权视角下纳税人权利保护的最低法律标准只是蕴含于纳税人基本人权保障中的核心与重点内容，且这些权利的具体内容尚待置于特定背景下给予特定解释以求与多样性的文明传统相适应。例如，纳税人享有基本生活维持权，最低生活费应免于课税，这是一项低度意义上的纳税人权利。但最低生活费的确定，则需视具体国家的经济发展水平由国内立法具体确定。法律不应违反的准则是最低课税限度应保证纳税人达到一国国民的平均生活水平，保证其享有健康和最低文化生活。税法适用的公正权，同样需要根据一国特定的文化与制度对公正、公平的定义与设计予以保障。

（三）国际法上纳税人保护的展开

国际法框架内的人权从《联合国宪章》展开，并且形成了主要由一系列条约构成的国际人权法这一国际法分支。《联合国宪章》明确要求联合国逐步编纂和发展国际法。这项工作产生的500多项公约、条约和标准已经为促进国际和平与安全以及经济和社会发展提供了一个框架。已经批准这些公约的国家都受到这些公约的法律约束。

将人权保护理念和规则与税收的本质和税法理念结合，可以从人权保护的国际法范式中寻找具有普遍性的纳税人权利保护理念和规则。具体而言，按照税收实体法和税收程序法的分类，可以将国际法意义上的纳税人权利分为实体权利和程序权利。

1. 实体上的权利主要包括基本生活维持权、被公正征税权、法定最低限额纳税权和纳税延缓、困难性减免的权利。

第一，基本生活维持权。

基本生活维持权来自生命权，米尔恩根据共同道德原则推出的第一项人权便是生命权，其源自敬重人类生命的普遍的道德原则，基本含义是"每个人都享有不遭受任意杀害、不受不必要的生命威胁的权利①"。生命权在税法中的意义就在于确保纳税人在履行税收债务的同时免受基本生活维持的威胁。其在税法领域的延伸可以概括为纳税人享有基本生活维持权。因为生命权的物质保障财产，一定的生存财产的保有是人类生命存续不可缺少的条件生命权在税法中的意义就在于确保纳税人在履行税收债务的同时免受基本生活维持的威胁。它在税法领域的延伸可以概括为纳税人享有基本生活维持权。《世界人权宣言》和《经济、社会、文化权利国际公约》对此均有表述，前者第 25 条第 1 款规定："人人有权享受为维持他本人和家属的健康和福利所需的生活水准，包括食物、衣着、住房、医疗和必要的社会服务。"后者第 11 条第 1 款规定："缔约各国承认人人有权为他自己和家庭获得相当的生活条件，包括足够的食物、衣着和住房，并能不断地改进生活条件。"第 2 款规定："缔约各国确认人人免于饥饿的基本权利。"而税收的实质是国家基于公共财政的需要将部分国民财富强制性地剥夺和转移，且为保证税收债权的优先偿付，各国税法一般规定有税收强制执行措施和税收保全措施。因此，纳税人生存财产能否免受国家课税权的侵犯，在人权的视角下就是一个值得认真对待的问题。

生存权是一种接受权，其正题是一项豁免权，即免于任意杀害和免于不必要地面临危险。② 它的反题则是一项要求权即要求国家提供生存保障的权利。这种权利延伸到税法领域对征税主体国家产生的是一项不可

---

① ［英］米尔恩：《人的权利与人的多样性——人权哲学》，夏勇、张志铭译，中国大百科全书出版社 1995 年版，第 156 页。

② 美国法学家霍菲尔德认为："权利是某人针对他人的强制请请求，特权则是某人免受他人的权利或请求约束的自由。同理，权力是对他人特定法律关系的强制性'支配'，则豁免当然是在特定法律关系中，某人免受他人法律权力或'支配'约束的自由。"［美］霍菲尔德：《基本法律概念》，张书友编译，中国法制出版社 2009 年版，第 79 页。

抗拒的规定性要求，即税金的任何赋课征收均不得侵犯纳税人的生存权，对纳税人则是赋予其基本生活维持的权利。具体而言应包括以下内容：其一，纳税人最低生活费免课税原则。为避免国家课税威胁到纳税人健康和最低文化生活所需要的最低生活费，税法应规定最低课税限度以确保纳税人生存权免受侵犯。其二，生存权财产免课税或轻课税原则。这一内容应与最低生活费免课税原则相对应。一定的生存权财产是纳税人生存维持的必要物质条件，税法应将一定的生存权性质的财产，排除在课税范围之外，在不影响生计维持的前提下即使课税也应适用较其他类型财产为低的税率标准。以充分实现对纳税者基本人权的保障。其三，纳税人维持生活所必需的住房和用品排除在税收强制执行措施和税收保全措施之外。我国亦规定了所得税的基础扣除标准，新修改的《税收征管法》第38条第3款明确规定：个人及其所扶养家属维持生活必需的住房和用品不在税收保全措施和强制执行措施的范围之内。

第二，被公正征税权。

米尔恩的第二项人权是由"给每个人以其应得"的公正原则推演出的公平对待的公正权，即以公平对待为表现形式的公正权。公正权是现代人权的核心内容，它赋予每个人得到公平对待的资格。《世界人权宣言》第1条就宣称"人人有资格享有本宣言所载的一切权利和自由，不分种族、肤色、性别、语言、宗教、政治或其他见解、国籍或社会出身、财产、出生或其他身份等任何区别"。这意味着在具备一套实在法体系的共同体内每个成员都必定享有两项权利，即受法律平等保护的权利和法律下自由的权利，"享有法定公正权利是人权在法律和政治方面的具体运用"。① 税收公平包括横向公平和纵向公平两方面，前者是相同的情况同等对待，后者是不同的情况区别对待，区别对待的程度应与情况的差异相对应。纵向公平在税法中的通俗表达即为应能负担原则，此原则是公平对待的公正权在课税思想上的必然体现，其内容除了要求税收"公平"或"中立"，还要求税收立法上实行"量能课税"（即根据纳税人的经济负担能力分配税收负担）。

---

① ［英］米尔恩：《人的权利与人的多样性——人权哲学》，夏勇、张志铭译，中国大百科全书出版社1995年版，第159页。

量能课税即应当赋予纳税人应能负担的权利。在纳税成为每个国民的当然义务的租税国家，税收负担应根据纳税人的经济负担能力公平分配，是正义理念和公正权在税法中的必然要求。作为一项要求权，要求立法者在选择课税对象时，要斟酌纳税人的个人条件如生存保障、扶养义务、特别急难以及资本维持等，要区分生存财产权、资本性财产和投机性财产，区别对待，慎重对待直接税和间接税的比例安排，尽量使租税人性化，以保障在合乎比例原则下公平负担纳税义务的权利。

第三，法定最低限额纳税权。

纳税人只应依法缴纳其应缴纳的税款，纳税人有权在法律规定的范围内选择最低幅度的税款数额作为自己履行纳税义务的具体内容，这项权利在有些国家也被称为"只缴纳合理税金的权利"。此项权利是纳税人享有税法遵从前提下的、一项极为重要的自由权利，它保证纳税人法律下的自由及合法财产免受非法侵害。经济合作与开发组织为其成员国制定的《纳税人宣言》范本中就规定了只缴纳合理税金的权利，"纳税人有权考虑个人的具体情况和收入多少，并按税法规定只缴应纳税金，拒缴额外税金"。美国《纳税人权利宣言》第 5 条规定"你（纳税人）仅对支付法律所要求的正确数额的税款负责——不多，不少"；美国国内收入局公布的纳税人十项重要权利中也规定，"纳税人有权拒绝缴纳超过税法规定的所欠税款"。实践中也有国家将此项权利作为纳税人享有的公正权的一项内容加以规定，如英国《纳税人权利宪章》中规定纳税人拥有公正的权利，"您有权要求公正地确定您的纳税义务，只缴纳税法确定无误的税额"。

第四，纳税延缓、困难性减免的权利。

原则上，纳税人应在法律规定的纳税期限内按照法定纳税额履行纳税义务，这是税收法律主义和税收公平主义的必然要求。但由于某些不可抗拒的特殊原因如地震、风灾、水灾等自然灾害或战争等政治事件使得纳税人无法按期履行纳税义务，纳税人有权经申请获取一定期限的延缓，且免于适用滞纳处分。因此而陷入严重经济困难的纳税人，还有权申请给予困难性减免，这也是对纳税人生存权的保障。各国税法对此均有规定，部分经济发达国家还建立了纳税人援助制度，对陷入困境的纳税人提供更周到的纳税帮助。如美国《纳税人权利法案》认可"纳税人援助制度"的建立，为那些由于国内收入署有计划的执法活动可能陷入困境的纳税人提供救济。我国税法也规定了税收减免申请权和延期纳税申请权，其立法意图之一便是对符合法定条件纳税暂时有困难的纳税人提供帮助。

2. 程序意义上的纳税人权利主要包括程序法中的公正权、获取帮助以及服务的权利。

第一，程序法中的公正权。

公平对待的公正权延伸到税法领域则是纳税人应享有税法适用的公正权。它是一项要求权。因此，相对应的政府负有严格实施该原则的义务，以保障要求权的实现，体现在税法的基本原则上就是税收法律主义和税收公平主义两项原则。税收法律主义是指"税的课赋和征收必须基于法律的根据进行。没有法律的根据，国家就不能课赋和征收税收，国民也不得被要求缴纳税款"，① 税收法律主义原则是整个税收立法、执法与司法的黄金法则，它为国家权力的行使划定了严格的界限，也为纳税人权利的保有和隔离树立了界碑。因此是纳税人基本权保护最核心、最根本的原则，也与后文论及的纳税人享有的不受专横干涉的自由权有密切联系。以此为基础的税收公平主义是指"税收负担必须在国民之间公平分配，在各种税收法律关系中，国民的地位必须是平等的"。②

在税收法律和税收公平主义两项基本原则的保障之下，实体法中纳税人所享有的税法适用的公正权体现为立法中的量能课税原则，而程序法中纳税人所享有的税法适用的公正权具体包括以下三项内容：

一是不受歧视权。纳税人纳税不受歧视，获得税法适用的平等对待，既不应因其身份地位不同而享有某种特别优惠的税收待遇，也不应因民族、宗教、肤色、出身、语言等而受到特别不利的税收待遇。加拿大《纳税人权利宣言》中明确赋予纳税人"不受歧视权"：纳税人有权要求税务人员根据法律和事实所作出的公正的征收合理的决定。英国《纳税

---

① ［日］金子宏：《日本税法原理》，刘多田等译，中国财政经济出版社 1989 年版，第 47—48 页。

② ［日］金子宏：《日本税法原理》，刘多田等译，中国财政经济出版社 1989 年版，第 54—55 页。

人权利宪章》中规定："在相同的情况下您将获得与其他纳税人一样的待遇。"不受歧视权保障全体纳税人在税法适用上一律平等，只应根据其税负能力承担纳税义务，不接受税负能力之外的任何差别。二是接受正当程序的权利。税法的实施在实践中更多地体现为政府税收征管权的行使，那么正当程序是保障纳税人公正权不可缺少的内容。具体体现在课税调查和税务行政处分两阶段。纳税人在接受课税调查时，有权对该项调查事前接受通知，对调查的必要性、范围接受说明的权利。课税调查实施时，不得超出说明以外进行。纳税人在接受税务行政处分时，有事前辩解的权利，并要求用文书明示处分的具体理由的根据的权利。涉及税务纠纷时，纳税人有以公正程序予以解决的权利。三是公正复议与诉讼的权利。这在税法的公正适用中，则演绎为纳税人享有公正复议与诉讼的权利。税收法律关系公法债权的性质，使得应纳税额的核定权、征收管理权均由税务机关行使，纳税人相对于税务机关而言，处于弱势和易受侵害的地位。因此赋予纳税人在认为法律没有被正确运用的情况下向税务部门提出复议申请，且在税务部门独立审查的结果仍不能使纳税人满意的情况下，纳税人到法院提起诉讼的权利，对于保障纳税人享有税法适用的公正权具有重要意义。此项权利基本上无一例外地在各国税法得以规定。如美国《纳税人权利宣言》第 7 条规定"上诉和公正的复议权"，加拿大《纳税人宣言》中的"公正的复查权"，英国《纳税人权利宪章》以及 OECD《纳税人宣言》范本也都规定了独立上诉与复查的权利。

第二，获取帮助以及服务的权利。

"作为共同体生活的一项原则，伙伴身份要求每个成员不能对其他任何成员漠不关心，并要在需要时提供力所能及的帮助。因此这授予每个处在困扰中的人霍菲尔德所说的从其伙伴成员那里获取帮助的要求权"① ——获取帮助权是米尔恩提出的第三项普遍性人权。在税法领域，国家与纳税人因税收而产生的紧密联系使得纳税人在因客观原因陷入纳税困难以及因税法的专业性与复杂性而需要纳税指导时，有权从政府部

---

① ［英］米尔恩：《人的权利与人的多样性——人权哲学》，夏勇、张志铭译，中国大百科全书出版社 1995 年版，第 165 页。

门获取纳税帮助的权利。税务部门有义务为纳税人提供专业的服务及帮助，包括纳税指导、税务咨询等。美国《纳税人权利宣言》第6条规定，纳税人有从官方税务咨询部门得到帮助的权利，具体内容是"税务咨询官员可以在悬而未决的税收问题上帮助你，并且可以在你遇到税收方面的重大问题时，为你提供特别帮助。"美国国内收入署还专设"问题解决办公室"，为遇到难题需要解决的纳税人提供帮助。为此，所有与纳税人接触的国内收入署官员都要受到培训，以承诺能公正、公平地对待纳税人，并为纳税人提供训练有素的专业服务。澳大利亚的《纳税人宪章》则阐明了税务局应向纳税人提供的服务以及服务标准，纳税人有权期望税务局提供专业的服务及帮助，以期协助纳税人了解他们应履行的纳税义务。英国《纳税人权利宪章》也赋予了纳税人获取帮助和信息的权利，"税务局和海关职员将帮助您以各种正当的途径实现税法所赋予您的权利，了解并履行税法所规定的您的义务"。

第 五 章

我国纳税人权利的立法保护

第一节 纳税人权利保护立法体制与现状

税收立法是构建纳税人权益保障制度的基础，是加强纳税人权益保护的前提与核心。近代以来形成的税收法定原则，已经深植于西方国家的税法理论和社会观念中，多数国家将这一原则写入成文宪法。人们普遍认为，税收是对私人财产的再分配，因此必须有坚实而明确的法律基础，任何征税行为必须有法律依据。即便在非成文宪法的国家，也能够从其他宪法性文件和宪法原则中引申出税收合法性原则或者税收法治原则。在有些国家，宪法允许立法机关将税收立法权进行转授权，但对这种转授权进行一定程度的限制。为了保证政府征税行为遵循法律规定，立法机关必须以法律形式规定税收的基本要素，这些税收要素应当包括纳税人、征税对象或者应税行为、税基、税率、税收管理等基本制度。由于民商事行为是纳税人应税行为的前提，所以在实践中需要通过法定的征税机关适用税法来实现对税款的征收。因此，在立法授权的基础上，征税机关可以根据税收法律制定税法的具体实施规则。税收立法的目的不仅在于保障国家税收得以实现，而是在于通过规范征税行为，达到保护纳税人合法权益的目的，从而使得税收征纳在法治的轨道上运行。

从发达国家的税收立法和纳税人权利保护立法实践看，一些国家制定具有法典属性的税法，例如美国的《国内税收法典》和 1986 年的《纳税人权利法案》、德国的《税收通则》等；有些国家按照税收综合立法与单行立法相结合的立法体例，例如，德国在《税收通则》之外，还对具体税种单独立法，日本的《国税通则法》《地方税法》以及各种单行税法。在税法立法和纳税人权利保护法律化进程的顺序中，税法立法早于纳税人保护立法。因此，当20世纪80年代世界范围内兴起纳税人权利保护的浪潮之后，如何将纳税人权利保护与既有的权利保护法律和税法对接，是各国纳税人权利保护入法都遇到的立法理念和立法技术问题。从各国实践看，大致有三种立法体例。一是修改既有法律，将纳税人权利保护的理念和制度植入现行税法之中，例如美国修正国内税法，明确规定了纳税人权利保护条款。二是在综合性税收法律中，专章规定纳税人权利及其及保护，例如韩国在1996年6月修正的《国税基本法》第7章之2第81条之2下设置"纳税人权利"专章。包括：制定纳税者权利宪章（第81条之2）；禁止重复调查（第81条之3）；税务代理人协助（第81条之4）；纳税者诚实申报的推定（第81条之5）；调查的通知及延期（第81条之6）；调查结果的书面通知（第81条之7）；保密义务（第81条之8）；信息权（第81条之9）。其后陆续制定《纳税者权利宪章》《国税服务宪章》，并设置"纳税者保护官"。三是制定纳税人权利保护法律或者具有宣告性质的纳税人权利宪章等，例如美国《纳税人权利法案》、英国《纳税人权利宪章》、加拿大《纳税人权利法案》、澳大利亚《纳税人权利宪章》、新西兰《国内税宪章》、法国《纳税人宪章》、意大利《纳税人权利宪章》、西班牙《纳税人权利宪章》、墨西哥《纳税人权利宪章》、我国台地区专门制定的纳税人权利保护法。

我国在纳税人权益保护方面已经取得了一定成就，但要进一步强化纳税人权益保护，必须构建纳税人权益法律保护体系。建立和完善纳税人权益保障制度的当务之急是进一步完善针对纳税人权益保护的税收立法。通过税收立法，为税务行政和税务司法提供法律依据，进而构建纳税人权益的行政保护和税务司法保护体系。从我国内地的纳税人权利保护立法进程看，目前，在税法体系中还不存在纳税人权利保护的专门立法或者专章规定，也没有行政法规层次的纳税人权利保护制度。这一方面表明我国对纳税人权利保护在立法层面的保护不够，另一方也与我国税收授权立法导致的税收立法有关。

一　纳税人权利保护法的立法体制与立法原则

（一）我国纳税人权利的立法体制

作为幅员辽阔、人口众多的单一制、统一多民族发展中国家，我国的各地方经济、社会发展存在不平衡的客观情况，"在中央统一领导，充分发挥地方的主动性、积极性"的背景下，确立了与我国国情相适应的立法体制。在最高国家权力机关集中行使立法权的前提下，为了使法律既能通行全国，又能适应各地方的不同情况的需要，在实践中能行得通，在宪法和立法法层面确立了我国的统一而又分层次的立法体制。在立法层次上，分为六个方面：一是国家立法权，即全国人大及其常委会行使国家立法权。二是中央政府立法权，即国务院根据宪法和法律，制定行政法规。三是省级人大立法权，即省、自治区、直辖市的人大及其常委会根据本行政区域的具体情况和实际需要，在不同宪法、法律、行政法规相抵触的前提下，可以制定地方性法规；较大的市（包括省、自治区人民政府所在地的市、经济特区所在地的市和经国务院批准的较大的市）的人大及其常委会根据本市的具体情况和实际需要，在不同宪法、法律、行政法规和本省、自治区的地方性法规相抵触的前提下，可以制定地方性法规，报省、自治区的人大常委会批准后施行。四是特区立法权，即经济特区所在地的省、市的人大及其常委会根据全国人大的授权决定，还可以制定法规，在经济特区范围内实施。五是民族自治地方立法权，即自治区、自治州、自治县的人大还有权依照当地民族的政治、经济和文化的特点，制定自治条例和单行条例，对法律、行政法规的规定作出变通规定。六是规章制定权，即国务院各部、各委员会、中国人民银行、审计署和具有行政管理职能的直属机构，可以根据法律和国务院的行政法规、决定、命令，在本部门的权限范围内，制定规章；省、自治区、直辖市和较大的市的人民政府，可以根据法律、行政法规和本省、自治区、直辖市的地方性法规，制定规章。这种统一的多层次的立法体制决定了我国的税收立法和税法渊源的复杂性，规范纳税人行为的法律法规类型多样、数量庞大，通常由税务机关在执行税法和实施税收征收管理行为时，通过制定税法实施的具体规定和在个案中解释税法来实现税收目的，但是这一过程由于缺乏法律监督，往往出现侵害纳税人合法权益的现象。

按照我国立法体制和国家税权体系，税收立法权在中央，由最高国家立法机关和最高国家行政机关分享具体税种的立法权。这种税收立法体制源于20世纪80年代全国人大及其常委会对国务院的立法授权，当时面对改革开放实践，作为一种快速推进改革措施的权宜之计，最高国家立法机关授予国务院在经济体制和对外开放领域享有部分事项的立法权，其中包括确定各税种的税收立法权。尽管，地方权力机关和行政机关没有税收立法权，但是可以在法律授权范围内，在中央立法的基础上对某些税种的税率和税收优惠事项享有决定权。这种税收立法制度在一定程度上具有保护纳税人的作用，其作用原理是，地方政府出于"涵养税源"和推行招商引资政策的考虑，往往对辖区内的纳税人给予税收优惠，甚至没有实现税款的"应征尽征"，而且出于"税收竞争"的目的，尽力保护本辖区纳税人的利益。这种情况会导致国家税款的流失和破坏国家税收制度的统一性，但是在客观上有利于纳税人权益的实现。

自从党的十八大和十八届三中、四中全会明确提出财税体制改革和全面落实税收法定原则，并且将其作为明确的任务之后，我国的税收立法才进入从税收条例专项税收法律的过程。全国人大开始重新行使税收立法权，计划于2020年完成现有税种的立法任务。在这种背景下，在税法中确立纳税人权利保护，是新时代税收立法应当重点解决的问题。在现阶段，纳税人权利保护法律化面临两个选择：一是要不要在本轮税制改革和税收立法中考虑纳税人权利保护入法的问题，二是如何在税法中体现纳税人权利保护制度。就第一个问题而言，其答案应该是肯定的，因为在现代法治文明社会，各国都将纳税人权利保护相关制度作为本国税法的内容，甚至从纳税人保护的角度重塑税法体系，或者在税收立法、税收执法和税收司法中，贯彻纳税人权利保护的理念。至于在税法中如何体现纳税人权利保护，属于税法的立法体例要解决的技术问题。

考虑到我国财税体制改革进程和税收立法体制，以及经济发展阶段和法治化水平，结合其他国家的做法，具有可行性的立法体例有专章立法和专法立法两种选择。第一，专章立法。通过修订税收征收管理法，贯彻落实纳税人权利保理念，在税收征管法中增加"纳税人权利保护"专章，作为纳税人权利税法保护的一般规定，将分散在税收征管法中的与纳税人权益有关的规定纳入纳税人在不同的纳税阶段享有的具体权利。第二，专门立法，即制定《纳税人权利保护法》（或者《纳税人权益保障法》）。在目前的税收立法进程和立法趋势下，制定纳税人权利保护法或者纳税人权益保护法（"权益"一词更加容易被各方接受）的时机似乎还不成熟，最高国家立法机关也没有将其列入立法规划或者立法计划。不过，这并不意味着就不应或者不可能制定纳税人权利保护法。事实上，从法治进程的历史潮流和纳税人权利意识觉醒的背景看，制定专门的纳税人权利保护法是完善我国公民权利保护和税收制度的基本趋势。

在立法实践上，2014 年 10 月公布的《中共中央关于全面推进依法治国若干重大问题的决定》起草情况的说明中指出："在立法领域面临着一些突出问题，比如，立法质量需要进一步提高，有的法律法规全面反映客观规律和人民意愿不够，解决实际问题有效性不足，针对性、可操作性不强；立法效率需要进一步提高。还有就是立法工作中部门化倾向、争权诿责现象较为突出，有的立法实际上成了一种利益博弈，不是久拖不决，就是制定的法律法规不大管用。"因此，实现税收领域的科学立法、民主立法，是提高税收立法质量的根本途径。而税收法律科学立法的核心在于尊重和体现经济发展和税收关系的客观规律，税收法律民主立法的核心在于为了人民、依靠人民，要通过完善和创新公众参与立法方式，广泛听取纳税人意见和建议。要真正实现税收立法的科学化、民主化，就必须建立和完善纳税人参与税收立法机制，建立税收法律草案起草前的立法听证制度和程序，将纳税人权利保护作为税收立法的重要内容。

在我国现行立法体制中，尚未建立法律草案起草过程中纳税人意见表达机制。根据《宪法》和《立法法》的规定，税种的设立、税率和税收管理等基本制度属于全国人大及其常委会的立法保留事项，而这类税收基本制度之外的事项，尚未制定法律的，全国人大及其常务委员会有权作出决定，授权国务院可以根据实际需要，对其中的部分事项先制定行政法规。据此，国务院根据《宪法》第 89 条的规定，在"编制和执行国民经济和社会发展计划和国家预算"和"领导和管理经济工作和城乡建设、生态文明建设"两个领域制定行政法规。从当前的税收立法实践看，为了落实税收法定原则，全国人大及其常委会加快了税收立法的步伐，计划到 2020 年实现所有税种法律化的立法目标。从税收立法进程看，基本上实现了"一个税种一部税法"的目标。但是，在涉及土地和房产等不动产方面的税种，由于受制于经济发展和房地产市场及其政策调整的现状，还没有实现针对房地产税种的税法化。

要完善税收法律的科学立法、民主立法机制，就要明确税收立法权力的边界，从体制机制和工作程序上有效防止部门利益和地方保护主义法律化。其主要措施包括：一是健全有立法权的全国人大主导立法工作的体制机制，发挥全国人大及其常委会在税收立法工作中的主导作用；建立由全国人大相关专门委员会、全国人大常委会法制工作委员会组织有关部门参与起草综合性、全局性、基础性等重要税收法律草案制度；依法建立健全专门委员会、工作委员会立法专家顾问制度。二是加强和改进政府税收立法制度建设，完善税收行政法规、规章制定程序，完善纳税人参与政府税收立法机制；对部门间争议较大的重要立法事项，由决策机关引入第三方评估。三是限制税务机关制定和发布具有减损纳税人权益性质的税收规章和规范性文件。

按照全国人民代表大会的立法程序，提出法律案的主体和程序有三种：一是全国人民代表大会主席团可以向全国人民代表大会提出法律案，由全国人民代表大会会议审议；二是全国人民代表大会常务委员会、国务院、中央军事委员会、最高人民法院、最高人民检察院、全国人民代表大会各专门委员会，可以向全国人民代表大会提出法律案，由主席团决定列入会议议程；三是一个代表团或者三十名以上的代表联名，可以向全国人民代表大会提出法律案，由主席团决定是否列入会议议程，或者先交有关的专门委员会审议、提出是否列入会议议程的意见，再决定是否列入会议议程。按照全国人民代表大会常务委员会的立法程序，法律案的提出包括：一是委员长会议可以向常务委员会提出法律案，由常务委员会会议审议；二是国务院、中央军事委员会、最高人民法院、最高人民检察院、全国人民代表大会各专门委员会，可以向常务委员会提出法律案，由委员长会议决定列入常务委员会会议议程，或者先交有关的专门委员会审议、提出报告，再决定列入常务委员会会议议程；三是常务委员会组成人员十人以上联名，可以向常务委员会提出法律案，由委员长会议决定是否列入常务委员会会议议程，或者先交有关的专门委员会审议、提出是否列入会议议程的意见，再决定是否列入常务委员会会议议程。从近年来税收立法的代表提案情况看，一些代表提出了制定某个领域税法的提案，但是由于税收立法事项的专业性，导致代表提案受制于专业限制，难以真正推动税收立法。

在现行立法体制下，税收领域的法律渊源包括法律和行政法规，以行政法规居多。这种情况是改革开放初期全国人大及其常委会对国务院在税收领域的多次授权立法所致，当时具有一定的可行性，但是随着法治国家建设的深入和社会经济发展越来越复杂，此前的税收行政法规不能满足复杂社会和法治社会的要求，亟待提升税收立法层次。此外，在税收法规和税收规章之外，还存在由财税主管部门制定的税务规章和大量的税务规范性文件。这种状况与落实税收法定原则的税收立法目标还存在较大距离。由于税收立法属于复杂、专业性强的领域，现行的税收立法仍然沿用以往多数法律的立法模式，即由相关职能部门先草拟法律草案，然后经国务院审议后，提请全国人大或者常委会审议。我国的税收立法从其开始就具有明显的行政立法、部门立法的传统，所以出现"立法工作中部门化倾向、争权诿责现象较为突出"等问题。从利益冲突和利益中立的角度看，纳税人权利保护方面的立法应当由纳税人组织、税法研究者团体等提出议案，而不是由税收征管部门提出议案或者起草法案。

（二）纳税人权利保护法的立法原则

税收领域的立法原则，除了应当遵守一般立法原则，即坚持正确的政治方向、党的领导、坚持以人民为中心、坚持以宪法为核心和法制的统一性权威性、立法的科学性和民主性等原则之外，还应当坚持税法的特有原则。纳税人权利保护立法的基本精神和目标是将宪法上的基本权利保障理念和制度，以及根据税法原理所确定的作为纳税主体的纳税人与扣缴义务人的税法上权利具体落实到纳税人保护制度中，从而实现纳税人基本权利的专门法保障。在立法原则层面，确立纳税人权利保护的立法原则，不仅是纳税人保护制度的需要，而且是约束税务机关在税务执法中侵害纳税人基本权利的行为，从而保护纳税人免受任意征税。在税法执法层面，通过纳税人权利保护制度，制约税务机关任意行使征税权，从而实现税收法治国家的理念。在税务纠纷解决层面，纳税人权利是司法机关在适用税法和解释税法时，作出有利于纳税人的司法裁判的依据。根据法理学和宪法原理，纳税人权利保护法立法主要包括纳税平等原则、税收确定性原则、正当法律程序原则。

1. 纳税平等原则

平等原则是民法规定的民事主体在民事活动中法律地位一律平等的准则。在税法中，也称为"同等负担原则"，平等负担经历了从税收思想到税法基本原则的演变。其基本含义是所有纳税人都应当被平等地对待，即本国纳税人之间、本国纳税人与外国纳税人之间，在相同情况下，承担相同的纳税义务。其基本要求是对条件相同的纳税人依据同一种税法所规定的相同的征税范围、税率、税收优惠和征管措施。纳税平等原则被多数国家所认可，成为制定本国涉外税制的基本准则。大部分发达国家之所以选择平等原则，主要是出于维护市场竞争，即税收中性的要求，不应当通过税收使得条件相同的纳税人处于不公平竞争地位。一些发展中国家在某些时期也采用平等原则。纳税平等原则意味着税收需配合市场竞争机制，保持税收对经济活动的最小影响。实行平等纳税原则就是奉行税收中性的具体表现，其有利于资本的自由流动和发达国家间的相互投资和贸易往来。

纳税平等原则的另一种表现是量能（平等）负担，即税收必须按照纳税人的负担能力平等征收。量能（平等）负担不仅是税法本质的彰显，而且具有拘束税收立法、规范税法解释和指导税收执法的功能，具有普适性，能够成为我国税法的基本原则。[①] 因此，无论从税收对经济发展的影响，还是纳税人权利保护，我国税法都应当明确规定这一基本原则，一方面税法的核心任务和主要社会作用是促进及保障公平分配，而公平分配的税法应是遵循量能负担的税法；另一方面我国收入差距扩大和财产贫富悬殊问题已成为影响经济发展和社会稳定的"瓶颈"问题，发挥税法再分配功能需要量能负担原则。

2. 税收确定性原则

税收确定原则源于税收法定原则，甚至以上溯到政制层面。从经济学层面而言，税收的确定性是指税收应该具有稳定性、可预测性，进而

---

① 许多奇：《论税法量能平等负担原则》，《中国法学》2013 年第 5 期。

为各类经济主体降低额外的风险和难度，降低经营过程中的交易成本与不确定性。用法律语言表述，即纳税主体通过一定的法律行为将已经发生的涉税事项的税收结果予以确定，以便后续的税款的实际缴纳和征收的权利。税收的确定性原则最早源于亚当·斯密提出的税收四原则之一。斯密指出，每一个个体所承担的税收义务应当是确定的，而非随心所欲、恣意为之。税收确定性原则意味着纳税的时间、方式和数量等对缴纳者及其他任何人而言，都应该简洁清晰、明白晓畅，否则，纳税人将遭受横征暴敛。基于此认识，可以将税收确定原则定义为：纳税人应缴纳的税收，包括税收的计算方法、纳税数额、纳税方法、纳税日期等都必须通过税法明确规定，不得随意变更。该原则是为了杜绝征税人的任意专断征税，加重税收负担，以及使用恐吓、勒索等方式征税。对于国家而言，现代税法是基于衡平公益与私益、国家税权与纳税人权利这一基本逻辑而展开的制度演化与规范创新。在当下中国税收语境与制度实践层面，税收的行政主导化是一种不争的事实，其形成过程具有本土一元体制的"路径依赖"。如果实现真正的纳税人权利保护，就必须从税收法定原则出发，确立税收确定原则。税收确定性原则应当贯穿于税收立法、税法解释和税收执法的各环节。

第一，税收立法的精细化是税收确定原则的前提。由于税法法律条文相对抽象，具有一定的合理性。立法阶段不可能穷尽未来所有涉法情境，法律文本也就不可避免地会出现一些无法预见的情境，法律文本难以详细列出每一种可预见的情境下应当遵守的规则和程序。因此，税法规则无法涵盖形形色色、复杂多变的交易类型与结构，即因抽象而导致的税法条款的不完备性将产生税收剩余立法权的问题。税收剩余立法权，具体讲就是在实操领域，税法条款没有提到的情形，应该如何提供具体的法律解释。在法治发达的国家，为了明确厘清国家征税权与纳税人权利的界限，应当尽可能地制定详细的税法规则。

第二，税法解释的合法化是税收确定原则的关键。由于税法立法的不完备、不精确，必然导致大量的税法解释，例如所有税款的计算、缴纳方式均来自对税收法规的准确理解。从税收法律体系看，各税种虽以法律和行政法规为主要依据，但实际运行中，税务主管部门的规章和规范性文件发挥着重要作用，甚至成为具体征税活动的主要依据。而内嵌于税法条款之中的不确定法律概念对纳税人权利的潜在危险性，根源于税务机关行使征税权时的权力冲动与滥用。然而，税法并非单纯的"征税之法"，更重要的是，它是对抗征税权滥用和保障纳税人权利的"权利之法"。

第三，税收执法的法治化是税收确定原则的保障。从税收执法程序方面而言，税收的确定性原则要求税收行政机关必须严格依据法律的规定征税，无权变动法定课税要素和法定征收程序。根据该原则，如果缺乏法律依据，税收行政机关既无权开征、停征税收，也无权减免税。

3. 正当法律程序原则

作为一项重要的法律原则，正当法律程序的思想最早起源于英国的大宪章。在大宪章第 39 章中，英国国王约翰作出了以下的承诺："任何自由人不得被捉拿、拘囚、剥夺产业，放逐或受任何损害。除非受同等人之合法判决及国法所允许，我们亦不会自己充当军队或派军攻击他。"① 作为法律术语，"法律程序"（英语：due process of law）一词，源自 1354 年爱德华三世统治关于大宪章的法令："任何人非经正当法律程序，不得剥夺其土地或住所，不得将其逮捕或监禁，亦不得剥夺其继承权或将其处死。"② 之后被移植到美国，在 1791 年美国宪法修正案中得以具体体现。③ 该原则已经成为英美法的基石性原则，包括实质正当程序和程序正当程序。前者为法院审查法律的内容，确保其符合公平，审查法律是否具备为了实现合法性目的的合理手段及其是否符合比例原则，并且立法应当明确，是人民有所遵循；后者是关于国家限制人民的生命、自由或者财产时应当遵循何种程序，才是正当的问题。在行政中，政府必须尊

① "The Text of Magna Carta"，英文原文为：(39) No free man shall be seized or imprisoned, or stripped of his rights or possessions, or outlawed or exiled, or deprived of his standing in any other way, nor will we proceed with force against him, or send others to do so, except by the lawful judgement of his equals or by the law of the land. 参见 https：//sourcebooks. fordham. edu/source/magnacarta. asp.

② 英文原文为：No man of what state or condition he be, shall be put out of his lands or tenements nor taken, nor disinherited, nor put to death, without he be brought to answer by due process of law.

③ 美国宪法修正第五条及第十四条，第五修正案规定：未经正当法定程序，不得剥夺任何人的生命、自由或财产；第十四修正案规定：亦不得未经正当法律手续使任何人丧失其生命、自由或财产。前者适用于联邦，后者则拘束各州。当然，在美国宪法中，并没有明文规则何谓"正当法律程序"，而是交由联邦法院，于具体案件发生时，根据其不同情事，作出判决。

重任何依据国内法赋予人民的法律上之权利，而非尊重其中一部分或大部分的权利，凡是涉及人民权利的公权力运作，均应设置合理正当的法定程序，以保障人民有合理、公平参与以及异议的权利。因而，法律保留、法律优位等，都是正当法律程序原则的下位规则。

正当法律程序原则不仅体现在宪法和行政法上，而且还体现在税法上。为了保障纳税人的权益，税法也应当遵循是正当法律程序原则。在税法上贯彻正当法律程序原则具有充分的理由，正如日本税法学家北野弘久所主张的，税法应当包括"实体的正当"和"程序的正当"要求，以确保纳税人基本权利的体系化和实质化。其中"实体的正当"包括税法的实体规定内容应当符合宪法，税制与税务行政均应当符合宪法上量能负担原则，以及衍生而来的最低生活费用不得课税原则、一定生存权保障的财产不课税或者轻课税原则。① 在税收征收程序中，更加应当采用正当法律程序原则。其理由包括：税收是对人民财产权等基本权利的必要的侵害，所以应当严格适用正当程序；税收征收程序应当尊重人纳税人的人性尊严，承认纳税人在税务行政程序上的人格主体地位；税收征收应当符合税收法定主义，而税收的程序也应当符合法律规定；税收立法及其执法都应当符合宪法上的平等原则；税收征收立法应当符合宪法的价值体系，才具有正当性。②

从法律运行看，税法上实现正当法律程序，应当从税收立法、税务行政和税务司法等环节予以贯彻。

第一，通过税收立法确立正当法律程序原则。通过税收立法确定正当法律程序，是规范税务行政执法，维护纳税人合法权益的前提和根本保障。只有通过税收立法确立正当程序，才能要求税务机关在税收征收、税务调查、税务行政处罚等执行程序中保障纳税人的权利。我国税收立法采取税收实体法与税收程序法分别立法的模式，关于税收正当法律程序原则，主要在税收征管程序法中体现。因为，《税收征收管理法》的正

① ［日］北野弘久：《税法学原论》（第五版），陈刚等译，中国检察出版社 2008 年版，第 425 页。

② 陈清秀：《税法上之正当法律程序》，《租税正义与人权保障——葛克昌教授祝寿论文集》，（台北）新学林出版股份有限公司 2016 年版，第 384 页。

当程序理念作为税收征收管理法律关系主体行为的正当性依归，承载着内在价值和外在价值双重维度。[①] 由于税收征收和管理属于行政程序的范畴，所以，税务机关及其工作人员在实施税务行政行为时，也应当遵守行政程序的正当法律程序要求。但是，在行政程序立法中，一般不针对税收领域专门立法，而是通过制定税收法律法规，规范税收征纳行为。这使得税务机关和税务人员在税收征管活动中，往往忽略行政程序法的正当法律程序，而侵犯纳税人的财产权。因此，在税收立法层面，应当在税收征管法或者专门的纳税人权利保护法中明确税务行政必须遵守正当法律程序，以维护纳税人合理、公平参与及其异议的权利。例如，我国台湾地区"纳税者权利保护法"第1条规定：为落实宪法生存权、工作权、财产权及其他相关基本权利之保障，确保纳税者权利，实现课税公平及贯彻正当法律程序，特制定本法。

第二，税务行政应当严格遵守正当程序。在税收征管法中，最应当被强化的是正当法律程序，因为，不依据正当程序而实行的征税行为，就不会尊重和保护纳税人的合法权益。在税务行政执法各环节，税款的征收管理、税务行政处罚和税务行政复议，都是由税务机关主导或者重要参与者的程序。税务机关为了调查清楚课税事实和违法证据等，往往采取通知纳税人提供相关资料，或者到现场接受税务调查等，由于纳税人在收到税务案件调查通知时，可能因为不清楚调查事由或范围，而导致税务机关与纳税者间处于不平等地位的状态，也会造成纳税人心理上负担。

二 我国纳税人权利的确立过程及现状

（一）纳税人权利保的确立过程

税收立法是税收法治的核心，通过立法确认和赋予纳税人权利是保障纳税人权益体系的重要环节。由于权力本位思想长期占据社会生活的重要地位和权利观念的薄弱，在我国税收立法中，通常将纳税人权利表述为纳税人权益。从2009年国家税务总局发布纳税人的权利和义务公告

---

① 朱大旗、胡明：《正当程序理念下我国〈税收征收管理法〉的修改》，《中国人民大学学报》2014年第5期。

开始，纳税人权利的概念才得以在规范性文件中确认。从税收实体法看，我国采取"一个税种一部税法"的立法模式，而且税收立法从暂行条例逐渐过渡到税收法律。由于暂行条例属于法规的范畴，不能直接规定权利的种类及其内容，而税收法律沿袭税收法规而来，因而在税收实体法中，一般不直接规定纳税人权利。但是，这并不意味着纳税人在税收实体法上没有权利，只是在立法技术上采取向纳税人授权的方式，规定纳税人可以做某些行为，其中典型的是各税收实体单行法中都规定了纳税人享有的减税和免税权，有的还规定了计税依据方面的扣除权。当然，以税种为导向的税收实体法并不是规定纳税人权利的重要领域。纳税人的具体权利往往通过税收程序法予以规定，主要体现为税收征收管理各个环节的权利。

由于我国的税收征管法经历了从无到有、逐步完善的立法进程，因而纳税人权利也经历着从无到有、从少到多、从模糊到清晰的过程。但是，与有些国家和地区在税法中专章规定纳税人权利或者专门制定纳税人权利保护法不同，我国在立法上对纳税人权利的保护并没有专章或者专门立法。可以说，在税法中专章或者专门立法是税收民主和税收法治化的必然趋势，也是有效保护纳税人权利、提高纳税人税法遵从、降低税收征纳成本的必然选择。纵观我国纳税人权利及其保护立法，与我国法治进程大致相同，但是在有些方面滞后于市场经济发展和法治社会、依法治国所要求的制度性保护。按照税收立法和税收法治化进程，大致可以将纳税人权利保护立法进程分为以下几个阶段。

1. 纳税人权利空白期（1949—1980 年）

1949 年至 1978 年，在国有经济占据绝对地位和高度集中的计划经济体制的背景下，税收在财政收入中的占比较低，税收法制十分薄弱。1949 年 11 月 24 日财政部召开的第一次全国税务会议拟定的《全国税政实施要则》，作为整理与统一全国税政的基本准则，奠定了新中国成立初期的基本税制格局。同年 12 月财政部分别召开第一次全国盐务会议作出《关于 1950 年全国盐务方针任务的决定》和第一次全国粮食工作会议提出统一全国农业税法、税率的问题。当时的主要任务是寻找和确定中央的新税源，与此对应的是寻找新的纳税人。1950 年，政务院相继通过了《工商业税暂行条例》《货物税暂行条例》《关于统一全国税政的决定》

《公营企业缴纳工商业税暂行办法》《新解放区农业税暂行条例》《屠宰税暂行条例》《印花税暂行条例》《利息所得税暂行条例》等税收法规。在有些税收法规中，将税收的征稽全力下放到省级地方。例如，1950年12月9日发布的《屠宰税暂行条例》第20条规定屠宰税稽征办法，由省（市）税务局依本条例拟订。1958年颁布的《农业税条例》规定，省、直辖市人民委员会应当根据本条例的法规，结合本地区的具体情况，制定农业税征收实施办法；自治区人民委员会可以根据本条例的基本原则，结合本地区的具体情况和民族特点，制定本自治区的农业税征收办法。

1958年6月3日全国人民代表大会常务委员会1958年第96次会议通过的《农业税条例》明确规定了农业税的纳税人，即从事农业生产、有农业收入的单位和个人，都是农业税的纳税人，具体包括：（1）农业生产合作社和兼营农业的其他合作社；（2）有自留地的合作社社员；（3）个体农民和有农业收入的其他公民；（4）国营农场、地方国营农场和公私合营农场；（5）有农业收入的企业、机关、部队、学校、团体和寺庙。然而，条例没有专门规定纳税人的权利，但规定了有利于纳税人制度措施，主要包括：第一，纳税人享受税收优待和减免的权利。条例规定，纳税人依法开垦荒地或者用其他方法扩大耕地面积所得到的农业收入，从有收入的那一年起，免征农业税一年到三年；移民开垦荒地所得到的农业收入，从有收入的那一年起，免征农业税三年到五年；纳税人在山地上新垦植或者新垦覆的桑园、茶园、果园和其他经济林木，从有收入的那一年起，免征农业税三年到七年。第二，选择纳税标的的权利。条例规定，农业税以征收粮食为主；对于缴纳粮食有困难的纳税人，可以改征其他农产品或者现款。另外，根据《财政部复青海省财政厅关于轮歇地免征农业税问题的函》，对于轮歇地在轮歇之年免征农业税。第三，索取纳税凭证的权利。条例规定，纳税人应当按照法规的时间，将应缴纳的粮食或者其他农产品和现款，送交指定的机关；征收机关收到以后，应当发给收据。第四，获得运费和适当照顾的权利。纳税人有运送他们应缴纳的粮食和其他农产品的义务。超过义务运送里程的，其超过的里程，应当按照当地的一般运价发给运费。在法规纳税人的义务运送里程的时候，对交通不便的山区，应当给予适当的照顾。第五，提出异议和请求复查的权利。条例规定，纳税人如果发现在征收农业税的工作中有调查不实、评议不公、错算和错征的情况，可以向乡、民族乡、镇人民委员会请求复查和复议。如果纳税人对于复查、复议的结果仍不同意，还可以向上级人民委员会请求复查。各级人民委员会对纳税人提出的请求，应当迅速加以处理。

1958 年 9 月 11 日全国人民代表大会常务委员会第 101 次会议通过的《工商统一税条例（草案）》规定，一切从事工业品生产、农产品采购、外货进口、商业零售、交通运输和服务性业务的单位或者个人，都是工商统一税的纳税人。这是当时简化税制的结果，将原货物税、商品流通税、营业税和印花税四税合一后的新税种。从立法技术看，税名并非一个规范的单一税种的名称。这是 1956 年社会主义"一化三改"完成后确立的社会主义计划经济在税制方面的体现。尽管，该条例没有提出纳税人权利或者类似的概念，但是对纳税人还是有很高的法律定位，该条例第 13 条规定，纳税人和税务机关要充分发挥协作办税的精神，纳税人应当正确及时地缴纳税款，并且主动地提供税务机关所需要的资料；税务机关应当积极辅助纳税人办理纳税，并且及时处理纳税人提出的有关改进税收的意见。无论该条的规定在实践中如何执行和落实，但是毕竟在立法上确立了纳税人与税务机关法律地位平等的观念，而且纳税人还有提出税收意见的权利。

在税收征管方面，从 1971 年开始实行地方财政包干制。当时实行的是"定收定支、收支包干、保证上缴（差额补助）、结余留用、一年一定"的办法。在这种财税体制，地方税务机关是税收征管的主力。没有全国统一适用的税收征收管理法律法规，也就无从在税收征管立法中体现纳税人权利保护的制度。可以说，在 20 世纪 80 年代之前，立法中不存在纳税人权利的概念和制度。在宪法和税法中只规定公民的纳税人义务，不承认纳税人的权利。在税收实体法中难以看到纳税人权利的影子，在税收程序法中，以征收管理为核心，突出体现国家的征税权，其优先目标是保证税务机关的税收征收。当然，税收征收管理法律制度逐步完善，可以发挥规范税务机关的依法征税行为、明确征税机关的权力，从而间接保护纳税人的合法权益。

2. 纳税人权利雏形期（1980—1986 年）

改革开放初期，与此相适应的法制建设成为与经济建设同等重要的事情。在涉及经济建设领域的重要立法体现在两个方面，一是对外开放基本国策下针对招商引资和吸引外资的法律制度，另一项重要的立法上1986 年颁布的《民法通则》。《民法通则》不仅确立了民事活动的基本法则，而且规定了民事权利，明确了民事主体的财产所有权和与财产所有权有关的财产权，以及人身权。可以说，民法对民事主体财产权和人身权的确立和保护，为纳税人权利保护奠定了基础。因为，纳税人的纳税义务除了宪法的原则性、抽象性规定之外，任何具体的、现实的纳税义务的产生，都以事实某种民事活动为基础。尽管，民法不能直接约束税务机关的征税行为，但是从间接上可以制约税务机关对纳税人财产权和人身权的侵犯。而且，为此后的纳税人权利确定和保护提供了权利的样本。纳税人的权利，从层次上看，除了宪法层面的公民的基本权利在税法中的投射之外，税法层次的纳税人的大多数权利要么与民事权利一致、要么是从民事权利中衍生而来的。

在整体法制建设的基础上，国家也开始重视税收立法，制定了一些特定税种的单行法律法规，1984 年到 1988 年是我国在改革开放初期阶段税收立法的高峰时期，该阶段密集出台了各种单行税收法规和规章。在这些单项法律法规中也有一些征管方面的规定，但比较原则和简单，属于不统一的分税立法阶段。在对外开放和招商引资政策下，形成了内外两套税法体系。针对外资和外国人征收的税种主要是中外合资经营企业所得税、外国企业所得税、个人所得税；针对国内纳税人征收的主要是从原来的工商统一税中分解出来的，适应有计划商品经济阶段的各个税种。在征收模式上，实行以税收专员为核心，上门入户收税和中征收、管理、检查合一的传统征收管理模式。由于税务信息缺乏、征收管理成本高、纳税人税法遵从度较低等原因，这种征管模式导致税收征纳双方的关系比较紧张，也更加容易侵犯纳税人的权益。

（1）中外合资企业、外国企业和外国人的税收权利

1978 年实行对外经济开放政策，以吸引外国资金、技术及管理经验为主的对外经济开放，出现了中外合资经营企业、中外合作经营企业和外商独自经营企业的市场主体，随之产生了各种形式的外商经营所得和

其他所得的税收问题。为了适应经济体制改革的实际情况，参照国际惯例，开始建立涉外企业所得的各个税种。1980 年 9 月和 1981 年 12 月，由第五届全国人民代表大会第三次和第四次会议分别通过并公布了《中外合资经营企业所得税法》和《外国企业所得税法》，初步建立起涉外企业所得税制度。此外，1980 年 9 月 10 日第五届全国人民代表大会第三次会议通过的《个人所得税法》，主要针对外国人征收。这几部税法中所包含的纳税人权利有以下几项。

第一，享受特定期限所得税收减免的权利。改革开放初期，吸引外资，我国针对外资实施了诸多税收优惠政策。例如，《中外合资经营企业所得税法》第五条规定：合营企业的合营期在十年以上的，经企业申请，税务机关批准，从开始获利的年度起，第一年和第二年免征所得税，第三年至第五年减半征收所得税。《外国企业所得税法》第 5 条规定：从事农业、林业、牧业等利润率低的外国企业，经营期在十年以上的，经企业申请，税务机关批准，从开始获利的年度起，第一年免征所得税，第二年和第三年减半征收所得税。按前款规定免税、减税期满后，经财政部批准，还可以在以后的十年内继续减征百分之十五至百分之三十的所得税。

第二，提取弥补亏损所得的权利。在早期利用外资时，为了降低投资初期的税收负担，实行弥补亏损的税收优惠措施。《中外合资经营企业所得税法》第 7 条、《外国企业所得税法》第 6 条规定：合营企业/外国企业发生年度亏损，可以从下一年度的所得中提到相应的数额加以弥补，下一年度的所得不足弥补的，可以逐年提取所得继续弥补，但是最长不得超过五年。

第三，税务争议和税务纠纷救济的权利。由于改革开放初期我国的司法环境与国外存在较大差距，在吸引外商投资的政策措施中，实施与资本来源国基本对接的司法制度，以解决因司法制度差异导致投资不畅的局面。《中外合资经营企业所得税法》第 15 条和《外国企业所得税法》第 16 条的规定，合营企业/外国企业同税务机关在纳税问题上发生争议时，必须先按照规定纳税，然后再向上级税务机关申请复议。如果不服复议后的决定，可以向当地人民法院提起诉讼。《个人所得税法》第 13 条规定：扣缴义务人和自行申报纳税人同税务机关在纳税问题上发生争议时，必须先按照规定纳税，然后再向上级税务机关申请复议。如果不服复议后的决定，可以向当地人民法院提起诉讼。

第四，财务、会计和纳税情况等商业秘密的保密权。当时，我国尚未建立全国普遍的商业秘密保护制度，为了给外商投资企业一个相对稳定的营商环境，增加了外资在税收领域的商业秘密保护制度。1980 年 12 月财政部公布的《中外资经营企业所得税法施行细则》第 27 条、1982 年财政部公布的《外国企业所得税法施行细则》第 41 条都规定，税务机关派员对企业的财务、会计和纳税情况进行检查时，应当出示证件，并负责保密。

第五，税收抵免的权利。由于外资在我国的投资，与资本来源国的税法制度在税收管辖权方面的冲突，防止因双重征税导致外资税负增加，采取国际同行的避免双重征税的制度。例如，《中外合资经营企业所得税法》第 16 条及其实施细则第 32 条规定：合营企业及其分支机构，在国外缴纳的所得税，已在外国缴纳的所得税，可以在总机构应纳所得税额内抵免。

（2）内资企业的税收制度和纳税人权利

改革开放初期实行的内外有别的"双轨制"税收体制，在国内税制建设中，不断扩大纳税人的范围，在一些单行税法中也依稀出现了一些纳税人的权利。归纳起来，主要有以下几项权利。

第一，拒绝多征税的权利。党的十一届三中全会后，随着国家经济政策的贯彻落实，城乡集市贸易市场快速发展。集贸市场规模不断壮大，出现了市场繁荣、交易兴旺的局面。为了贯彻落实中共中央关于《当前农村经济政策的若干问题》的通知，促进农村集市贸易的发展，扩大商品流通，活跃农村经济，在税收上配合有关部门加强对集贸市场的管理，财政部制定了《关于加强集市贸易市场税收征收管理的规定》。其目的是贯彻执行国家的经济政策，繁荣城乡市场，扩大商品流通，配合有关部门加强市场管理，促进集市贸易市场的健康发展，保护合法交易，平衡税收负担，增加国家财政收入，加强集贸市场税收的征收管理。当时认为，工商税收是组织国家财政收入的主要手段，又是贯彻国家的经济政策，调节生产，调节消费，调节收入的一个经济杠杆。按照现行税法规定该征税的一定要征，不该征税的坚决不征，严格做到依法办事，依率计征。

第二，纳税人表达不同意见的权利和提起行政复议的权利。1983 年 9 月 20 日颁布的《建筑税征收暂行办法》规定，一切国营企业事业单位、机关团体、部队、地方政府，以及所属的城镇集体企业，用下列资金安排的自筹基本建设投资、更新改造措施项目中的建筑工程投资，以及按规定不纳入国家固定资产投资计划的建筑工程投资，都由使用投资的单位按照本办法缴纳建筑税。该暂行办法第 15 条规定，纳税单位对纳税问题同税务机关有分歧意见时，应当按照税务机关的意见先缴纳税款，然后向上级税务机关申请复议。这一规定赋予了纳税人表达不同意见的权利和提起行政复议的权利，不得不说是改革开放初期税收法规少有的明确规定纳税人的救济权。

第三，纳税人申请行政复议和提起行政诉讼的权利。1984 年颁布的《国营企业所得税条例》规定，实行独立经济核算的国营企业，从事生产经营所得和其他所得，除另有规定者外，都应依照本条例的规定缴纳所得税。同时规定了纳税人发生亏损的，可以申请从下一年度的所得中抵补。该条例第 21 条规定：纳税人同税务机关在纳税问题上发生争议时，必须先按税务机关的决定纳税，然后向上级税务机关申请复议。上级税务机关应在接到申请之日起三十日内作出答复。纳税人对上级税务机关的复议不服时，可以向人民法院起诉。国营企业所得税条例将纳税人的救济权从提起行政复议扩大到提起诉讼。此外，1984 年 10 月 1 日起试行的《营业税条例（草案）》《资源税条例（草案）》《增值税条例（草案）》《产品税条例（草案）》《盐税条例（草案）》，以及 1985 年发布的《国营企业工资调节税暂行规定》《集体企业所得税暂行条例》、1986 年 1 月 7 日发布的《城乡个体工商业户所得税暂行条例》等税收法规中，都规定了纳税人同税务机关在纳税问题上发生争议时，必须先按照税务机关的决定纳税，然后再向上级税务机关申请复议。上级税务机关应在接到申请之日起三十日内作出答复。纳税人对上级税务机关的复议不服时，可以向人民法院起诉。

第四，纳税人的保密权。1984 年 9 月 18 日颁布的《盐税条例（草案）》实施细则第 15 条规定，税务机关派员对纳税人的财务、会计和纳税情况进行检查时，应当出示证件，并负责保密。尽管，该规定是约束税务机关工作人员向查税行为的，但是，如果得以严格执行，可以发挥对纳税人商业秘密保护的效果，从本质上说，是对纳税人的财务、会计、纳税情况等商业秘密权利的认可和保护。

第五，申请减税、免税的权利。1985 年颁布的《集体企业所得税暂行条例》规定，凡从事工业、商业、服务业、建筑安装业、交通运输业以及其他行业的独立核算的集体企业，都是集体企业所得税的纳税义务人，都应当依照本条例的规定缴纳所得税。"集体企业"的范围包括：工业（包括手工业）合作厂（社）、商业企业（包括供销合作社、合作商店）、服务合作企业、建筑安装企业、交通运输企业（包括搬运装卸）；街道企业、乡镇集体企业和其他集体企业。该暂行条例规定了纳税人可以在一定期限内或者一定程度上获得减征、免征所得税的照顾。属于减税、免税申请权的规定。

第六，纳税人拒绝摊派的权利。《城市维护建设税暂行条例》规定，凡缴纳产品税、增值税、营业税的单位和个人，都是城市维护建设税的纳税义务人。该条例第 8 条规定："开征城市维护建设税后，任何地区和部门，都不得再向纳税人摊派资金或物资。遇到摊派情况，纳税人有权拒绝执行。"这是当时的税收实体法中唯一规定纳税人有权拒绝接受摊派的规定。

第七，递延提取弥补亏损的权利。1988 年颁布《私营企业所得税暂行条例》，将从事工业、建筑业、交通运输业、商业、饮食业以及其他行业的城乡私营企业，作为私营企业所得税的纳税义务人。该暂行条例中，唯一有利于纳税人的条款是第 6 条规定的纳税人在纳税年度发生亏损的，经税务机关批准，可以从下一年度的所得中提取相应的数额加以弥补；下一年度的所得额不足弥补的，可以递延逐年提取所得继续弥补，但连续弥补期限不得超过 3 年。这并非严格意义上的纳税人权利，因为按照所得税的原则，当年有所得才纳税，没有所得当然不纳税，企业经营亏损是没有所得的，企业连续亏损就面临着破产。但是，纳税人的弥补亏损的权利，仍然需要税务机关的批准。私营企业所得税与国营企业所得税、集体企业所得税，都是所得税的范畴，但是私营企业所得税暂行条例就没有规定纳税人的救济渠道和救济权。

除了上述各个单行税收法规之外，以下几部税收单行法规扩大了纳税人的范围，但是没有明确规定对应的纳税人的权利。1986 年颁布《个人收入调节税暂行条例》，将具有中国国籍、户籍，并在中国境内居住，取得条例规定纳税收入的公民，作为纳税人。人收入调节税收实际上是中国公民的个人所得税。1986 年颁布的《房产税暂行条例》，将在城市、县城、建制镇和工矿区内的房产的产权所有人、经营管理单位、承典人、房产代管人或者使用人，统称为纳税义务人。同年颁布的《车船使用税暂行条例》，将在中国境内拥有并且使用车船的单位和个人，为车船使用税的纳税义务人。1988 年 8 月颁布的《印花税暂行条例》规定，在中国境内书立、领受本条例所列举凭证的单位和个人，都是印花税的纳税义务人。《筵席税暂行条例》规定，在中国境内设立的饭店、酒店、宾馆、招待所以及其他饮食营业场所举办筵席的单位和个人，为筵席税的纳税义务人。《城镇土地使用税暂行条例》规定，在城市、县城、建制镇、工矿区范围内使用土地的单位和个人，为城镇土地使用税（以下简称土地使用税）的纳税义务人。

（3）税收征收管理法规中的纳税人权利

1978 年至 1986 年，我国没有统一的税收征管立法，有关税收征管的规则，要么在单行税收法规规章中简要规定，要么有财政部或国家税务局针对特定的税种或税收事项制定专门的管理规定。1980 年至 1983 年，中央对税制实行一系列改革措施，国家经济开始朝市场为导向的经济体制过渡。从 1983 年开始，开始逐步寻找新的税源，税收征管规范与新税源一体推进。比较典型的是 1983 年 1 月财政部发布的《关于加强集市贸易市场税收征收管理的规定》《关于集贸市场税收分成收入的具体管理办法》《财政部关于农业税征收管理若干问题的通知》《财政部、国家税务总局关于改进屠宰税征税办法的若干法规》《财政部关于酒类产品税征税办法》《财政部关于烟类产品税征税办法》《财政部税务局关于盐税稽征管理试行办法》等规章和规范性文件，作为当时税收征收管理的依据。在财政包干制的税收体制下，由省市级地方政府部门具体负责实施征收管理。

1986 年 4 月 21 日，国务院颁布《税收征收管理法暂行条例》（以下简称《暂行条例》），其目的是"保障国家税收法规、政策的贯彻实施，加强税收征收管理，确保国家财政收入，充分发挥税收调节经济的杠杆作用，促进经济体制改革和国民经济协调发展"。《国务院关于发布〈税收征收管理暂行条例〉的通知》指出：本条例是在现行税收法规征收管理条款的基础上，加以集中、充实、完善而制定的。可见，该《暂行条例》把原先分散在规范各个具体税种的税收法规规章中的征管制度整合为一部统一的行政法规，从此建立了我国税收征收和管理制度的雏形。该《暂行条例》建立了税务登记、纳税鉴定、纳税申报、税款征收、账务和票证管理、税务检查等税收征收管理基本制度。在适用范围上，《暂行条例》不适用于中外合资经营企业所得税、外国企业所得税、个人所得税、关税、农业税的征收管理。《暂行条例》以规定纳税义务为主，大多数条款都规定纳税人"应当""必须"从事的行为。但在个别条款中体现了纳税人的权利，对税务机关应当履行的义务的规定，反映出纳税人的些许权利。

第一，纳税人的税法知情权。《暂行条例》第 15 条规定："国家新定、修订税收法规时，主管税务机关应当通知纳税人和代征人按照变动后的规定执行"，这反映出纳税人对税法的知情权。

第二，征收方式选择权。《暂行条例》第 20 条规定：税款征收方式，由税务机关根据税收法规的规定和纳税人的生产经营情况、财务管理水平以及便于征收管理的原则，具体确定。主要方式有：查账征收、查定征收、查验征收、定期定额征收以及代征、代扣、代缴。如果税务机关确定了纳税人的纳税方式后，由于生产经营情况发生了变化，纳税人对征收方式提出异议的，没有规定纳税人是否具有诉权。直到 1992 年 1 月 18 日，最高人民法院行政审判庭向新疆维吾尔自治区高级人民法院回复的《最高人民法院行政审判庭关于纳税人仅对税务机关核定的收入额有异议而起诉的法院应否受理的答复》认为，根据《暂行条例》第 20 条规定，税务机关根据税收法规的规定和纳税人的经营情况，财务管理水平以及便于征收、管理的原则，具体确定税款征收方式。若纳税人在税务机关确定"定期定额"纳税方式后，既对核定的收入额有异议，又对确定的纳税额不服的，可以依据《暂行条例》第 40 条的规定，向人民法院起诉。如果纳税人仅对税务机关核定的收入额有异议向人民法院提起行政诉讼的，人民法院不宜受理。

第三，受尊重权。《暂行条例》并没有规定税务机关及其工作人员礼貌、善意对待纳税人的权利，但是在税收征收实践中，也出现了税务机关工作人员受贿、故意刁难纳税人等不尊重纳税人的现象。针对税收工作中出现的这些不良现象,《国务院关于严肃税收法纪加强税收工作的决定》要求:各级人民政府和税务机关要抓好对税务干部的培训,教育他们秉公执法,廉洁奉公,不断提高政策、业务水平,认真负责地做好税收工作。对坚持原则、依法征税的税务干部,要给予支持和表彰。对因接受贿赂少收或不收税,以及执法违法、故意刁难纳税人而造成不良后果者,都要追究责任,严肃处理。在税收征管中,规范和约束征税机关及其工作人员的行为,有利于保护纳税人权利。

3. 纳税人权利初步建立期(1992—2000 年)

1992 年社会主义市场经济体制确立后,与之相适应的财税体制和法治建设得以迅速推进。随着《税收征收管理法》的颁布实施,税收征纳关系在法律层面得以确立,纳税人权利也在一定程度得到确认和制度化保护。由于 1993 年实行分税制后,建立了国税征收系统和地税征收系统,使得纳税人面对不同的税务机关。由于省级及以下地方税务机关受国家税务总局和地方政府的双重领导,导致纳税人权利保护存在国家和地方的差异。

(1) 全国层面的纳税人权利保护

1992 年 9 月 4 日,七届全国人大 27 次会议通过《税收征收管理法》,是在《暂行条例》的基础上根据我国税收征管实践并参照国际惯例的税收程序法,是我国第一部统一的税收征管法律。该法的颁行是我国税收征管统一、单独立法的最终完成,也是我国税收法治进一步推进的重要标志。1993 年实行分税制改革后,我国逐步构建以税收征管法为核心、以实施细则为辅助、以法规规章和国家税务总局税收规范性文件为补充的征管法律体系。根据 1993 年 12 月 25 日公布的《国务院批转国家税务总局工商税制改革实施方案》,在税收征管制度上,建立了"纳税申报、税务代理、税务稽查"一体化的征管模式;适应实行分税制的需要,组建中央和地方两套税务机构。而且特别强调了纳税人必须依法纳税,税务机关必须依法征税;税收必须按税法规定依率计征,不得"包税"和任意改变税率;一切销售收入都必须征税,以保证税基不被侵蚀;应从价计征的税收必须从价计征,取消目前对某些行业提价收入不征税的政策。同时要求:加强税收法制建设,加快完成税收法律、法规的立法程序；逐步建立税收立法、司法和执法相互独立、相互制约的机制。

1997 年 1 月国务院办公厅转发国家税务局《关于深化税收征管改革的方案》确立"依法治税"的原则，依法治税是深化征管改革的最终目的，要通过征管改革，逐步使征税纳税双方行为规范化、法制化。提出，税收征管改革的任务包括建立纳税人自行申报纳税制度、税务机关和社会中介组织相结合的服务体系等。这一阶段，初步实现了税收征管的五个转变：由分散粗放型管理到向集约规范型管理转变；由传统手工征管方法，向科学征管方法转变；由上门收税向纳税人自行申报纳税转变；由专管员包办式管理向专业化管理转变；纳税服务由简单化向规范化转变。建立了更加有利于纳税人维护自身合法权益的征管制度。要求优化为纳税人服务的具体措施，为了方便纳税人申报纳税，减少征、纳税成本，国家税务局、地方税务局应当积极创造条件，合建或合用办税服务厅。办税服务厅内要设置税务咨询、税务登记、发售发票、受理申报、税款征收以及办理其他税务事宜等一系列窗口，使纳税人应到税务机关办理的各项涉税事务都能在办税服务厅内同时办理。这些改革措施，在实现税务法律法规和办税规则公开，实现纳税人对税法的知情权、降低纳税成本等，都具有积极意义。

（2）地方层面的纳税人权利保护

1992 年国、地税分税制改革和《税收征收管理法》实施后，地方税务机关作为地方税的征税主体，开始重视纳税人权益保护。1994 年，全国税务系统按照《国务院办公厅转发〈国家税务总局关于组建在各地的直属税务机构和地方税务局实施意见〉的通知》的规定，组建了国家税务局和地方税务局两套税务机构，明确划分了两个税务局各自的税收征管范围。1995 年以来，一些省级地方税务机关发布了有关纳税人权利保护的规范性文件，主要表现为两类，一类是制定发布专门的纳税人合法权益保护规定，另一类是规范和约束税务执法机构及其人员的规范性文件。前一类属于直接保护纳税人权利的规范，后一类属于间接保护纳税人权利的规范。

第一，地方性纳税人权益保护规定。

1993 年分税制改革以后，地方税收的边界逐渐清晰，为了确保地方税收收入，一些地方开始制定纳税人权益保护制度。例如，《广西壮族自治区地方税务局关于保护地方税纳税人合法权益的规定》第2条规定：地方税务机关及其工作人员，应当依法保护地方税纳税人的合法权益；地方税纳税人应当依法正确行使权利。第3条规定，地方纳税人依法享有如下基本权利；（1）依法进行税务登记的权利；（2）依法申请延期办理纳税申报的权利；（3）依法申请延期办理纳税的权利；（4）依法申请减税、免税的权利；（5）依法申请退还多缴税款和滞纳金的权利；（6）依法申请国家赔偿的权利；（7）依法申请复议和提起诉讼的权利；（8）依法要求保守秘密的权利；（9）依法检举违反税收法律、行政法规行为的权利；（10）依法委托税务代理人的权利；（11）税收法律、行政法规规定其享有的其他权利。并且比较详细地规定了上述权利的主要保护制度和措施。

第二，地方性纳税人权利公告制度。

对纳税人权利列举最全面最详细的当属北京市地税局的纳税人权利公告。1996年12月24日，北京市地方税务局关于印发《我市地方税务机关所辖纳税人在办税过程中的权利和税务机关相应义务的公告》及（说明），并于1997年1月在《北京地方税务公报》上发布了该公告。公告明确了北京市地方税务机关所辖的各类纳税人在与主管税务机关办理各种纳税事项的过程中，享有以下权利：有了解税法和获取办税信息的权利；有在办税过程中受到尊重和热情接待的权利；有要求税务机关在依法办税的前提下节省纳税时间和经费的权利；有保护自身利益不受侵害的权利；及时取得纳税必需的各类文书及经营发票的权利；有监督税务机关依法行政的权利；有要求税务机关对法定事项进行保密的权利；有对税务争议依法提起行政复议和诉讼的权利；有因受到税务机关及其工作人员造成名誉和利益损失而要求法定赔偿的权利；有因税务行政处罚而要求事先说明处罚情节、依据和要求税务机关举行听证的权利。同时，还专门规定了与纳税人权利相对应的"税务机关应尽的义务"，包括：宣传税法和详尽辅导办税手续的义务；在办税过程中有文明执法、礼貌待人的义务；为纳税人节约办税时间和经费的义务；依法提供和保证办税所需的票、表和法律文书的义务；正确执法的义务；保密的义务；纠正错误和依法赔偿损失的义务；行政复议的义务；依法组织听证的义务；除按国家统一规定收取的工本费以外向纳税人提供无偿服务的义务。

在同时发布的"公告的说明"中不仅进一步解释了本"公告"所指的权利，是指纳税人在办理纳税手续过程中应享有的权利，也是纳税人所特有的权利，是与纳税人的义务相对应的，它体现征纳双方法律关系是平等的，而且这种法律关系是清晰的，目的在于促进纳税人正确、及时履行纳税义务，提高纳税意识。而且详细说明了纳税人各种权利的具体内容。

了解税法和获取信息的权利包括：纳税人有权知道根据什么法律规定被课征哪些税种？对纳税过程中的疑难问题，有向税务机关及其工作人员咨询税法的具体规定和办理纳税程序的权利。有要求税务机关详尽辅导办税手续的权利，它包括办理税务登记、纳税申报、缴纳税款的程序、关于账簿凭证的管理，购领发票等其他税务登记的手续、程序、方法等。有向税务机关取得有关税法宣传材料的权利，要求税务机关提供有关税收方面的信息。

在办税过程中，有受到尊重和热情接待的权利，是指纳税人在履行纳税义务时，有要求受到税务机关及其工作人员的尊重、礼貌体谅和热情服务的权利。要求税务机关为纳税人提供高水准的服务。

有要求税务机关节省纳税时间和节约经费的权利，是基于市场经济的条件下，"时间就是金钱，效率就是生命"，因此，纳税人有权要求税务机关尽可能地节约办理纳税的时间，节约或尽可能减少办税经费。

有保护自身利益不受侵害的权利，具体为，纳税人有权只缴税法要求缴的税款，对于未按税法规定超过应缴数额的税款或税务机关未开完税票证的，纳税人有权拒绝缴纳。对于超过应缴纳数额税款的，可以先缴纳后再申请行政复议或诉讼。

有取得保证纳税需要的法律文书和依法取得正当维护经营所需发票的权利。发票是指一切单位和个人在购销商品、提供或者接受服务以及从事其他经营活动中，所开具、收取的收付款凭证。它是税务机关控制税源，正确计算征收税款的依据。因此，纳税人有权要求取得维护依法正当经营所需票据表格供应及其他一些法律文书的权利。

有监督税务机关依法行政的权利。按税法规定，纳税人有权得到税务部门的帮助，要求税务机关公平执法，以获得纳税人应享有的税收减免和扣除，合法的减少应纳税额，依法享受或申请减、免、缓、退税款的权利。另外，税法还规定，纳税人、扣缴义务人因不可抗拒原因不能按期申报纳税的，有权向税务机关提出书面延期缴纳的申请，经县以上税务机关批准后，可以延期缴纳。纳税人多缴纳税款即缴纳多于应缴税款的，有权从税款缴纳之日起，三年内向原税务机关提出退税申请，税务机关查实后应当立即退还。同时纳税人还有揭发税务人员索贿、受贿和徇私舞弊的权利。

对纳税过程中的争议有依法提起复议和诉讼的权利。税法规定纳税人、扣缴义务人、纳税担保人与税务机关发生争议及他们对税务机关作出的处罚决定与强制执行措施不服的，有向上一级税务机关申请复议的权利。纳税人与税务机关之间的行政争议经过税务行政复议仍不能解决时，不服税务机关具体行政行为的纳税人，可以在接到复议决定书之日起 15 日内向人民法院起诉。当事人也可以在接到处罚通知之日起，或者税务机关采取强制措施、税收保全措施之日起 15 日内直接向人民法院起诉。

有受到由税务机关或工作人员造成名誉和利益的损失要求赔偿的权利，本项权利没有进一步的解释，但在税务机关的义务的说明中，规定赔偿损失的具体方式是：撤销或变更原具体行政行为，返还扣押、查封的商品、财物和财产，并为纳税人恢复名誉、赔偿损失。根据《行政处罚法》的规定，纳税人对税务机关的行政处罚有要求先说明处罚情节和处罚法律依据以及要求举行听证的权利，当事人要求听证的，行政机关应当组织听证。

第三，通过规范税务机关及其工作人员的税务执法行为保障纳税人合法权益的规范性文件。

1995 年至 2000 年，一些地方发布了有关税务行政处罚监督、税务执法过错责任追究的规范性文件，这些文件在规范税务执法，保障纳税人权利具有积极意义。例如，《广东省地方税务稽查管理办法》《沈阳市地方税局税务行政处罚监督制度（试行）》《沈阳市地方税务局税务执法过错责任追究制度（试行）》《南京市地方税务局税务行政执法错案追究制度》《甘肃省地方税务局关于税务机关实施税收保全和强制执行措施有关问题的通知》《安徽省地方税务执法错案追究暂行办法》《重庆市地方税务局税务行政执法过错责任追究办法（暂行）》《浙江省地税系统稽查错案责任追究工作制度（试行）》等。这些规范性文件中都规定了保护纳税人合法权益的目的。甚至还规定了对执法中损害纳税人合法权益的处罚措施。例如《沈阳市地方税局税务行政处罚监督制度（试行）》规定：因税务机关运用法律、法规、规章不当造成的错案，给纳税人造成损失的，由税务机关依据《国家赔偿法》负责赔偿；因税务干部过失行为造成的错案，给纳税人造成损失的，由税务机关依据国家赔偿法负责赔偿，并区分情况，对税务干部适当进行追偿。《沈阳市地方税务局税务执法过错责任追究制度（试行）》规定：对纳税人构成侵权，需负赔偿责任的，由故意或有重大过失的责任人承担部分或全部赔偿费用。《南京市地方税务局税务行政执法错案追究制度》规定了对造成错案的责任人，根据情节轻重，区别不同性质，给予包括责令承担一定数额的赔偿责任在内的处理。《安徽省地方税务执法错案追究暂行办法》，将税务机关及其工作人员违反税收法律、法规、规章的规定，实施了侵害纳税人及其他税务行政管理相对人的合法权益并造成损失的具体行政行为，定性为税务执法错案。对错案责任人给予追偿国家赔偿的全部或部分费用在内的处理。《重庆市地方税务局税务行政执法过错责任追究办法（暂行）》规定，由于执法过错给纳税人造成损害，且依法由税务机关给予赔偿的，应根据责任大小向责任人追偿。

4. 纳税人权利逐渐丰富期（2000—2009 年）

（1）文明办税"八公开"

1999 年 12 月全国税务工作会议讨论通过的《2000 年全国税收工作要点》，是世纪交替之际的一次重要税务工作会议，尤其在我国即将加入世界贸易组织（WTO）的重要时机，也提出了做好适应 WTO 的税收准备工作。为适应 WTO 规则和我国政府对外承诺的要求，做好有关税收法律、法规的清理、修改和制定工作。针对我国加入 WTO 后可能给经济带来的负面影响，研究制定符合 WTO 规则的税收政策，促进国内产业结构和资本结构的调整，提高民族产业的国际竞争力。加入 WTO 促进了我国的税收透明度、法治化、纳税人平等保护等。此后，在修改与 WTO 规则相适应的行政法和经济法时，开始更加注重提高纳税人权利保护水平。

2000 年 8 月国家税务总局关于印发《关于在全国税务系统进一步实行文明办税"八公开"的意见》的通知，是为了加强对税收执法权和行政管理权行使过程的监督，坚持依法治税，巩固文明办税成果。国家税务总局要求在全国税务系统进一步实行文明办税"八公开"。其中第一项公开就是"公开纳税人的权利与义务"，各级税务机关要结合实际，采取适当的形式，向纳税人公开《纳税人的权利与义务》，让纳税人全面掌握自己的权利，认真履行法律法规的义务。

（2）税收征管法集中规定纳税人权利

2001 年修订的《税收征收管理法》重要变化在于贯彻"以人为本"的理念，通过丰富纳税人的权利，改变了以往税收征纳双方权利义务不对应的状况。2001 年《税收征管法》的修订对于规范税务机关征税权力的行使和义务的履行，促进依法征税，对于保护纳税人的合法权利，促进纳税人依法履行纳税义务都具有重要的意义。[①] 将纳税人权益的保护作为立法宗旨之一，该法中涉及直接保护纳税人权益的条款有近 30 个。从法律构造和立法技术上的章节安排，修订后的《税收征收管理法》将纳税人的权利分为两类，一类是一般性规定，主体体现在该法第 8 条，另一类是税收征管各个环节的具体权利，分散在税务管理、税务登记、账簿凭管理、纳税申报、税款征收、税务检查等各环节。归纳起来，征收征管中纳税人权利主要包括以下内容。

第一，在总则中增加了纳税人权利和税务机关义务的规定。

在《税收征收管理法》中，除第 7 条明确规定税务机关应当广泛宣传税收法律、行政法规，普及纳税知识，无偿地为纳税人提供纳税咨询服务，从而使得纳税人具有向税务机关无偿获得纳税咨询服务的权利之外。第 8 条相对集中地规定了纳税人（包括扣缴义务人）的权利，这些权利包括：纳税人，纳税人向税务机关了解国家税收法律、行政法规的规定以及与纳税程序有关的情况的权利，纳税人要求税务机关为纳税人的情况保密的权利，纳税人依法申请减税、免税、退税的权利，纳税人对税务机关所作出的决定，享有陈述权、申辩权，纳税人依法享有申请行政复议、提起行政诉讼、请求国家赔偿等权利，纳税人有权控告和检举税务机关、税务人员的违法违纪行为。

---

① 全国税收"五五"普法丛书编委会组织编写：《纳税人权利与义务》，中国税务出版社 2008 年版，第 80 页。

第二，在税务管理的各个环节明确了税务机关的义务的纳税人的权利。

一是纳税人有申报办理税务登记的权利。从《税收征收管理法》第15条至第18条关于税务登记的规定看，税务登记不仅是税务机关对纳税人进行管理和纳税人的义务，实际上也是纳税人的权利。纳税人未依法办理税务登记或者不办理税务登记的，要承担相应的法律责任，但是如果税务机关故意拖延或不予办理税务登记，则纳税人就不能合法地开展经营活动，就会面临税务法律风险，因此，纳税人的税务登记义务，也包含着纳税人有要求税务机关依法进行税务登记的权利。

二是纳税人有利依法领购、使用发票的权利。根据税收征收管理法第21第2款的规定，单位、个人在购销商品、提供或者接受经营服务以及从事其他经营活动中，应当按照法规开具、使用、取得发票。"以票控税"是我国税收征管中的重要措施，纳税人能否能够依法申领、开具、使用发票，对其经营活动具有直接影响，尤其是增值税专用发票，是纳税人抵扣税款的直接依据。1993年12月财政部发布的《发票管理办法》比较具体地规定纳税人申购、使用发票的程序。依法办理税务登记的单位和个人，在领取税务登记证件后，向主管税务机关申请领购发票。需要临时使用发票的单位和个人，可以直向税务机关申请办理。销售商品、提供服务以及从事其他经营的单位和个人，对外发生经营业务收取款项，收款方应当向付款方开具发票；特殊情况下，由付款方向收款方开具发票。所有单位和从事生产、经营活动的个人在购买商品、接受服务以及从事其他经营支付款项，应当向收款方取得发票。①

三是选择纳税申报方式的权利。《税收征收管理法》第26条规定，纳税人可以直接到税务机关办理纳税申报，也可以按照法规采取邮寄、数据电文或者其他方式办理上述申报、报送事项。

四是延期纳税申报的权利。《税收征收管理法》第27条规定，纳税人不能按期办理纳税申报的，经税务机关核准，可以延期申报。

---

① 根据国务院关于修改《中华人民共和国发票管理办法》的决定（国务院令2010年第587号）已经2010年12月8日国务院第136次常务会议通过财政部令1993年第6号发布的《发票管理办法》自2011年2月1日起全文失效。

五是申请延期缴纳税款的权利。《税收征收管理法》第 31 条第 2 款规定，纳税人因有特殊困难，不能按期缴纳税款的，经省、自治区、直辖市国家税务局、地方税务局批准，可以延期缴纳税款，但是最长不得超过三个月。

六是申请减税、免税的权利。《税收征收管理法》第 33 条规定，纳税人可以依照法律、行政法规的法规书面申请减税、免税。但是对减免税规定了严格的程序，减税、免税的申请须经法律、行政法规规定的减税、免税审查批准机关审批。地方各级人民政府、各级人民政府主管部门、单位和个人违反法律、行政法规规定，擅自作出的减税、免税决定无效，税务机关不得执行，并向上级税务机关报告。

七是获取完税凭证的权利。《税收征收管理法》第 34 条规定，税务机关征收税款时，必须给纳税人开具完税凭证。扣缴义务人代扣、代收税款时，纳税人要求扣缴义务人开具代扣、代收税款凭证的，扣缴义务人应当开具。

八是基本社会保障不受影响的权利。《税收征收管理法》第 38 条第 3 款规定，个人及其所扶养家属维持生活必需的住房和用品，不在税收保全措施的范围之内。第四十二条税务机关采取税收保全措施和强制执行措施必须依照法定权限和法定程序，不得查封、扣押纳税人个人及其所扶养家属维持生活必需的住房和用品。

九是请求税务机关赔偿损失的权利。《税收征收管理法》第 39 条纳税人在限期内已缴纳税款，税务机关未立即解除税收保全措施，使纳税人的合法利益遭受损失的，税务机关应当承担赔偿责任。第 43 条税务机关滥用职权违法采取税收保全措施、强制执行措施，或者采取税收保全措施、强制执行措施不当，使纳税人、扣缴义务人或者纳税担保人的合法权益遭受损失的，应当依法承担赔偿责任。

十是要求返还超过应纳税额缴纳的税款的权利。《税收征收管理法》第 51 条纳税人超过应纳税额缴纳的税款，税务机关发现后应当立即退还；纳税人自结算缴纳税款之日起三年内发现的，可以向税务机关要求退还多缴的税款并加算银行同期存款利息，税务机关及时查实后应当立即退还；涉及从国库中退库的，依照法律、行政法规有关国库管理的法规退还。

十一是要求保密的权利和拒绝非法检查的权利。《税收征收管理法》第 59 条税务机关派出的人员进行税务检查时，应当出示税务检查证和税务检查通知书，并有责任为被检查人保守秘密；未出示税务检查证和税务检查通知书的，被检查人有权拒绝检查。

（3）治理农业税收乱象与农业税纳税人权利保护

针对农业税征管中存在的问题和减轻农民负担的目的，2002 年，中共中央办公厅国务院办公厅于 2002 年印发了《关于对涉及农民负担案（事）件实行责任追究的暂行办法》。国家税务总局印发了关于贯彻落实中共中央办公厅、国务院办公厅《关于对涉及农民负担案（事）件实行责任追究的暂行办法》的通知，要求各级农业税征收机关和征收人员正确执行农业税收政策规定和各项征管制度，严肃纪律，防止侵犯农民群众合法权益案（事）件的发生。各地农业税收征收机关要在依法征税、应收尽收的同时，严格遵守和执行农业税收公示制度、纳税通知书制度、完税证制度，建立农业税收文书送达制度，坚决防止和纠正在农业税收政策执行和征管工作中侵犯农民合法权益的做法和行为，做到征管规范到位，依法征税，文明征税。

各地农业税收征收机关和征管人员要尊重纳税人权利，体恤农民群众，坚持"十不准"：不准违反税收法律、行政法规规定扩大税收征收范围；不准多征、提前征收和摊派税款；不准该依法减免税的不减免；不准收税不开票和收税打白条；不准搞税收承包；不准非法采取税收强制执行措施；不准动用警力、警具收税；不准随意扣人、扒粮、扒物、牵牲口；不准乱罚款；不准利用税收强制执行措施收取其他费用。县以上农业税收征收机关对农业特产税政策执行和征管情况要进行摸底调查，对摊派税款等突出问题，要进行专项治理，限期整改。对政策法制观念淡薄，作风霸道，行为粗野，群众意见大，反映强烈的农业税收征管人员，该清退的要清退，该调离工作岗位的要调离。在农业税收征收人员队伍中绝不容许有目无法纪、横行霸道、败坏国家税收形象和声誉的人存在。

（4）税务机关对纳税人权利确认与保护

2007 年 3 月召开的全国"两会"上，全国人大代表孙洁、刘卫红等提出修改税收征收管理法，明确区分偷漏税的概念，以保护纳税人权益的建议。针对 2001 年修订的《税收征收管理法》沿用 1992 年该法的立法基础，而放弃了 1986 年发布的《税收征收管理暂行条例》规定的"漏税"的概念。孙洁代表认为，在实际生活中，漏税是一个客观存在的违法现象，也是纳税人不可避免的情形，但是，由于缺少对"漏税"这一概念的法律界定，而在税收行政执法中将"漏税"与"偷税"合二为一，在刑事司法中，漏税与偷税又难以严格区分，以至于行政执法与刑事司法的脱节与冲突，使得行政执法与刑事司法的随意性较大，造成了许多冤假错案，伤害了许多善良的纳税人。刘卫红代表建议："有必要修改税收征收管理法，明确区分偷税和漏税。"其理由是，税法的专业性、复杂性和多变性使一般的纳税人无法及时知晓和准确掌握，漏税是一种难以避免甚至无法克服的现象，如果一概按照偷税来处理，必然出现轻罪重罚的后果。按照较为普遍的观点，漏税是指纳税人由于不知道或者不熟悉税法的有关规定，或者是由于工作中粗心大意和财务制度不健全而无意识地不缴税或少缴税。没有区分"漏税"与"偷税"的区别，容易把漏税案件当作偷税案件对纳税人进行错误的定性。基于此，孙洁、刘卫红等代表建议修改税收征收管理法第 63 条，增列第 3 款：第 1 款和第 2 款所列举行为属于目的不在于不缴或少缴税款的非故意行为，是漏税。税务机关应当责令漏税的纳税人限期依法补缴所漏税款；逾期未缴的，从漏税之日起，按日加收所漏税款 5‰的滞纳金。① 全国人大代表的这些建议，对于完善税收征收管理法，维护纳税人合法权利具有重要意义。

2009 年国家税务总局发布的《关于纳税人权利与义务的公告》列举了 14 项纳税人权利，这是国家税务总局首次以规范性文件的形式系统阐述纳税人在依法履行纳税义务过程中所享有的权利和应该履行的义务，这是税务部门着力推进依法治税和推动纳税人权益保护的重要举措。

5. 纳税人权利的完善期（2009 年至今）

2013 年 2 月，国家税务总局公布的《关于加强纳税人权益保护工作的若干意见》，是继 2009 年国家税务总局发布纳税人权利与义务的公告之后的有一个专门针对纳税人权益保护的重要规范性文件，从多个方面提出了

---

① 代表委员论政录："区分偷漏税概念，保护纳税人权益"。http：//www.gov.cn/2007lh/content_544816.htm，最后访问日期：2017 年 12 月 1 日。

加强纳税人权益保护工作、切实保障纳税人的合法权益的意见。从税务机关工作的角度，归纳起来，与纳税人权益的内容直接相关的权益有：推动纳税人税收立法参与权、维护纳税人保密权、维护纳税人税收争议救济权、建立纳税人权益保护组织。

《国家税务总局关于转变职能、改进作风更好为广大纳税人服务的公告》再次提出"切实维护纳税人合法权益"。要求税务机关及其工作人员认真落实《国家税务总局关于纳税人权利与义务的公告》，切实维护纳税人各项合法权益。依法严格保守纳税人商业秘密和个人隐私。坚决防止指定、强制税务代理。在作出税务行政处罚决定之前，告知纳税人处罚决定的事实、理由、依据和拟作出的处罚决定，充分听取纳税人的陈述和申辩，依法保障纳税人要求听证的权利。

党的十八大之后，尤其是党的十八届三中全会、四中全会以来，在全面推进依法治国的重大决策部署下，更加注重纳税人权利。党的十八届四中全会《决定》提出，法治是国家治理体系和治理能力的重要依托，是实现国家治理现代化的必然要求。财税是国家治理的重要内容，确认并保护纳税人权利是法治国家的应有之义。在中央关于依法治国、依法行政重要决策部署下，税务机关也发布了一系列有利于纳税人权利保护的规范性文件。

在纳税人权利救济方面提出了新措施。根据《中共中央关于全面推进依法治国若干重大问题的决定》《法治政府建设实施纲要（2015—2020年)》、中共中央办公厅、国务院办公厅《关于全面推进政务公开工作的意见》和国务院办公厅《〈关于全面推进政务公开工作的意见〉实施细则》的部署和要求，国家税务总局发布的《国家税务总局关于全面推进依法治税的指导意见》指出，全面推进依法治税，是依法治国基本方略在税收领域的集中体现，是党的主张和人民意志在税收工作中的全面贯彻。专门提出了"完善纳税人权利救济机制"的措施，包括落实行政复议法和行政诉讼法，进一步完善税务行政复议工作体制及和解、调解等制度，发挥行政复议解决税收争议主渠道作用，切实保护纳税人合法权益。推进行政复议和应诉工作专业化，税务总局机关和省国税机关成立专门的税务行政复议办公室，统筹、协调、处理税务行政争议，妥善化解矛盾。省地税机关可以比照执行。建立税务行政复议相关部门协同应对机制、行政复议发现问题回应机制，以及行政复议诉讼衔接机制。按照税收协定有关规定，积极开展对外协商，有效解决国际税收争议，维护纳税人权益。加强纳税服务投诉管理，认真受理和及时解决纳税服务投诉。

在税务公开透明方面，《国家税务总局关于全面推进政务公开工作的意见》，专门提出"推进纳税人权利义务公开"的措施。包括广泛宣传税收法律、法规明确的纳税人权利和义务，帮助纳税人及时、准确地完成办税事宜，促进征纳合作。及时公布和更新涉及纳税人权益的事项，方便纳税人查询。公开税务行政听证、复议和赔偿的税务机关名称以及申请程序、时限和相关资料等，便于纳税人寻求税收法律救济。公布纳税人投诉举报电话，畅通纳税人监督渠道。国家税务总局关于印发《全面推进政务公开工作实施办法》的通知中提出"推进纳税人权利义务公开"。主要方式是积极宣传纳税人的权利和义务，重点宣传纳税人享有的申请减免税、延期申报纳税、申请行政复议、提起行政诉讼、检举和取得赔偿等权利，使纳税人全面、准确了解其法定权利和义务。

当然，这种对纳税人权利的宣示，不具有法律效力，而且在实践中大多都停留在书面，是否能够落实到确实有效保护纳税人权利的阶段，还有赖于税务机关依法行政、依法征税和依法治税的觉悟和水平；而且，书面的纳税人权利能否实现的一个重要途径是畅通司法救济渠道，只有通过专业的税务司法活动，才能最终实现纳税人权利的法律保护。

6. 纳税人权利保护立法的提出与推进

2009 年 10 月，全国人民代表大会常务委员会财政经济委员会向全国人大常委会所做的报告中，其中针对多名人大代表提出的修改税收征收管理法的议案。多名人大代表组成的多个提案都提出，税收征收管理法存在纳税人权利体系不健全、征管程序设计不完善等问题，有必要进行再次修改。国家税务总局认为，税收征管法自 2001 年修改实施以来，在加强税收征管、保障税收收入、维护纳税人合法权益方面发挥了积极作用。随着改革的深入，该法有些条款已不适应征管工作需要，影响到税收征管质量和效益。目前，税收征管法修改工作已列入全国人大常委会立法规划，国家税务总局正会同有关部门拟订修订草案。财经委员会建议国家税务总局认真吸收议案所提意见和建议，抓紧起草修订草案，争取尽早提请审议。①

2013 年全国两会上，全国人大代表赵冬苓联合 31 位代表提交《关于终止授权国务院制定税收暂行规定或者条例的议案》（第 384 号议案），将税收立法权问题进入公众视野。2013 年 11 月召开的党的十八届三中全会通过的《中共中央关于全面深化改革若干重大问题的决定》明确提出"落实税收法定原则"。当时，根据《立法法》第 8 条的规定，只能制定法律的事项中，"税收"是在该条第八项"基本经济制度以及财政、税收、海关、金融和外贸的基本制度"中规定。《立法法》的规定与税收法定原则的要求存在差距。2015 年 3 月月 15 日第十二届全国人民代表大会第三次会议（《关于修改〈立法法〉的决定》修正），将税收立法单独作为只能制定法律的事项，该法第 8 条"下列事项只能制定法律"中第六项规定：税种的设立、税率的确定和税收征收管理等税收基本制度。从此，在《立法法》层面明确了税收立法中最核心的税种、税率等税收要素和税收征收管理属于税收基本制度，必须由法律规定。将税收法定原则写入立法法，是落实税收法定原则的重大进步，对保护纳税人具有相当重要的积极意义。

在落实税收法定原则的进程中，全国人大立法计划明确要求在 2020 年实现所有税种都要制定法律。在税收征管体制改革中，根据 2018 年《深化党和国家机构改革方案》合并省级及省级以下国税地税机构，实行以国家税务总局为主与省（自治区、直辖市）政府双重领导管理体制，将基本养老保险费、基本医疗保险费、失业保险费等各项社会保险费交由税务部门统一征收。纳税人的范围进一步扩大化和公民化，缴纳各类社会保险费的单位和个人成为征税机关的相对人，从而具有纳税人资格，其权利应当得到保障。

（二）我国纳税人权利保护制度的现状

1. 税收法律体系基本形成

根据现行宪法和组织法的规定，我国的立法权结构以全国人大及其常委会行使国家立法权，国务院根据宪法和法律制定行政法规，省、直辖市的人大及其常委会有权制定与宪法、法律和行政法规不相抵触的地方性法

---

① 《全国人民代表大会财政经济委员会关于第十一届全国人民代表大会第二次会议主席团交付审议的代表提出的议案审议结果的报告》，2009 年 10 月 31 日发布。

规，民族自治地方的人大有权制定自治条例和单行条例，有立法权的地方政府有权制定地方性法规，从而构成立法权体系。在税收立法权配置方面，1994年税制改革以来，初步形成了宪法为统领，立法法为依据，规定各税种的税收实体法的单行税法和规范税收征收管理的税收程序法为核心，税收行政法和税务规章为补充，辅之以税收规范性文件的税收法律体系。为建立与完善社会主义市场经济体制、保证国家财政收入和推进税收法制建设发挥了重要作用。随着改革开放不断深化，特别是为适应经济体制改革的需要，税收法律制度的改革与完善日显重要。目前税收立法不适应这种形势发展需要的问题也日益突出，现阶段我国法律体系的总体情况看，税收法律制度是我国法律制度体系的重要组成部分。源于经济体制改革的税收法律制度，在渐进式经济改革的策略下，随着经济体制改革不断推进而完善，税收法律制度取得了显著进步。

有关纳税人权利保护制度，除了立法法规定的税收法定制度，还散见于税收实体法和税收程序法之中。但是，从历史和未来两个维度看，我国的税收法律体系滞后于经济体制改革和世界发达国家的税收法治水平，尤其是在纳税人权利保护方面的立法和制度建设，总体上滞后于税收法律制度建设。当前的纳税人权利保护的规则以税收规章和规范性文件为主要来源，也即税务机关在税收征收管理和税收行政执法时，给予纳税人一定的保护。从规范纳税人权利保护的规章和规范性文件看，基本上还没有将纳税人作为税法的主体和应当特别保护的对象。

2. 主要由税务机关制定纳税人权利保护规则的原因

从我国纳税人权利的形成及其保护实践看，对待纳税人权利的观念，经历了从否定到肯定的过程，这也是税收法治化程度不断进步的过程。但是，纳税人权利及其保护规则分散在税收法律、行政法规规章和税务机关发布的规范性文件中。现行的纳税人权利保护的具体规则基本上由税务主管部门制定和执行，这种体制与世界上多数国家在税收基本法中规定纳税人权利保护或者专门制定纳税人权利保护法的做法存在很大差别，就其原因，主要有以下几点。

（1）税收授权立法导致税务主管部门权利过大。在改革开放前，如同其他领域的立法一样，税收领域的立法不成体系。改革开放后，由于当时行政主导的经济发展模式，在实践中由全国人大及其常委会根据《宪法》

第 89 条的规定，于 1984 年、1985 年两次授权国务院授权立法，国务院根据这两次授权，制定了大量的税收暂行条例，由此形成了以行政主导的税收授权立法模式。尽管，2001 年 4 月修订的《税收征收管理法》规定了纳税人的具体权利，但是从税法理论研究角度看，其立法取向主要还是确保国家财政收入和经济的高效运行，同时兼顾纳税人权益的保护。

2015 年 3 月全国人大常委会法工委牵头起草并经党中央审议通过的《贯彻落实税收法定原则的实施意见》。实施意见明确，开征新税的，应当通过全国人大及其常委会制定相应的税收法律，同时对现行 15 个税收条例修改上升为法律或者废止的时间作出了安排。通过开征新的税种时直接制定法律，将税收条例逐步全面上升为法律，废止对国务院制定税收条例的授权等措施，到 2020 年全面落实税收法定原则。开始全面落实税收法定之后，此前的授权立法现象得以遏制，并将税收"暂行条例"上升为法律。这为今后税收法治化制度体系建设和纳税人权利保护奠定了立法基础。

（2）税收执法中对税收法定原则的理解存在偏差。在《立法法》第 8 条第六项关于"税种的设立、税率的确定和税收征收管理等税收基本制度只能制定法律"这一落实税收法定原则的前提下，十二届全国人大常委会法工委牵头起草并经党中央审议通过的《贯彻落实税收法定原则的实施意见》首次提出"到 2020 年全面落实税收法定原则"的时间表。根据该实施意见的工作安排，落实税收法定原则的途径有两种：一是设立新的税种时，不能通过制定条例的方式，而是必须制定法律，二是将现行规范各税种的税收暂行条例全部上升为税收法律，并且废止国务院制定涉及税种的设立、税率的确定的立法授权。这就意味着，凡是新税种的设立、对现有税种所涉及的征税对象和范围的变更，以及任何税种的税率的确定，都必须由全国人大或者全国人大常委会制定法律。

对《立法法》规定的"税种的设立和税率的确定"的理解，关系到对税收法定原则落实情况的评估和国务院税收立法权、税收政策调控权边界的确定。税种的设立，是指设立新的税种和修改既有税种。税种的含义，税种所指向的针对对象和征税范围。税种与税目、征税范围的关系。有些税种所针对的征税对象具有共同的属性，例如，所得税可以是一个税名、一个税种，也可以是若干个税名及税种，例如按照所得税的纳税主体之别，区分为个人所得税和企业所得税。当然，有些国家将得自企业所得的税收命名为法人税、公司税等。另外，有些税种之下涵盖了多个税种，例如，消费税作为一个税种概念，其中包含十余个税目，这些税目，都可以称为单独的税种，但是，将其合并为一个税种，显得税种只有一个，但是涉及的征税对象和征税范围远远超过一个税种所涵盖的内容。

（3）税收任务导向与税务执法监督缺位。政府制定的税收行政法规、规章，集税收立法、执行、监督于一身，在全国人大的监督权、撤销权未予有效运用和司法审查权极其有限的情况下，可能引起很多问题。在实践中，纳税人的合法权益得到一定程度的体现和尊重，但是侵害纳税人权益的现象仍时有发生。这些侵害纳税人权益的现象主要表现为：税收执法侵权，包括执法程序执行不严谨，缺乏对纳税人知情权的尊重，以及税务机关及滥用自由裁量权；纳税人涉税选择权受限制，包括不能自主选择纳税申报方式，不能自主选择缴税方式，不能自主选择退税方式；税务机关部分内部管理要求增加纳税人的纳税成本；税务机关为规范管理，导致部分涉税流程复杂，增加纳税成本。

（4）税务执法权力与纳税人权利不匹配。在税收征纳关系中，税务机关属于行政机关，其执法权和税收征管权居于主导和强制支配地位，纳税人通常处于被动服从的地位。在传统观念上，税收征收管理的基本理念一直是"监督、处罚、打击"，以及现行的"征收—管理—稽查"的征收和管理制度，强调对纳税人的稽查、检查、处罚，在制度层面缺乏对纳税人的普遍尊重和依法征税。近年来，随着税收管理理念和依法行政、依法治税等理念的确立，税务机关也开始提供税收服务。但是这种服务往往只是一种名义上的服务。税收实践中，税务部门并未真正树立为纳税人服务的理念。甚至有些税务机关或者与其存在关联的事业单位，为了创收，甚至向纳税人提供强制有偿的税务培训和咨询，加重了纳税人的税收负担，侵犯纳税人的权益。虽然，税法中也直接或间接地规定纳税人的知情权和保密权，由于规定过于原则、笼统，缺乏相应的制度程序，缺乏可操作性。

第二节　我国纳税人权利保护的法律渊源

一　宪法与法律层面的纳税人保护规范

尽管，我国宪法中并没有明确规定税收法定和纳税人基本权利，但是作为国家根本大法，从国家权力的来源、税收基本法立法权、民事主体的财产权等方面的规范，是纳税人及其权利保护的法律基础。我国宪法关于一切权利属于人民、国家尊重和保障人权、公民的合法的私有财产不受侵犯等规定，是纳税人权利的宪法依据。同时，宪法中"中华人民共和国公民有依照法律纳税的义务"的规定，实际上发挥着"税收宪定"的功能。因为，公民在缴纳税款之前，应纳税是公民合法的私有财产的一部分，根据宪法规定这部分私有财产只能依据法律的规定进行缴纳，任何不符合宪法规定的纳税人义务的征税都是非法的，纳税人应当享有以合法方式拒绝缴纳非法征税的权利。宪法的规定体现的是对纳税人权利保护的税收法律主义保护。所以，宪法与民法从不同维度对财产权利进行保护，但宪法财产权是取得民法财产权的基础和前提，在宪法上，财产权属于人权，是一项公权利，与主体的人身不可分。

1. 宪法蕴含的纳税人权利与纳税人权利的宪法构造

由于纳税人并非宪法上的主体，所以，一国宪法中一般不会专门规定纳税人及权利，而是规定公民权利。然而，宪法中的公民就是税法意义上的纳税人，所以，一国的纳税人大部分是宪法上的公民。因此，宪法对公民权利的确定和保护，是税法上纳税人权力的基石。我国《宪法》规定的对公民的财产权和人身权的保护，是纳税人权利保护的最高法律规范。宪法与纳税人相关的制度主要有以下内容：

第一，纳税人义务的法定化。从宪法条文看，并未明确规定纳税人的权利，而是规定了公民的纳税义务。根据《宪法》规定，中华人民共和国公民有依照法律纳税的义务。虽然，我国宪法没有直接规定纳税人的权利，而是规定公民的纳税义务。从法律规定的规范性分析，公民的纳税义务条款中包含着对纳税人的保护。因为，公民履行纳税义务仅仅以法律为依据，法律之外不得设定纳税义务。

第二，私有财产的保护。《宪法》第 11 条第 2 款规定：国家保护个体经济、私营经济等非公有制经济的合法的权利和利益；第 13 条规定：公民的合法的私有财产不受侵犯，国家依照法律规定保护公民的私有财产权和继承权，国家为了公共利益的需要可以依照法律规定对公民的私有财产实行征收或者征用并给予补偿。从税收的本质而言，税收是人民向国家或者公共团体无偿支付的金钱，以换取国家或公共团体的保护和提供公共服务。

宪法对私人财产权的确认和保护，是纳税人财产权保护的宪法依据。

第三，纳税人平等与人权保护。《宪法》第二章"公民的基本权利和义务"列举了公民应当享受的各项权利和自由。与纳税人身份有关的包括：第33条第2款：中华人民共和国公民在法律面前一律平等；第3款规定了国家尊重和保障人权。公民在法律面前一律平等是一项宪法基本原则，在税收领域，意味着纳税人有权平等地享受税法规定的权利。国家尊重和保护人权的宪法规定是制约税务机关在税收征管中以征税为名非法侵犯纳税人权利的宪法基础。

此外，《宪法》规定的公民的人格尊严不受侵犯、住宅不受侵犯、通信自由和通信秘密受法律的保护、公民的结社自由等，都是税收征管中保护纳税人权利的重要宪法依据。这些宪法权利投射到税法中，可以转化为纳税人的人格尊严权、隐私权、保密权、结成纳税人组织权等。当然，从我国《宪法》的实施机制看，宪法规定的公民的宪法权利无法直接适用于纳税人，需要通过税收基本法、税收程序法，或者纳税人权利保护法等专门的国家立法得以具体化和法定化。在法治社会或者坚持真正的法治理念的国家，对公民基本权利的保护，应当是宪法的核心内容，也是其他所有法律的基本出发点。

2. 民法层面

由于纳税人纳税义务产生是以因纳税人的民事法律关系所引起的，因而，民事行为是纳税义务生成的前提。民法上的财产权制度和人身权制度，是纳税人权利的民法基础。依据民事权利的客体所体现的利益为标准可以分为财产权和人身权，人身权进一步分为人格权和身份权。在我国民法体系中，《民法典》第207条规定，国家、集体、私人的物权和其他权利人的物权受法律平等保护，任何组织或者个人不得侵犯。这是纳税人权利中涉及财产权的基本依据，也是纳税人对抗税务机关任意征税的民法依据。

3. 税收实体法层面

直接税相较于间接税，是直接针对个人的财产或收入征收的、具有不可转嫁性，纳税人因为税收使得财产减少的程度会更为敏感，就会对税率的变动以及税收优惠会更为关注，所以在规定直接税的法律规范中，均会特别规定纳税人的抵免税权、税收优惠权等纳税人较为重视的权利。例如，《个人所得税》规定个人所得税纳税人的减免税权、抵免税权；《企业所得税》规定的纳税人的税收优惠权等。在现行法律制度，纳税人权利主要来源于税收程序法。

4. 税收程序法层面

1992 年颁布的《税收征收管理法》将保护纳税人的合法权益作为立法宗旨之一。在具体规定中，也体现了对纳税人合法权益的保护措施，尽管没有明确归纳出纳税人的具体权利，但是在以下条文中体现了对纳税人合法权益的保护：第 6 条规定"税务人员不得滥用职权多征税款或者故意刁难纳税人和扣缴义务人"，体现了纳税人只需缴纳正确税款的权利和应当受到基本尊重的权利；第 12 条关于"从事生产、经营的纳税人、扣缴义务人按照国务院财政、税务主管部门的规定设置账簿，根据合法、有效凭证记账，进行核算"的规定，体现了纳税人设置账簿的权利；第 17 条规定的"纳税人、扣缴义务人不能按期办理纳税申报或者报送代扣代缴、代收代缴税款报告表的，经税务机关核准，可以延期申报"，体现了纳税人有延期申报的权利；第 20 条"纳税人因有特殊困难，不能按期缴纳税款的，经县以上税务局（分局）批准，可以延期缴纳税款，但最长不得超过三个月"的规定，属于纳税人延期缴纳税款的权利；第 21 条"纳税人可以依照法律、行政法规的规定向税务机关书面申请减税、免税"的规定，属于纳税人减免税申请权；第 22 条"税务机关征收税款和扣缴义务人代扣、代收税款时，必须给纳税人开具完税凭证"属于纳税人获取完税凭证的权利；第 26 条关于税收保全措施的规定中体现了纳税人请求解除保险措施权和保全措施不当损害赔偿请求权；第 28 条规定了纳税人离境清税担保权；第 36 条"税务机关派出的人员进行税务检查时，应当出示税务检查证件，并有责任为被检查人保守秘密"的规定，属于纳税人保密权的范畴。

《税收征收管理法》规定的纳税人权利包括：咨询权；知情权；保密权；申请减税、免税、退税的权利；陈述权、申辩权；税收法律救济权（申请行政复议、提起行政诉讼、请求国家赔偿权）；税收监督权（控告和检举权）、受尊重权；请求回避权；纳税申报方式选择权；申请延期申报权；申请延期缴纳税款权；索取有关税收凭证的权利；基本生活保障权；对未出示税务检查证和税务检查通知书的拒绝检查权；委托税务代理权。

5. 预算法层面

从预算法层面规定和保护纳税人权利，是纳税人权利从纳税环节向用税环节拓展的过程。这一进程是现代法治国家和预算法治的必然要求，因为预算过程的本质是对主要以税款为主体的国家预算收入的再分配，预算分配的对象是得自纳税人的税款，而税款可以被解释为纳税人的私人财产通过税收让渡给国家或者公共团体所形成的资金。从法理上看，纳税人有理由过问税款的用途，甚至有权否决税款的某些用途。因此，从纳税人立场看，将税的征收和使用相统一，不仅保护税的确定、税款征收阶段的纳税人权利，而且还应当保障税款使用阶段的纳税人权利，这样才能形成完整的纳税人权利保护环节。我国于 2015 年修订的《预算法》，通过规定各级人民代表大会对中央以及地方的预算审查批准权，体现纳税人的公共产品选择权。中央预算由全国人民代表大会审查和批准。地方各级预算由本级人民代表大会审查和批准。全国人民代表大会及其常务委员会对中央和地方预算、决算进行监督。县级以上地方各级人民代表大会及其常务委员会对本级和下级预算、决算进行监督。乡、民族乡、镇人民代表大会对本级预算、决算进行监督。在现阶段的预算体制下，当政府动用财政资金时，必须以法律规定的程序和方式编制预算，报经立法机关审批通过之后方能进行。因而，预算是一种法定的税收使用与财政支出过程，对纳税人而言，是一个直接观察财政资金流向进而监督政府支配利用公共资源权力的过程。如果纳税人的用税监督诉求能与编制、审批、执行预算的过程衔接，就可以通过纳税人参与预算，达到监督用税的目的。①

二　税收行政法规作为税法法源

在行政法层面，由于税务机关是行政执法主体，其应当遵守行政法的相关规定，从而通过行政控权法律规则，间接保护纳税人的合法权益。例如，行使税务行政处罚裁量权，应当遵循程序正当原则，依法保障当事人的知情权、参与权和救济权等各项法定权利。在税务行政处罚环节，根据《行政处罚法》的规定，纳税人的以下权利应当得到保障。第一，纳税人的知情权，即行政机关在作出行政处罚决定之前，应当告知当事人作出行政处罚决定的事实、理由及依据，并告知当事人依法享有的权利。从而保护

---

① 陈治：《纳税人预算参与权规范化的理论逻辑与实现路径》，《地方财政研究》2019 年第 12 期。

纳税人在行政处罚环节的知情权。第二，纳税人的陈述与申辩权，即行政机关必须充分听取当事人的意见，对当事人提出的事实、理由和证据，应当进行复核；当事人提出的事实、理由或者证据成立的，行政机关应当采纳。第三，纳税人的听证请求权，即行政机关作出责令停产停业、吊销许可证或者执照、较大数额罚款等行政处罚决定之前，应当告知当事人有要求举行听证的权利；当事人要求听证的，行政机关应当组织听证。第四，纳税人的复议请求权，即当事人有权对行政处罚决定不服申请行政复议或者提起行政诉讼。第五，纳税人延期缴纳罚款请求权，即当事人确有经济困难，需要延期或者分期缴纳罚款的，经当事人申请和行政机关批准，可以暂缓或者分期缴纳。第六，纳税人的申诉权，即公民、法人或者其他组织对行政机关作出的行政处罚，有权申诉或者检举；行政机关应当认真审查，发现行政处罚有错误的，应当主动改正。

2002 年修订的《税收征收管理法实施细则》对纳税人权利的规定更为详细，对税收征管程序的规定也更为明确。并对征管法中的以下纳税人权利进行了补充说明：保密权；纳税申报方式选择权；申请延期申报权；申请延期缴纳税款权；申请退还多缴税款权；依法享受税收优惠权；委托税务代理权；对未出示税务检查证和税务检查通知书的拒绝检查权。在税收执法具体程序上，用以规范税务机关税收执法行为的行政法规、规章和规范性文件，都在不同程度上保护纳税人的合法权利。例如，《政府信息公开条例》比较详细地规定了落实纳税人知情权的具体制度，即税务机关应当公开机构设置、职能、办事程序等情况，公开行政法规、规章和规范性文件等。2005 年国家税务总局发布的《税收执法过错责任追究办法》规定了税务机关工作人员违法行为及处罚措施的方式，从而间接保护纳税人权利。2017 年国家税务总局发布的《税收规范性文件制定管理办法》，从规范税收规范性文件制定和管理方面，促进税务机关依法行政，保障税务行政相对人的合法权益。该办法主要体现税收法定原则，税收规范性文件不得设定属于税收法定原则所包含的税收要素，不得设定税收开征、停征、减税、免税、退税、补税事项，不得设定行政许可、行政处罚、行政强制、行政事业性收费以及其他不得由税收规范性文件设定的事项。但经国务院批准的设定减税、免税等事项除外。

三 税务规章与规范性文件的效力

在财税部门规章中，还没有针对纳税人权利保护制定专门的部门规章。为了回应社会对纳税人保护的呼声，2009 年，国家税务总局发布《关于纳税人权利与义务的公告》，是在税收征收管理法明确规定的基础上提炼出的纳税人权利。该公告对纳税人权利的内涵、法律依据以及行使方式进行归纳和命名。这 14 种权利分别是：知情权、保密权、税收监督权、纳税申报方式选择权、申请延期申报权、申请延期缴纳税款权、申请退还多缴税款权、依法享受税收优惠权、委托税务代理权、陈述与申辩权、对未出示税务检查证和税务检查通知书的拒绝检查权、税收法律救济权、依法要求听证的权利、索取有关税收凭证的权利。

2000 年 8 月国家税务总局印发的《关于在全国税务系统进一步实行文明办税"八公开"的意见》中提出的第一项公开就是"公开纳税人的权利与义务"。各级税务机关要结合实际，采取适当的形式，向纳税人公开《纳税人的权利与义务》，让纳税人全面掌握自己的权利，认真履行法律法规的义务，使征纳双方在法律的保护下，从事税收管理和生产经营活动。纳税人的权利包括：享受国家税法法规的减税免税优待；申请延期申报和延期缴纳税款的权利；依法申请收回多缴的税款；认为税务机关具有行政行为不当，使纳税人的合法利益遭受损失的，纳税人有权要求税务机关赔偿；纳税人有权要求税务机关对自己的生产经营和财务状况及有关资料等保守秘密；纳税人按法规不负有代收、代扣、代缴义务的，有权依法拒绝税务机关要求其执行代收、代扣、代缴税款义务；纳税人对税务机关作出的具体行政行为有申请复议和向法院起诉及要求听证的权利；纳税人有权对税务机关及其工作人员的各种不法行为进行揭露、检举和控告；有权检举违反税收法律、行政法规的行为；法律、行政法规规定的其他权利。

2013 年国家税务总局发布的《关于加强纳税人权益保护工作的若干意见》（以下简称"意见"），其目的是进一步加强纳税人权益保护工作，保障纳税人的合法权益。该意见针对税务机关提高对纳税人权益保护工作的认识、夯实纳税人权益保护基础措施、提升纳税人权益保护工作效率等方面具有建设性意义。针对以往税务机关及其工作人员对纳税人权益保护重要性认识不到位的现象，意见指出："保护纳税人合法权益，事关和谐社会建设，事关政府职能转变，事关税收事业科学发展，是贯彻落实科学发展观的本质要求，是促进社会公平正义的现实需要，是建设服务型税务机关的重要内容，是坚持依法行政、营造良好税收环境的具体体现。"保护纳税人合法权益，有利于构建和谐征纳关系，有利于提高纳税服务能力。针对税收实践中征纳双方法律地位不平等的现实，意见提出要"牢固树立征纳双方法律地位平等的理念"。这是征税机关对征纳双方法律关系和法律地位认识上的一大进步。

纳税人不仅是市场经济的主体，也是社会财富的创造者，还是政府财政收入的主要贡献者。因此，要求各级税务机关必须按照建设服务型政府和法治政府的要求，切实转变思想，把征纳双方法律地位平等作为税收法律关系的基本准则，把尊重和保护纳税人的合法权益作为税务机关和税务人员的法定义务，全面理解和掌握纳税人每一项法定权利的内涵和实质，在实际工作中依法有效地保护纳税人的合法权益。随着市场经济的不断发展，纳税人的法治意识、权利主体意识不断增强，维护自身合法权益的要求不断提高。然而，由于长期受到传统思想的影响，部分税务机关和税务人员的思想观念还没有从监督管理向服务管理转变，制度性侵权问题仍然存在，个性侵权问题时有发生，这在一定程度上影响着税收和谐关系的建立和纳税人税法遵从度的提高。因此，面对新形势、新任务、新要求，各级税务机关要切实加强对纳税人权益保护工作的领导，进一步推进纳税人权益保护工作，建立健全纳税人权益保护的制度和机制，全面推行依法行政、规范税收执法，强化执法监督，畅通救济渠道，以纳税人需求为导向，有效开展纳税服务，着力优化办税流程，减轻纳税人办税负担，切实保护纳税人的合法权益不受侵犯，营造公平、公正、和谐的税收环境，努力形成依法诚信纳税，共建和谐社会的良好氛围。

意见指出，在具体税收实践中，强化纳税人权益保护基础：通过办税公开，保障纳税人的知情权；通过推进依法行政、规范执法、明确执法环节和步骤、细化工作流程保障纳税人在办税过程中的各项法定权利；通过推动税收立法公众参与等措施，完善税收征纳沟通机制，融洽征纳关系；通过建立税收风险防范机制，促进税法遵从；通过减负提效，降低纳税人办税成本；通过加强涉税信息保密，维护纳税人保密权；通过建立税收争议调解机制，畅通侵权救济渠道；通过建立纳税人权益保护组织，构建纳税人维权平台。在纳税人权益保护工作保障方面，要求建立纳税人权益保护工作岗位责体系，明确不同部门和岗位人员在纳税人权益保护工作方面的职责与任务。建立纳税人权益保护工作规程和制度，规范工作内容、标准、程序和方式。建立纳税人权益保护工作考核评价制度，合理设置考评指标，定期开展内部考核和外部评议，对纳税人权益保护工作的各个节点进行全程控管。建立纳税人权益保护工作责任追究制度，加大对侵害纳税人权益行为的责任追究力度。

2013 年发布的《国家税务总局关于转变职能、改进作风更好为广大纳税人服务的公告》关于"切实维护纳税人合法权益"部分提出要落实《国家税务总局关于纳税人权利与义务的公告》，切实维护纳税人各项合法权益。依法严格保守纳税人商业秘密和个人隐私。坚决防止指定、强制税务代理。在作出税务行政处罚决定之前，告知纳税人处罚决定的事实、理由、依据和拟作出的处罚决定，充分听取纳税人的陈述和申辩，依法保障纳税人要求听证的权利。按照客观公正的原则和法定程序、时限和要求向纳税人提供税务行政救济。依托信息平台及时受理、妥善处理纳税人投诉事项，建立纳税服务投诉定期抽查回访制度，强化投诉处理质量监督。

2016 年国家税务总局关于印发《"十三五"时期税务系统全面推进依法治税工作规划》的通知对"完善权利救济和纠纷化解机制"提出了具体要求，要求各级税务机关从以下几个方面完善纳税人权利救济机制：一是加强纠纷预防机制建设。建立健全利益表达和协商沟通等机制，引导和支持纳税人理性表达诉求、依法维护权益。二是完善复议应诉工作体制机制。国家税务总局设立专门的税务行政复议机构，省国税局应当明确承担税务行政复议职责的机构，加强行政复议工作力量。完善税务行政复议案件审理机制，加大公开听证审理力度，增强行政复议的专业性、透明度和公信力。三是健全多元化纠纷解决机制。实现调解和解、行政复议、行政诉讼等纠纷解决方式有机衔接、相互协调。促进投诉管理规范化，畅通纳税人投诉渠道，建立纳税人以及第三方对税收工作质量定期评价反馈制度，对部分投诉事项实行限时受理、处置和反馈。

为了落实税收法定原则，在税收规范性文件制定中保护纳税人合法权益，2017 年国家税务总局发布的《税收规范性文件制定管理办法》第 5 条规定：税收规范性文件不得设定属于税收法定原则所包含的税收要素，不得设定税收开征、停征、减税、免税、退税、补税事项，不得设定行政许可、行政处罚、行政强制、行政事业性收费以及其他不得由税收规范性文件设定的事项。但经国务院批准的设定减税、免税等事项除外。

第三节　我国纳税人权利及其保护的立法构造

一　我国税收基本法的立法进程

1950 年以来，我国的税收立法和纳税人权利及其保护进程，大致经历了从不承认纳税人权利到逐步肯定纳税人权利和主动完善纳税人权利的法律构造的过程。在我国法律体系中，税收立法起步较晚，税收法律体系的形成较为缓慢。税收法律制度建设长期滞后于经济发展水平和市场经济体制下对纳税人权益保护的要求。在税法体系中，作为体系主干和框架的税收基本法（有的也称为"税法通则"）长期缺位，这种状况不利于市场经济体系下的税收法制建设的发展，不利于实现税收法定原则，从而使得税收行政执法和税收司法的法治化程度角度，不符合我国构建法治国家和法治社会，进而实现国家治理能力和国家治理体系的现代化。我国市场经济体制确立初期，短时间集中制定了一批与市场经济需求紧密联系的法律法规，这种中国特色社会主义市场经济导向的立法，在确认市场主体权利义务的同时，国家及其政府部门也保留了多种权力。就税收立法而言，现行税收征收管理制度以为主，轻视对纳税人权利的有效保护。可以说，制定税收基本法不仅是完善税法体系，乃至法治体系的客观要求，也是保障纳税人权利、提高纳税人遵从，走向税收文明的必然要求。

（一）税收基本法的立法构想

1990 年国家税务局税制改革司正式提出制定税收基本法的设想。1991年 3 月，国家税务总局组织专家学者召开税收基本法专题研讨会。1992 年国家确立市场化改革方向之后，开始实行中央和地方分税制财政体制改革试点。在税制改革中提出了制定与加快税制改革相适应的税收基本法律的立法问题。有些科研机构逐渐开始把对税收基本法的研究列入科研课题，并取得了一些研究成果。1993 年，国家税务总局向全国人大常委会报送《税收基本法》立法计划草案的设想。1994 年分税制改革实施之后，一批税收暂行条例相机颁布实施，制定税收基本法从设想开始变为行动。制定一部《税收基本法》的设想先后被列入八届、九届和十届全国人大立法计划。当时立法的主旨是规定税收领域的一些根本制度，例如税收立法权、中央与地方的税收关系、税收基本原则、税收司法体系等，目的在于制定一部税收效力位阶高于一般税收法律的税收"母法"。制定和完善纳税人权利保护法律体系的规划，多次出现在国家税务总局的各种工作日程上。国家税务总局关于印发《"十二五"时期纳税服务工作发展规划》的通知：在税收相关法律制定和修订过程中，确立尊重和保护纳税人权利基本原则，完善纳税人权益保护法律体系，探索建立切实维护纳税人合法权益的体制机制。

在国家立法层面，1994年中共中央2号文件批准八届全国人大立法规划中列入了税收基本法，使税收基本法的研究进入了初步发展阶段。1995年，八届全国人大常委会将制定《税收基本法》列入立法规划，正式启动立法工作。1995年国家税务总局组织有关人员完成了税收基本法的草稿，1997年3月修改完成了第四稿，1997年12月形成了税收基本法（草案）讨论第六稿。受现实状况的影响，税收与税法学界也开始对税收基本法进行比较深入的研究。如在1996年国税总局组织了多次相关的国际研讨会。由国家税务总局组织起草的《税收基本法》草案，前后6次提交全国人大常委会，财政部草案也已经审议了4稿。① 但是，从1997年之后，税收基本法的起草工作被暂时搁置了起来。虽然，国家税务总局印发的《2000年全国税收工作要点》提出，继续做好《税收基本法》的立法准备工作；完成有关税种的暂行条例上升为法律的工作，在适当的时候通过立法程序，但是并没有真正实施。

（二）税收基本法草案文本的起草

2003年全国两会期间，全国人大代表揭晔提出尽快出台《税收基本法》的建议。2003年12月28日发布的十届全国人大常委会五年立法规划，将"税收基本法"列为研究起草、成熟时安排审议的法律草案。2004年3月14日，十届全国人大二次会议通过《宪法修正案》，将"依法治国、建设社会主义法治国家"写入宪法，我国的依法治国、依法行政进程加快，税收基本法的立法具备了宪法基础。十届全国人大一次会议上，桂中岳等

---

① 汤贡亮、刘爽：《税收基本法问题研究》，《公共经济学评论》2008年第1期。

30 名全国人大代表提出《关于制定税收基本法的议案》。十届全国人大三次会议上共有 163 位代表提出制定税收基本法议案 5 件。① 代表认为，目前税收立法领域存在立法位次低，单行税法缺乏稳定性、完备性和协调统一性等问题。为进一步规范税收立法，完善税收法律体系，严格依法治税，促进税制改革，亟须制定税收基本法。2004 年 10 月 27 日，第十届全国人民代表大会常务委员会第十二次会议通过的《全国人大财政经济委员会关于第十届全国人民代表大会第二次会议主席团交付审议的代表提出的议案审议结果的报告》提出，将全国人大代表提出的关于制定税收基本法的议案（即第 083 号议案），作为"已列入十届全国人大常委会立法规划第二类项目"，有关部门已开始起草工作，建议条件成熟时提请审议。全国人大常委会已确定由财经委员会和预算工作委员会以及国务院有关部门组织起草税收基本法，起草组于 2004 年 3 月成立。起草部门对议案进行了认真研究，并按计划进行草案起草工作。② 2005 年 12 月由国家税务总局政策法规司主办，深圳市国家税务局承办召开"税收基本法国际研讨会"。

税收基本法的起草工作启动后，采取"官方版本"和"学者版本"两个并行的起草组并且形成了两个法案草案文本。"官方版本"是由全国人大财经委员会组织起草，财政部、税务总局是起草组的成员单位，而财政部和税务总局原先起草的草案是进一步起草的重要基础。"学者版本"是全国人大财经委的委托北京大学刘剑文教授牵头组建的由国内大学的学者组成的"税收基本法（税法通则）"（专家稿）起草小组，该小组于 2006 年 9 月 25 日正式启动起草工作。到 2006 年 12 月，起草了两种具有代表性的"税收基本法"文本。一是由国家税务总局组织制定的税

---

① 十届全国人大三次会议上，姜德明等 39 名代表提出制定税收基本法的议案（第 13 号）、马平一等 31 名代表关于修改税收基本法（草案）的议案（第 47 号）、姜健等 31 名代表关于尽快制定税收基本法的议案（第 101 号）、丁海中等 31 名代表关于制定税收基本法的议案（第 572 号）、王生等 30 名代表关于制定税收基本法的议案（第 924 号）。参见"关于第十届全国人民代表大会第三次会议代表提出议案处理意见的报告"，http://www.npc.gov.cn/wxzl/wxzl/2005-05/08/content_341728.htm。

② 《全国人大财政经济委员会关于第十届全国人民代表大会第二次会议主席团交付审议的代表提出的议案审议结果的报告》（2004 年 10 月 27 日第十届全国人民代表大会常务委员会第十二次会议通过）。中国人大网：http://www.npc.gov.cn/wxzl/gongbao/2004-12/26/content_5337519.htm。[2004-12-26]，最后访问日期：2018 年 12 月 1 日。

收基本法（草案）讨论第六稿（1997），共八章11节114条。具体框架为：第一章总则；第二章税收立法；第三章税法解释；第四章税收行政执法；第五章行政协助；第六章权利与义务；第七章法律责任；第八章附则。二是由全国人大财政经济委员会委托刘剑文教授牵头组织的"税收基本法（税法通则）"（专家稿）[①]，共计八章，包括：第一章总则；第二章税法的制定、修改、废止与解释；第三章纳税义务；第四章税收征纳；第五章税收救济；第六章法律责任；第七章税收的国际协调与合作；第八章附则。《税法通则》旨在保障公民财产权，保护纳税人合法权利，规范税务机关的征税行为和纳税人的纳税行为。当然，从其名称和主要内容看，该草案受德国税法通则的影响较大。无论哪种具体形式，税收基本法所要解决的主要是税收法律关系的问题，即税收立法权、税收执法权和司法权的法律配置，这就要明确税收法律关系各方及其权利义务。因此，应当将征税权与纳税人权利条等对待。

（三）税收基本法立法的推进

2000年颁布《立法法》后，税收立法的规范化和法治化层次被提升到国家立法层面。根据《立法法》第8条的规定，税种的设立、税率的确定和税收征收管理等税收基本制度，属于制定法律的事项。在现行立法法中，税种、税率、税收征收管理属于税收基本制度。尽管，没有进一步解释税收基本制度的具体含义，但是这为制定税收基本法提供了《立法法》依据。2006年12月3日，举办了由全国人大、国务院法制办、财政部和国家税务总局官员参加的主题为《税法通则》（专家稿）的研讨会，这意味着税收基本法的立法进入法案起草阶段，税收基本法立法迈出重要一步。当然，按照我国的立法体制，法案的专家稿只是最高国家立法机关起草相关法案时起的参考，也是全国人大征求有关方面意见的途径，但是其不具有任何具决定性作用。当时，在全国人大立法规划中，这部法律被称为《税收基本法》，这也是一直为大多数人所主张的，另一种是专家学者所主张的"税收通则法"或者"税法通则"。然而，自从2007年以后，税收基本法的立法再次被搁置。2013年，十二届全国人大一次会议期间，陈保华等30名全国人大代表提出《关于加快出台〈税收

---

① 《专家稿》起草组组长为刘剑文，副组长为徐孟洲、汤贡亮、张守文。

基本法〉的议案》，2014 年，国家税务总局在其网站上披露全国人大常委会启动《税收基本法》立法研究工作。把纳税人权利和义务的原则规定作为税收基本法的一个基本原则。虽然在税收基本法的框架结构里专门有一编关于权利和义务的内容，但是在总则里也应当对税收法律关系主体的权利和义务作出最基本的规定，便于总则统率后面其他篇章内容。此后税收基本法的制定工作暂时处于停滞状态。

自从 2013 年党的十八届三中全会通过的《中共中央关于全面深化改革若干重大问题的决定》提出"落实税收法定原则"以后，税收立法进入快速推进的阶段。此后，党的十八届四中全会《中共中央关于全面推进依法治国若干重大问题的决定》提出"建设中国特色社会主义法治体系""加强重点领域立法""制定和完善发展规划……财政税收、金融等方面法律法规"，经党中央审议通过的《贯彻落实税收法定原则的实施意见》再次明确，落实税收法定原则的改革任务，力争在 2020 年前完成。从落实税收法定原则需要制定和修改的税收法律制度看，主要是将现行的暂行性税收行政法规上升为单行税法，按照"一个税种对应一部税法"的思路，税收立法的重点领域是实体税法。在这一阶段的税收立法中，制定税收基本法或者税收通则法并不是立法者所要完成的立法任务。与国家立法机关的税收重点立法任务相比较而言，法学界，尤其是税法学界对制定税收基本法或者类似功能的法律寄予希望。在学者的法治理想中，实现部门法立法的法典化，是法治国家的重要标志。在民法典业已成形的背景下，各个法学研究领域的一些研究者都提出将本领域的法律制度法典化的观点。在财税法学研究领域，一些学者也是一直主张税法的法典化，其标志性的立法莫过于制定税收基本法或者税收通则等。然而，从纳税人权利保护的角度看，制定税收基本法与纳税人权利得到切实保护之间缺乏直接关系。不可否认的是，纳税人权利保护需要体现在法律上，至于通过何种类型的法律才能更加有效地保护纳税人权利，从各国立法体例与纳税人权利保护程度之间的关系看，则难以发现哪种立法体例更加有利于保护纳税人权利。

二 纳税人权利保护立法及其立法模式

转变纳税只是公民的义务的观念，将纳税人权利的保护纳入宪法规范。在宪法中，规定纳税义务的同时，也规定纳税义务的限制以及与之相对应的基本权利，作为其他法律和税收基本法律中保护纳税人权利的最高法律渊源。在中国现有的制度背景下，纳税人权利应成为税法理论的基石性范畴，而宪法秩序是纳税人权利实现的必要保障，税法应定位为权利本位法，因此应当以纳税人权利为路径，从规范和运行层面，改进现有的纳税人权利的法律体系，在多方面重构中国纳税人权利保护法律体系。[1]

（一）制定税收基本法

从学理上看，税收基本法是指一个国家对税收制度的根本性问题、共同性问题、原则性问题、重大问题和综合性问题而进行的规定，以统率、约束、指导、协调各单行税收法律法规，在税法体系中具有仅此于宪法的最高法律地位和法律效力的法律规范。[2] 在立法中，税收基本法是由国家最高立法机关制定的，规定税法的一般的和共同的事项的基本法律，其立法名称可以为《税收基本法》《税收一般法》《税法通则》等。在市场经济发达国家和法治相对比较健全的国家，基本上都制定了规范税收征纳关系的税收基本法律制度，尽管其立法名称各不相同，但其功能却具有相似性。例如，美国的《国内税收法典》、德国的《税法通则》、日本的《国税通则法》、韩国的《国税基本法》、蒙古国的《税务总法》等。

1949 年中央人民政府政务院发布的《全国税政实施要则》，就具有税收基本法的性质。税收基本法具有规范事项和适应范围的广泛性、法律地位的根本性、法律规范的高度概括性和原则抽象性、法律效力的相对稳定性。对税收基本法的概念和特征，可以从三个方面理解：

首先，税收基本法是由国家最高立法机关制定，是税法体系中居于最高地位的法律、是税收法律中的根本法，具有统领各税收实体法和税收程序法的功能和作用。在法律体系中，税收基本法可以将宪法和单行税法衔接在一起，税收基本法是宪法中税收规则和税法条款的"税法化"。一方面，它是对宪法中所确定的有关税收活动的基本原则的具体

---

① 黎江虹：《我国纳税人权利保护法律体系的重构》，《经济法论丛》2008 年第 1 期。

② 刘隆亨、周红焰：《我国税收基本法制定的意义、特征和框架》，《法学杂志》2004 年第 5 期。

化，以使其具有可操作性；另一方面，它在整个税收法律体系中居于最高的地位，是所有税收法律法规的"宪法"，其他的税收法律法规必须遵循税收基本法的规定。在法律体系中，形成宪法与税收领域的基本法的关系，在内容上服从宪法的规定；与作为民事基本法的《民法典》、规定犯罪与刑法的刑法典具有同等层次的法律地位。税收基本法在税法体系中具有主体和核心、发挥着税收"母法"的作用。

其次，税收基本法只规定税法中一般性的和共同事项，是税收立法中最抽象、最具概括性的法律规定，其一般不规定税法中的个别和具体事项。从法律位阶看，税收基本法是居宪法之下、其他单行税法之上的一部基本法律，从法律内容看，是各单行税法的"最大公约数"，将税法立法目的、调整对象、税法原则、适用范围、法律效力等税的基本制度，基于抽象性、原则性、概括性而形成的法律。在税收法律体系中，税收基本法居于最高地位，对所有税收法律行为均具有法律效力，用以税务机关与纳税人之间的规范税收征纳关系、税务机关的税收征收管理活动和保障纳税人合法权益。我国现行单行税法包括规范各个税种的税收法律、税收行政法规和税收部门规章三种法律形式，缺乏能够统领这些不同层次的税收法律法规规章的法律。

最后，税收基本法具有规范、解释其他税法的功能，能够适用于所有税收征收和管理行为。当税收基本法与其他法律不一致时，凡税收基本法有明确规定的，以税收基本法为主；凡税收基本法无明确规定但单行税法有明确规定的，以单行税收法律为主；凡税收基本法和单行税收法律均无明确规定的，以其他法律规定为主。税收基本法不仅规定税务机关的一般权力，而且具有约束税务机关权力行使的功能，税务机关在税收征收管理中，只能根据法律规定的权限，按照"法无授权即禁止"的一般行政原理，履行税收征收和管理职责。

在有关税收基本法名称的研究中，主要有三种界定：一是"税法基本法"，二是"税收通则法"或"税法通则"，三是"税收法"或"税法"。其中，"税收基本法"的提法在税收学界居于主流地位，例如历次的税收立法规划和已成文的讨论稿中使用的都是"税收基本法"；第二种提法大约是在 2004 年以后开始得到越来越多的法律学者支持，这种模式是在德国税务通则立法模式和我国当时的民法通则立法进路的启发下提出的。税收基本法对纳税人权利的规定和保护，应当是纳税人权利保护模式的最全面和最理想的模式，例如德国的《税法通则》作为一本统合性税收立法，比较全面地规定了税收征纳双方的法律关系，对于纳税人保护而言，是一种理想的状态。至于"税收法"或者"税法"的立法思路，由于其名称过于笼统和模糊，而没有得到法学界的普遍认同。

通过制定税收基本法来保护和规范纳税人权利的思路在现阶段不具有可行性。因为，税收基本法立法构想提出至今，已经近20年，但是没有比较有显著成效的推进和实施。税收基本法立法是税法法典化思路的必要阶段，按照法典化路径，将税收实体法和税收程序法统合在一部法典之中，必须有"总则"或"通则"，作为税法法典各部分的总领部分。我国实现税法法典化的必要性和可行性都值得怀疑，可以说，当前制定税法典的基础和条件都不具备，而制定税收基本法的立法动因和立法技术等条件尚未成熟。所以，通过制定税收基本法实现对纳税人权利的立法保护，是不现实的选择。

（二）在税收征管法中专章规定

1. 现行税收征管法中的纳税人权利保护条款

现行《税收征收管理法》没有设置纳税人权利及其保护的专章，这与立法目的条款的规定基本一致。税收征管法的立法目的是：加强税收征收管理，规范税收征收和缴纳行为，保障国家税收收入，保护纳税人合法权益，促进经济和社会发展。从立法原意理解，结合全国人大常委会法工委发布的《立法技术规范》（试行）（一）关于立法目的的内容表述，即应当直接、具体、明确，一般按照由直接到间接、由具体到抽象、由微观到宏观的顺序排列。顾名思义，税收征收管理法的立法目的以"加强税收征收管理"为首要任务，而"规范税收征收和缴纳行为"是为加强税收征收管理为前提，"保障国家税收利收入"是税收的最终目的。至于"保护纳税人合法权益"，是实现税收过程的中间接目标；相对抽象和宏观的目的。

在具体条款中，以加强税收征收管理为主，保护纳税人合法权益的条款比较少而且分散。在税收征管法的文本表达上，有关纳税人权利的类型有三类：一是直接规定纳税人的权利，其立法表达为"纳税人有权……"或者"纳税人依法享有……的权利"，例如，第8条规定的"纳税人、扣缴义务人有权要求税务机关为纳税人、扣缴义务人的情况保密"，"纳税人依法享有申请减税、免税、退税的权利"。二是通过授权性规范，以"纳税人可以……"的形式表达，此处的"可以"一般理解为一种预先的授权①，其往往意味着"可以不"，例如第 27 条规定："纳税人、扣缴义务人不能按期办理纳税申报或者报送代扣代缴、代收代缴税款报告表的，经税务机关核准，可以延期申报"；第 33 条规定："纳税人可以依照法律、行政法规的规定书面申请减税、免税。"三是从设定税务机关征管中的义务的角度，间接规定了纳税人的权利，其立法表达一般是："税务机关必须……""税务机关不得……""税务机关应当……"，例如，第 39 条规定的："纳税人在限期内已缴纳税款，税务机关未立即解除税收保全措施，使纳税人的合法利益遭受损失的，税务机关应当承担赔偿责任。"

有关纳税人权利主要体现在第 8 条中，即纳税人、扣缴义务人有权向税务机关了解国家税收法律、行政法规的规定以及与纳税程序有关的情况；纳税人、扣缴义务人有权要求税务机关为纳税人、扣缴义务人的情况保密；税务机关应当依法为纳税人、扣缴义务人的情况保密；纳税人依法享有申请减税、免税、退税的权利；纳税人、扣缴义务人对税务机关所作出的决定，享有陈述权、申辩权；依法享有申请行政复议、提起行政诉讼、请求国家赔偿等权利；纳税人、扣缴义务人有权控告和检举税务机关、税务人员的违法违纪行为。归纳起来，本条规定的纳税人权利包括知情权、保密权、减免税和退税申请权、陈述权、申辩权、寻求救济权、控告和检举权。这些权利既有民事领域的权利，也有的属于公民权利。除此之外，有些用以约束税务机关税收征管行为的规定，有间接保护纳税人利益的功能。除《税收征收管理法》外，在《行政复议法》《行政诉讼法》《行政处罚法》《国家赔偿法》等法律中零散地规定了纳税人救济权。

2. 税收征收管理法修正案征求意见稿中纳税人权利的完善

以当前《税收征收管理法》的修订为契机，税法理论和税收实务界普遍主张通过修改税收征收管理法来加强对纳税人权利的保护。《税收征收管理法》于 1992 年颁布实施后，历经了 1995 年的小幅度修改和 2001

---

① 周赟：《"可以"的语义及其在立法中的误用》，《语言文字应用》2009 年第 1 期。

年的较大幅度修改之后，国务院法制办在 2015 年公布了《税收征收管理法修正案（征求意见稿）》（以下简称征求意见稿），对现行税收征管法进行较大篇幅的修改，主要涉及税收滞纳金、税务机关执法的行政主体资格、纳税担保、核定征收、税收担保、税款返还请求权和退税权、税收担保与税收强制立法、纳税申报、税款补缴与追征、偷税与编造虚假计税依据、税务稽查与审理、申请退税等方面。尽管，税收征管法修改的目的是适应新形势下税收征管工作需要，规范税收征收和缴纳行为，保护纳税人合法权益。在纳税人权益保护体系方面，主要在以下四个方面有一定程度的完善。一是完善纳税人权利体系。征求意见稿规定，税务机关按照法定程序实施税收征管，不得侵害纳税人合法权益；同时完善延期、分期缴税制度，将延期缴纳税款审批权放到县以上税务机关，对补缴税款能力不足的纳税人引入分期缴税制度，新增修正申报制度。二是减轻纳税人负担。征求意见稿增加税收利息中止加收、不予加收的规定。对主动纠正税收违法行为或者配合税务机关查处税收违法行为的，减免税收利息。降低对纳税人的处罚标准，减小行政处罚裁量权，将多数涉及罚款的条款由"百分之五十以上五倍以下"改为"百分之五十以上三倍以下"，并视情节从轻、减轻或者免予处罚。三是取消先缴税后复议的规定。发挥行政复议的主渠道作用，对在纳税上发生的争议，取消先缴税后复议的规定。同时，复议机关维持原处理决定的，纳税人须支付税收利息。四是引进预约裁定制度。纳税人可以就其预期未来发生、有重要经济利益关系的特定复杂事项向税务机关申请预约裁定。纳税人遵从预约裁定而出现未缴或少缴税款的，免除缴纳责任。

修正案征求意见稿中并没有体现出保护纳税人合法权益的条款。征求意见稿第 11 条是对现行税收征管法第八条的修改，涵盖了纳税人的以下权利：享受平等法律保护的权利、税收法律行政法规和规章制定及修改的参与权、申请减税免税退税的权利，向税务机关了解国家税收法律、行政法规的规定以及与纳税程序有关的情况的权利（知情权），要求税务机关为纳税人、扣缴义务人的情况保密的权利，对税务机关所作出的决定享有陈述权、申辩权，提起行政诉讼、请求国家赔偿的权利，控告和检举税务机关、税务人员的违法违纪行为的权利。

从现代国家治理体系和国家治理能力的要求看，税收征管法修改过程中对纳税人权利保护的关注仍然十分不充分。从征求意见稿的内容看，对于限制税务行政权力与保护纳税人权利的制度构架还存在较大的改进空间。而且，本次修改强化了自然人税收征管措施。征求意见稿规定，向自然人纳税人支付所得的单位和个人应当主动提供相关支付凭证，将税收保全和强制执行措施扩大适用于自然人，并且税务机关可以对自然人纳税人取得收入单位与纳税相关的账簿和资料进行税务检查，同时增加相关部门对未完税不动产不予登记的规定。在我国纳税人从单位纳税人向自然人纳税人扩展的过程中，税收征收管理中更加应当注重保护纳税人的权利。因此，加强纳税人权利保护的具体措施，可以考虑在税收征收管理法中增加专章，集中规定纳税人权利（或者"纳税人权益"），该章以现行税收征收管理法第八条为基础，整合第26条、第27条、第31条、第33条、第34条、第39条、第51条、第54条第6款涉及纳税人权利规定，同时增加各国税法中公认的纳税人权利的内容。这些权利包括纳税人的知情权、保密权或者秘密权、申请减免税权、陈述权、申辩权、控告和检举权、受平等保护权、税收规则制定和修改的参与权、申请行政复议权、提起行政诉讼权、请求国家赔偿权、纳税申报方式的选择权、延期申报权、延期缴纳税款权、获得完税凭证权、税收保全损失求偿权、基本生活保障权、缴纳计算正确税款的权利（溢缴税款退权）等。

在法制健全的社会，纳税人的权利体系是以宪法上的公民权为本源，以私法上的财产权和人身权为基础，以税法为主干而构成。其中，税法上的权利包括税法一般法规定的纳税人的普遍权利，各税种上的特定权利和税收征管法上的征收程序性权利，辅之以税收司法规范上的救济性程序权利。反观我国纳税人权利体系，在宪法上没有明确规定税收法定和纳税人宪法权利，由于缺乏税收总法或者税收通则法、税收基本法等具有统合性、贯通性的税法，所以在立法上没有确立纳税人的普遍权利，在各实体税法中，基本上回避纳税人权利，只是在税收征收管理法这一税收执行的程序法中的个别条款规定了纳税人的程序性权利。因此，现行税收征收管理法没有全面确立纳税人的权利及其保护体系，一些必须存在的纳税人权利也尚未被确立，即使已经提出的权利，由于权利实现机制不明确而无法作为维护纳税人利益的"可以被实现的权利"。加之，一些必要的纳税人权利的立法表达尚需进一步完善。虽然，2009年启动

《税收征收管理法》的修订并于 2015 年公布修正案征求意见稿，但是至今仍然没有取得任何立法进展，加之近几年我国经济社会发展和税收制度改革进程，以及全球经济环境变化和数字经济兴起，导致税收征收管理法的修改已经滞后于时代需要，可以说 2015 年的征求意见稿已经"胎死腹中"。从税收程序法的修改进程看，寄希望于通过修改税收征收管理法来构建纳税人权利及其保护体系的设想在短期内难以实现。在构建我国法治体系中，作为法治体系组成部分的税法体系中应当包含专门的纳税人权利及其保护制度，因此，制定单行纳税人权利保护法是实现税收法治和国家治理法治化题中应有之义。

（三）纳税人权利保护专门立法

从法治国家和提高财税治理水平和治理能力的角度而言，纳税人权利保护的水平体现着税收法治化的水平。因为，在现代文明社会中，归根结底，纳税人既是财富的创造者，也是国家的主人。即便是企业等社会组织是纳税人的主力，但企业利润和社会财富的最终创造者仍然是个人。因此，纳税人权利保护的质量可以直接反映出一国的经济发展水平和社会文明的程度，一般而言，纳税人权利保护充分的国家或者地区，其经济发展水平和法治环境相对较高，而纳税人权利保护比较恶化的国家或地区，其经济发展也相对滞后。例如，欧美工业文明程度较高的国家，其经济发展、法治环境和纳税人权利保护之间具有相互促进的关系；而在部分亚洲和非洲的后发展国家中，经济发展及营商环境较为恶劣，纳税人权利保护水平低下。

1. 深化税制改革背景下的纳税人保护专门立法的必要性

我国从 1978 年实行市场化改革政策以来，经济市场化和国家治理规范化对法律的需求与日俱增，随着国家立法机关和地方立法机关对法律制度供给的增强，我国的法治化进程在立法数量上短时间内取得了显著成就，与中国特色社会主义市场经济的法律制度供给基本能够满足需求。但是，在社会主义法律体系建设中存在各部门法发展不平衡、不充分的现象。在公法领域，刑法和行政法相对完善；民商事立法"由点到面"的立法已经取得了巨大成就，甚至已经达到形成法典的水平；经济法立法基本适应国家对市场主体和市场行为的规制和调控；税收立法初步形成多层次的规范体系，但是与税收法定原则和税收法治的要求尚有差距，税收法源体系还不健全，税法法典化进程缓慢。

我国税法的立法按照税收实体法和税收程序法两个分支推进，税收实体法按照"一税一法"的模式规定各个单行税种的税收要素，税收程序法以《税收征收管理法》为中心，以及与之配套的法规规章和大量且随时可以被修改的税收规范性文件组成。有关纳税人保护或者纳税人权利的规定，分散在宪法、民法、税法等领域。由于我国《宪法》没有规定纳税人权利，有关公民政治权利和财产权利的规定无法直接适用于纳税人，这在客观上造成了宪法上纳税人权利的缺位。2015 年修订《立法法》时增加了体现"税收法定原则"的条款，即"税种的设立、税率的确定和税收征收管理等税收基本制度"只能制定法律，这是立法法中确立的税收法定原则，其积极意义是，可以约束政府及其税务行政部门任意开设新的税种和确定税率等的行为，从而使税务行政相对人有相对稳定的预期。但是，《立法法》确立的税收法定原则只涉及税收立法中的纳税人利益保护。税收征管环节纳税人的各项权利集中规定在《税收征收管理法》第 8 条中。然而，税收征管法作为税收程序法的属性决定了纳税人权利的程序性保护而非实体性保护，而且程序性保护也缺乏系统性和连贯性。因此，从立法规范的角度，我国纳税人权利保护立法已取得了不少成果，但这些进步目前仅仅体现在数量上，而对纳税人权利及其保护的质量则要求不高。因为这种税收立法的进步，更多地源于立法者对中央或上级部门决议或政策的执行，而非源于对税收立法具有约束力的税收基本法律的遵循，因此进步不仅有限而且不稳定。①

按照党的十八届三中全会确定的税制改革目标和任务，而税制改革的深入推进，需要在现代法治的环境下进行。在税制改革背景下，增强纳税人权利保护是完善税制和税法法治体制，提高纳税人税法遵从度、构建和谐的税收征纳关系和服务型税务机关的重要内容。在立法上，通过专门立法确认和保护纳税人权利是必要的，也具有可行性。保障纳税人的基本权利，已经成为当代法治国家共认的基本原则和立法潮流，而我国现行税法在纳税人权利的保护方面，无论是实体层面还是程序层面，都存在不足，没有实现对纳税人应有的保护。

---

① 翁武耀：《论我国纳税人权利保护法的制定》，《财经法学》2018 年第 3 期。

2. 国际税收合作对纳税人权利保护的要求

从国际层面看，保护纳税人权利是国际税收合作的前提。在国际上，部分发达国家经过长期的探索和实践，已经形成了相对成熟的权利理论和税法理论，纳税人权利在数量上和质量上都处于较高水平。随着经济全球化和数字经济的快速发展，纳税人在全球范围内的避税和逃税的成本进一步降低，只有通过各个税收行政当局的全球税收合作，才能有效打击跨国逃税和避税行为。例如，通过人为造成应税利润"消失"或将利润转移到没有或几乎没有实质经营活动的低税负国家（地区），从而达到不缴或少缴企业所得税的目的，即所谓的"税基侵蚀和利润转移（BEPS）"。根据 OECD 和 G20 工作组估计，全球每年有 4% 至 10% 的企业所得税因跨境逃避税流失，每年税收损失为 1000 亿至 2400 亿美元。[1]如果想挽回这些税收流失，国际社会必须携手改革现有国际税收规则体系。根据 OECD 及 20 国集团（G20）于 2013 年启动的 BEPS 行动计划，通过提高税收透明度并向税务机关提供充分的信息，可以协助税务机关评估总体转让定价和税务风险，有效解决 BEPS 相关问题。2015 年 10 月5 日，OECD 发布了税基侵蚀和利润转移（BEPS）相关措施的最终成果。根据 BEPS 第 13 项行动计划为跨国企业提供了国别报告年度报告模板，其中列示了跨国企业在发生业务的每个税收管辖区的年度经营信息，包括收入、利润、税收、人员、资产信息等。而国别报告的交换是 BEPS 四项最低标准之一，所有参与包容性框架的税收管辖区成员均需要执行。

我国参与 BEPS 项目有利于堵塞避税漏洞，打击跨境逃避税，从跨国公司跨境交易的利润分配中得到公平合理的份额，进一步维护我国税收权益，也有利于推动国内税制改革，完善税收立法，提升税收征管水平。2018 年 7 月，G20 呼吁所有管辖区实施金融账户涉税情报自动交换（AE-OI）标准，以保证所有的重要举措在规定时间内达到标准，专项情报交换（EOIR）是对金融账户涉税情报自动交换的一种扩充和完整，它将有助于全球税收透明度的提升。自动情报交换已成为跨国情报交换发展的方向和趋势。然而，现行自动情报交换制度对纳税人权利保护力度不足，

---

[1] 中国国际税收研究会编：《2017 世界税收发展研究报告》，中国税务出版社 2018 年版，第 15—16 页。

仍存在纳税人信息保密水平较低、纳税人参与制度缺位以及缺少对纳税人救济权保护的专门规定等问题。为解决这些问题，在实体法上，需要着眼于制定专门法律规范或修改现行规章、增加并细化对税收信息泄露惩罚的规定、完善纳税人参与权及救济权的规定；在程序法上，通过建立信息泄露报告制度、落实信息搜集监督制度、引入国际税收仲裁制度等，完善我国自动情报交换中的纳税人权利保护。[①] 因此，需要整合现行税收实体法和税收程序法中的纳税人权利规定，制定"纳税人权利保护法"，明确纳税人权利的内容，补齐我国纳税人的某些权利缺位现象，以便增强情报交换中对我国纳税人权利的保护。

3. 纳税人权利保护法的主要内容

纳税人权利保护专门立法，主要涉及法律名称、立法目的、适用范围、基本原则、确定和保护纳税人权利的具体制度等。

（1）纳税人权利保护法的法律名称

正如《论语·子路》所言，"名不正则言不顺，言不顺则事不成"。法律名称的确定，应当遵循内容要素化、表达规范化、协调统一、醒目、精练等基本命名技术规则，以防止"法小名大""法大名小"等现象，应当名实相副。因此，科学合理的法律名称，不仅是纳税人保护立法的前提，也是涵摄立法宗旨、调整对象、适用范围等成文法基本要素的关键因素。我国针对特定主体的权利保护或权益保护立法的命名规则，有"×××权益保护法""×××权益保障法"或"×××保护法"，例如《消费者权益保护法》《妇女权益保障法》《未成年人保护法》。因此，借鉴我国立法名称的惯例，纳税人保护专门立法可以命名为《纳税人权益保护法》。

（2）立法目的与适用范围

《纳税人权利保护法》的立法目的在于落实财产权和人身权等基本权利的保障，保护纳税人权利，确保纳税人免受非法侵犯，实现公平税收，增强纳税人税收遵从。关于《纳税人权利保护法》的适用范围，主要是指本法与相关法律适用的先后顺序。按照新法优于旧法、特别法优于普通法的一般法律适用原则，对于纳税人权利和义务的规定，与税收征管

---

① 陈哲：《自动情报交换中我国纳税人权利保护的完善》，《税收经济研究》2018 年第 3 期。

法等相比较，如果本法有特别规定的，应当适用本法。纳税人权利保护专门立法效力高于税收征收管理法和各实体税法，也高于行政程序法。纳税人的范围，是指与税务机关存在税收法律关系的当事人，包括纳税义务人、扣缴义务人、代征人、代缴人，而非指抽象的纳税人。

（3）应当确立的基本原则

纳税人权利保护应当以税收法定原则、公平原则、效率原则、正当法律程序原则，并积极落实宪法所保障各项公民的基本权利，体现民法对民事主体财产权和人身权的保护。

第一，税收法定原则。税收法定原则在我国《立法法》中已有基本规定，但在纳税人权利保护专门中还应当加以明确和强化，直接反映与纳税人依法纳税义务并存的纳税人权利，即规定"纳税人有依法纳税的权利和义务"，以及纳税人主体、征税客体及其归属、课税基础、税目、税率、纳税方式、税收减免或者加重的构成要件。这一原则还可以用以制约税务机关，税务行政规则和税法解释不得增减纳税人的义务。

第二，公平合理原则。税收公平合理原则是纳税人权利保护的核心内容，其中可进一步区分税收立法的公平合理与税收征管程序的公平合理。税收立法的公平合理原则，是指纳税人享有在法律规定范围内缴纳正确税款的权利，纳税人没有义务缴纳缺乏法律依据的税收，税收不得超过计算正确的应纳税款，而且还应当按照最低限度的税款计算缴纳，税收征管应当以基本的税收伦理道德为底线。在税征管环节，纳税人享有在税务行政关系中被税务机关公平、公正对待的权利，有关征税的法规规章和规范性文件应当符合税收公平合理原则。在税收征收管理上，例如税务机关在实施税收稽查、核定征收、税收事实认定等具体行政行为时，不得任意选择查税或者恣意认定税收事实，也不得以税收稽查等为手段报复纳税人。

第三，量能课税原则。纳税人依据其实际负担能力负担税款，如果没有合理的政策目的，不得对纳税人实行差别待遇。因为，国家财政的需求不仅应当由人民公平分摊，而且应当按照纳税人负担税收的能力高低，作为判断课征税款的基准。依据量能课税原则，每个纳税人的税收给付义务及其范围，取决于纳税人的经济负担能力。除非有合法且正当理由，不得通过税务规章和规范性文件对一部分纳税人实行税收减免等税收优惠，而对情况相同的另一部分纳税人不给予同等的税收优惠，避免造成纳税人之间的不公平，而且税收优惠不得过度。例如，在契税、土地增值税的税收减免中，税务机关频繁制定发布针对特定纳税人在契税、土地增值税方面的税收优惠，从而导致纳税人的税收负担不公平，进而影响企业之间的市场竞争力。

第四，正当法律程序原则。课税及其调查是国家侵犯人民财产权和自由的公权力行为，必须严格遵守严守正当法律程序的要求，同时，为了确保纳税人能有效主张其权益，有必要赋予税务主管机关主动提供协助的义务，并确保纳税人在税收征管程序上受到正当程序保障。税收程序法已经赋予税务机关充分而且强大的税收征管行政权，而且税务机关的行政权基本上不受制约。因此，税务机关存在滥用权力的便利条件。税务机关在履行税收调查、税收行政处罚等征管行为时，应当严格依据进行，符合正当法律程序原则。在税务调查各阶段，都应当遵守法定程序。税务机关违法收集的证据不得作为认定纳税人违法的证据，例如，税务机关故意以强迫、胁迫、欺诈、威逼利诱以及其他不当方式取得的证据，以及税务机关故意取得的违背客观事实和常识的证据，都不得作为课税或者处罚的依据。税务机关在税收征收和稽查中，应当遵守宪法规定的保护公民的住宅不受侵犯、通信秘密不受侵犯等宪法权利。在受理纳税人申报纳税、进行调查等与纳税人直接接触时，不得侵犯纳税人受宪法保护的人格权。

第五，纳税人救济权保障原则。在各国纳税人保护制度中，基本上确立了纳税人的申诉或者陈情的权利，即纳税人认为税务机关认定的税收事实不正确、规则适用错误或者处理不当时，有权向税务机关诉说，并请求重新审查。在进行复查时，应当确保以专业且公正的方式重新审查，而且参与具体审查的人员应当与初次审查的人员不是同一人，防止先入为主或者偏袒审查人员一方。税务机关应当向纳税人进行完整的说明，纳税人对税务处分不服的，有权申请行政救济。除了正式的行政救济，还应当拓宽救济渠道，当纳税人有不满情绪或觉得有冤情时，享有通过非正式途径陈述意见的权利。由于税务纠纷案件一般属于行政诉讼的范畴，但是与普通行政诉讼相比，税务行政诉讼具有高度的专业性，税务行政诉讼案件涉及财务、会计和税法等多个学科，受理普通行政案件的基层法院及其行政审判组织及法官在审理上往往存在较大困难；而且，由于税务机关与作为行政相对人的纳税人在信息上的不对等，其审理结果对纳税人的民事权益影响甚大，因此，设置专业的税务案件审判机构，例如税务法院或者税务法庭，对于保障纳税人救济权具有重要影响。

（4）纳税人权利的主要内容

关于纳税人的具体权利，在各国税法或者纳税人宪章等宣告纳税人权利的法律和规则中，尚未形成完全公认的权利类型，一般包括纳税人知情权、保密权、享受税收优惠权、救济权、公正纳税权等。不同于民事权利的法定性和固定性，纳税人权利的来源呈现多样化趋势，有的属于宪法上的公民权利或者公民自由，有的属于民法中的财产权，还有的属于行政法上行政相对人应当享有的权利，但主要的权利来源于税法的规定。在税法上，纳税人权利的内容可分为纳税前的权利、纳税中的权利和纳税后的权利。我国税法上关于纳税人权利主要在《税收征收管理法》第8条中加以集中规定，在其他个别条款中基于税务机关的义务而享有特定的权利。从我国现行税法关于纳税人权利的规定，缺乏对纳税人基本生活费用不得课税的权利，这是国际社会公认的纳税人基本权，而且该权利还可以衍生出诸多具体的权利。

为了落实《宪法》第45条对公民在年老、疾病或者丧失劳动能力的情况下有从国家和社会获得物质帮助的权利，在纳税人权利保护法中应当规定，纳税人为维持自己及受扶养亲属享有人性尊严的基本生活所需费用，享有不受课税的权利。从社会保障制度看，1997年国务院决定在全国建立城市居民最低生活保障制度，与纳税人基本生活费用不被课税制度是一致的。1999年10月1日施行的《城市居民最低生活保障条例》规定，持有非农业户口的城市居民，凡共同生活的家庭成员人均收入低于当地城市居民最低生活保障标准的，均有从当地人民政府获得基本生活物质帮助的权利。所谓收入，是指共同生活的家庭成员的全部货币收入和实物收入，包括法定赡养人、扶养人或者抚养人应当给付的赡养费、扶养费或者抚养费，不包括优抚对象按照国家规定享受的抚恤金、补助金。城市居民最低生活保障标准，按照当地维持城市居民基本生活所必需的衣、食、住费用，并适当考虑水电燃煤（燃气）费用以及未成年人的义务教育费用确定。2001 年《国务院办公厅关于进一步加强城市居民最低生活保障工作的通知》要求各省级政府和国务院各部委要认真落实最低生活保障对象在住房、医疗、子女教育、税收、水、电、煤气等方面的社会救助政策。2007 年中共中央 1 号文件①再次明确提出，在全国范围建立农村最低生活保障制度，并强调指出，鼓励已建立制度的地区完善制度，支持未建立制度的地区建立制度，中央财政对财政困难地区给予适当补助。

我国个人所得税历次修改，都涉及提高个人所得费用减除标准。尽管，费用扣除标准远高于各地的最低生活保障标准，但是，这只是个人所得税特有的费用扣除和累进税制的结果，其符合量能课税原则，但不一定能够确保纳税人的基本生活费用不被课税。例如，纳税人转让自有住房后重新购买自住房屋，在现行所得税制下，应当缴纳房屋转让所涉及的税款和转让所得的个人所得税，而无论是否属于享受最低生活保障的个人或家庭。根据美国经济学家米尔顿·弗里德曼提出的负所得税制理论，通过负所得税制度代替对低收入者补助制度，以负所得税为核心的征税式低保制度将对象由少数人变为全覆盖，由被动地接受补贴转换为主动的享有"负纳税"权利，体现出明显的制度优势。② 因此，基本生活费用不被课税的权利，是一项纳税人的普遍而且基本权利，应当得到明确界定和保护。

现行《税收征收管理法》规定：个人及其所扶养家属维持生活必需的住房和用品，不在税收保全措施、强制执行措施的范围之内。税务机关采取税收保全措施和强制执行措施必须依照法定权限和法定程序，不得查封、扣押纳税人个人及其所扶养家属维持生活必需的住房和用品。税务机关、税务人员查封、扣押纳税人个人及其所扶养家属维持生活必需的住房和用品的，责令退还，依法给予行政处分；构成犯罪的，依法追究刑事责任。这一制度对于保护个人及其所抚养家属用于维持基本生活所需要的住房和用品给予税收措施的特别保护，符合税法和税收的基

① 《中共中央国务院关于积极发展现代农业扎实推进社会主义新农村建设的若干意见》。

② ［美］米尔顿·弗里德曼：《资本主义与自由》，张瑞玉译，商务印书馆 1986 年版，第184—186 页。

本原则，但是其保护范围仅限于"住房和用品"，不能涵盖纳税人基本生活保障的全部。因此，在制定纳税人权利保护法时，应当进一步明确并扩大纳税人及其所扶养家属的基本生活费用不被课税的权利。

第 六 章

我国纳税人权利的行政保护

第一节　税务行政中的纳税人权利保护现状

税收征收管理是税收征纳的必然环节。在税收征纳过程中，依据征税机关的征管职权法定和纳税人纳税义务法定的原则，税务机关和纳税人双方的法律责任明确，税务机关依据行政法和税法的规定依法征收和管理税收，纳税人对自己申报纳税行为负责。纳税人依法主动履行税务登记义务并向税务机关申报纳税，税务机关将依法获取的涉税信息与纳税人申报的信息进行比对，并在税务调查的基础上，对纳税人的纳税情况进行纳税评估，以确定纳税申报的准确性。如果纳税申报准确无误，完成税款缴纳，则意味着纳税人的本次纳税义务得以履行。如果税务发现纳税中存在与税法规定不一致或者违反税法原则的情况，就会进行纳税调整，告知纳税人缴纳正确的税款，并根据违法事实和违法情节等给予纳税人相应的处罚。如果纳税人对税务机关的决定不服的，可以通过提起行政复议或者行政诉讼来维护其合法权益。

与古代社会的税收理念和制度不同，现代社会的税收征收管理从强制性征收和监管向服务导向转变，对纳税人的定位从税收征管和监管对象向服务对象转变，纳税服务从单纯的行政服务向行政服务和社会服务多元化方向转变。在现代法治国家理念下，纳税服务的理念和制度体系不断得以建立。纳税人逐渐成了税务机关的"客户"，税务机关与纳税人之间在税收征纳关系中的地位越来越趋于平等。而且，针对税务机关的税收征收管理权限，在法律充分授权的同时，也通过多种渠道和方式制约和监督，防止税务机关滥用税收征收管理权。

一　我国的税务行政机关及其职责

由于税收观念陈旧，税务人员不足，征税技术落后等原因，在税收征纳关系中，我国纳税人长期处于被动地位。1997 年，国务院认可纳税人服务是有效税收征管体系的基础。2001 年修订的《税收征收管理法》及其实施细则明确为纳税人服务征税机关的义务。我国《税收征收管理法》将保护纳税人的合法权益作为与加强税收征收管理、规范税收征收和缴纳行为、保障国家税收收入、促进经济和社会发展等并列为税收征管目的。

（一）我国税务行政机关的演变

1. 我国税务行政机关的初建与转型

1950 年 1 月 30 日，中央人民政府政务院发布的《关于统一全国税政的决定》，决定以《全国税政实施要则》作为整理和统一全国税政税务的具体法案，由此建立了各级人民政府及财政税务机关并立即执行。我国现行的税收征收机关源于 1950 年成立的财政部税务总局，1988 年改名为国家税务局，为国务院直属机构，1993 年定名为国家税务总局。国家税务总局下辖省、市、县（市辖区）三级国家税务局，并指导省、市、县、市辖区地方税务局的工作。国家税务局系统的机构设置为四级：国家税务总局，省（自治区、直辖市）国家税务局，地（市、州、盟）国家税务局，县（市、旗）国家税务局。国家税务局系统实行国家税务总局垂直管理的领导体制，在机构、编制、经费、领导干部职务的审批等方面按照下管一级的原则，实行垂直管理。

2. 分税制财税体制阶段的税务机关

1993 年设立省级地方税务机关，下辖市、县、区地方税务局，在县级税务局在乡镇设立税务所。地方税务局按行政区划设置，分为三级，即省（自治区、直辖市）地方税务局，地（市、州、盟）地方税务局，县（市、旗）地方税务局以及部分县派驻到乡镇的税务所。地方税务局系统的管理体制、机构设置、人员编制按地方人民政府组织法的规定办理。省（自治区、直辖市）地方税务局实行省（自治区、直辖市）人民政府和国家税务总局双重领导，以地方政府领导为主的管理体制。国家税务总局对省（自治区、直辖市）地方税务局的领导，主要体现在税收政策、业务的指导和协调以及对国家统一的税收制度、政策的监督和组织经验交流等方面。省（自治区、直辖市）以下地方税务局实行上级税务机关和同级政府双重领导、以上级税务机关垂直领导为主的管理体制，即地（市、州、盟）以及县（市、旗）地方税务局的机构设置、干部管理、人员编制和经费开支由所在省（自治区、直辖市）地方税务机构垂直管理。

党的十六届三中全会提出"在统一税政前提下，赋予地方适当的税政管理权"，由此开始了新一轮税务机关职权改革。在中央税务机关和地方税务机关职权配置方面，2006年，发布的《财政部关于依法履行职责切实加强税收政策管理的通知》，财政部对现行税收法规规定的地方人民政府的税收管理权限进行归纳整理后，向各省级财政部门印发了《现行有关税收法规规定的地方人民政府的税收管理权限》，在税收法规授权的税收管理权限内，赋予地方人民政府相应的税收管理权限。这种分权改革，一方面赋予地方政府税收征管权，使得地方政府及其相关税收部门存在侵犯纳税人权利的可能；另一方面，也是通过规范性文件的职权划分，明确了税务机关的权限范围，从而有利于保护纳税人的合法权益。但是，我国税收征管体制还存在职责不够清晰、执法不够统一、办税不够便利、管理不够科学、组织不够完善、环境不够优化等问题，必须加以改革完善。

3. 国家治理能力和治理体系现代化阶段的税收征管体制改革

2013年11月召开的党的十八届三中全会提出全面深化改革的总目标，即完善和发展中国特色社会主义制度，推进国家治理体系和治理能力现代化。在税收征管体制中，2015年12月，中共中央办公厅和国务院办公厅印发的《深化国税、地税征管体制改革方案》（以下简称"方案"）是我国首个专门针对税收体制改革发展的具有纲领意义的规范性文件。该方案明确了税收在国家治理中的基础性、支柱性、保障性作用，按照"依法治税、便民办税、科学效能、协同共治、有序推进"的基本原则，实现"到2020年建成与国家治理体系和治理能力现代化相匹配的现代税收征管体制"的改革目标。方案确立的依法纳税和便民纳税原则，即"以纳税人为中心，坚持执法为民，加强国税、地税合作，为纳税人提供更加优质高效的服务，不断减轻纳税人办税负担，切实维护纳税人合法权益，让纳税人和人民群众有更多获得感"，对于税收征管执法中保障纳税人合法权益具有重要的指导意义和规范作用。

2018 年，党的十九届三中全会审议通过的《中共中央关于深化党和国家机构改革的决定》《深化党和国家机构改革方案》和第十三届全国人民代表大会第一次会议批准的《国务院机构改革方案》明确"将省级和省级以下国税地税机构合并，具体承担所辖区域内的各项税收、非税收入征管等职责；将基本养老保险费、基本医疗保险费、失业保险费等各项社会保险费交由税务部门统一征收；国税地税机构合并后，实行以国家税务总局为主与省（区、市）人民政府双重领导管理体制"。2018 年 7 月 20 日，中共中央办公厅、国务院办公厅印发的《国税地税征管体制改革方案》，合并此前的国税地税机构，明确国税地税机构合并后实行以税务总局为主，与省区市党委和政府双重领导的管理体制。

（二）税务机关的税收职责

公民纳税义务的履行以国家征税权的行使为前提，而税的征收和管理是国家征税权得以实现的基本途径。现代国家征税权一般由政府行使，政府行使征税权的机构主要是税务管理机关。我国的税务机关的设置采取"总—分"机构的组织构架，即全国的税务管理系统分为中央层面的国家税务机关和地方层面的税务机关。中央层面的税务管理机关由国家税务总局承担，地方层面的税务管理机关是国家税务总局设在地方的分支机构，由省级、市级和县级三级构成。各税务管理机关的职责与权限既有相同之处，也有不同之处。由于税务管理机关的税收征收管理职责对纳税人权利产生直接影响，在征税活动中，如果税务管理机关违法履行职责，就会侵权纳税人的合法权利。因此，税务机关的税收职责及其履行，直接关系到纳税人权利保护的程度和纳税人维权。在纳税人维权行政诉讼中，如何确定被告，与税务机关的税收职权设置有关，例如，我国采取"征收、管理、稽查"的税收征管措施，在实践中除了各级税务机关，还有税收稽查机关等，这些税务管理机关的设置和职权配置，与纳税人权利保护的实现密切相关。

1. 国家税务总局与税收相关的职责

2018 年国税和地税体制改革后，国家税务总局的职责主要包括以下方面：（1）具体起草税收法律法规草案及实施细则并提出税收政策建议，与财政部共同上报和下发，制定贯彻落实的措施。负责对税收法律法规执行过程中的征管和一般性税政问题进行解释。（2）承担组织实施中央税、共享税的税款及法律法规规定的基金（费）的征收管理责任。（3）参与研究宏观经济政策、中央与地方的税权划分并提出完善分税制的建议，研究税负总水平并提出运用税收手段进行宏观调控的建议。（4）负责组织实施税收征收管理体制改革，起草税收征收管理法律法规草案并制定实施细则，制定和监督执行税收业务、征收管理的规章制度，监督检查税收法律法规、政策的贯彻执行，指导和监督地方税务工作。（5）负责规划和组织实施纳税服务体系建设，制定纳税服务管理制度，规范纳税服务行为，制定和监督执行纳税人权益保障制度，保护纳税人合法权益，履行提供便捷、优质、高效纳税服务的义务，组织实施税收宣传，拟定注册税务师管理政策并监督实施。（6）组织实施对纳税人进行分类管理和专业化服务，组织实施对大型企业的纳税服务和税源管理。（7）负责编报税收收入中长期规划和年度计划，开展税源调查，加强税收收入的分析预测，组织办理税收减免等具体事项。（8）负责制定税收管理信息化制度，拟定税收管理信息化建设中长期规划，组织实施金税工程建设。（9）开展税收领域的国际交流与合作，参加国家（地区）间税收关系谈判，草签和执行有关的协议、协定。（10）办理进出口商品的税收及出口退税业务。（11）对全国国税系统实行垂直管理，协同省级人民政府对省级地方税务局实行双重领导，对省级地方税务局局长任免提出意见。（12）承办国务院交办的其他事项。

在国家税务总局内设机构中，专门设置纳税服务司，作为国家税务总局主管纳税服务工作的综合职能部门。主要职责是：组织实施纳税服务体系建设；拟定纳税服务工作规范和操作规程；组织协调、实施纳税辅导、咨询服务、税收法律救济等工作，受理纳税人投诉；组织实施税收信用体系建设；指导税收争议的调解；起草注册税务师管理政策，并监督实施。下设综合处、涉税服务监管处、税法宣传处、办税服务处、纳税人权益保护处、纳税信用和服务规范管理处、小微企业服务处等职能部门。

2. 国家税务总局和省级税务局的税收职责

国税地税机构合并后，实行以国家税务总局为主与省（自治区、直辖市）政府双重领导管理体制。国家税务总局各省税务局的职能主要包括：（1）贯彻执行税收、社会保险费和有关非税收入法律、法规、规章和规范性文件，研究制定具体实施办法。组织落实国家规定的税收优惠政策。（2）研究拟定本系统税收、社会保险费和有关非税收入中长期规划，参与拟定税收、社会保险费和有关非税收入预算目标并依法组织实施。负责本系统税收、社会保险费和有关非税收入的会统核算工作。组织开展收入分析预测。（3）开展税收经济分析和税收政策效应分析。（4）负责所辖区域内各项税收、社会保险费和有关非税收入征收管理。组织实施税（费）源监控和风险管理，加强大企业和自然人税收管理。（5）组织实施本系统税收、社会保险费和有关非税收入服务体系建设。组织开展纳税服务、税收宣传工作，保护纳税人、缴费人合法权益。承担涉及税收、社会保险费和有关非税收入的行政处罚听证、行政复议和行政诉讼事项。（6）负责所辖区域内国际税收和进出口税收管理工作，组织反避税调查和出口退税事项办理。（7）组织实施所辖区域内税务稽查和社会保险费、有关非税收入检查工作。（8）增值税专用发票、普通发票和其他各类发票管理。负责税收、社会保险费和有关非税收入票证管理。（9）组织实施本系统各项税收、社会保险费和有关非税收入征管信息化建设和数据治理工作。（10）负责本系统内部控制机制建设工作，开展对本系统贯彻执行党中央、国务院重大决策及上级工作部署情况的督查督办，组织实施税收执法督察。（11）负责本系统基层建设和干部队伍建设工作，加强领导班子和后备干部队伍建设，承担税务人才培养和干部教育培训工作。负责本系统绩效管理和干部考核工作。（12）完成国家税务总局和省委、省政府交办的其他工作。

3. 国家税务总局市级和县级税务局的主要职责

（1）贯彻执行税收、社会保险费和有关非税收入法律、法规、规章和规范性文件，研究制定具体实施办法。组织落实国家规定的税收优惠政策。（2）研究拟定本系统税收、社会保险费和有关非税收入中长期规划，参与拟定税收、社会保险费和有关非税收入预算目标并依法组织实施。负责本系统税收、社会保险费和有关非税收入的会统核算工作。组织开展收入分析预测。（3）开展税收经济分析和税收政策效应分析，为上级税务机关和本地党委、政府提供决策参考。（4）负责所辖区域内各项税收、社会保险费和有关非税收入征收管理。组织实施税（费）源监控和风险管理，加强大企业和自然人税收管理。（5）组织实施本系统税收、社会保险费和有关非税收入服务体系建设。组织开展纳税服务、税收宣传工作，保护纳税人、缴费人合法权益。承担涉及税收、社会保险费和有关非税收入的行政处罚听证、行政复议和行政诉讼事项。（6）负责所辖区域内国际税收和进出口税收管理工作，组织反避税调查和出口退税事项办理。（7）组织实施所辖区域内税务稽查和社会保险费、有关非税收入检查工作。（8）负责增值税专用发票、普通发票和其他各类发票管理。负责税收、社会保险费和有关非税收入票证管理。（9）组织实施本系统各项税收、社会保险费和有关非税收入征管信息化建设和数据治理工作。（10）负责本系统内部控制机制建设工作，开展对本系统贯彻执行党中央、国务院重大决策及上级工作部署情况的督查督办，组织实施税收执法督察。

二 税务机关法定职责与纳税人权利

我国税收制度初步建立阶段的税收征收管理由省级税务机关管理，没有全国统一的税收管理制度。由于各地税收征收管理制度不一致，税收的征收和管理相对而言法制化程度低、比较随意，纳税人的税收程序性权利无法得到确定和保障。直到 1986 年颁布《税收征收管理暂行条例》后，才开始形成全国统一适用的税收征管法规和制度。1992 年社会主义市场经济体制确立以后，开始建立与市场经济相适应的税收制度，国家是税收职能也开始法定化。我国现行《税收征收管理法》（以下简称征管法）于 1992 年 9 月 4 日第七届全国人民代表大会常务委员会第二十七次会议通过，此后，根据 1995 年 2 月 28 日第八届全国人民代表大会常务委员会第十二次会议《关于修改〈中华人民共和国税收征收管理法〉的决定》修正，2001 年 4 月 28 日第九届全国人民代表大会常务委员会第二十一次会议修订。随着近年来我国市场经济快速发展和税制改革的不断深化，税收征管环境和技术发生了巨大的变化，现行征管法规定的部分条款已经不能满足税收征管的实际需要。自 2008 年以来，国务院就启动了对现行征管法的修订工作，于 2015 年向社会公布修订草案，并公开征求意见，但是直到 2019 年，还没有提交最高国家立法机关审议。

税务机关①进行税收征收和管理的法律依据是《税收征收管理法》，该法第 5 条规定：国务院税务主管部门主管全国税收征收管理工作；各地国家税务局和地方税务局应当按照国务院规定的税收征收管理范围分别进行征收管理。第 9 条规定：税务机关、税务人员必须秉公执法，忠于职守，清正廉洁，礼貌待人，文明服务，尊重和保护纳税人、扣缴义务人的权利，依法接受监督。税务人员不得索贿受贿、徇私舞弊、玩忽职守、不征或者少征应征税款；不得滥用职权多征税款或者故意刁难纳税人和扣缴义务人。根据税收征收管理法的规定和税收实务工作，税务机关的法定职责主要体现为税务管理、税款征收、税务检查、税务行政复议等几种既相互联系又相对独立的环节和任务。纳税人既是税务机关的管理对象，又是税务机关的服务对象。为纳税人服务是税务机关征管工作的重要职责，享受税务机关提供的服务是纳税人的权利。

（一）税务管理中的纳税人权利

1. 税务登记中的纳税人权利

税务登记，也称纳税登记，是税务机关进行税收征收管理的起点。税务登记是税务机关根据税法规定，对纳税人的生产、经营活动进行登记管理的法定制度，是税收征纳关系成立的法律前提，也是纳税人依法履行纳税义务、开立银行账户、领购发票以及其他税务事项的法定依据。税务登记是税务机关建立纳税人身份的第一步，也是确定纳税人权利的前提。税务机关以税务登记监控纳税人的申报、未申报、中止申报情况，其中的任何环节都可能侵犯纳税人的权利。在税务登记的确认、变更、注销和停复业等工作中，涉及纳税人的权利主要有税务登记机关拒绝登记或者拒绝颁发税务登记证明文件、拒绝发售发票，纳税人、扣缴义务人有权委托税务代理人办理税务登记、变更税务登记和注销税务登记、办理发票领购手续、依法及时办理注销登记；报送税务登记材料时，有权获得税务机关告知的权利、有权拒绝税务机关要

---

① 包括各级税务局、税务分局、税务所和按照国务院规定设立的并向社会公告的税务机构。

求的重复报送资料，税务登记违法违规处罚和发票管理违法违规处罚时的抗辩权等。

我国现行税收管理法主要规定了企业纳税人的税务登记行为。根据企业主体变化和生产经营情况，税务登记可以分为设立登记、变更登记、注销登记、外出经营报验登记等。县以上（含本级，下同）国家税务局（分局）、地方税务局（分局）是税务登记的主管税务机关，负责税务登记的设立登记、变更登记、注销登记和税务登记证验证、换证以及非正常户处理、报验登记等有关事项。从纳税人权益保护角度看，税务登记中存在诸多税务风险，如果纳税人违反税收管理法律法规的强制性规定，就会税务违法的税务风险。

（1）设立登记是纳税身份取得的前提

税收征管法以及登记管理的规定，企业、企业在外地设立的分支机构和从事生产、经营的场所，个体工商户和从事生产、经营的事业单位（以下统称从事生产、经营的纳税人）自领取营业执照之日起三十日内，向生产、经营所在地税务机关申报办理税务登记。税务机关对纳税人税务登记地点发生争议的，由其共同的上级税务机关指定管辖。国家税务局（分局）、地方税务局（分局）之间对纳税人的税务登记发生争议的，由其上一级国家税务局、地方税务局共同协商解决。

税务机关应当自收到申报之日起三十日内审核并发给税务登记证件。按照《税务登记管理办法》的规定，从事生产、经营的纳税人之外的其他纳税人，除国家机关、个人和无固定生产、经营场所的流动性农村小商贩外，也应当按照税收征管法及其实施细则的规定办理税务登记。

已办理税务登记的扣缴义务人应当自扣缴义务发生之日起 30 日内，向税务登记地税务机关申报办理扣缴税款登记。税务机关在其税务登记证件上登记扣缴税款事项，税务机关不再发给扣缴税款登记证件。根据税收法律、行政法规的规定可不办理税务登记的扣缴义务人，应当自扣缴义务发生之日起 30 日内，向机构所在地税务机关申报办理扣缴税款登记。税务机关核发扣缴税款登记证件。

纳税人未按照规定的期限办理税务登记的，税务机关应当自发现之日起 3 日内责令其限期改正；逾期不改正的，可以处二千元以下的罚款；

情节严重的，处二千元以上一万元以下的罚款；经税务机关提请，由工商行政管理机关吊销其营业执照。纳税人通过提供虚假的证明资料等手段，骗取税务登记证的，处以相应的罚款。逾期不改正的，经税务机关提请，由工商行政管理机关吊销其营业执照。纳税人涉嫌其他违法行为的，按有关法律、行政法规的规定处理。扣缴义务人未按照规定办理扣缴税款登记的，税务机关应当自发现之日起 3 日内责令其限期改正，并可处以罚款。

（2）变更登记与纳税身份变化

从事生产、经营的纳税人，税务登记内容发生变化的，自工商行政管理机关办理变更登记之日起三十日内或者在向工商行政管理机关申请办理注销登记之前，持有关证件向税务机关申报办理变更或者注销税务登记。从事生产、经营的纳税人应当按照国家有关规定，持税务登记证件，在银行或者其他金融机构开立基本存款账户和其他存款账户，并将其全部账号向税务机关报告。银行和其他金融机构应当在从事生产、经营的纳税人的账户中登录税务登记证件号码，并在税务登记证件中登录从事生产、经营的纳税人的账户账号。

纳税人税务登记内容发生变化的，应当向原税务登记机关申报办理变更税务登记。纳税人已在工商行政管理机关办理变更登记的，应当自工商行政管理机关变更登记之日起 30 日内，向原税务登记机关如实提供下列证件、资料，申报办理变更税务登记：（1）工商登记变更表及工商营业执照；（2）纳税人变更登记内容的有关证明文件；（3）税务机关发放的原税务登记证件（登记证正、副本和登记表等）；（4）其他有关资料。纳税人按照规定不需要在工商行政管理机关办理变更登记，或者其变更登记的内容与工商登记内容无关的，应当自税务登记内容实际发生变化之日起 30 日内，或者自有关机关批准或者宣布变更之日起 30 日内，持下列证件到原税务登记机关申报办理变更税务登记：（1）纳税人变更登记内容的有关证明文件；（2）税务机关发放的原税务登记证件（登记证正、副本和税务登记表等）；（3）其他有关资料。纳税人提交的有关变更登记的证件、资料齐全的，应如实填写税务登记变更表，经税务机关审核，符合规定的，税务机关应予以受理；不符合规定的，税务机关应通知其补正。税务机关应当自受理之日起 30 日内，审核办理变更税务登记。纳税人税务登记表和税务登记证中的内容都发生变更的，税务机关按变更后的内容重新核发税务登记证件；纳税人税务登记表的内容发生变更而税务登记证中的内容未发生变更的，税务机关不重新核发税务登记证件。

（3）停业、复业登记与纳税身份的中止与恢复

实行定期定额征收方式的个体工商户需要停业的，应当在停业前向税务机关申报办理停业登记。纳税人的停业期限不得超过一年。纳税人在申报办理停业登记时，应如实填写停业申请登记表，说明停业理由、停业期限、停业前的纳税情况和发票的领、用、存情况，并结清应纳税款、滞纳金、罚款。税务机关应收存其税务登记证件及副本、发票领购簿、未使用完的发票和其他税务证件。纳税人在停业期间发生纳税义务的，应当按照税收法律、行政法规的规定申报缴纳税款。纳税人应当于恢复生产经营之前，向税务机关申报办理复业登记，如实填写《停、复业报告书》，领回并启用税务登记证件、发票领购簿及其停业前领购的发票。纳税人停业期满不能及时恢复生产经营的，应当在停业期满前向税务机关提出延长停业登记申请，并如实填写《停、复业报告书》。

（4）注销登记与纳税身份的消灭

依法注销税务登记后，就会产生纳税人纳税义务终止的法律效力。纳税人发生解散、破产、撤销以及其他情形，依法终止纳税义务的，应当在向工商行政管理机关或者其他机关办理注销登记前，持有关证件和资料向原税务登记机关申报办理注销税务登记；按规定不需要在工商行政管理机关或者其他机关办理注册登记的，应当自有关机关批准或者宣告终止之日起15日内，持有关证件和资料向原税务登记机关申报办理注销税务登记。纳税人被工商行政管理机关吊销营业执照或者被其他机关予以撤销登记的，应当自营业执照被吊销或者被撤销登记之日起15日内，向原税务登记机关申报办理注销税务登记。

纳税人因住所、经营地点变动，涉及改变税务登记机关的，应当在向工商行政管理机关或者其他机关申请办理变更、注销登记前，或者住所、经营地点变动前，持有关证件和资料，向原税务登记机关申报办理注销税务登记，并自注销税务登记之日起30日内向迁入地税务机关申报办理税务登记。境外企业在中国境内承包建筑、安装、装配、勘探工

程和提供劳务的，应当在项目完工、离开中国前 15 日内，持有关证件和资料，向原税务登记机关申报办理注销税务登记。纳税人办理注销税务登记前，应当向税务机关提交相关证明文件和资料，结清应纳税款、多退（免）税款、滞纳金和罚款，缴销发票、税务登记证件和其他税务证件，经税务机关核准后，办理注销税务登记手续。纳税人未按照规定的期限办理注销税务登记的，由税务机关责令限期改正和处以相应的罚款。

（5）外出经营报验登记

纳税人到外县（市）临时从事生产经营活动的，应当在外出生产经营以前，持税务登记证向主管税务机关申请开具《外出经营活动税收管理证明》（简称《外管证》）。税务机关按照一地一证的原则核发《外管证》，其有效期限一般为 30 日，最长不得超过 180 天。纳税人外出经营活动结束，应当向经营地税务机关填报《外出经营活动情况申报表》，并结清税款、缴销发票。纳税人应当在《外管证》有效期届满后 10 日内，持《外管证》回原税务登记地税务机关办理《外管证》缴销手续。

2. 账簿、凭证管理

任何经济活动都会涉及算账、记账等事务，在商业实践中，人们发明创造过多种记账方法，现代社会用以记录商业活动的主要有账簿、凭证等。所谓账簿是指由一定格式的账页组成的，用来分类地、序时地记录各种经济业务的簿籍。从财务会计角度而言，账簿凭证主要用于核算企业的经济效益，反映企业的经济成果。凭证，又称会计凭证，是记录经济业务，明确经济责任的具有法律效力的书面证明，也是记账和查账的重要依据，可分为即原始凭证和记账凭证。从税收征管角度而言，账簿凭证是纳税人记载、核算应缴税额，填报纳税申报表的主要数据来源。账簿和凭证是纳税人正确履行纳税义务的基础。

税收征管法规定，纳税人、扣缴义务人按照有关法律、行政法规和国务院财政、税务主管部门的规定设置账簿，根据合法、有效凭证记账，进行核算。因此，设置账簿和凭证，既是纳税人的权利，也是纳税人的义务。从事生产、经营的纳税人的财务、会计制度或者财务、会计处理办法和会计核算软件，应当报送税务机关备案。纳税人、扣缴义务人的财务、会计制度或者财务、会计处理办法与国务院或者国务院财政、税务主管部门有关税收的规定抵触的，依照国务院或者国务院财政、税务主管部门有关税收的规定计算应纳税款、代扣代缴和代收代缴税款。从事生产、经营的纳税人、扣缴义务人必须按照国务院财政、税务主管部门规定的保管期限保管账簿、记账凭证、完税凭证及其他有关资料。账簿、记账凭证、完税凭证及其他有关资料不得伪造、变造或者擅自损毁。

3. 以票控税下的发票管理

（1）发票的一般规定

我国实行"以票控税"的税收征管政策，所以发票在税收征管中具有重要作用和意义，由税法和专门的发票管理法规严格管理。通常而言，发票是指经济活动中由销货方向购买方签发的记录交易基本内容的书面的或者电子的凭证，其主要记载的是向购买者提供商品（或服务）的名称、质量、协议价格等信息。简言之，发票是经济活动中发生的成本、费用或收入的原始凭证。在我国，发票是指一切单位和个人在购销商品、提供或接受服务，以及从事其他经营活动中，开具和收取的业务凭证。发票既是会计核算的原始依据，也是审计机关、税务机关执法检查的重要依据。对于公司来讲，发票主要是公司做账的依据，同时也是缴税的费用凭证；而对于员工来讲，发票主要是用来报销的。

除预付款以外，发票必须具备的要素是根据议定条件由购买方向出售方付款，必须包含日期和数量，是会计账务的重要凭证。我国会计制度规定有效的购买产品或服务的发票称为税务发票。政府部门收费、征款的凭证各个时期和不同收费征款项目称呼不一样，但多被统称为行政事业收费收款收据。税务机关是发票的主管机关，负责发票印制、领购、开具、取得、保管、缴销的管理和监督。单位、个人在购销商品、提供或者接受经营服务以及从事其他经营活动中，应当按照规定开具、使用、取得发票。

为了加强发票管理和财务监督，保障国家税收收入，维护经济秩序，根据《税收征收管理法》的规定，国务院制定了专门的《发票的管理办法》，用以规范在我国境内印制、领购、开具、取得、保管、缴销发票的单位和个人的发票行为。国务院税务主管部门统一负责全国的发票管理工作。省、自治区、直辖市税务机关依据各自的职责，共同做好本行政区域内的发票管理工作。由于我国设立了增值税，因此，在我国发票管理中，被区分为增值税发票和其他发票，增值税进一步分为增值税专用发票和增值税普通发票。

（2）发票管理的环节

在发票的印制、领购、开具、保管、检查各个环节，都严格规定了条件和程序。

第一，发票的印制。增值税普通发票，主要由营业税纳税人和增值税小规模纳税人使用，增值税一般纳税人在不能开具专用发票的情况下也可使用普通发票。普通发票由行业发票和专用发票组成。前者适用于某个行业和经营业务，如商业零售统一发票、商业批发统一发票、工业企业产品销售统一发票等；后者仅适用于某一经营项目，如广告费用结算发票，商品房销售发票等。增值税专用发票是我国实施新税制的产物，是国家税务部门根据增值税征收管理需要而设定的，专用于纳税人销售或者提供增值税应税项目的一种发票。专用发票既具有普通发票所具有的内涵，还具有比普通发票更特殊的作用。它不仅是记载商品销售额和增值税税额的财务收支凭证。而且是兼记销货方纳税义务和购货方进项税额的合法证明，是购货方据以抵扣税款的法定凭证，对增值税的计算起着关键性作用。增值税专用发票由国务院税务主管部门指定的企业印制；其他发票，按照国务院税务主管部门的规定，由省、自治区、直辖市税务机关确定的企业印制。未经规定的税务机关指定，不得印制发票，禁止私自印制、伪造、变造发票。各省、自治区、直辖市内的单位和个人使用的发票，除增值税专用发票外，应当在本省、自治区、直辖市内印制；确有必要到外省、自治区、直辖市印制的，应当由省、自治区、直辖市税务机关商印制地省、自治区、直辖市税务机关同意，由印制地省、自治区、直辖市税务机关确定的企业印制。

第二，发票的领购。需要领购发票的单位和个人，应当持税务登记证件、经办人身份证明、按照国务院税务主管部门规定式样制作的发票专用章的印模，向主管税务机关办理发票领购手续。主管税务机关根据领购单位和个人的经营范围和规模，确认领购发票的种类、数量以及领购方式，在5个工作日内发给发票领购簿。单位和个人领购发票时，应当按照税务机关的规定报告发票使用情况，税务机关应当按照规定进行查验。需要临时使用发票的单位和个人，可以凭购销商品、提供或者接受服务以及从事其他经营活动的书面证明、经办人身份证明，直接向经营地税务机关申请代开发票。依照税收法律、行政法规规定应当缴纳税款的，税务机关应当先征收税款，再开具发票。税务机关根据发票管理的需要，可以按照国务院税务主管部门的规定委托其他单位代开发票。纳税人临时到本省、自治区、直辖市以外从事经营活动的单位或者个人，应当凭所在地税务机关的证明，向经营地税务机关领购经营地的发票；临时在本省、自治区、直辖市以内跨市、县从事经营活动领购发票的办法，由省、自治区、直辖市税务机关规定。税务机关对外省、自治区、直辖市来本辖区从事临时经营活动的单位和个人领购发票的，可以要求其提供保证人或者根据所领购发票的票面限额以及数量缴纳不超过一万元的保证金，并限期缴销发票。按期缴销发票的，解除保证人的担保义务或者退还保证金；未按期缴销发票的，由保证人或者以保证金承担法律责任。税务机关收取保证金应当开具资金往来结算票据。

第三，发票的开具和保管。销售商品、提供服务以及从事其他经营活动的单位和个人，对外发生经营业务收取款项，收款方应当向付款方开具发票；特殊情况下，由付款方向收款方开具发票。所有单位和从事生产、经营活动的个人在购买商品、接受服务以及从事其他经营活动支付款项，应当向收款方取得发票。取得发票时，不得要求变更品名和金额。不符合规定的发票，不得作为财务报销凭证，任何单位和个人有权拒收。开具发票的单位和个人应当建立发票使用登记制度，设置发票登记簿，并定期向主管税务机关报告发票使用情况。开具发票的单位和个人应当在办理变更或者注销税务登记的同时，办理发票和发票领购簿的变更、缴销手续。开具发票的单位和个人应当按照税务机关的规定存放和保管发票，不得擅自损毁。已经开具的发票存根联和发票登记簿，应当保存 5 年。保存期满，报经税务机关查验后销毁。

第四，发票的检查。印制、使用发票的单位和个人，必须接受税务机关依法检查，如实反映情况，提供有关资料，不得拒绝、隐瞒。税务机关在发票管理中有权进行以下检查：检查印制、领购、开具、取得、保管和缴销发票的情况；调出发票查验；查阅、复制与发票有关的凭证、资料；向当事各方询问与发票有关的问题和情况；在查处发票案件时，对与案件有关的情况和资料，可以记录、录音、录像、照相和复制。单位和个人从中国境外取得的与纳税有关的发票或者凭证，税务机关在纳税审查时有疑义的，可以要求其提供境外公证机构或者注册会计师的确认证明，经税务机关审核认可后，方可作为记账核算的凭证。

（二）纳税申报中的纳税人权利

1986 年发布的《税收征收管理暂行条例》第 16 条规定：纳税人必须按照规定进行纳税申报，向主管税务机关报送纳税申报表、财务会计报表和有关纳税资料。纳税人纳税申报时间和代征人申报代征、代扣、代缴税款时间，由税务机关根据税收法规和纳税人、代征人的具体情况分别确定。根据第 36 条的规定，纳税人未依照本条例规定办理纳税申报的，除责令限期纠正外，可酌情处以五千元以下的罚款。该规定授予了税务机关很大的权力。一旦纳税人没有及时进行申报纳税，就会面临税务机关的处罚，从而对纳税人权利构成威胁。当时，由于对纳税申报制度规定的不清楚、不详细，税务机关对纳税申报的范围、期限、处罚等影响纳税人权益的事项，具有很大的自由裁量权，甚至滥用职权，导致纳税人权益直接受到侵害。在实践中，也出现过税务机关据此认定纳税人违章，并给予处罚。纳税人不服税务机关对其纳税申报的处罚向法院起诉，一审法院维持了税务机关认定纳税人"未按规定时间申报办理税务注册登记"的违章行为及其处罚。[①] 二审法院维持了一审法院的本项判决。

---

① 《陕西省长安县细柳建筑工程公司驻嘉峪关分公司不服嘉峪关市税务局税务违章处理决定案》甘肃省嘉峪关市人民法院（1991）嘉法行字第 002 号。甘肃省高级人民法院甘法行上（1991）5 号。案件基本情况：1987 年 6 月 5 日，原告陕西省西安市长安县细柳建筑工程公司驻嘉分公司与嘉峪关市文物维修旅游开发指挥部办公室（以下简称长城办）签订建筑合同，承建国家重点文物嘉峪关城楼复原工程。1988 年 10 月 20 日，市税务局检查组对驻嘉分公司进行税务检查，同年 11 月 12 日作出了《关于对西安市长安县细柳建筑工程公司驻嘉峪关分公司税务违章处理决定》：（1）驻嘉分公司未按规定时间申报办理税务注册登记，根据《税收征收管理暂行条例》第 36 条之规定，决定处以罚款 2000 元。税务机关处罚的理由是西安市长安县细柳建筑工程公司驻嘉分公司从 1987 年 6 月至 1988 年 3 月 29 日长达 10 个月未申请办理税务注册登记。一审法院认为，原告未按规定依法向嘉峪关乡税务所申请办理税务注册登记，违反了《税收征收管理暂行条例》第 7 条以及有关规定，被告对原告税务违章处理决定第 1 项的事实清楚，证据充分，适用法规正确。一审判决后，税务局不服，提起上诉，二审法院认可了一审法院的第 1 项，即认定纳税人未按规定时间申报办理税务注册登记的违章行为及其处罚。

1993 年施行的《税收征收管理法》首次确立了纳税人自行申报纳税制度。按照规定，纳税人必须在法律、行政法规规定或者税务机关依照法律、行政法规的规定确定的申报期限内办理纳税申报。扣缴义务人必须在法律、行政法规规定或者税务机关依照法律、行政法规的规定确定的申报期限内报送代扣代缴、代收代缴税款报告表以及税务机关根据实际需要要求扣缴义务人报送的其他有关资料。纳税人、扣缴义务人不能按期办理纳税申报或者报送代扣代缴、代收代缴税款报告表的，经税务机关核准，可以延期申报。

1993 年 12 月 25 日公布的《国务院批转国家税务总局工商税制改革实施方案的通知》要求普遍建立纳税申报制度。该通知规定，纳税人进行纳税申报是履行纳税义务的首要环节，建立纳税申报制度有利于形成纳税人自我约束的机制，增强公民纳税意识，是税务机关实施有效征管的一项基础工程。纳税申报制度建立以后，对不按期申报的，不据实申报的，均视为偷税行为，要依法严惩。2001 年修订的《税收征收管理法》从第 25 条到第 27 条规定了纳税申报，涉及纳税人、扣缴义务人如实申报纳税义务、纳税申报方式和延期纳税申报等。《税收征收管理法实施细则》第 30 条至第 37 条进一步对此予以详细规定。纳税申报书纳税人应当履行的法定义务。根据《税收征收管理法》的规定，纳税人必须依照法律、行政法规规定或者税务机关依照法律、行政法规的规定确定的申报期限、申报内容如实办理纳税申报，报送纳税申报表、财务会计报表以及税务机关根据实际需要要求纳税人报送的其他纳税资料。扣缴义务人必须依照法律、行政法规规定或者税务机关依照法律、行政法规的规定确定的申报期限、申报内容如实报送代扣代缴、代收代缴税款报告表以及税务机关根据实际需要要求扣缴义务人报送的其他有关资料。如果纳税人不及时申报或者申报不实等，就会面临税务机关的行政处罚。根据《税收征收管理法》的规定，纳税人未按照规定的期限申报办理税务登记、变更或者注销登记的，由税务机关责令限期改正，可以处两千元以下的罚款；情节严重的，处两千元以上一万元以下的罚款。

纳税申报体现了税务机关获取纳税人涉税信息的权利和纳税人依法申报的义务，与之对应的纳税人权利主要有两个方面，一方面是与纳税申报行为直接相关的权利，主要有纳税人选择申报方式的权利、纳税人申请延期申报的权利、纳税人委托代理人申报的权利。纳税人、扣缴义务人有权直接到税务机关办理纳税申报或者报送代扣代缴、代收代缴税款报告表，也可以按照规定采取邮寄、数据电文或者其他方式办理上述申报、报送事项。纳税人、扣缴义务人不能按期办理纳税申报或者报送代扣代缴、代收代缴税款报告表的，经税务机关核准，可以延期申报。经核准延期办理前款规定的申报、报送事项的，应当在纳税期内按照上期实际缴纳的税额或者税务机关核定的税额预缴税款，并在核准的延期内办理税款结算。纳税人、扣缴义务人有权委托税务代理人办理纳税申报或扣缴税款报告。另一方面是与纳税申报相关的权利，是纳税申报之后，纳税人享有的权利，主要是纳税人的涉税信息保密权和涉税信息权。由于纳税申报的目标和结果都是税务机关充分掌握了纳税人的涉税信息，对纳税人而言，这些信息大多数属于商业秘密或者个人隐私，所以，税收征管法同时规定，税务机关应当依法为纳税人、扣缴义务人的情况保密。在互联网和大数据时代，纳税人的涉税信息记录和反映着纳税人的生产经营活动和工作生活情况，这些长期积累的大量的涉税信息，可以汇总成为具有经济价值的数据，纳税人应当拥有涉税信息（或者数据）的权利。

（三）税款征收中的纳税人权利

在税款征收中，税务机关有权实施征收税款、要求纳税人提供纳税担保、核定应纳税额、采取税收保全、采取税收强制措施等多种权力，这些权力是征税税款的必要的和合法的强制力，但是这些权力使用不当或者滥用，就会侵犯纳税人的合法权益。因此，在税收征管立法中，也都要对税务机关在税款征收过程中的权力进行限制，从而起到保护纳税人合法权利的法律效果。在立法中，通常从税务机关"不得"实施某种行为和纳税人"可以"实施某种行为两个角度限制税务机关的权力和保护纳税人权利。归纳起来，在税款征收中，纳税人具有以下权利。

第一，缴纳法定税款的权利。根据《税收征收管理法》第28条的规定，税务机关依照法律、行政法规的规定征收税款，不得违反法律、行政法规的规定开征、停征、多征、少征、提前征收、延缓征收或者摊派税款。在正确的时间、缴纳计算正确的税款，既是纳税人的义务，也是纳税人的权利，该权利体现为纳税人有权对抗税务机关开征、多征、提前征收、摊派税款的税收行为。

第二，拒绝非法征税的权利。根据税收征收管理法第 29 条的规定：除税务机关、税务人员以及经税务机关依照法律、行政法规委托的单位和人员外，任何单位和个人不得进行税款征收活动。纳税人有权拒绝国家法定的税务机关及其依法委托的单位和个人征收税款之外的任何单位和个人收取税款；而且，这也意味着纳税人有权查验与核对征税机关、税务人员及其委托的单位和人员的征税资格和身份。

第三，扣缴义务人依法扣缴税款的权利。在税法上，扣缴义务人也是广义的纳税人，扣缴义务人依照法律、行政法规的规定履行代扣、代收税款的义务。对法律、行政法规没有规定负有代扣、代收税款义务的单位和个人，税务机关不得要求其履行代扣、代收税款义务。扣缴义务人的扣缴义务来自税法的规定，不得强制没有法定扣缴义务的主体履行扣缴义务。如果法律规定了扣缴义务人，因扣缴义务人的过错导致纳税人拖欠税款，或者没有按期履行纳税义务的，纳税人有权向税务机关抗辩。

第四，申请税收减免的权利。纳税人因有特殊困难，不能按期缴纳税款的，有权向省级国家税务机关申请延期纳税。在税款征收环节，纳税人有权依照法律、行政法规的规定向有权审查批准税收减免的机关书面申请减税、免税。纳税人有权要求税务机关或者扣缴义务人出具纳税证明。

第五，索取纳税凭证的权利。纳税人缴纳税款后，税务机关必须给纳税人开具完税凭证；扣缴义务人代扣、代收税款时，纳税人要求扣缴义务人开具代扣、代收税款凭证的，扣缴义务人应当开具。

第六，对税务机关应纳税款核定的辩解的权利。当出现税务机关依法以"纳税人申报的计税依据明显偏低，又无正当理由的"情形实行应纳税额核定时，纳税人有权解释，并提出其存在正当有理由的权利。

第七，要求解释税收保全措施的权利。税务机关实施税收保全措施的，纳税人有权选择纳税担保的方式，税收保全措施解除后，纳税人有权要求采取保全措施的税务机关立即解除税收保全措施。由于现行税收征收管理法律法规没有明确规定"立即"所表示的期限，当税务机关迟延解除税收保全时，纳税人、纳税担保人有权请求及时解除。

第八，纳税人及其扶养人基本生活保障的权利。纳税人及其有法定扶养赡养义务的人的基本生活保障不受税收侵犯，是世界通行的做法。我国税收征管法也规定，税务机关采取税收保全措施和强制执行措施时，不得查封、扣押纳税人个人及其所扶养家属维持生活必需的住房和用品。个人及其所扶养家属维持生活必需的住房和用品，不在税收保全措施的范围之内。纳税人有权要求实施税收保全的税务机关依法合理认定个人及其所扶养家属维持生活必需的住房和用品的范围，以及"所扶养家属""住房""用品"的具体范围。

第九，请求赔偿损失的权利。纳税人在限期内已缴纳税款，税务机关未立即解除税收保全措施，使纳税人的合法利益遭受损失的，税务机关应当承担赔偿责任，纳税人有权请求税务机关依法赔偿。税务机关滥用职权违法采取税收保全措施、强制执行措施，或者采取税收保全措施、强制执行措施不当，使纳税人、扣缴义务人或者纳税担保人的合法权益遭受损失的，应当依法承担赔偿责任。

第十，索取凭据的权利。税务机关扣押商品、货物或者其他财产时，必须开付收据；查封商品、货物或者其他财产时，必须开付清单。纳税人有权向依法查封或者扣押商品、货物或者其他财产的税务机关要求开具清单或收据。税务机关拒不开具的，纳税人有权申请行政复议或者提起行政诉讼。

第十一，请求退回超额缴纳税款的权利。《税收征收管理法》第51条规定，纳税人超过应纳税额缴纳的税款，税务机关发现后应当立即退还；纳税人自结算缴纳税款之日起三年内发现的，可以向税务机关要求退还多缴的税款并加算银行同期存款利息，税务机关及时查实后应当立即退还。

（四）税务检查中的纳税人权利

从立法情况看，税务检查是整个税收征收管理中的重要环节，是税务机关在税款征收之后的另一项重要工作，其旨在堵塞税收漏洞，防止纳税人逃税避税，同时具有进一步核实税收事实，为足额的税款征收入库奠定基础。法律赋予了税务机关强大而广泛的税务检查权，这些权力在实现国家税收权力的同时，也会给纳税人的合法权益造成威胁，因此，在税务检查中，纳税人也应当有相应的权利。税务检查又称纳税检查，是指税务机关根据税收法律、行政法规的规定，对纳税人、扣缴义务人履行纳税义务、扣缴义务及其他有关税务事项进行审查、核实、监督的总称。它是税收征收管理工作的一项重要内容，是确保国家财政收入和税收法律法规贯彻落实的重要手段。① 我国《税收征收管理法》第四章专章规定了税务检查制度。税务机关有权进行下列税务检查：（1）检查纳税人的账簿、记账凭证、报表和有关资料，检查扣缴义务人代扣代缴、代收代缴税款账簿、记账凭证和有关资料；（2）到纳税人的生产、经营场所和货物存放地检查纳税人应纳税的商品、货物或者其他财产，检查扣缴义务人与代扣代缴、代收代缴税款有关的经营情况；（3）责成纳税人、扣缴义务人提供与纳税或者代扣代缴、代收代缴税款有关的文件、证明材料和有关资料；（4）询问纳税人、扣缴义务人与纳税或者代扣代缴、代收代缴税款有关的问题和情况；（5）到车站、码头、机场、邮政企业及其分支机构检查纳税人托运、邮寄应纳税商品、货物或者其他财产的有关单据、凭证和有关资料；（6）经县以上税务局（分局）局长批准，凭全国统一格式的检查存款账户许可证明，查询从事生产、经营的纳税人、扣缴义务人在银行或者其他金融机构的存款账户。税务机关在调查税收违法案件时，经设区的市、自治州以上税务局（分局）局长批准，可以查询案件涉嫌人员的储蓄存款。税务机关查询所获得的资料，不得用于税收以外的用途。

由于 20 世纪 80 年代至 90 年代的税务检查，抗税纳税人被抗税的现象时有发生，当然，税务机关及其工作人员滥用职权、随意执法、公报私仇的现象也时有发生。因此，在不规范的税务检查阶段，纳税人的合法权益更加容易被侵犯。例如，1991 年 12 月 16 日宁夏回族自治区中宁县人民法院审结的"马伏孝不服银南地区行政公署税务局税收行政处罚

---

① 陈昌龙：《财政与税收》（第 4 版），北京交通大学出版社 2016 年版，第 390 页。

案"，体现了当时地方基层税务机关及其工作人员滥用职权的行为。① 在"叶荣华、宁红宾馆不服修水县税务局税务管理处罚一案"② 中，税务局以纳税人及其法定代表人有抗税行为，据此给予罚款。纳税人不服税务机关的行政处罚和行政复议，向法院提起诉讼，法院审理查明的事实中显示，税务机关工作人员和与纳税人有关的个人存在隔阂，利用职权认

---

① 基本案件：1991 年 5 月 30 日，被告宁夏银南地区行政公署税务局所属中宁县税务局以原告采用诬陷税务工作人员的办法抗税为由，对原告处以 200 元罚款，后又因原告没有按时缴纳罚款而扣押原告一台彩电，并对原告加收滞纳金。原告不服，向被告提起行政复议。1991 年 8 月 13 日被告作出复议决定，维持中宁县税务局对原告作出的处罚决定，同时纠正了中宁县税务局违法扣押原告彩电和向原告收取滞纳金的行为。原告仍不服，于 1991 年 9 月 3 日针对被告的行政复议决定向法院提起行政诉讼。法院庭审查明：原告马伏孝属于临时木材经营户，未办理营业执照。1991 年 5 月 20 日前后，原告购进一批木材进入中宁集贸市场准备销售。5 月 23 日，市场税务所助征员王浩岩到市场征税，按照惯例，对马购进的木材作了估价 800 元，税率应征收 77.04 元营业额。原告缴了 34.24 元，尚欠 42.80 元。5 月 28 日下午四时前后，王浩岩约本所干部赵永明征收马的所欠税款，两人先在饭馆喝酒后，王自己到马跟前让马缴税，马说他的木料还没销售完，王坚持当场收缴，马说王向他借 500 元钱没借今天来报复。王听后拉住马的衣服到所里处理。马的内外衣扣被王拉掉了几个，被他人拉开，随后双方都到税务所万所长办公室各自谈了自己的理由。5 月 29 日，马伏孝自己到税务局缴清了 42.80 元的税款。5 月 30 日，县税务局召开了部分个体户参加的会议，马伏孝在会上作了检查，承认自己的不对，县税务局在会上由万所长口头宣布认定马伏孝诬陷税务人员并抗税，决定对马伏孝罚款 200 元，限马 6 月 6 日前缴清。马以没有文字处罚决定为由拒绝缴清罚款。6 月 15 日，市场税务所因马逾期缴清罚款，派人到马的家里，把马的 14 寸金星牌彩电抢走扣押，6 月 19 日又对马伏孝加收滞纳金 13 元，马缴清了 200 元罚款和 13 元滞纳金后，向中宁县法院起诉，中宁县法院行政庭同志告诉其要向银南地区行政公署税务局申请复议，不服时方可向法院起诉。（注：中宁县税务局处罚决定既未告知复议也未告知诉权）马于 6 月 20 日向银南地区行政公署税务局申请复议，中宁县税务局只有一张处罚决定，没有任何证据材料。银南地区税务局派人提取了证据（复议期间），又于 1991 年 7 月 5 日，银南地区税务局召马伏孝到该局单方进行调解，制作了《马伏孝提请复议调解记录》，将中宁县税务局扣押马的彩电和 13 元滞纳金退还给马，在调解笔录上马伏孝签了字按了印。马回京后反悔，于 1991 年 8 月 20 日向中宁县法院起诉。要求撤销银南地区税务局 8 月 13 日的复议决定（罚款 200 元），并且要求被告赔偿由此而造成的经济损失。法院认定，马伏孝的行为不构成抗税。县、地区两级税务局的具体行政行为是违法的，侵犯了相对人的合法权益，应当予以撤销。本案尚未判决前，被告于 1991 年 12 月 14 日以南税发（1991）第 170 号文件通知，对马伏孝罚款 200 元处罚不当，将 200 元罚款退还给马伏孝。纠正了其 89 号复议决定第一项。原告马伏孝鉴于被告改变了原来的具体行政行为，满足了原告的诉讼请求，遂于 1991 年 12 月 15 日向法院申请撤诉。中宁县法院于 1991 年 12 月 16 日以（1991 年）宁法行字第 7 号行政裁定书，认为原告撤诉申请，符合《行政诉讼法》第五十一条规定，允许原告马伏孝撤回起诉。

② 一审判决书：江西省修水县人民法院（1992）行判字第 2 号。二审判决书：江西省九江市中级人民法院（1992）行上字第 6 号。

定纳税人及其法定代表人存在抗税行为。一审法院判决撤销税务机关的税收违章处理决定书。税务局不服提起上诉,二审法院维持一审法院的判决。通过法院诉讼,纳税人以及相关人员找回来公正。

(五)税务行政复议与纳税人的程序性权利

1. 税务行政复议制度的演变

1950年12月19日政务院公布的《税务复议委员会组织通则》规定,各地组织的税务复议委员会,委员由当地财委、税务局、工商行政局、工商联、工会的代表组成,并聘请公正人士和有关专家充任,受当地政府领导。该组织的主要任务是:传达政府税收政策法令;调解处理税务机关与纳税人的争议和有关申请复议等事项。

1951年发布的《城市房地产税暂行条例》第12条第二款就规定:"纳税义务人对房地产评价结果,如有异议时,得一面交纳税款,一面向评价委员会申请复议。"由于当时的房产税和地产税的计征收以标准房价和标准低价按年计征,而作为计税依据的标准房价和标准低价采取评定的方法确定,因此,规定凡开征房地产税之城市,均需组织房地产评价委员会,由当地各界人民代表会议及财政、税务、地政、工务(建设)、工商、公安等部门所派之代表共同组成,受当地人民政府领导,负责进行评价工作。所以,对房价或低价的评价结果,直接关系到纳税人的纳税额,与纳税人的利益有重点关系。在1958年全国人大常委会颁布的《农业税条例》中,也设置了复议制度,该条例第27条规定:纳税人如果发现在征收农业税的工作中有调查不实、评议不公、错算和错征的情况,可以向乡、民族乡、镇人民委员会请求复查和复议。如果纳税人对于复查、复议的结果仍不同意,还可以向上级人民委员会请求复查。各级人民委员会对纳税人提出的请求,应当迅速加以处理。1958年全国人大常委会颁布的《工商统一税条例(草案)》是1958年税制改革时颁布的重要税收法律,但是其中没有规定税务争议的处理程序,也没有规定违法税法的法律责任,而是授权财政部制定施行细则。在财政部发布的《工商统一税条例(草案)施行条例》中规定,工商统一税的违法案件,除情节严重须送人民法院处理的以外,由县(市)税务机关处理。当事人不同意县(市)税务机关的处理,应当先将应纳税款缴清,并于处理书送达的次日起二十天内向当地县(市)人民委员会或者上一级税务机关提请复议。对复议的结果仍不同意，可以逐级申诉。当事人如不于规定期限内提请复议或者申诉的，原处理机关即依照原处理或者上级的决定执行。

从 1958 年到 1978 年，立法和法制建设处于非正常状态，纳税人与政府的沟通渠道，以及纳税人对税收征收中的意见表达，都受到意识形态和制度的影响。税收执行中出现的疑问，一般通过向上级主管机关请示的方式，得到上级机关的答复后，才予以执行。例如，《财政部复广西壮族自治区财政厅关于国营农场的农业税征收问题的函》：国营农场对于核定的常年产量和农业税额有不同意见时，在开征以前，可以向所在县级人民委员会提请复查复议。县级人民委员会应该及时处理。如果农场对复查复议的结果仍有不同意见，还可以向专署或者省、市、自治区人民委员会提出报告，请求裁定。但在报告期间内必须先按县级人民委员会复议的税额缴纳。俟专署或省、市、自治区人民委员会裁定后，多退少补。

1980 年颁布的《中外合资经营企业所得税法》《个人所得税法》和 1981 年颁布的《外国企业所得税法》都规定，纳税人同税务机关在纳税问题上发生争议时，必须先按照规定纳税，然后再向上级税务机关申请复议。如果不服复议后的决定，可以向当地人民法院提起诉讼。此后，在《中外合资经营企业所得税法施行细则》具体规定了合营企业按照税法第 15 条提出申请复议的案件，税务机关应当在接到申请后三个月内作出处理决定。针对国内纳税人复议与外资有所不同。1983 年国务院发布的《建筑税征收暂行办法》第 15 条规定：纳税单位对纳税问题同税务机关有分歧意见时，应当按照税务机关的意见先缴纳税款，然后向上级税务机关申请复议。由于没有规定具体是申请复议的期限和受理机关的受理条件、作出复议决定的期限等，实际上，这类复议是无法实施的。1984 年第二次利改税阶段，国务院发布的《盐税条例（草案）》《产品税条例（草案）》《营业税条例（草案）》《国营企业所得税条例（草案）》中都规定：纳税人同税务机关在纳税问题上发生争议时，必须先按照税务机关的决定纳税，然后向上级税务机关申请复议。上级税务机关应在接到申请之日起三十日内作出答复。纳税人对上级税务机关的复议不服时，可以向人民法院起诉。由于在条例中没有明确规定接到答复之后向法院提起诉讼的期限，在前述四部条例的实施细则中，明确了对纳税人事项申请复议，应在缴清税款后十天内提出；不服复议的，可在接到答复的次日起，三十天内向人民法院起诉。超过规定期限的，应视为纳税人放弃起诉权利，税务机关应即依照原处理决定执行。

1985 年国务院发布的《集体企业所得税暂行条例》第 19 条规定：纳税人同税务机关在纳税问题上发生争议时，必须先按税务机关的决定缴税，然后向上级税务机关申请复议。上级税务机关应当自接到申请之日起的三十日内作出答复。纳税人对上级税务机关的复议不服时，可以在三十日内向人民法院起诉。《财政部关于中华人民共和国集体企业所得税暂行条例施行细则》第 38 条，纳税人根据《条例》第 19 条的规定，对纳税事项需要申请复议的，应在当地税务机关规定期限内先缴清税款，然后在十天内向上级税务机关申请复议。纳税人对上级税务机关复议的决定不服，可以从接到答复的次日起三十日内，向人民法院起诉；超过期限的，税务机关应即依照复议决定执行。从具体规范看，1985 年至 1986 年发布的《国营企业工资调节税暂行规定》《集体企业奖金税暂行规定》《城乡个体工商户所得税暂行条例》等都有相同的规定。

2. 税收行政复议制度的确立

1986 年《税收征收管理暂行条例》第 40 条：纳税人、代征人或其他当事人同税务机关在纳税或者违章处理问题上发生争议时，必须首先按照税务机关的决定缴纳税款、滞纳金、罚款，然后在十日内向上级税务机关申请复议。上级税务机关应当在接到申诉人的申请之日起三十日内作出答复。申诉人对答复不服的，可以在接到答复之日起三十日内向人民法院起诉。《财政部关于税收征收管理若干具体问题的规定》：根据《税收征收管理条例》第 40 条的规定，纳税人、代征人或其他当事人在申请复议前，必须按照主管税务机关的决定，缴纳税款、滞纳金、罚款，然后在十日内向上一级税务机关申请复议，上一级税务机关应在规定的期限内作出答复。申诉人对答复不服的，可再逐级向上级税务机关申请复议，也可自答复之日起三十日内向人民法院起诉。《耕地占用税暂行条例》：第 12 条纳税人同财政机关在纳税或者违章处理问题上发生争议时，必须首先按照财政机关的决定缴纳税款和滞纳金，然后在 10 日内向上级财政机关申请复议。上级财政机关应当在接到申诉人的申请之日起 30 日内作出答复。申诉人对答复不服的，可以在接到答复之日起 30 日内向人民法院起诉。1991 年颁布的《外商投资企业和外国企业所得税法》第 26 条：外商投资企业，外国企业或者扣缴义务人同税务机关在纳税上发生争议时，必须先依照规定纳税，然后可在收到税务机关填发的纳税凭证之日起 60 日内向上一级税务机关申请复议。上一级税务机关应当自收到复议申请之日起 60 日内作出复议决定。对复议决定不服的，可在接到复议决定之日起 15 日内向人民法院起诉。

根据《行政诉讼法》《最高人民法院关于贯彻执行〈中华人民共和国行政诉讼法〉若干问题的意见（试行）》的规定，复议机关在法定期间内不作复议决定，当事人对原具体行政行为不服，向人民法院起诉的，应以作出原具体行政行为的行政机关为被告。复议制度规定在税收实体法中，而且规范各税种的实体税法各自规定了复议制度，但是都缺乏详细的可实施的复议制度，税务复议规则不统一。1992 年颁布的《税收征收管理法》规定的税务机关的八项具体行政行为，可以申请行政复议。1993 年 11 月 6 日国家税务总局发布的《税务行政复议规则》规定，纳税人和其他税务当事人认为税务机关的具体行政行为侵犯了其合法权益，可依照本规则向税务行政复议机关申请复议。1999 年《行政复议法》的正式实施，对于加强行政机关内部监督、制约、促进行政机关合法、正确地行使职权，维护公民、法人和其他组织的合法权益具有重大意义。为了全面、正确地贯彻实施行政复议工作，国家税务总局于 1999 年制定了《税务行政复议规则（试行）》。税务行政复议规则的目的在于防止和纠正违法的或不当的税务具体行政行为，保护纳税人及其他税务当事人的合法权益，保障和监督税务机关依法行使职权。纳税人和其他税务当事人认为税务机关的具体行政行为侵犯其合法权益，可依法向税务行政复议机关申请复议。

3. 税务行政复议申请的范围

申请人有权对税务具体行政行为提出的行政复议申请的范围包括：（1）税务机关作出的征收税款、加收滞纳金、扣缴义务人、受税务机关委托征收的单位作出的代扣代缴、代收代缴行为的征税行为；（2）税务机关作出的责令纳税人提供纳税担保行为；（3）税务机关作出的书面通知银行或者其他金融机构暂停支付存款，以及扣押、查封商品、货物或其他财产的税收保全措施；（4）税务机关未及时解除税收保全措施，使纳税人等合法权益遭受损失的行为；（5）罚款、没收非法所得、停止出口退税权等税务行政处罚行为；（7）税务机关不予依法办理或答复的下列行为：不予审批减免税或出口退税，不予抵扣税款，不予退还税款，不予颁发税务登记证、发售发票，不予开具完税务凭证和出具票据，不予认定为增值税一般纳税人，不予核准延期申报、批准延期缴纳税款；（8）税务机关作出的取消增值税一般纳税人资格的行为；（9）税务机关作出的通知出境管理机关阻止出境行为；（10）税务机关作出的其他税务具体行政行为。

纳税人及其他税务当事人对税务机关作出的征收税款、加收滞纳金和扣缴义务人、受税务机关委托征收的单位作出的代扣代缴、代收代缴行为的征税行为不服，应当先向复议机关申请行政复议，对复议决定不服，再向人民法院起诉。2004年国家税务总局颁布的《税务行政复议规则（暂行）》替代了原试行规则，扩大了行政复议申请的范围，明确规定税务机关作出的征税行为包括：确认纳税主体、征税对象、征税范围、减税、免税及退税、适用税率、计税依据、纳税环节、纳税期限、纳税地点以及税款征收方式等具体行政行为和征收税款、加收滞纳金及扣缴义务人、受税务机关委托征收的单位作出的代扣代缴、代收代缴行为；收缴发票、停止发售发票；税务机关责令纳税人提供纳税担保或者不依法确认纳税担保有效的行为；税务机关不依法给予举报奖励的行为。此外，2005年国家税务总局印发的《税收减免管理办法（试行）》第16条规定，减免税申请符合法定条件、标准的，有权税务机关应当在规定的期限内作出准予减免税的书面决定。依法不予减免税的，应当说明理由，并告知纳税人享有依法申请行政复议或者提起行政诉讼的权利。

4. 税务行政复议的实施

2010年国家税务总局令2010年第21号发布的《税务行政复议规则》，更加强化了税务行政复议在解决税务行政争议、保护纳税人合法权益、监督和保障税务机关依法行使职权中的作用，规定行政复议机关在申请人的行政复议请求范围内，不得作出对申请人更为不利的行政复议决定。在税务行政复议中纳税人保障方面，规定行政复议机关应当为申请人、第三人查阅案卷资料、接受询问、调解、听证等提供专门场所和其他必要条件。在原来实施的税务行政复议规则的基础上进一步加强了对纳税人行政复议权利的保护，将税务机关的行政许可、行政审批行为、资格认定行为、纳税信用等级评定行为、政府信息公开工作中的具体行政行为纳入税务行政复议的范围。税务机关不依法履行颁发税务登记，开具、出具完税凭证、外出经营活动税收管理证明，行政赔偿，行政奖励，以及其他不依法履行职责的行为也可以申请税务行政复议。

《税收征收管理法》第 88 条和《税务行政复议规则》第 33 条均规定，税务行政相对人必须先缴纳或解缴税款及滞纳金或提供纳税担保，然后才可以向复议机关申请行政复议；对复议决定不服的，方可向人民法院提起诉讼。根据《行政强制法》的规定，金钱给付义务的滞纳金属行政强制执行措施，按照税收征管法第 88 条的规定，对行政强制执行措施不服，可以直接向人民法院起诉，无须先申请行政复议，也不需要解缴滞纳金。

《国家税务总局关于全面推进依法治税的指导意见》：完善纳税人权利救济机制。认真落实行政复议法和行政诉讼法，进一步完善税务行政复议工作体制及和解、调解等制度，发挥行政复议解决税收争议主渠道作用，切实保护纳税人合法权益。推进行政复议和应诉工作专业化，税务总局机关和省国税机关成立专门的税务行政复议办公室，统筹、协调、处理税务行政争议，妥善化解矛盾。省地税机关可以比照执行。建立税务行政复议相关部门协同应对机制、行政复议发现问题回应机制，以及行政复议诉讼衔接机制。按照税收协定有关规定，积极开展对外协商，有效解决国际税收争议，维护纳税人权益。加强纳税服务投诉管理，认真受理和及时解决纳税服务投诉。

《国家税务总局关于全面推进政务公开工作的意见》：推进纳税人权利义务公开。广泛宣传税收法律、法规明确的纳税人权利和义务，帮助纳税人及时、准确地完成办税事宜，促进征纳合作。及时公布和更新涉及纳税人权益的事项，方便纳税人查询。公开税务行政听证、复议和赔偿的税务机关名称以及申请程序、时限和相关资料等，便于纳税人寻求税收法律救济。公布纳税人投诉举报电话，畅通纳税人监督渠道。国家税务总局关于印发《全面推进政务公开工作实施办法》的通知提出推进纳税人权利义务公开。要求税务机关积极宣传纳税人的权利和义务，重点宣传纳税人享有的申请减免税、延期申报纳税、申请行政复议、提起行政诉讼、检举和取得赔偿等权利，使纳税人全面、准确了解其法定权利和义务。

三　纳税人权利行政保护及其主要内容

（一）纳税人权利行政保护的概念和依据

1. 纳税人权利行政保护的概念

从税务机关与纳税人的法律关系看，在征税活动中，构成税务行政法律关系，税务机关属于国家行政机关，依法履行税收征管职权，纳税人属于行政相对人，依法通过税务机关履行纳税义务。与其他行政关系相比较，税务行政关系中包含着大量的与纳税人权利相关的行为，因此，税务机关在履行税收征管职责时，不仅要依法征税，而且还富有主动保护纳税合法权益的法律义务和税收伦理义务。所谓纳税人权利行政保护，是指税务行政机关在税收征收管理活动中，依法对纳税人合法权利进行适当保护的各种措施。纳税人权利行政保护的主体是税务机关、保护的对象是宪法法律和税法明确规定的纳税人权利。可以说，纳税人权利的行政保护是纳税人权利实现的重要方式，其理由主要有：第一，纳税人权利的实现以税务行政机关履行职责为前提。税法规定的多数纳税人权利属于税收征纳环节的权利，有些权利还延伸到税收征纳之前和之后，例如纳税人的知情权、保密权、隐私权、退税权等权利的实现，都需要税务行政机关通过履行法定职责而实现。第二，各种具体税务行政行为都围绕纳税人展开。税务机关的税款征收、行政许可、行政处罚、行政强制、行政检查等执法行为，都涉及纳税人在履行纳税义务时所享有的权利。例如，在税务行政许可行为中，多种税务行政许可事项都涉及保护税务行政相对人合法权益，对纳税人延期缴纳税款的核准、对纳税人延期申报的核准、对纳税人变更纳税定额的核准、增值税专用发票（增值税税控系统）最高开票限额审批、对采取实际利润额预缴以外的其他企业所得税预缴方式的核定、非居民企业选择由其主要机构场所汇总缴纳企业所得税的审批。第三，保护纳税人权利有利于规范税务机关税务行政行为。约束税务机关权力、保护纳税人权利为、最大限度规范税务人、最大限度便利纳税人，从而促进税法遵从和税收共治，在更高层次更高水平上推进依法治税，是我国税务机关"十三五"时期税务系统全面推进依法治税工作规划的总体思路。因此，纳税人权利的行政保护与税务机关依法征税不仅不矛盾，而且是相辅相成、相互促进的。如果实现了税务机关税务行政行为的规范化和法治化，也就意味着纳税人权利能够得到有效保护。

2. 纳税人权利行政保护的依据

现行的规范税务机关及其公务员人的法律分散在不同的法律中，所针对的纳税人权利也不是系统性制度化保护，而是对其中的几项权利进行立法保护。例如，在保护纳税人保密权方面，相对较为充分。《税收征收管理法》的"法律责任"部分规定了税务机关公务人员的个人责任。第87条规定，未按照本法规定为纳税人、扣缴义务人、检举人保密的，对直接负责的主管人员和其他直接责任人员，由所在单位或者有关单位依法给予行政处分。《公务员法》第26条规定，泄露国家秘密、工作秘密，或者泄露因履行职责掌握的商业秘密、个人隐私，造成不良后果的，给予警告、记过或者记大过处分；情节较重的，给予降级或者撤职处分；情节严重的，给予开除处分。该法第53条规定，公务员必须遵守纪律，不得有泄露国家秘密或者工作秘密的行为。《刑法》第253条规定，违反国家有关规定，向他人出售或者提供公民个人信息，情节严重的，处三年以下有期徒刑或者拘役，并处或者单处罚金；情节特别严重的，处三年以上七年以下有期徒刑，并处罚金。违反国家有关规定，将在履行职责或者提供服务过程中获得的公民个人信息，出售或者提供给他人的，依照前款的规定从重处罚。窃取或者以其他方法非法获取公民个人信息的，依照第一款的规定处罚。单位犯前三款罪的，对单位判处罚金，并对其直接负责的主管人员和其他直接责任人员，依照各该款的规定处罚。在国家赔偿方面，《国家赔偿法》第4条规定，行政机关及其工作人员在行使行政职权时侵犯财产权的，受害人有取得赔偿的权利；第7条规定，行政机关及其工作人员行使行政职权侵犯公民、法人和其他组织的合法权益造成损害的，该行政机关为赔偿义务机关。两个以上行政机关共同行使行政职权时侵犯公民、法人和其他组织的合法权益造成损害的，共同行使行政职权的行政机关为共同赔偿义务机关。

除了法律法规规定税务机关对纳税人权利保护之外，有关纳税人权利行政保护的大量规则源于税务机关发布的税务规范性文件。最明显和最直接的是 2009 年国家税务总局发布《纳税人权利与义务公告》①，明确了纳税人权利的内涵、法律依据以及行使方式，但是由于文件效力层级过低，对纳税人权利保障有限，纳税人权利的实现仍然面临诸多障碍。2013 年发布《关于加强纳税人权益保护工作的若干意见》。这些规范性文件对现阶段保护纳税人权利发挥着重要作用，尤其是税收执法中，有助于约束税务机关对纳税人的恣意行为。国家税务总局印发的《全面推进政务公开工作实施办法》规定了推进纳税人权利义务公开。要求税务机关积极宣传纳税人的权利和义务，重点宣传纳税人享有的申请减免税、延期申报纳税、申请行政复议、提起行政诉讼、检举和取得赔偿等权利，使纳税人全面、准确了解其法定权利和义务。公开税收执法过程中有关回避、听证等程序，保障纳税人在接受税收执法过程中的各项法定权利。

国家税务总局关于印发《"十三五"时期税务系统全面推进依法治税工作规划》的通知，总体要求的工作思路部分提出：以约束税务机关权力、保护纳税人权利为重点，最大限度规范税务人、最大限度便利纳税人，促进税法遵从和税收共治，在更高层次更高水平上推进依法治税，为实现税收现代化提供有力法治保障。根据《国家税务总局关于进一步规范和改进税收执法工作的通知》的规定，税务机关需要事前明责晰权，规范执法，减轻纳税人负担，完善执法程序，规范裁量权，强化执法监督，维护纳税人合法权益。

为了防止地方各级税务机关通过制定发布规范性文件从而侵犯纳税人的合法权益，国家税务总局于 2017 年发布的《税收规范性文件制定管理办法》规定：所称税收规范性文件，是指县以上税务机关依照法定职权和规定程序制定并发布的，影响税务行政相对人权利、义务，在本辖区内具有普遍约束力并反复适用的文件。同时规定，税收规范性文件不得设定税收开征、停征、减税、免税、退税、补税事项，不得设定行政许可、行政处罚、行政强制、行政事业性收费以及其他不得由税收规范性文件设定的事项。经国务院批准的设定减税、免税等事项除外。

---

① 2011 年，国家税务总局发布的《纳税人权利与义务公告解读》，比较详细地解释了纳税人权利与义务公告中列举的各种权利的定义和范围等。

（二）纳税人权利行政保护的主要内容

虽然宪法规定了公民依法纳税的义务，但没有对纳税人合法权益保护设置条款。由于立法上对纳税人权利的规定零碎分散，在实践中纳税人难以准确认识作为纳税人应当享有的权利。2009 年，国家税务总局在《税收征收管理法》基础上整理、细化了其中规定的有利于纳税人的条款规定，发布的《关于纳税人权利与义务公告》，是我国税务机关部门首次明确纳税人权利的名称及其基本内涵。由于公告只是对原有法律规定的归纳整理，没有提出税务机关在税收征纳关系中的义务和责任，而且该公告属于税收法规性文件，无权创设法定意义上的纳税人权利，从而没有从根本上解决纳税人权利保护的法律渊源不足的问题。

与此同时，现行的税收征收主要依赖于行政法规和行政程序，使得税收行政机关集立法权和行政权、税收征收权、管理权于一体，税务机关制定的规章和规范性文件缺乏法定性、权威性、稳定性，使得纳税人权利难以得到立法层面的保障。保障纳税人和社会公众的知情权、保密权、参与权、表达权、监督权，推动税收执法权和行政管理权在阳光下运行。

1. 纳税人涉税信息保密权

在税收征收管理过程中，税务机关掌握的纳税人涉税信息越多，做好信息保密工作、保障纳税人隐私权的责任也就越大。纳税人涉税保密信息，是指税务机关在税收征收管理工作中依法制作或者采集的，以一定形式记录、保存的涉及纳税人商业秘密和个人隐私的信息。主要包括纳税人的技术信息、经营信息和纳税人、主要投资人以及经营者不愿公开的个人事项。纳税人的税收违法行为信息不属于保密信息范围。

《税收征收管理法》第 8 条规定，纳税人、扣缴义务人有权要求税务机关为纳税人、扣缴义务人的情况保密。税务机关应当依法为纳税人、扣缴义务人的情况保密。为了规范税务机关对纳税人涉税信息的保密，国家税务总局制定发布的《纳税人涉税保密信息管理暂行办法》，[①] 进一步明确了税收征管法对纳税人涉税信息进行保密的具体要求，在保密信

---

① 根据 2018 年 6 月 15 日国家税务总局发布的《国家税务总局关于修改部分税收规范性文件的公告》（实施时间：2018 年 6 月 15 日），此文件被修订，但主要内容没有变化。

息的使用管理、外部查询等方面都作了详细规定，并且明确了税务机关和有关人员如果未遵守规定而泄露应当保密的纳税人信息所应承担的责任，同时还加大技术研发和投入，有效地防止黑客的入侵和信息的外泄。除法院、检察院、公安、审计机构提出合法的纳税人数据需求，税务机关一律为纳税人信息保密。税务总局通过备忘录等合作协议的形式从第三方收集信息时，均会在合作协议中写明双方不得对外发布，不以任何方式向第三方泄露，不得用于商业目的。此外，行政机关及其工作人员负有对纳税人涉税信息的保密义务，政府工作人员非法泄露保密信息的，应当追究其相应的行政责任和刑事责任。

根据《纳税人涉税保密信息管理暂行办法》，对于纳税人的涉税保密信息，税务机关和税务人员应依法为其保密。除下列情形外，不得向外部门、社会公众或个人提供以下信息：（1）按照法律、法规的规定应予公布的信息；（2）法定第三方依法查询的信息；（3）纳税人自身查询的信息；（4）经纳税人同意公开的信息。税务机关、税务人员在税收征收管理工作各环节采集、接触到纳税人涉税保密信息的，应当为纳税人保密。税务机关内部各业务部门、各岗位人员必须在职责范围内接收、使用和传递纳税人涉税保密信息。对涉税保密信息纸质资料，税务机关应明确责任人员，严格按照程序受理、审核、登记、建档、保管和使用。对涉税保密信息电子数据，应由专门人员负责采集、传输和储存、分级授权查询，避免无关人员接触纳税人的涉税保密信息。除法院、检察院、公安、审计机构提出合法的纳税人数据需求，税务机关一概为纳税人信息保密。目前税务总局通过备忘录等合作协议的形式从第三方收集信息时，均会在合作协议中写明双方不得对外发布，不以任何方式向第三方泄露，不得用于商业目的。

虽然，税收征收管理法规定税务部门有权检查纳税人经营场所，有权查询从事生产、经营的纳税人、扣缴义务人在银行或者其他金融机构的存款账户；可以查询案件涉嫌人员的储蓄存款；而且，这些检查不需要经过专门司法机构特别授权。在涉税信息数字化的时代，税务机关无权侵入纳税人的通信系统。为了防止假冒或截取涉税电子数据，并明确规定了接触涉税信息的身份限制，以降低涉税信息在电子传输过程中的泄露风险。税务机关内部各业务部门、各岗位人员必须在职责范围内接收、使用和传递纳税人涉税保密信息。对涉税保密信息电子数据，应由专门人员负责采集、传输和储存、分级授权查询，避免无关人员接触纳税人的涉税保密信息。纳税人通过税务机关网站提供的查询功能查询自身涉税信息的，必须经过身份认证和识别。纳税人授权其他人员代为查询的，除提交本人查询时应当提交的资料外，还需提交纳税人本人（法定代表人或财务负责人）签字的委托授权书和代理人的有效身份证件原件。抵押权人、质权人申请查询纳税人的欠税有关情况时，除提交本纳税人本人和其委托人或者代理人提交的资料外，还需提交合法有效的抵押合同或者质押合同的原件。

2. 纳税人涉税信息查询权

纳税人的涉税信息并非绝对保密，纳税人的有些涉税信息公开，以及涉税信息查询制度，不仅是实现纳税人对国家税务信息的知情权、为了交易安全而对他人纳税信息的知情，以及对自身纳税信息的知情权的要求，而且是政府信息公开条例的规定的税务机关义务，推进税务部门信息公开促进税法遵从和便利纳税人的重要措施。涉税信息查询，是指税务机关依法对外提供的信息查询服务。可以查询的信息包括由税务机关专属掌握并且可对外提供查询的信息，以及有助于纳税人履行纳税义务的税收信息。涉税信息查询包括社会公众对公开涉税信息的查询和纳税人对自身涉税信息的查询两种类型。

依据《国家税务总局关于发布〈涉税信息查询管理办法〉的公告》，纳税人可以通过网站、客户端软件、自助办税终端等渠道，经过有效身份认证和识别，自行查询税费缴纳情况、纳税信用评价结果、涉税事项办理进度等自身涉税信息。纳税人无法自行获取所需自身涉税信息，可以向税务机关提出书面申请，并提交涉税信息查询申请表、纳税人本人（法定代表人或主要负责人）有效身份证件原件及复印件等合格且必要的材料后，税务机关应当在本单位职责权限内予以受理。纳税人书面申请查询，要求税务机关出具书面查询结果的，税务机关应当出具《涉税信息查询结果告知书》。涉税信息查询结果不作为涉税证明使用。纳税人对查询结果有异议，可以向税务机关申请核实，并提交以下资料：涉税信息查询结果核实申请表，原涉税信息查询结果。相关证明材料。税务机关应当对纳税人提供的异议信息进行核实，并将核实结果告知纳税人。

税务机关确认涉税信息存在错误，应当及时进行信息更正。对于未按规定提供涉税信息或泄露纳税人信息的税务人员，应当按照有关规定追究责任。《国际税收情报交换工作规程》第 27 条规定，税务机关可以将收集情报的目的、情报的来源和内容告知相关纳税人，同时告知其保密义务，并规定了不得告知纳税人的例外情形。《国际税收情报交换工作规程》第 29 条规定，税收情报不得转交或透露给与税收无关的其他人员或部门。

3. 申请延期纳税权

纳税人在特定条件下有权申请延期缴纳税款。根据《税收征收管理法》的规定，纳税人有特殊困难，需要延期缴纳税款的，应当在缴纳税款期限届满前提出申请，省、自治区、直辖市税务机关有权对是否延期缴纳税款作出决定，但是最长不得超过三个月。《税收征收管理法实施细则》规定了特殊困难的情形，包括（1）因不可抗力，导致纳税人发生较大损失，正常生产经营活动受到较大影响的；（2）当期货币资金在扣除应付职工工资、社会保险费后，不足以缴纳税款的。根据《行政强制法》的规定，当事人履行行政决定确有困难或者暂无履行能力的，行政机关应中止执行。这里的"困难"应包括不可抗力，如自然灾害等。在实践中，遇到地震等自然灾害时，国家税务总局会针对受灾地区纳税人统一发布延长申报期限、延长缴税期限、欠税核销等政策规定。纳税人需要延期缴纳税款的，应当在缴纳税款期限届满前提出申请，并报送下列材料：申请延期缴纳税款报告，当期货币资金余额情况及所有银行存款账户的对账单，资产负债表，应付职工工资和社会保险费等税务机关要求提供的支出预算。税务机关应当自收到申请延期缴纳税款报告之日起 20 日内作出批准或者不予批准的决定；不予批准的，从缴纳税款期限届满之日起加收滞纳金。我国没有因纳税人经济困难，给纳税人减税的规定。

4. 陈述、申辩和听证权

税务机关针对检查行为作出的税务决定应当及时告知纳税人、扣缴义务人，纳税人、扣缴义务人有权获知相关事实和理由，并享有陈述和申辩的权利，同时在受到税收处罚时有权依法要求听证。根据 1996 年颁布实施的《行政处罚法》第 31 条的规定，行政机关在作出行政处罚决定之前，应当告知当事人作出行政处罚决定的事实、理由及依据，并告知当事人依法享有的权利。当事人有权进行陈述和申辩。行政机关必须充分听取当事人的意见，对事人提出的事实、理由和证据，应当进行复核；当事人提出的事实、理由或者证据成立的，行政机关应当采纳。行政机关不得因当事人申辩而加重处罚。由于我国行政主导的行政体制，税务机关在税收执法过程中违法处罚、不当处罚的现象时有发生，税务执法人员的执法素质还有待于进一步提高，因此，如果把贯彻行政处罚法与税收执法检查结合起来，在为国家依法征税的同时，维护纳税人合法权益，是税务领域依法行政必须遵循的。

为了按照行政处罚法的规定进行税务行政处罚，国家税务总局制定了一系列有关配套措施，1996 年发布的《税务行政处罚听证程序实施办法（试行）》，从税务行政处罚听证的目的、原则、实体性要件和程序要件等方面，作出了具体规定。根据《税务稽查工作规程》，拟对被查对象或者其他涉税当事人作出税务行政处罚的，向其送达《税务行政处罚事项告知书》，告知其依法享有陈述、申辩及要求听证的权利。被查对象或者其他涉税当事人要求听证的，应当依法组织听证。听证主持人由审理人员担任。听证依照国家税务总局有关规定执行。当事人可以亲自参加听证，也可以委托一至二人代理。当事人委托代理人参加听证的，应当向其代理人出具代理委托书。代理委托书应当注明有关事项，并经税务机关或者听证主持人审核确认。2016 年发布的《税务行政处罚裁量权行使规则》第 19 条规定，当事人有权进行陈述和申辩。税务机关应当充分听取当事人的意见，对其提出的事实、理由或者证据进行复核，陈述申辩事由成立的，税务机关应当采纳；不采纳的，应予说明理由。税务机关不得因当事人的申辩而加重处罚。根据《税务行政复议规则》（2018 修正）第 65 条规定：对重大、复杂的案件，申请人提出要求或者行政复议机构认为必要时，可以采取听证的方式审理；第 66 条规定：行政复议机构决定举行听证的，应当将举行听证的时间、地点和具体要求等事项通知申请人、被申请人和第三人。

5. 纳税人诚实推定权

纳税人的诚信推定权，也被称为无过错推定原则。通常认为，纳税人的诚信推定权，是指税务机关对于纳税人依法进行的纳税申报、设置账簿等行为，都应当被假定为是合法的、准确的，以及纳税人的纳税相关行为应当被推定为合法的、善意的，除非存在相反证据证实并经依法裁定。从实质意义看，诚信推定权是一种信赖利益，但这种信赖又不同于一般意义上的信赖利益保护，前者是指服务型税务机关对纳税人人格尊严的信赖，后者是指纳税人对税务机关及税收法律规定的信赖。①

根据《税收征收管理法》和《刑事诉讼法》的规定，无论是在一般的行政执法行为过程中，还是在刑事侦查过程中，对于所发生的事实行为，被调查对象都要积极配合。"坦白从宽、抗拒从严"的刑事政策不仅一直贯穿于我国刑事法律程序始末，而且对行政执法程序具有很大的影响，行政执法机关在执法实践中往往将相对人的沉默视为"无声的对抗"，甚至要求"自证其罪"。我国税收征收管理程序法律制度不仅没有明确赋予当事人在税收检查中的沉默权（the right of remaining silent），而且《税收征收管理法》第 56 条规定，纳税人、扣缴义务人必须接受税务机关依法进行的税务检查，如实反映情况，提供有关资料，不得拒绝、隐瞒。

虽然，没有建立国家层面的普遍纳税人诚信推定制度，但一些地方税务机关开展了相关试点，具有进步意义。例如，2009 年厦门地税局出台《对纳税人适用"无过错推定"原则的指导意见》，规定税务机关在没有确凿证据证明纳税人存在涉税违法行为时，首先不应认定或推定纳税人存在涉税违法行为，其次税务机关负有对纳税人涉税违法行为的举证责任，应通过合法手段、法定程序取得证据。而在税务机关作出认定前，纳税人还依法享有陈述权和申辩权，处理时，税务机关则要坚持"疑错从无"原则和处罚得当原则，合理使用自由裁量权。

2015 年 12 月，中共中央办公厅、国务院办公厅印发《深化国税、地税征管体制改革方案》中提出建立促进诚信纳税机制。对纳税信用好的纳税人，开通办税绿色通道，在资料报送、发票领用、出口退税等方面提供更多便利，减少税务检查频次或给予一定时期内的免检待遇。

6. 最低生活保障权

纳税人个人及其所扶养家属维持生活必需的住房和用品不在税务机

---

① 朱大旗、李帅：《纳税人诚信推定权的解析、溯源与构建》，《武汉大学学报》（哲学社会科学版）2015 年第 6 期。

关采取税收强制执行措施或税收保全措施的范围之内，即税款的征收应保留纳税人最低生活所需的财产。各地在具体执行税收强制执行措施和税收保全措施时，也依据法律和有关地方性规定保留纳税人生活必需财产。《税收征收管理法》第 38 条规定，税务机关有根据认为从事生产、经营的纳税人有逃避纳税义务行为的，可以在规定的纳税期之前，责令限期缴纳应纳税款；在限期内发现纳税人有明显的转移、隐匿其应纳税的商品、货物以及其他财产或者应纳税的收入的迹象的，税务机关可以责成纳税人提供纳税担保。如果纳税人不能提供纳税担保，经县以上税务局（分局）局长批准，税务机关可以采取下列税收保全措施：书面通知纳税人开户银行或者其他金融机构冻结纳税人的金额相当于应纳税款的存款；扣押、查封纳税人的价值相当于应纳税款的商品、货物或者其他财产。纳税人在前款规定的限期内缴纳税款的，税务机关必须立即解除税收保全措施；限期期满仍未缴纳税款的，经县以上税务局（分局）局长批准，税务机关可以书面通知纳税人开户银行或者其他金融机构从其冻结的存款中扣缴税款，或者依法拍卖或者变卖所扣押、查封的商品、货物或者其他财产，以拍卖或者变卖所得抵缴税款。个人及其所扶养家属维持生活必需的住房和用品，不在税收保全措施的范围之内。

《税收征收管理法》第 42 条规定：税务机关采取税收保全措施和强制执行措施必须依照法定权限和法定程序，不得查封、扣押纳税人个人及其所扶养家属维持生活必需的住房和用品。《税收征收管理法实施细则》规定：个人及其所扶养家属维持生活必需的住房和用品。税务机关对单价 5000 元以下的其他生活用品，不采取税收保全措施和强制执行措施。税收征管法相关条款所称其他财产，包括纳税人的房地产、现金、有价证券等不动产和动产。机动车辆、金银饰品、古玩字画、豪华住宅或者一处以外的住房不属于税收征管法所称的个人及其所扶养家属维持生活必需的住房和用品。税务机关对单价 5000 元以下的其他生活用品，不采取税收保全措施和强制执行措施。个人所扶养家属，是指与纳税人共同居住生活的配偶、直系亲属以及无生活来源并由纳税人扶养的其他亲属。

针对个人财产和个人生活必需品，有的地方性规定更加具体详细，例如《北京市地方税务局关于印发〈北京市地方税务局实施税收保全措施和强制执行措施管理办法（试行）〉的通知》第17条规定，下列财产不得扣押、查封、冻结：（1）个人及共同居住的配偶、直系亲属或无生活来源而由纳税人扶养的其他亲属维持生活必需的住房、用品和费用。必需的生活费用依照北京市最低生活保障标准确定；（2）单价5000元以下的其他生活用品；（3）被执行人及其所扶养家属完成义务教育所必需的物品；（4）未公开的发明或者未发表的著作；（5）对价值超过应纳税额且不可分割的财物，被执行人有其他可供扣押、查封的财产的，税务机关不可整体扣押、查封；（6）根据《中华人民共和国缔结条约程序法》，以中华人民共和国、中华人民共和国政府名义同外国、国际组织缔结的条约、协定和其他具有条约、协定性质的文件中规定免于查封、扣押、冻结的财产；（7）法律、行政法规或者司法解释规定的其他不得查封、扣押、冻结的财产。

7. 缴纳计算正确税款的权利

根据《税收征收管理法》第52条的规定，因税务机关的责任，致使纳税人、扣缴义务人未缴或者少缴税款的，税务机关在三年内可以要求纳税人、扣缴义务人补缴税款，但是不得加收滞纳金。因纳税人、扣缴义务人计算错误等失误，未缴或者少缴税款的，税务机关在三年内可以追征税款、滞纳金；有特殊情况的，追征期可以延长到五年。在代扣代缴情形下，纳税人通过代扣代缴义务人向税务机关缴纳税款，如果因为代扣代缴义务人的过错导致税款计算从错误或者没有完成税款缴纳，纳税人的纳税义务是否消灭，在税法上没有明确规定。但是，根据法理和税收伦理，扣缴义务人扣缴税款后未缴纳税款的，纳税人的纳税义务应已消灭，税务机关不能再向纳税人追征。

在代征情形下，根据《委托代征管理办法》第22条，因代征人责任未征或少征税款的，税务机关应向纳税人追缴税款，并可按《委托代征协议书》的约定向代征人按日加收未征少征税款万分之五的违约金，但代征人将纳税人拒绝缴纳等情况自纳税人拒绝之时起24小时内报告税务机关的除外。代征人违规多征税款的，由税务机关承担相应的法律责任，并责令代征人立即退还，税款已入库的，由税务机关按规定办理退库手续；代征人违规多征税款致使纳税人合法权益受到损失的，由税务机关赔偿，税务机关拥有事后向代征人追偿的权利。代征人违规多征税款而多取得代征手续费的，应当及时退回。

8. 救济权

根据《税收征收管理法》第 88 条的规定，纳税人、扣缴义务人、纳税担保人同税务机关在纳税上发生争议时，必须先依照税务机关的纳税决定缴纳或者解缴税款及滞纳金或者提供相应的担保，然后可以依法申请行政复议；对行政复议决定不服的，可以依法向人民法院起诉。当事人对税务机关的处罚决定、强制执行措施或者税收保全措施不服的，可以依法申请行政复议，也可以依法向人民法院起诉。《税收征收管理法实施细则》第 100 条进一步细化了税收征管法第 88 条规定的纳税争议，即指纳税人、扣缴义务人、纳税担保人对税务机关确定纳税主体、征税对象、征税范围、减税、免税及退税、适用税率、计税依据、纳税环节、纳税期限、纳税地点以及税款征收方式等具体行政行为有异议而发生的争议。法律规定的行政复议期间一般是 60 日。自 2015 年 5 月 1 日起实施的新修订《行政诉讼法》将一审案件的审理期限从 3 个月延长至 6 个月，二审案件从 2 个月延长至 3 个月，该法同时新增加了一审简易程序，审理期间缩短至 45 天。但税收争议除非争议双方均同意适用简易程序，否则都不属于简易程序的适用范围。据此，通常情况下，税务案件即使经过行政复议和一审、二审程序，能够在 2 年内获得终审判决，达到最好实践。但因为法律同时规定，特殊情况经过批准可以延长复议期间和审理期间，法律没有对延长审理期间作出时间限制，且有些期间不计算入内，所以在某些情况下，案件历经行政复议、一审、二审，可能超过 2 年。

纳税争议需先行完成行政复议程序，才能向法院提起诉讼。纳税人申请复议后，如果复议机构没有在法定期限内作出复议决定的，纳税人可以向法院起诉。纳税争议以外的其他争议，不要求先申请行政复议，纳税人可以选择向法院提起诉讼，或者申请行政复议。《行政复议法》第 9 条规定，公民、法人或者其他组织认为具体行政行为侵犯其合法权益的，可以知道自该具体行政行为之日起六十日内提出行政复议申请；但是法律规定的申请期限超过六十日的除外。因不可抗力或者其他正当理由耽误法定申请期限的，申请期限自障碍消除之日起继续计算。第 17 条规定：行政复议机关收到行政复议申请后，应当在五日内进行审查，对不符合本法规定的行政复议申请，决定不予受理，并书面告知申请人；

对符合本法规定，但是不属于本机关受理的行政复议申请，应当告知申请人向有关行政复议机关提出。除前款规定外，行政复议申请自行政复议机关负责法制工作的机构收到之日起即为受理。第19条规定，法律、法规规定应当先向行政复议机关申请行政复议、对行政复议决定不服再向人民法院提起行政诉讼的，行政复议机关决定不予受理或者受理后超过行政复议期限不作答复的，公民、法人或者其他组织可以自收到不予受理决定书之日起或者行政复议期满之日起十五日内，依法向人民法院提起行政诉讼。第31条规定：行政复议机关应当自受理申请之日起六十日内作出行政复议决定；但是法律规定的行政复议期限少于六十日的除外。情况复杂，不能在规定期限内作出行政复议决定的，经行政复议机关的负责人批准，可以适当延长，并告知申请人和被申请人；但是延长期限最多不超过三十日。行政复议机关作出行政复议决定，应当制作行政复议决定书，并加盖印章。行政复议决定书一经送达，即发生法律效力。依据《行政诉讼法》第45条，公民、法人或者其他组织不服复议决定的，可以在收到复议决定书之日起十五日内向人民法院提起诉讼。复议机关逾期不作决定的，申请人可以在复议期满之日起十五日内向人民法院提起诉讼。法律另有规定的除外。

9. 投诉权

2010年，国家税务总局制定了《纳税服务投诉管理办法（试行）》，其目的是维护纳税人合法权益，规范纳税服务投诉处理工作，构建和谐的税收征纳关系。纳税人（含扣缴义务人）认为税务机关和税务人员在纳税服务过程中侵犯其合法权益，可以向税务机关进行投诉。纳税人对税务机关和税务人员在税法宣传、纳税咨询、办税服务以及纳税人权益保护工作方面未按照规定要求提供相关服务，有权进行投诉。其中，对纳税人权益保护的投诉，是指纳税人对税务机关在执行税收政策和实施税收管理的过程中侵害其合法权益而进行的投诉。具体包括：税务机关在税收征收、管理和检查过程中向纳税人重复要求报送相同涉税资料的；同一税务机关违反有关文件规定或者违背公开承诺，在一个纳税年度内，对同一纳税人实施一次以上纳税评估或者进行两次以上税务检查的；税务机关未依照纳税人的请求，对拟给予纳税人的行政处罚依法举行听证的；税务机关扣押纳税人的商品、货物或者其他财产时，未按规定开付收据；查封纳税人的商品、货物或者其他财产时，未按规定开付清单；或者对扣押、查封的纳税人商品、货物或者其他财产未按规定及时返还的；纳税人对税务机关推广使用的系统软件或者推广安装的税控装置的售后服务质量不满意的；税务机关和税务人员有侵害纳税人合法权益的其他行为的。

2015年国家税务总局修订的《纳税服务投诉管理办法》，将其他涉税当事人纳入投诉人的范围，扩大侵害纳税人合法权益投诉的范围，当纳税人认为税务机关及其工作人员在履行纳税服务职责过程中未依法执行现行税收法律法规规定，侵害纳税人的合法权益而进行的投诉。具体包括：税务机关及其工作人员泄露纳税人商业秘密或者个人隐私的；税务机关及其工作人员擅自要求纳税人提供规定以外资料的；税务机关及其工作人员妨碍纳税人行使纳税申报方式选择权的；税务机关及其工作人员妨碍纳税人依法要求行政处罚听证、申请行政复议以及请求行政赔偿的；同一税务机关违反规定，在一个纳税年度内，对同一纳税人就同一事项实施超过1次纳税评估或者超过2次税务检查的；税务机关及其工作人员违反规定强制纳税人出具涉税鉴证报告，违背纳税人意愿强制代理、指定代理的；税务机关及其工作人员违反规定或者违背公开承诺，有侵害纳税人合法权益的其他行为的。2015年12月，中共中央办公厅、国务院办公厅印发《深化国税、地税征管体制改革方案》规定了健全纳税服务投诉机制。要求建立纳税人以及第三方对纳税服务质量定期评价反馈的制度。畅通纳税人投诉渠道，对不依法履行职责、办事效率低、服务态度差等投诉事项，实行限时受理、处置和反馈，有效保障纳税人合法权益。但是，在实践中，还没有建立第三方对纳税服务的评价反馈制度。

2019年再次修改的《纳税服务投诉管理办法》，将投诉范围从纳税人扩大到缴费人、扣缴义务人和其他当事人的合法权益，将税务机关工作人员服务言行、服务质效，以及在履行纳税服务职责过程中侵害其合法权益的行为纳入投诉的范围。

10. 申辩权

根据《税务稽查工作规程》第52条规定，对被查对象或者其他涉税当事人的陈述、申辩意见，审理人员应当认真对待，提出判断意见。对当事人口头陈述、申辩意见，审理人员应当制作《陈述申辩笔录》，如实记录，由陈述人、申辩人签章。根据《税务稽查工作规程》第 54 条规定，审理完毕应当制作《税务稽查审理报告》，其中应当包括被查对象或者其他涉税当事人的陈述、申辩情况。

11. 免于过度执法的权利

尽管，我国《税收征收管理法》第 56 条规定，纳税人、扣缴义务人必须接受税务机关依法进行的税务检查，如实反映情况，提供有关资料，不得拒绝、隐瞒。但是，对于纳税人而言，如果税务机关过度执法，则会导致纳税人疲于应付检查、重复检查、重复提供税务资料、拖延检查时间、对纳税行为设置障碍等，从而在实质上侵犯纳税人的合法权益。为了防止税务机关在税征管中的"报复性"执法，或者因税务机关的工作失当失职，导致过度执法行为，国家税务总局发布了一系列的税收规范性文件，规范税务机关的执法行为。根据《税收征收管理法实施细则》第 86 条规定，税务机关经过法定程序可以将纳税人、扣缴义务人以前会计年度的账簿、记账凭证、报表和其他有关资料调回税务机关检查，但是必须开付清单，并在 3 个月内完整退还；特殊情况下，可将当年账簿、记账凭证、报表和其他有关资料调回检查，但必须在 30 日内退还。

根据《税务稽查工作规程》第 22 条第 4 款规定，检查应当自实施检查之日起 60 日内完成，确需延长检查时间的，应当经稽查局局长批准。根据《税务稽查工作规程》第 55 条第（四）项规定，认为没有税收违法行为的，拟制《税务稽查结论》。根据《国家税务总局关于进一步规范和改进税收执法工作的通知》的规定，税务机关需要事前明责晰权，规范执法，减轻纳税人负担，完善执法程序，规范裁量权，强化执法监督，维护纳税人合法权益。对进户执法事项统筹安排、统一管理、尽可能合并进户执法任务，实行一次进户、统一实施、结果共享。

根据《国家税务总局关于进一步规范税务机关进户执法工作的通知》的规定：税务机关工作人员依法到纳税人、扣缴义务人（以下简称纳税人）生产经营场所实施实地核查、纳税评估、税务稽查、反避税调查、税务审计、日常检查等税务行政执法行为，应当严格遵守法定权限和法定程序，能不进户的，或者可进可不进的，均不进户。在同一年度内，除涉及税收违法案件检查和特殊调查事项外，对同一纳税人不得重复进户开展纳税评估、税务稽查、税务审计；对同一纳税人实施实地核查、反避税调查、日常检查时，同一事项原则上不得重复进户。

根据《推进税务稽查随机抽查实施方案》第二点第（五）项规定，3年内已被随机抽查的税务稽查对象，不列入随机抽查范围。根据《税务稽查工作规程》第41条规定，检查结束前，检查人员可以将发现的税收违法事实和依据告知被查对象；必要时，可以向被查对象发出《税务事项通知书》，要求其在限期内书面说明，并提供有关资料；被查对象口头说明的，检查人员应当制作笔录，由当事人签章。第51条规定，拟对被查对象或其他涉税当事人作出税务行政处罚的，向其送达《税务行政处罚事项告知书》，告知其依法享有陈述、申辩及要求听证的权利。

即使对纳税人违法行为的处理，也应当遵守法律和执法伦理，以纠正税务违法行为作为出发点。根据《国家税务总局关于进一步做好税收违法案件查处有关工作的通知》第一点第（二）项规定，对税收违法企业，实施税务行政处罚时要综合考虑其违法的手段、情节、金额、违法次数、主观过错程度、纠错态度；第（三）项规定，对随机抽查的企业，鼓励其自查自纠、自我修正，引导依法诚信纳税。对主动、如实补缴税款、缴纳滞纳金，或者配合税务机关查处税收违法行为有立功表现的，依法从轻、减轻税务行政处罚。对税收违法行为轻微，且主动、及时补缴税款、缴纳滞纳，没有造成危害后果的，依法不予税务行政处罚。税务机关要根据案件的不同形态实施分类处理，重点查处重大税收违法行为，做到当严则严，该宽则宽，宽严相济，罚当其责，宽严有据，充分发挥税务稽查职能作用，确保法律效果和社会效果的有机统一。

（三）纳税人权利行政保护的实现

不同于行政机关对民事主体的私权保护和对经济法主体的权利的保护，对纳税人权利的行政保护本身存在悖论，即纳税人权利被侵犯的主体不同于民事权利和消费者权利等侵权主体。民事权利的侵权主体一般是民事主体，在特定条件下也可能是行政主体，但一般不是负有权利保护职责的行政主体，消费者权利的侵权主体是与之对应的经营者。然而，纳税人权利的侵权主体往往是税务机关，由侵权主体来保护被侵权人的权利，在表面上看似乎不可能实现，但是从理论和制度构造上而言，纳税人的行政保护不仅可行，而且极其重要。这是由税收征纳关系双方地位和职权职责、权利义务的属性及其交互作用决定的，即征税机关以不侵犯纳税人权利和主动提醒、提示纳税人所享有的权利作为与征税权相对应的义务。

纳税人权利的行政保护是指行政机关和税务执法机关依据法律赋予的行政权履行职责，维护纳税人权利人的合法权益的行为和过程。纳税人权利的行政保护与司法保护共同构成对立法所确认的纳税人权利在实践中的保护。但是，与司法对纳税人权利的保护不同，行政保护的性质是基于行政职权而主动采取的措施，这也决定了行政保护的措施更加直接、迅速，这些行政保护措施主要以纳税服务为遵旨，在纳税环节主动履行对纳税人的法定义务，通过公开征税依据、征税中与纳税人利益相关的信息、保护纳税人的私人信息、接受纳税人合法合理表达诉求的请求等。纳税人权利行政保护的法律依据主要源于行政法和税收征收管理法，通过法律设定税务行政机关的权力，并规范其行使，从而实现对纳税人权利的行保护。

1. 税收征管法中税务机关对纳税人的保护职责

我国税收征管法没有专门规定政府及税务机关保护纳税人的义务和责任，但是，从税收征管法设定的职责中，可以归纳出税务机关对纳税人的保护体现在以下几个方面。

第一，通过限制税务机关征税权，保护纳税人的财产权和公平纳税的权利。《税收征收管理法》第3条规定，税收的开征、停征以及减税、免税、退税、补税，依照法律的规定执行；法律授权国务院规定的，依照国务院制定的行政法规的规定执行。任何机关、单位和个人不得违反法律、行政法规的规定，擅自作出税收开征、停征以及减税、免税、退税、补税和其他同税收法律、行政法规相抵触的决定。《税收征收管理法实施细则》第3条规定，任何部门、单位和个人作出的与税收法律、行政法规相抵触的决定一律无效，税务机关不得执行，并应当向上级税务机关报告。

第二，规定税务机关提供纳税服务义务，从而保护纳税人的知情权。《税收征收管理法》第7条规定，税务机关应当广泛宣传税收法律、行政法规，普及纳税知识，无偿地为纳税人提供纳税咨询服务。

第三，对税务机关及其工作人员行为监督。《税收征收管理法》第9条规定，税务机关应当加强队伍建设，提高税务人员的政治业务素质。税务机关、税务人员必须秉公执法，忠于职守，清正廉洁，礼貌待人，文明服务，尊重和保护纳税人、扣缴义务人的权利，依法接受监督。税务人员不得索贿受贿、徇私舞弊、玩忽职守、不征或者少征应征税款；不得滥用职权多征税款或者故意刁难纳税人和扣缴义务人。第10条规定，各级税务机关应当建立、健全内部制约和监督管理制度。上级税务机关应当对下级税务机关的执法活动依法进行监督。各级税务机关应当对其工作人员执行法律、行政法规和廉洁自律准则的情况进行监督检查。

第四，通过税务机关内部机构分工与监督，防止税务机关的违法行为。国家税务总局应当明确划分税务局和稽查局的职责，避免职责交叉。税务机关负责征收、管理、稽查、行政复议的人员的职责应当明确，并相互分离、相互制约。《税收征收管理法实施细则》第6条规定，国家税务总局应当制定税务人员行为准则和服务规范。上级税务机关发现下级税务机关的税收违法行为，应当及时予以纠正；下级税务机关应当按照上级税务机关的决定及时改正。下级税务机关发现上级税务机关的税收违法行为，应当向上级税务机关或者有关部门报告。

2. 行政强制法与税务行政强制措施中的纳税人保护

我国于2011年通过并实施的《行政强制法》规定的行政强制包括行政强制措施和行政强制执行。行政强制措施是行政机关在行政管理过程中，为制止违法行为、防止证据损毁、避免危害发生、控制危险扩大等情形，依法对公民的人身自由实施暂时性限制，或者对公民、法人或者其他组织的财物实施暂时性控制的行为。行政强制执行是行政机关或者行政机关申请人民法院，对不履行行政决定的公民、法人或者其他组织，依法强制履行义务的行为。《行政强制法》规定的行政强制措施种类包括限制公民人身自由，查封场所、设施或者财物，扣押财物，冻结存款、汇款和其他行政强制措施。行政强制执行的方式有：加处罚款或者滞纳金，划拨存款、汇款，拍卖或者依法处理查封、扣押的场所、设施或者财物，排除妨碍、恢复原状，代履行和其他强制执行方式。

行政强制法颁布实施后，对税务行政执法产生了较大影响，按照该法规定，税收征管法中的"税收保全措施"和"强制执行措施"属于行政强制的范畴。其中，查封、扣押和冻结属于行政强制措施，拍卖、变卖和划拨属于行政强制执行。税务机关在采取查封、扣押、冻结、拍卖、变卖、划拨等行政强制行为时，适用哪些法律及其条款，对纳税人权利会产生不同程度的影响。从《税收征收管理法》与《行政强制法》的适用看，税收征管法属于特别法，而行政强制法属于新法。行政强制在税收征管法中的适用依据主要涉及第 37 条①、第 38 条②、第 40 条③、第 55 条④和第 88 条第 3 款等条款⑤。其中，最常用的条款是第 40 条和第 88 条第三款，分别适用于对税款的行政强制和对处罚的行政强制。

对已采取强制措施的财物进行强制执行时，是否应再次履行催告程序，直接涉及对纳税人知情权及其后续的陈述权、申辩权、听证权等的保护。根据行政强制法第 35 条规定：行政机关作出强制执行决定前，应

---

① 《税收征收管理法》第 37 条规定：对未按照规定办理税务登记的从事生产、经营的纳税人以及临时从事经营的纳税人，由税务机关核定其应纳税额，责令缴纳；不缴纳的，税务机关可以扣押其价值相当于应纳税款的商品、货物。扣押后缴纳应纳税款的，税务机关必须立即解除扣押，并归还所扣押的商品、货物；扣押后仍不缴纳应纳税款的，经县以上税务局（分局）局长批准，依法拍卖或者变卖所扣押的商品、货物，以拍卖或者变卖所得抵缴税款。

② 《税收征收管理法》第 38 条规定：税务机关有根据认为从事生产、经营的纳税人有逃避纳税义务行为的，可以在规定的纳税期之前，责令限期缴纳应纳税款；在限期内发现纳税人有明显的转移、隐匿其应纳税的商品、货物以及其他财产或者应纳税的收入的迹象的，税务机关可以责成纳税人提供纳税担保。

③ 《税收征收管理法》第 40 条规定：从事生产、经营的纳税人、扣缴义务人未按照规定的期限缴纳或者解缴税款，纳税担保人未按照规定的期限缴纳所担保的税款，由税务机关责令限期缴纳，逾期仍未缴纳的，经县以上税务局（分局）局长批准，税务机关可以采取下列强制执行措施：（一）书面通知其开户银行或者其他金融机构从其存款中扣缴税款；（二）扣押、查封、依法拍卖或者变卖其价值相当于应纳税款的商品、货物或者其他财产，以拍卖或者变卖所得抵缴税款。税务机关采取强制执行措施时，对前款所列纳税人、扣缴义务人、纳税担保人未缴纳的滞纳金同时强制执行。个人及其所扶养家属维持生活必需的住房和用品，不在强制执行措施的范围之内。

④ 《税收征收管理法》第 55 条规定：税务机关对从事生产、经营的纳税人以前纳税期的纳税情况依法进行税务检查时，发现纳税人有逃避纳税义务行为，并有明显的转移、隐匿其应纳税的商品、货物以及其他财产或者应纳税的收入的迹象的，可以按照本法规定的批准权限采取税收保全措施或者强制执行措施。

⑤ 《税收征收管理法》第 88 条规定：当事人对税务机关的处罚决定逾期不申请行政复议也不向人民法院起诉、又不履行的，作出处罚决定的税务机关可以采取本法第 40 条规定的强制执行措施，或者申请人民法院强制执行。

当事先催告当事人履行义务，催告应当以书面形式作出。在法律适用上，为了保护纳税人的知情权，应当依据税收征管法和行政强制法进行两次催告。

3. 行政处罚法对纳税人权利的保护

我国《税收征收管理法》设定的纳税人承担法律责任的情形众多，涵盖了税务登记、账簿凭证管理、纳税申报、税款征收、税务检查等税收征管各环节。由于我国税法理论和立法坚持国家主义立场和导向，强调税收的强制性、无偿性和固定性，这导致税务机关代表国家在行使征税权的过程中拥有广泛的权力，其中最具强制性和威慑力的权力就是行政处罚权及税务行政处罚裁量权。税务机关有权根据法律、法规和规章的规定，综合考虑税收违法行为的事实、性质、情节及社会危害程度，选择处罚种类和幅度并作出处罚决定。税务行政处罚权及其裁量权的来源除了法律法规之外，税务规章也可以设定处罚裁量权。税务机关作为行政机关，拥有税务行政处罚权。根据《行政处罚法》和《税收征收管理法》的规定，税务行政处罚的种类包括：罚款，没收违法所得、没收非法财物，停止出口退税权，以及法律、法规和规章规定的其他行政处罚。

《行政处罚法》既是税务行政机关行使行政执法权的依据，也是约束税务机关滥用税务行政处罚权的基本规则。在保护税务行政相对人权利方面，《行政处罚法》对纳税人权利的保护主要在以下几个方面：第一，处罚依据和程序法定，并保障纳税人的知情权。没有法定依据或者不遵守法定程序的，行政处罚无效。行政处罚遵循公正、公开的原则。设定和实施行政处罚必须以事实为依据，与违法行为的事实、性质、情节以及社会危害程度相当。对违法行为给予行政处罚的规定必须公布；未经公布的，不得作为行政处罚的依据。行政机关在作出行政处罚决定之前，应当告知当事人作出行政处罚决定的事实、理由及依据，并告知当事人依法享有的权利。第二，保护纳税人的陈述权、申辩权。公民、法人或者其他组织对行政机关所给予的行政处罚，享有陈述权、申辩权；对行政处罚不服的，有权依法申请行政复议或者提起行政诉讼。公民、法人或者其他组织因行政机关违法给予行政处罚受到损害的，有权依法提出赔偿要求。税务行政处罚作出前，未充分保障纳税人的陈述、申辩权的，税务行政处罚决定无效。行政机关在作出行政处罚决定之前，应当告知当事人作出行政处罚决定的事实、理由及依据，并告知当事人依法享有的权利。当事人有权进行陈述和申辩。行政机关必须充分听取当事人的意见，对当事人提出的事实、理由和证据，应当进行复核；当事人提出的事实、理由或者证据成立的，行政机关应当采纳。行政机关及其执法人员在作出行政处罚决定之前，不依法向当事人告知给予行政处罚的事实、理由和依据，或者拒绝听取当事人的陈述、申辩，行政处罚决定不能成立；当事人放弃陈述或者申辩权利的除外。行政机关不得因当事人申辩而加重处罚。《税收征收管理法》第 8 条第 4 款也规定："纳税人、扣缴义务人对税务机关所作出的决定，享有陈述权、申辩权……"第三，保障纳税人的听证权利。处罚决定作出之前，税务机关未充分保障纳税人的听证权利的，税务行政处罚决定无效。《行政处罚法》第 42 条规定：行政机关作出责令停产停业、吊销许可证或者执照、较大数额罚款等行政处罚决定之前，应当告知当事人有要求举行听证的权利；当事人要求听证的，行政机关应当组织听证。根据《税务行政处罚听证程序实施办法（试行）》的规定，"税务机关对公民作出 2000 元以上（含本数）罚款或者对法人或者对其他组织作出 10000 元以上（含本数）罚款的行政处罚之前，应当向当事人送达《税务行政处罚事项告知书》，告知当事人已经查明的违法事实、证据、行政处罚的法律依据和拟将给予的行政处罚，并告知有要求举行听证的权利"。要求听证的当事人，应当在《税务行政处罚事项告知书》送达后三日内向税务机关书面提出听证；逾期不提出的，视为放弃听证权利。当事人要求听证的，税务机关应当组织听证。税务机关应当在收到当事人听证要求后 15 日内举行听证，并在举行听证的 7 日前将《税务行政处罚听证通知书》送达当事人，通知当事人举行听证的时间、地点，听证主持人的姓名及有关事项。第四，税务机关作出行政处罚的审慎义务。为了行政相对人的特别保护，对情节复杂或者重大违法行为给予较重的行政处罚，行政机关的负责人应当集体讨论决定。因而，未经行政机关的负责人集体讨论决定的，该税务行政处罚决定无效。

《行政处罚法》对作为行政相对人的纳税人的间接保护，还体现在该法对行政机关设定的法律责任上。由于《行政处罚法》是全国人民代表大会通过的行政基本法，税务行政机关在行使行政处罚权时应当遵守。《行政处罚法》第五十五条规定：行政机关实施行政处罚，有下列情形之一的，由上级行政机关或者有关部门责令改正，可以对直接负责的主管人员和其他直接责任人员依法给予行政处分：没有法定的行政处罚依据的；擅自改变行政处罚种类、幅度的；违反法定的行政处罚程序的；违反本法有关委托处罚的规定的。行政机关使用或者损毁扣押的财物，对当事人造成损失的，应当依法予以赔偿。

4. 通过行政复议保护纳税人的获得救济权

《行政复议法》的立法宗旨是"防止和纠正违法的或者不当的具体行政行为，保护公民、法人和其他组织的合法权益，保障和监督行政机关依法行使职权"。《行政复议法实施条例》第51条规定，"行政复议机关在申请人的行政复议请求范围内，不得作出对申请人更为不利的行政复议决定"。根据《行政复议法》和国家税务总局发布的《税务行政复议规则》①，税务行政复议机关是指依法受理行政复议申请、对具体行政行为进行审查并作出行政复议决定的税务机关。税务行政复议规则列举了税务行政复议机关受理申请人对税务机关的具体行政行为不服提出的行政复议申请的11中具体行政行为。为了防止复议机关打击报复复议申请人，税务行政复议规则规定，行政复议机关在申请人的行政复议请求范围内，不得作出对申请人更为不利的行政复议决定。按照涉税事项的不同，涉税争议大致可分为纳税争议和非纳税争议两类。纳税争议主要包括确认纳税主体、征税对象、征税范围、减税、免税、退税、税款抵扣、计税依据、适用税率、纳税环节、纳税期限、纳税地点、税款征收方式等具体行政行为，以及税款征收、加收滞纳金，扣缴义务人、代扣代缴、代收代缴、代征行为等；非纳税争议主要是税收保全措施、强制执行措施、税务行政处罚等。

在实践中，税务行政复议是纳税人寻求法律救济的重要途径。因为，按照我国《税收征收管理法》，对于非纳税争议复议申请的，申请期限与一般具体行政行为的申请期限相同，适用《行政复议法》第9条。但是，对于纳税争议，必须按照《税收征收管理法》第88条"……纳税上发生

---

① 2010年2月10日国家税务总局令第21号公布，根据2015年12月28日《国家税务总局关于修改〈税务行政复议规则〉的决定》修正。

争议时，必须先依照税务机关的纳税决定缴纳或者解缴税款及滞纳金或者提供相应的担保”的规定，实行复议前置和纳税前置规则。而且，由于《税务行政复议规则》第33条对纳税争议案件的税务行政复议申请期限规定的往往会产生理解上的歧义①，从而造成各地执行得不一致。税务行政复议申请期限的确定，对于纳税人申请复议和提起税务行政诉讼具有重要影响。根据《行政复议法》第9条第1款的规定，"公民、法人或者其他组织认为具体行政行为侵犯其合法权益的，可以自知道该具体行政行为之日起六十日内提出行政复议；但是法律规定的申请期限超过六十日的除外"。该条款关于行政复议的申请期限包含三个方面：一是行政复议申请期限的起算点是"自知道该具体行政行为之日起"；二是行政复议的申请期限为60日；三是法律规定超过60日的除外，即其他法律可以规定行政复议的申请期限超过60日。

在税务行政复议实践中，行政复议期限的起算时间点和期限长度是影响纳税人通过行政复议和行政诉讼维权的主要争议。尽管，《行政复议法》明确规定了行政复议的期限及其起算点，但是在税务实践中，往往以税务机关出具的《税务处理决定书》所记载的时间为起算点。② 从司法角度，法律、法规规定的行政复议前置程序，侧重保护行政相对人的合法权益，以穷尽行政救济方式，只要提出了行政复议的申请，即可满足规定的程序条件。法律及相关司法解释并没有对此作出必须先行经过行

① 《税务行政复议规则》第33条的规定：申请人申请行政复议的，必须依照税务机关根据法律、法规确定的税额、期限，先行缴纳或者解缴税款和滞纳金，或者提供相应的担保，才可以在缴清税款和滞纳金以后或者所提供的担保得到作出具体行政行为的税务机关确认之日起60日内提出行政复议申请。

② 《国家税务总局关于修订"税务处理决定书"式样的通知》规定，规范的《税务处理决定书》应该载明"自收到本决定书之日起_____日内到_____将上述税款及滞纳金缴纳入库"，"你（单位）若同我局（所）在纳税上有争议，必须先依照本决定的期限缴纳税款及滞纳金或者提供相应的担保，然后可自上述款项缴清或者提供相应担保被税务机关确认之日起六十日内依法向_____申请行政复议"，实践中"自收到本决定书之日起_____日内"所填写的限定期限一般为15日，甚至不排除个别文书短于15日。税务机关作出"15日内"的决定的主要依据是《税收征收管理法实施细则》第73条的规定，即"从事生产、经营的纳税人、扣缴义务人未按照规定的期限缴纳或者解缴税款的，纳税担保人未按照规定的期限缴纳所担保的税款的，由税务机关发出限期缴纳税款通知书，责令缴纳或者解缴税款的最长期限不得超过15日"。但是，从文本理解，《税务处理决定书》并不等同于《限期缴纳税款通知书》。

政复议实体审查的强制性规定。在当前的实践中，纳税人、税务机关和法院都依法行事，而且也意识到行政复议法和税收征管法在行政复议前置上的矛盾和弊端，但是无法加以改变，其根源在于税收征管法。2015年公布的《税收征收管理法修订草案（征求意见稿）》对此作了比较大的修改，即征求意见稿第126条规定："纳税人、扣缴义务人、纳税担保人同税务机关在纳税上和直接涉及税款的行政处罚上发生争议时，可以依法申请行政复议；对行政复议决定不服的，应当先依照复议机关的纳税决定缴纳、解缴税款或者提供相应的担保，然后可以依法向人民法院起诉。对税务机关作出第一款以外的与征收税款金额无关的处罚决定、强制执行措施或者税收保全措施不服的，可以依法申请行政复议，也可以依法向人民法院起诉。"这意味着将现行法规定的"纳税前置"从复议之前移动至诉讼之前，从而在保障纳税人的复议权利与保障国家税款入库之间实现了一定程度上的平衡。2015年5月1日起施行的《行政诉讼法》确立了复议机关参与行政诉讼的"双被告"制度，极大地增加了复议机关审慎履行复议职责的压力。

5. 税务机关内部管理规范与信赖保护

税务机关内部管理不仅是其履行法定义务和自律性规范的要求，对纳税人而言，而且具有信赖保护的作用。在我国行政法和税收征管程序法中，并没有明确规定征税机关的义务。由于公权力掌握着强大的国家机器，所以常常会自觉不自觉地倾轧私权利。在现代社会，"法无授权即禁止"已经成为国家公权力行使的基本法理准则和法治国家通行的法律原则，只有实现了公权力的"法无授权即禁止"，才能更好地实现私权利的"法无禁止即自由"。

九届全国人大二次会议将"实行依法治国，建设社会主义法治国家"载入宪法，从而使依法治国基本方略得到国家根本大法的保障。在此基础上，国务院发布了《国务院关于全面推进依法行政的决定》，将行政机关在行政活动中依法行政作为依法治国基本方略的重要组成部分。由此，税务行政机关的税收征收管理行政活动，也应当按照依法行政和依法行使税收执法权的要求进行。为了加强对税收执法权和行政管理权运行过程的监督，坚持依法治税，巩固文明办税成果，国家税务总局要求在全国税务系统进一步实行文明办税和公开办税。国家税务总局向各省、自治区、直辖市和计划单列市国家税务局、地方税务局印发的《关于在全国税务系统进一步实行文明办税"八公开"的意见》的通知，要求各级税务机关结合实际，采取适当的形式，向纳税人公开《纳税人的权利与义务》，让纳税人全面掌握自己的权利，认真履行法律法规的义务，使征纳双方在法律的保护下，从事税收管理和生产经营活动。该通知中提出的纳税人的权利包括以下九个方面：

（1）享受国家税法法规的减税免税优待。一般可分为两种情况：一种是根据国家经济政策，为支持和鼓励某些产业、产品和经营项目的发展，在税收法规的一定条件和范围内给予的扶持性减税、免税；另一种是纳税有特殊困难或遭受自然灾害，税务机关根据纳税人的申请给予的困难性减税、免税。（2）申请延期申报和延期缴纳税款的权利。《税收征收管理法》规定的纳税人不能按期办理纳税申报，或有特殊困难不能按期缴纳税款的，经税务机关核准，可以延期申报和延期缴纳税款。（3）依法申请收回多缴的税款。纳税人超过应纳税额缴纳的税款，依法允许在3年内申请退款；逾期税务机关不予受理。（4）认为税务机关具有行政行为不当，使纳税人的合法利益遭受损失的，纳税人有权要求税务机关赔偿。（5）纳税人有权要求税务机关对自己的生产经营和财务状况及有关资料等保守秘密。（6）纳税人按法规不负有代收、代扣、代缴义务的，有权依法拒绝税务机关要求其执行代收、代扣、代缴税款义务。（7）纳税人对税务机关作出的具体行政行为有申请复议和向法院起诉及要求听证的权利。（8）纳税人有权对税务机关及其工作人员的各种不法行为进行揭露、检举和控告；有权检举违反税收法律、行政法规的行为。（9）国家法律、行政法规规定的其他权利。

《国家税务总局关于严肃纪律促进廉洁从税的通知》提出，税务部门体现"清廉"的总的要求是要做到"三个禁止"，即执法禁贪、服务禁懒、管理禁散，并制定了十条加强内部管理的具体措施。

执法禁贪措施包括：（1）严禁滥用职权。坚持依法行政、依法征税，规范税收执法，所有执法行为都要于法有据、程序正当。不准收过头税、转引税款；严格执行税收个案批复工作规程等制度，不准擅自设定和违规办理税务行政审批项目；不准违规开展纳税评估、实施税务稽查和进行税务行政处罚；不准违规采取税务行政强制和办理税务行政复议应诉案件。

（2）严禁以权谋私。时刻牢记权为民所赋、利为民所谋，不得用手中的权力谋取私利或小集体利益。不得经商办企业或投资入股、兼职取酬，不得利用职权为亲属经商办企业、办理涉税事宜提供便利条件；不得在信息技术运维服务和推广税控器具中与信息运维服务商相互串通谋利；配偶、子女及其配偶不得在本人管辖的业务范围内从事与税收业务相关的中介活动，不得强行或变相指定税务代理或参与税务代理活动收取费用；不得在基建工程、政府采购、项目管理中干预招标投标、违规暗箱操作、弄虚作假、内外串通；不得跑官要官、买官卖官。（3）严禁吃拿卡要。加强政风行风建设，坚决防止和纠正不正之风。不得利用职务之便接受纳税人和基层出资的旅游、健身、娱乐、宴请等活动安排，收受纳税人和基层赠送的财物以及会员卡、消费卡；不得向纳税人和基层直接或变相索取财物，向纳税人和基层借钱和借占交通通信工具、住房；不得报销私车保险、修理和燃油等应由个人支付的费用；不得向纳税人压价购买商品或赊欠货款。

服务禁懒措施包括：（1）严禁刁难税户。带着感情和责任做好纳税服务工作，不得对纳税人的正当需求敷衍塞责、拖延扯皮，不得无故拒绝受理纳税人申请或受理后以各种借口拖着不办、延时缓办、给了好处才办；不得分次告知应一次性告知的事项，不得对纳税人提出的涉税咨询问题不答复或随意答复，不得对纳税人和社会各界的投诉和举报不受理、不办理；不得对损害纳税人合法权益的问题不纠正、不查处。（2）严禁慢待基层。善待基层、关心基层、服务基层，对基层的困难和矛盾不得熟视无睹。对基层的请示要按规定在限定期限内答复，不得逾期或随意答复。对到上级税务机关办事的基层干部要热情对待，不得居高临下、言语粗暴、态度生硬，甚至不跑、不请、不送、不办事。（3）严禁不务大局。各级税务机关领导干部要增强全局观念，把服务大局作为重要的政治责任，时刻都要紧紧围绕经济社会发展大局做工作。不能就税收论税收，不关心服务当地经济社会发展，不关心服务总局战略要求，不关心服务国家改革开放。不得在服务大局上消极被动，不得在服务大局上光说不做，不得在服务大局上长期拿不出得到认可的意见和建议。

管理禁散措施主要包括：（1）严明政治纪律。严格执行中央关于改进工作作风、密切联系群众的八项规定和税务总局党组贯彻实施办法及其监督办法和零申报制度、税务系统领导班子和领导干部监督管理办法及其实施细则，对违反规定的一律严查重处。坚持科学民主决策，自觉接受群众监督。（2）严格管理要求。切实提高制度执行力，不得对上级税务机关出台的制度规定作选择性、变通性执行。（3）严禁铺张浪费。严格控制"三公"经费支出，不得突破年度预算控制指标。不得违规超标购建、装修办公和业务用房，配置高档办公用品，配备、购买、更换车辆。不得借举办庆典、论坛、税收宣传等活动邀请演艺明星，追求奢华、铺张浪费。不得向基层和纳税人摊派强制购买报刊、书籍。不得借开会、调研、考察、出国、检查、培训之名游山玩水、变相公款旅游。（4）严肃问责追究。各级税务机关领导干部特别是一把手要切实承担起第一责任人的职责，坚持严抓严管，不当"老好人"，不怕得罪人。对违反党纪政纪和管理规定的行为，该批评的批评，该通报的通报，该查处的查处，不纵容、不包庇、不姑息。

虽然，这些要求和具体措施是税务机关的内部管理规范，对外不具有约束力，但是，如果税务机关及其工作人员都能够严格遵守，则有利于保护纳税人权利。而且，执法禁贪和服务禁懒的具体措施，作为税务机关的承诺，应当对纳税人具有信赖利益。依据信赖利益保护原则，行政机关对自己的行为或承诺应诚实守信，不得随意变更。对行政相对人的授益性行政行为作出后，即使发现违法或对政府不利，只要行为不是因为相对人过错造成的，不得撤销、废止或改变；行政行为作出后发现有较严重违法情形可能给社会公共利益造成损失，必须撤销或改变的，行政机关对撤销或改变此种行为给无过错的相对人造成的损失应当给予补偿。信赖利益保护原则所传达的意旨正是，行政相对人基于对行政机关的信赖而取得利益应受保护，而不能被随意剥夺。

6. 税务行政权力清单制度

党的十八大和十八届三中、四中全会提出全面深化改革、全面依法治国总体目标。党的十八届三中全会通过的《中共中央关于全面深化改革若干重大问题的决定》，首次提出推行权力清单制度，依法公开地方政府权力运行流程。作为全面深化改革中的一项重要举措的权力清单制度，是指各级政府及其部门或其他组织（如党委、政协组织等）在对其实际行使的公权力进行全面梳理的基础上，按照一定的类别和流程，以清单和图表等形式公开，并承诺依照清单内容行使权力，遵循"法无授权即禁止"的规范。2014年，国家税务总局就发布了《国家税务总局关于推行税收执法权力清单制度的指导意见》和《国家税务总局关于印发〈推行税务行政处罚权力清单制度工作方案〉的通知》，对法律、行政法规和部门规章设定的税务行政处罚权力事项进行了梳理和确认，发布了首批税务行政处罚权力清单，主要涉及日常税收执法较多的账簿凭证管理、纳税申报和税务检查三个方面。根据税总发〔2014〕162号，税收执法权力清单制度，是指将税务机关行使的对纳税人、扣缴义务人、纳税担保人以及其他税务行政相对人的权利义务产生直接影响的税收执法权力事项，以目录方式列举，并编制权力运行流程图，向社会公开，主动接受监督的执法管理制度。税收执法权力事项，一般可分为税务行政许可、税务行政处罚、税务行政征收、税务行政强制、税务行政检查和其他税收执法权力。

在地方试点和中央部门推进的基础上，2015年3月，中办、国办印发《关于推行地方各级政府工作部门权力清单制度的指导意见》，提出推行地方各级政府工作部门权力清单制度，是党中央、国务院部署的重要改革任务，是国家治理体系和治理能力现代化建设的重要举措，对于深化行政体制改革，建设法治政府、创新政府、廉洁政府具有重要意义。然而，在当下的政治权力结构中，行政系统的"自制控权"则主要通过党政系统"自上而下"的贯彻实施与政治动员方式推进，这似乎已成为转型时期重要的制度变迁逻辑。[1] 权力清单虽发端于地方实践[2]，但其在全国范围的施行显然依托于这一制度逻辑。从行政效能层面看，公布权力清单目录，有利于明确权力边界，增强组织内部的协调性和外部的遵从度，部门内外达成共识，一定程度上可减少不必要的摩擦冲突，降低行政管理和运行成本，提高行政效能。[3] 从行政相对人权利保护层面看，尽管大多数行政行为是赋予义务或限制甚至剥夺权利即侵益性行为，但某些行政行为赋予当事人权利或减免其义务即授益性行为。[4]

---

① 朱新力、余军：《行政法视域下权力清单制度的重构》，《中国社会科学》2018年第4期。

② 2009年，中纪委和中组部在江苏省睢宁县、河北省成安县、四川省成都市武侯区三地进行"县委权力公开透明运行"试点工作，成都市在地方试点期间首次公布了地级市权力清单。

③ 罗亚苍：《权力清单制度的理论与实践》，《中国行政管理》第2015年第6期。

④ 张千帆等：《比较行政法——体系、制度与过程》，法律出版社2008年版，第304页。

在实践中，行政权力及其事项以清单形式向社会公开之后，就形成一种约束，清单之外的，一律不得实施审批，从而实现行政机关遵循"法无授权不可为"的规范。《国家税务总局关于全面推进依法治税的指导意见》，要求积极转变职能，简政放权，推行权力清单、责任清单、负面清单，做到法无授权不可为、法定职责必须为，防止不作为、乱作为。要求税务机关不得法外设定权力，没有法律法规依据不得作出减损纳税人合法权益或者增加其义务的决定。根据权力清单制度的要求，各级税务机关要严格按照权力清单行使权力，不得随意设定和行使税务行政处罚权力。税务权利清单制度，通过规范和约束税务行政权力及其行使，弥补了税务行政管理中纳税人权利保护不足的现象，在当前缺乏纳税人权利保护专门立法的情况下，对于间接保护纳税人权利具有重要作用。

第二节　现阶段纳税人权利行政保护存在的问题

一　税收任务导向下的纳税人权利保护

（一）税收任务的形成和演变

1. 税收计划与税收任务

在1984年工商税制改革的最初几年，国家财税主管部门曾以税收计划的方式确定每一年度的税收额度。在《国务院批转国家税务局关于进一步推进依法治税加强税收管理报告的通知》中，国家税务局向国务院提交的报告中，提出的"当前税收工作又面临着许多新情况、新问题，需要及时加以解决"，认为，在某些地方，应收税款不能按"税、贷、货、利"的顺序及时、足额入库，影响了税收计划的完成。1993年分税制改革后，要求省以下地方税务局在向地方政府报送税收计划、统计报表等的同时，抄送同级国家税务局汇总上报。根据《国务院办公厅关于印发国家税务总局职能配置、内设机构和人员编制方案的通知》，国家税务总局是国务院主管国家税务工作的职能机构，其主要职责包括：负责中央税、共享税及国家指定的税种和基金的征收管理，根据国民经济发展计划和国家预算安排的要求，编制税收长远规划和年度税收计划，努力完成税收任务。国家税务总局内设计划财务司，其职责之一是根据国民经济发展计划和国家预算安排的要求，编制税收长远规划和年度税收计划县以上地方国家税务局每月在向上级税务局报送税收计划执行情况。

推行分税制，国家税务局、地方税务局分设后，在中央与地方的税收征管权配置方面，地方企业税的征收管理是地方税务局的主要工作职责之一。因此，加强地方企业所得税收入的计划考核，确保完成地方企业所得税税收任务是地方财政收入的重要来源。根据《国家税务总局关于加强地方企业所得税征收管理工作的意见》的要求，从1996年起，所有地方企业所得税均应由各级地方税务局负责征收，企业所得税收入应列入地方政府考核的税收计划，切实做好企业所得税收入任务的落实和考核工作，并保证必要的经费和技术设备。各级税务机关对企业所得税收入计划要定期进行分析检查，掌握重点税源的收入进度，并建立相应的考核目标责任制。从1997年到2000年，国家税务总局公开印发的第1号文件就是年度全国税收工作要点，[①] 都提出了税收计划或者税收收入计划。例如，1997年提出"抓好税收计划的落实，建立收入目标岗位责任制"；[②] 1998年提出"完善税收计划分配办法。试行与国内生产总值（GDP）挂钩的方法，以GDP税收负担率作为分配税收计划的基本指标，并参考各种增减因素"；[③] 1999年提出的落实税收计划，甚至还规定了奋斗目标。[④] 在中税务计划下，要求各级税务部门认真抓好计划落实，加强对组织收入工作的指导、检查和考核。2000年税收工作要点关于落税收计划，要求"各级税务机关要坚持抓早、抓紧、抓实、抓出成效的组织收入工作思路，认真抓好计划落实，及时足额地分解收入计划，并建立收入目标责任制，按季安排下达收入目标，抓好税款的均衡入库，防止前松后紧"。

从2000年开始，针对这种以税收任务为导向的税收责任制，从最初

---

① 国家税务总局关于印发《1999年全国税收工作要点》的通知；国家税务总局关于印发《2000年全国税收工作要点》的通知。

② 国家税务总局关于印发《1997年全国税收工作要点》的通知。

③ 国家税务总局关于印发《1998年全国税收工作要点》的通知。

④ 1999年税收收入必保计划9460亿元，比基数增长6.4%；扣除海关代征和证券交易印花税，税收收入必保计划为8755亿元，比基数增长8%；其中，"两税"收入计划4828亿元，比基数增长8.4%。1999年税收收入奋斗目标9610亿元，比基数增长8.1%。扣除海关代征和证券交易印花税，税收收入奋斗目标8905亿元，比基数增长9.9%。

措辞强硬的命令式管理，转向以考核激励为主。国家税务总局印发《国家税务总局系统组织收入工作考核办法（试行）》，国家税务局系统对组织收入工作试行新的办法考核，其目的是提高税收计划管理水平，全面完成税收收入任务。税收收入完成情况考核指标是：（1）收入计划完成率，指当年实际完成税收收入与年度税收计划的比例，用以考核税收收入计划的完成情况；（2）季度收入进度差异率，指季度实际税收收入进度与国家税务总局核定的税收收入目标进度之间的差异程度，用以考核税收均衡入库程度；（3）收入增减率，指当年实际完成税收收入与上年实际完成税收收入的比例，用以考核税收收入的增减变化情况。国家税务总局对年度考核评为"优秀"和"良好"的单位，给予通报表彰；对年度考核评定"较差"的单位，其领导班子成员在年度公务员考核中不得评为"优秀"等次。各省、自治区、直辖市和计划单列市国家税务局可参照本办法，制定本地区考核办法，报国家税务总局备案。在地方层面，2000 年国家税务总局印发的省级国税机关"三定方案"明确省局的主要职责中包括：根据经济税源和国家税务总局下达的税收计划，编制、分配和下达本系统税收收入计划并组织实施。

2001 年以来，国家税务总局不再发布年度税收计划，而是改为税收征收管理战略规划。在国家税务总局印发的《2002—2006 年中国税收征收管理战略规划纲要》中，提出：随着税源监管能力的不断提高，必然带来"重视能力，淡化指标"的工作结果，但在可见的若干年内，税收计划仍有不可替代的作用，不容忽视。但是，税收计划管理仍然是税务机关的工作职责。国家税务总局印发的《国家税务局系统机构改革意见》的通知要求，省（自治区、直辖市）国家税务局（以下简称省局）相应设置内设机构，收入规划核算处的工作职责包括牵头编制年度税收计划。

2. 税务任务的形成和演变

形成于革命战争年代的税收方式，在 1949 年中华人民共和国成立之后得到了延续；而且在计划经济条件下，各方面的工作都依靠计划执行，用以确保国家财政收入的税收更加依赖于计划。因为，无论在革命战争年代，还是社会主义建设时代，我国的财政税收没有采取"量入为出"。税收任务是指国家运用税收工具所要达到的目的，即税收工作担负的特殊使命。在不同社会制度下，由于国家的职能和担负的历史使命不同，税收的阶级性和在国民收入分配中所处的地位与作用不同，因而税收任务有根本上的不同。在我国社会主义制度下，在各个不同的历史时期，由于政治经济形势不同，社会的主要矛盾、国家总的任务不同，税收工作的具体任务也有显著差别。

1950 年，工商税的征收方面，采取分包计税的办法。1953 年 6 月至 8 月，为了贯彻执行过渡时期总路线，中共中央召开了全国财政经济工作会议，周恩来在会议上提出了过渡时期的税收任务和税收政策。当时确定的税收任务是：一方面要能更多地积累资金，有利于国家重点建设；另一方面要调节各阶级收入，有利于巩固工农联盟，并使税制成为保护和发展社会主义、半社会主义经济、有步骤、有条件、有区别地利用、限制、改造资本主义工商业的工具。[①] 我国税收任务，即国家掌握、运用税收工具所要达到的目的，是国家总任务的重要组成部门和实现总任务的物质基础。

根据当时的认识，总任务的具体内容由不同历史时期的社会主要矛盾所决定，反映各条战线、各项工作在社会主义各历史时期的共同矛盾和为解决这些矛盾确定的在人民民主专政条件下的战略任务和总目标、总政策。而税收工作的具体任务则反映了税收战线的具体矛盾和为解决这些矛盾确定的方向、任务和方针、政策。总路线、总任务决定税收工作的具体任务，税收工作的具体任务从属于总路线、总任务，并为实现总任务而服务。税收工作既要始终坚持国家总任务，又必须在总任务指引下，弄清楚税收工作的具体任务，承担并努力完成具体任务。[②] 由于国家职能和税收在国民收入分配中所处的地位与作用不同，税收任务有根本不同。在不同的历史时期，由于政治经济形势不同，社会的主要矛盾、国家总的任务不同，税收任务也有显著差别。在 20 世纪 50 年代初期的国民经济恢复时期，国家税收任务的重点是：保障革命战争供给，平衡财政收支，稳定金融物价，争取国家财政经济状况的根本好转，促进国民经济的恢复和发展。[③]

---

① 薛军、邵宝荣、钮允襄：《当代中国商业法制》，中国商业出版社 1990 年版，第 101 页。

② 蔺子荣、孙肇琨：《税收理论与实务》，山东人民出版社 1989 年版，第 110 页。

③ 魏如：《中国税务大辞典》，中国经济出版社 1991 年版，第 453 页。

计划经济下的税收计划与税收任务、征税指标管理。在税收学和税务管理中，税收任务是指政府根据国民经济计划指标、财政收支预算、现行税收政策以及客观税源的发展变化情况，对一定时期（一般为一年）税收收入的测算、规划和控制，下达给税务机关的具体数量指标。税收计划是指税务机关根据国民经济计划指标，以现行税法和税收政策为依据，对一定时期（通常为 1 年）的税收收入总额的测算和预测。税收计划由上级税务主管部门层层分解并向下级税务主管部门下达，一旦下达后就要严格执行。上级部门的税收计划下达后，就变成了下级执行部门的税收任务。所谓税收任务，就是上级税务行政机关命令下级税务机关必须完成的税收目的。按照各税种收入，还可以分为中央税收任务和地方税收任务。从税收任务承担主体看，可以分为国务院财税部门国务院的税收任何和下级税务部门对上级税务部门的任务。

依据中共十二大规定的总任务和1982 年 12 月公布的我国宪法规定的国家总任务，在社会主义建设新时期，我国税收工作的任务是：一方面要能在促进经济发展、提高经济效益的基础上，更多更好地积累资金，保证社会主义现代化建设的资金需要：另一方面要有计划地调节收入，兼顾国家、集体、个人三者利益，正确处理积累与消费之间、国民经济各部门、各行业，各单位间，各种经济成分以及地区间，在收入分配中的关系。习惯上也有狭义地把上级分配要完成的税收收入指标称作税收任务的。[1]

（二）税收任务的运行机制

1. 税收任务的确定与实施

每一年度的税收任务确定以后，由上级向下级分解落实。税收任务一直以来就是各级政府以及税务部门行为的"指挥棒"。按照党政领导干部职务任期规定，党政领导的职务每个任期为 5 年；党政领导在任期内应当保持稳定。在经济增长为中心的政绩观下，长期以来，各级政府的"业绩"被简单化为 GDP 增长以及税收增长。政府受"保增长""保稳定""保民生"等一系列政绩考核的压力之下，还会向税务机关下达超过上级机关要求的额外税收任务。显而易见，经济运行情况是变动的，而

---

[1] 经济工作者学习资料编辑部：《税收与财务手册》，经济管理出版社 1987 年版，第 5 页。

税收任务却是相对固定的，一旦确定，就与各级税务机关及其工作人员的职务升迁、福利待遇、评奖评优等工作考核指标联系在一起。在税收任务工作机制的导向下，税务部门每年不仅要完成既定任务，税收收入还要比上一年有所增长。但是，当经济增长有所回落，税收增收任务就会与经济发展实际情况产生脱节，二者脱节越厉害，纳税人就越可能成为税收增收的牺牲品。

为了完成税收任务，税务机关出现"人人身上有任务，个个头上有指标"的税收考核局面，将指标完成情况作为考核税务工作人员的依据，与工资、奖金挂钩，按照征收数额给予奖惩。有的地方对没有完成任务的税务征管人员给予免职或交流调职到穷乡僻壤的惩罚。地方政府官员可能在上级没有施压的情况下也会积极行动。在税收征收上，偏离地方经济发展状况，根据长官意志，盲目设定征收目标；人为"平衡"入库；违规先征后返；甚至按不同口径编制多个账本，做大账目。例如，1991年，获鹿县税务局坚持以法治税，千方百计组织税收收入，大力开展税法宣传和促产增收工作，把税收检查贯穿常年。石家庄市税务局1991年下达获鹿局工商务税任务为5746万元，面对严峻的经济形势和收入形势。各科、所的税务干部，不是悲观和气馁，而是正确分析不利因素，积极寻找有利条件，正视面临的困难，紧紧依靠各级政府，不断加强与有关部门的协作配合，抓大带小，既突出抓重点税源大户，又不放松个体零散税收；从计划分配落实到组织收入的具体措施，一环扣一环，扎扎实实。通过对个体税收的清理整顿，全县完成个体零散税收787.82万元占年任务的112.5%，比上年超收135万元。11月，国家税务局召开紧急电话会议后，全局再次进行动员，许多干部废寝忘食，夜以继日地工作，为完成全年工商税收计划付出了极大的努力。税务局坚持把税收检查贯穿常年，常抓不懈。1991年，全局共组织税收大检查三次，参加检查的税务干部达264人次，检查企业306户次，查出偷漏税款251万元，税务检查室同志，在查处不法烟贩董义德案中，两位年过半百的老同志冒着酷暑，跑遍了两省十三个市、县，行程5000多公里，终于查出董义德一年多来经营额271万元，偷税10万多元的重大案件。通过开展税收检查，不仅保证了全县税收收人的稳定增长，而且严厉打击了偷、抗税者，提高了征管质量，到年底，全局共完成工商务税5846万元，比上年增收

690 万元，增长 13.4%。[①]

2. 税收任务的后果

税收任务机制导致的后果有正反两个方面，其积极意义在于督促各级税务机关完成预定的税收指标，从而实现国家税收逐年增加，其消极意义则是"量出定入"式的税收政策，往往会脱离经济发展的实际，滋生"过头税"，甚至个别地方出现了"抗税事件"。当出现经济不景气，就会导致税收收入减少，此时要完成所谓的"预算"收入，就只能提高实际税负或预征税款，也就是所谓的"过头税"。收"过头税"，被国家税务局认为是一种"寅吃卯粮"的做法，其方法通常有：随意改变纳税期限、扩大增值税和所得税的预交税额、当年尚未实现的销售收入和营业收入征税、为企业尚未实现或虽已实现但未到纳税期限的销售收入和营业收入提供资金纳税、对存在亏损企业征收企业所得税、按人头或土地面积平均摊派税收、跨年度预征税款、不落实税收优惠政策、对个体工商户随意调高定额等。为了治理税务机关收"过头税"，国家税务总局从 1993 年下发《国家税务总局关于加强税款入库管理工作的紧急通知》提出，要严格遵守财金纪律、坚决杜绝和防止征收"过头税"以来，几乎每年都通过印发规范性文件方式强调"不准收过头税"。但是，收取过头税的现象依然存在，即使在国务院连续几年实施减税降费、减轻纳税人税收负担的税收政策下，仍然存在过头税的问题。例如，2019 年国家书税务总局仍然通过印发文件的方式纠正税收征收机关收过头税的问题。《国家税务总局办公厅关于坚持组织收入原则、确保减税降费政策进一步落地见效的通知》中提出：各地税务机关要牢固树立落实减税降费是政治任务、硬任务的理念，强化依法行政意识，严格依法依规征税收费，严肃组织收入工作纪律，严守依法征税底线。坚持做到"三个务必，三个坚决"：务必把该减的税减到位，务必把该降的费降到位，务必把该征的税费依法依规征收好；坚决打击虚开骗税，坚决不收"过头税费"，坚决做好留抵退税工作。

---

① 获鹿县年鉴编辑部编：《获鹿县年鉴》，新世纪出版社 1993 年版，第 315 页。

（三）税收任务的法律本质

1. 税收任务是中央政府与征税机关之间的默示税收契约

税收任务是一种包税制、承包制与行政契约相结合的产物，通过行政契约，中央政府与其税务机关确定税收目标责任，上级税务机关与下级税务机关确定承包责任目标，并通过明示或者默示的契约行使予以确定。包税制（tax farming）是人类历史上古老的一种税务征收方式，最早可以追溯到古希腊时期，使得古希腊人可以不用官僚制度来获得税收。因为，统治者最关心的是如何保障稳定的税收额度，而通过税收承包商确保税收收入则能够满足统治者对税收数量的要求。因此，包税制被采用了相当长的时间，并在古代和中世纪时期得到了广泛应用。在希腊、罗马和拜占庭，税务的征收在很大程度上依赖包税制。包税制在中世纪被继续沿用，或者说得到了恢复。[1] 我国宋代出现包税现象，当时称为"扑买"，即对酒、醋、陂唐、墟市、渡口等捐税，由官府核计应征数额后，招商承包，各承包人可以自行申报包税数额，以申报额最高者为包税人（扑买人）。由包税人与官府订立契约（"要契"）[2]，包税人向官府缴纳保证金（称作"抵当"）后，凭官府授予的征税权征税。元代较为盛行，此后各朝代对一些收入较少的税种采用包税制。[3] 所谓包税制，是指国家将政府的征税活动承包给出价最高的投标者，后者只需要事前付给国家某个定额的租金就可以保留其他的税收收入。直到 19 世纪（甚至到 20 世纪初）之前，包税制都是许多国家运用的最主要的征税机制。虽然，包税制很早就出现在人类历史上。但是，无论是在规模上还是在制度的发展程度上，早期的包税制都没有达到它在近现代时期所起到的影响。在近现代时期，包税制在许多国家都发展成为一个非常重要的征税机制，有些国家政府的大多数收入来自包税制。[4] 近代以来，包税制一直延续，民国时期，对一些税额较小的杂税也实行包税制。在解放战争后期，晋绥革命根据地也曾提倡实施包税制。时任华中局第三书记的邓子恢提出：

---

① ［日］朝仓弘教：《世界海关和关税史》，吕博、安丽、张韧译，中国海关出版社 2006 年版，第 147 页。

② 吴慧主：《中国商业通史》（第 2 卷），中国财政经济出版社 2006 年版，第 759 页。

③ 陆海洋、沈长中：《简明税收辞典》，中国经济出版社 1989 年版，第 93 页。

④ 马骏：《包税制的兴起与衰落：交易费用与征税合同的选择》，《经济研究》2003 年第 6 期。

"在税收干部缺乏的情况下，为控制税源，增加税收，减少征税人员，并达到负担均衡起见，提出一般直接税可以实行包税制。包税制做得好，公私两便；做得不好，也容易发生偏差。国民党政府实行包税制，就形成少数税棍操纵，趁机渔利，流弊极大。我们实行包税制，一定要尽可能直接包给纳税人，避免中间剥削，由他们民主评议，分担税额，完成包税任务。间接税一般不采包税制。直接税中如营业税、所得税、屠宰税、印花税、娱乐税等，都可以试行包税制办法。"①

2. 税收任务对征纳双方都具有硬约束力

1949 年中华人民共和国中央人民政府成立后，包税制被废除。但是保证预算收入是实现国家目标的财力基础。税务机关在一定时期内组织税收收入的奋斗目标，是国家财政预算的重要组成部分。因而，对税收征纳双方都具有约束力，对征税机关而言，完成税收任务是职责所在，对于纳税人而言，是配合征税机关完成的纳税义务。在这种税收计划观念的支配下，从计划经济以来，我国税务机关以税收任务作为税收工作的指挥棒，习惯于采取行政手段开展税收征管工作，而纳税人权利及其保护则让位于完成税收任务的目标。例如，1985 年浙江省台山县实行"划分税种、核定收支、分级包干、一定五年"的财政管理新体制。这种体制就是将工商税收任务下达到区、镇，超额分成；企业收入按第二步利改税下达的留成比例，落实到每一户企业；各项支出指标下达到各单位包干使用的办法。② 实行改革开放政策以后，相继在农业和工商业领域实行承包制，对改革初期的税收任务策略具有一定影响。1987 年全国普遍推行各种形式的承包经营责任制，1988 年 2 月国务院颁发了《全民所有制工业企业承包经营责任制暂行条例》，规定"包上交国家利润，包完成技术改造任务，实行工资总额与经济效益挂钩"。上交利润的方式是企业按照税法纳税，纳税额中超过承包经营合同规定的上交利润额多上交的部分，由财政部门每季返还 80% 给企业，年终结算，多退少补，保证

---

① 邓子恢：《税收工作中若干原则问题（一九四九年八月四日）》，载晋绥革命根据地工商税收史编写组《晋绥革命根据地工商税收史料选编》（上），1984 年，第 67 页。

② 黄剑云：《当代中国的台山：三十八年的光辉历程（1949—1987）》，中国县镇年鉴社1996 年版，第 115 页。

兑现。盈利企业承包的范围是所得税、调节税，此外，其他各项税收一律不得实行承包，而承包所得税又称"利税大包干"，是承包经营责任制的副产品。①

分税制之后，地方政府有了相对独立的征税机关，加之"以支定收"的财政预算制度，县级政府在制定税收任务时只关注能征收多少、如何超额多征、如何"挖掘税源"，并不在意其税收规则或税收方案在多大程度上获得了纳税者的同意和服从，而是基于地方政府的利益和偏好，片面追求税收最大化，把纳税人描述为："总是故意隐瞒其经济条件以及提供虚假信息的逃税者"，从而潜意识地将纳税人视为不遵守规则的对手而非合作者。② 完成税收任务属于工作的法定职责，不一定有特殊的奖励，但是完不成税收任务，一般会对下级税务机关及其相关人员产生不利的后果，这种后果往往包括罚扣福利、奖金甚至工资、职位升迁受阻、相关人员可能会觉得"没有面子"，甚至可能被免除相关职务、不评荣誉称号等。当然，如果超额完成任务，不仅可以得到物质上的奖励，而且还可能在职务升迁、荣誉等方面获得利益。

实际上，当代中国的征税机制，都是税收收入预先定额、层层分包下发的包税制。征税机构和地方政府是作为承包商和代理人角色，被处于委托人位置的中央政府、上级部门要求必须完成一定的财政收入这承包目标，这样导致的一个结果是出现事实上的包税制。税收任务目标的下达和完成，便是这种制度运作的特征。这种包税制在名称上并未被正式承认，却在事实上存在。在中国的税法实践中存在两种背道而驰的规则。"税收法定"要求税务机关按照法律规定来确定并征税，但实践中的"包税制"成为一种事实上的潜规则。因为税收指标的完成与官员的职位直接挂钩，所以相比明面上的规则，事实上的潜规则具有更迫在眉睫的压力。事实上的"包税制"的背后是国家财政收入的保证增长的要求。③

① 叶青、黄运武：《国税流失与94 新税制》，武汉工业大学出版社1994 年版，第263 页。

② 周庆智：《中国县级行政结构及其运行——对 W 县的社会学考察》，贵州人民出版社2004 年版，第241 页。

③ 张学博：《生态治理能力现代化视野下的财税法学前沿问题研究》，中国政法大学出版社2017 年版，第31—32 页。

3. 税收任务不符合税收法定原则

制度化了的税收任务，不仅与经济规模背道而驰，而且不符合税收法定原则的要求，会产生侵犯纳税人权利的现象。由于经济波动，各地财政收入不可能逐年大幅度增加，当财政收入增幅放缓时，各级税务机关为了完成税收任务，就会更多地向民间收取税费。由于，税收收入受诸多因的素影响，其中最主要的因素是经济增长和财政支出，这两个因素都属于宏观经济的范畴。如果在短期内无法改变宏观经济运行的情况下，只有从征收和缴纳两个环节解决完成税收任务的问题。从纳税人层面看，提高纳税人税法遵从度，使其自觉自愿依法纳税，是一种征收成本最低的征税状态，然而，纳税人也是"理性人"，具有自利的动机，所以也会存在逃避缴纳税款的动机。从征税机关层面看，征税机关的积极性和主动性，也是影响税收任务完成的重要因素。所以，为了确保完成税收任务，税务机关往往从纳税人和征税机关两个方面采取措施。从我国的税收实践看，主要有以下措施：

第一，对纳税人进行思想教育。征税机关为了完成甚至超额完成上级下达的税收任务，在经济运行平稳的情况下，由于经济增长了，如果年初确定的税收任务不是特别离谱，普遍完成任务也是不太困难的事情。但是，如果因自然灾害、政治因素、国际因素等经济运行环境恶化，导致经宏观经济下行，或者出现行业性、地区性经济不景气，预期完成当期税收任务有困难的时，税务机关就会早做准备，通过对纳税人"做工作"、进行"爱国守法纳税的思想教育"，"与偷税、漏税现象作严肃的斗争"等措施，完成征收任务。本来，纳税人因经营、资金周转等原因，在特定时期出现欠税，属于正常现象。但是在税收任务导向下，基本上不考虑欠税的原因是纳税人的主观意图还是客观事实。在这种情况下，通行于战争和社会高压管制时期的思想政治工作，就成为说法纳税人缴税的"法宝"。这种思想教育的具体形式多种多样，可以是革命理想教育，或者"软磨硬泡"式的说服教育。

第二，提高税务工作者政治水平。与针对纳税人进行的做工作相对，提高税务工作者的政治水平也是完成税收指标的重要因素。因为，在有些情况下，完成税收指标就是一种必须完成的"政治任务"。从税收任务考核的角度看，税收任务完成情况，首先是税务工作者的责任。例如，曾任财政部税务总局副局长的崔敬伯曾经说过：税务工作者要做好自己的工作，恪守自己的职责，就必须"提高自己的政治业务水平，使政治与业务结合，理论与实际结合，展开批评与自我批评，反对骄傲自满的情绪，并在执行财政纪律上，尽到自己应尽的责任"。税务工作者，光是尽到自己应尽的责任还不够。他们必须"认识财政工作（包括税务工作）是一种综合性的关系到各方面的政治工作，必须服从党和政府的领导，必须依靠广大人民群众的支持，取得其他部门的配合和帮助，才能做好工作。而各级党委和政府对于财政工作领导的加强，经常关心和检查他们的工作，始终是我们完成财政工作任务的保障"，这对税务工作来说，是更为重要的。[1] 在财政收支缺口较大的年份，税务工作者不仅要有清醒的认识和饱满的精神，而且还要通过挖掘潜力，解决税收任务重的难题。例如，在1993年7月20日召开的全国税务局长会议上，时任国家税务总局局长金鑫做了题为《坚决贯彻中央重要决策为加强宏观调控确保完成全年税收任务而奋斗》的讲话，指出：国家财政紧张状况加剧是当前经济发展中的一个突出矛盾。对此，各级税务机关必须保持清醒的认识，在上半年收入进度基本正常的基础上，认真分析工作中存在的问题，再鼓干劲，确保完成今年的税收任务。在组织收入工作中，有一种倾向需要引起我们的重视，就是有地方满足于完成任务，在收入进度比较正常的情况下，没有采取积极措施，深入挖掘潜力。不能把工作目标仅仅定在完成任务上，而应做到严格执行政策，应收尽收，力争全年超额完成年初确定的计划指标。[2]

二　税收征纳制度设计不利于纳税人维权

一直以来，我国税收征纳制度设计以税款征收为核心任务，从制度设计之初就忽略了纳税人权利。进而，税收立法、税费改革侧重于抓财政收入，以增加税收收入为主要目标，制度的设计者就缺乏纳税人权益保护的观念和意识，在制度中忽略纳税人权益的保护。这种以国家征税权为中心的税收征管制度，一方面以实现税收收入为核心目标，另一方

---

[1]　崔敬伯：《崔敬伯财政文丛（下）》，中央编译出版社2015年版，第1403页。
[2]　金鑫：《金鑫税收文选（下卷）》，中国税务出版社2008年版，第788页。

面假设纳税人因有利己本能而存在逃避税收的可能。在现实中，纳税人偷税与税务机关反偷税的矛盾长期存在，就其根源来看，与不合理的税制设计有关。在税制理念上，我国的税制以税收的强制性和无偿性为遵旨，以征税权为中心设计税收征纳关系，使得纳税人处于被动地位；在税收立法上，以税收法规、规章为主，即使在落实税收法定原则的背景下进行是税收立法，也主要是将原来的税收法规通过"税制平移"的方式转化为税收立法，其立法理念还是强调国家征税权，税收立法中对纳税人权利的规定不充分；在税种设计上，以间接税为主、直接税为辅，而间接税的负税人并不是税法意义上的纳税人，从而无从享有税法上的额权利；在税收征管制度上，主要采取"以票控税"制度；在税务行政中，源于征税权中心主义的税制设计和征纳主体的权力与权利配置，税务机关既是一般普通的行政机关，拥有普遍的行政权，又是税收行政管理机关，拥有税收征收权和税务管理权，对纳税人的财产拥有查封、扣押、处罚等权力；在税务争议解决方面，税务争议解决途径较少，以行政复议和行政诉讼为主的税务争议解决机制，对设计税收领域的争议，以行政复议为提起行政诉讼的前置程序，以缴清税款为申请行政复议的前置程序，由此妨碍了纳税人行使救济权。

（一）税务行政权与纳税人权利不平衡

从 1949 年到 1978 年，由于实行高度集中的计划经济体制和公有制，在当时的统收统支财政体制下，国家财政收入主要源于企业利润和农业税。加之，受"非税论"的影响，税制不断被简化，而且极其简单，企业没有独立的财产权，私人没有财产，几乎没有纳税义务，也就没有偷逃税的动机。在税收征纳关系中，以税务机关的征税权力为核心，纳税人处于配合地位。1950 年 12 月 19 日公布并施行的《屠宰税暂行条例》规定，凡屠宰猪、羊、牛等牲畜者，均依本条例之法规：缴纳屠宰税。①根据条例设定的违章、违法行为的事项，纳税人没有任何权利，即使因不依法规申报登、私宰牲畜及私运、私售肉类、伪造税证、戳记或违禁

---

① 《屠宰税暂行条例》第 2 条规定：自养、自宰、自食的牲畜，免纳屠宰税；如有出售者，其出售部分，仍应纳税。

宰杀而受处罚的，没有任何救济途径。在农业税方面，农业税以农业收入为征税对象、以常年产量为计税依据，在农业合作化以前，实行以农户为单位缴纳农业税的办法，农业合作化以后，农民的土地以及其他主要生产资料所有权主体转变为集体经济组织，由农业合作社统一经营、收入统一分配。① 1958 年颁布的《农业税条例》的纳税人实际上由过去的"户"改为了"社"。在农村家庭联产承包制改革之前，以农业合作社、国营农场、地方国营农场和公私合营农场等单位为主要的纳税人，农村家庭联产承包制改革之后，个体农民，即以"户"为纳税人。而且，省、自治区、直辖市人民委员会为了办理地方性公益事业的需要，经本级人民代表大会通过，可以随同农业税征收地方附加。其征税动力源于县、乡级人民政府，使得偷逃农业税的可能极低。在工商业方面，1958年 9 月 11 日全国人大常委会第一〇一次会议通过的《工商统一税条例（草案）》，将"一切从事工业品生产、农产品采购、外货进口、商业零售、交通运输和服务性业务的单位或者个人"，作为工商统一税的纳税人，在征纳双方关系上，该条例第 13 条规定：纳税人和税务机关要充分发挥协作办税的精神，纳税人应当正确及时地缴纳税款，并且主动地提供税务机关所需要的资料；税务机关应当积极辅助纳税人办理纳税，并且及时处理纳税人提出的有关改进税收的意见。总之，在计划经济时期，纳税人观念淡薄，而且在当时"以阶级斗争为纲"的指导思想下和"无产阶级专政下继续革命"理论下，税务机关与纳税人之间的争议属于"人民内部矛盾"，纳税人权利无从谈起。

　　在实体立法方面，在 1980 年颁布的《中外合资经营企业所得税法》和《外国企业所得税法》中，除规定相应的税收优惠政策外，没有涉及纳税人权利的规定。在税收程序立法方面，1986 年国务院发布的《税收

---

　　① 毛泽东同志在 1957 年 2 月 27 日召开的最高国务会议第十一次（扩大）会议上的讲话："在生产问题上，一方面，合作社经济要服从国家统一经济计划的领导，同时在不违背国家的统一计划和政策法令下保持自己一定的灵活性和独立性；另一方面，参加合作社的各个家庭，除了自留地和其他一部分个体经营的经济可以由自己作出适当的计划以外，都要服从合作社或者生产队的总计划。在分配问题上，我们必须兼顾国家利益、集体利益和个人利益。对于国家的税收、合作社的积累、农民的个人收入这三方面的关系，必须处理适当，经常注意调节其中的矛盾。国家要积累，合作社也要积累，但是都不能过多。"参见《关于正确处理人民内部矛盾的问题》，《人民日报》1957 年 6 月 19 日。

征收管理暂行条例》，其立法目的是"保障国家税收法规、政策的贯彻实施，加强税收征收管理，确保国家财政收入"，并且将条例的解释权授予财政部，从而更加强化了税务主管部门的税收权力。在国家税务总局对各省、自治区、直辖市和计划单列市国家税务局、地方税务局下发的通知中，要求各级税务部门要牢固树立依法治税观念，克服"仁慈"观点，排除各种干扰，严格执行政策，做到"铁石心肠、铁面无私、铁的手腕、铁的纪律"，维护税法的严肃性。这种措辞强硬地要求各级税务机关"严格依法征税"的命令，其实并非单纯要求以法律为征税依据，而是在落实税收计划的背景下，要求各级税务机关以确保完成既定的税收收入必保计划，甚至实现年度税收收入的"奋斗目标"。[①] 与之相适应的是建立一种"强有力的税收征管保障"机制，这种机制不仅需要一定规模的征税机关和人员，而且，与给税务机关配备足够人员同样重要的是赋予税务机关各项权力，包括必要的检查权以及扣留变卖资产、采取其他强制执行措施的权力。[②]

这种以征税为中心的税法立法思路和惯例，一直延续到 1992 年。1992 年颁布的《税收征收管理法》奠定了我国现代税收征管法制化的基础，该法虽然没有扭转以征税权和税收行政权为中心的税收程序法，也没有明确规定纳税人的权利，但是其进步意义在于开始在立法上有意识地限制税务机关的权力，例如其第 3 条规定："收的开征、停征以及减税、免税、退税、补税，依照法律的规定执行；法律授权国务院规定的，依照国务院制定的行政法规的规定执行。任何机关、单位和个人不得违反法律、行政法规的规定，擅自作出税收开征、停征以及减税、免税、退税、补税的决定。"其第 6 条规定："税务人员必须秉公执法，忠于职守；不得索贿受贿、徇私舞弊、玩忽职守、不征或者少征应征税款；不得滥用职权多征税款或者故意刁难纳税人和扣缴义务人。"而且，在税务管理、税款征收、税务检查等环节，对纳税人的利益有所考虑，征税权的绝对权威和绝对强制力在一定程度上有所缓和。从 1992 年市场化改革和进一步对外开放以来，相比于之前，国家法治化进程取

---

① 国家税务总局关于印发《1999 年全国税收工作要点》的通知。

② 国务院《关于整顿税收秩序加强税收管理的决定》第 5、6 条。

得明显进步。2001 年修订后的《税收征收管理法》，第 8 条集中规定了纳税人、扣缴义务人的权利，这些权利可以归纳为：知情权、保密权、税收优惠权、陈述权、申辩权和申请行政复议权、提起行政诉讼权、请求国家赔偿权，以及对税务机关、税务人员的违法违纪行为的控告权和检举权。

2001 年我国加入世界贸易组织后，对外开放程度加深，逐渐融入国际经济循环并积极倡导和参与经济全球化，为了适应国际经贸规则，我国在私权保护、纳税人权利保护等方面取得了显著进步。但是，在税收征管关系中，纳税人处于弱势地位的状况并没有得到彻底改观，纳税人和征管机关之间的权利义务并不均衡。征税机关的权力依然很大，自由裁量权难以受到有效制约，税收核定权甚至不顾及税收事实的存在，不受制约的税收减免权导致税收不公平，进而影响纳税人之间市场竞争的公平。

（二）保护纳税人权利的征管制度设计依然缺失

通过强化税务机关的职权配置来实现税收目的是我国税制设计的出发点。因此，在征管制度上，必然以强化税务机关的权力为重点，而且税收立法过程最关键的法案的实际起草，是由税务机关完成的，这种由执法机关起草所执行的法案的过程，从一开始就确定了税法中的征税机关权力于纳税人权利配置的初始状态。由于没有纳税人的参与，也没有纳税人代表或者独立第三方参与立法的税法征管制度，必然倾向于征税机关的权力，而有意无意地忽视纳税人权利。从税务机关而言，配置强有力的税收征管权是必要的，否则难以实现税收目的。由于长期实行"量出为入""以支定收"的财政管理体制，根据政府支出规模安排政府收入规模。所以，在组织税收收入上，不考虑纳税人的实际情况，也就无从谈纳税人权利和保护纳税人权利的制度了。

纳税人与政府之间的关系应当在法律上具有平等关系，而非权力与服从关系。从世界历史看，纳税人与政府之间的平等观念及其制度，源于英国的自由大宪章，并成为资产阶级革命以来持续了几个世纪的产物，已经成为当今工业文明国家的纳税人坚不可摧的理念。在现代法治社会，任何人的财产和自由都应当受到法律保护，由人民组成并认可的政府的任何行为都应当受到法律的约束，而税收作为人民为自由和公共秩序所付出的代价，征税必须依法行使，税务机关只是代表政府行使征税权。征税权被严格限制，以防止政府征税权的无限扩张，以至于类似古代和中世纪封建国王那样随意征税。因此，在现代文明体制下，纳税人通过其代表协商征税事项，讨论税种、税率、征税范围、征税方式等税收要素，并形成立法，授权政府及其税务机关征税。政府无权确定重要的税收事项，只是按照法律授予的权利依法征税。当然，为了降低征税成本和提高征收率，法律授权征税机关享有较大的权力，诸如强制权、处罚权等，但是这些权力也应当是人民或者代议机构通过立法授予的。当纳税人与征税机关产生涉税争议时，纳税人应当按照征税机关行使法定权力的要求履行纳税义务，之后再向法院提起诉讼，通过司法途径维护权利。

根据党的十八大和十八届三中全会、四中全会精神，尤其是四中全会通过的《中共中央关于全面推进依法治国若干重大问题的决定》，是历史上第一次以法治建设为主题的全会，所通过的决定，是实现法治在国家治理体系和治理能力现代化的重要依托。全面依法治国应当体现和落实在各个行政领域。在税收领域，要坚持中国特色社会主义法治理论和法治原则，落实税收法定，维护税法权威，坚持征纳双方法律面前平等，应当树立依法维护国家税收利益和依法维护纳税人合法权益同等重要的观念。

（三）税务行政权的行使及制约不充分

由于税收的强制性特征，征税机关属于具有强制性的国家公权力机关，在税务管理、税款征收、税务检查等各环节，被授予广泛的权力，这些权力包括税收规章和规范性文件制定权、核定征收权、税收保全权、税收扣押权、税收查封权、税务检查权、行政处罚权、行政复议受理权和决定权等。税务机关的权力涵盖了行政立法、行政执法和行政司法各方面。纳税人与税务行政机关之间实质上的法律地位显著不对等。从国家治理现代化的视角考量，实现税收征管效率与纳税人权利保障之间制度上的平衡，有效提高纳税人的税法遵从度，实现和谐税治，实现国家税收治理现代化的目标，当以限制税务行政机关和行政管理人员的权力边界作为切入点。限制税务行政权力的立法本身，既是对纳税人权利的有效保护，也是税收征管效率与纳税人权利保障之间制度结构上的有效平衡。

在税收征管领域中，强调依法征税的同时，却忽视了对纳税人合法权益的保障，从而加剧了征纳矛盾。纵观我国纳税人权利的现状，在理念上和税法及相关法律制度上，与税收体制比较完善的国家相比，还存在很大的差距，主要体现在以下几个方面。首先，在税收理念上，税收义务观的思想仍然存在。的确，税收观念应该是权利和义务统一体，而我国更多强调的是公民的纳税义务，对公民作为纳税者应享有权利的关注则不够充分。其次，在税收制度的设计上，单纯强调保证国家利益，确保财政收入的总体规模，较少考虑纳税人税负的合理性和适度性，纳税人更多的是被动地接受纳税义务。最后，在税收立法模式上，税法位阶不高，现实中存在大量的税务规章和规范性文件，从而扩大了税务机关的税法解释权和征税实施权。税收的本质特征要求税收立法应采用法律保留的原则，但在我国税收规范上大量的是以行政法规、部门规章甚至内部规范性文件的形式出现，这不仅背离了税收法定原则的基本要求，更与宪法层面的权利保障背道而驰。此外，在立法内容上也存在不完善之处：一方面是对纳税人权利规定的范围尚不够宽泛，很多应有的权利没有从法律上给予规定；另一方面已明确的权利大多过于抽象，没有具体详细的内容，难以将纳税人权利落到实处。①

税务机关税收行为缺乏有效监督制约，也是纳税人权利无法得到有效保护的原因。我国的税务机关的征管权源于税收征收管理法和国务院的授权，而对税务机关征税权的制约，主要以税务机关内部各部分之间的制约和监督管理为主，通过税务机关的稽查、行政复议机制来约束下级税务机关，外部制约主要以党政纪律为主，属于对税务机关工作人员的约束，而非主要约束征税权。在立法和税制设计上，我国的税收征管权力一直处于强制支配地位，纳税人必须被动地服从。税收征收管理的基本理念以"监督、处罚、打击"为主。尽管，随着税收征管法治的完善和征管理念的更新，税务机关也开始提倡纳税服务，但是这种服务，是一种名义上的和象征性的服务。税务机关实际上并未真正树立为纳税

---

① 欧纯智、贾康：《纳税人权益保障：征税权力制约范式考察分析》，《地方财政研究》2017年第2期。

人服务的理念，纳税人本应享受的税收服务发生变质，甚至进一步加剧了税收的不公平。在时间中，有些税务机关为了创收，甚至向纳税人提供强制有偿的税务培训和咨询，从而严重侵犯了纳税人的权益，加重了纳税人的税收负担。同时在税收使用过程中，缺乏必要的知情权和透明度。虽然我国税法规定纳税人有知情权和保密权，但是由于规定过于笼统，且没有相应的制度程序，不具备可操作性。同时决定税款用途的处置权、要求政府预算透明性权利法律也没有予以规定。

习近平总书记在关于党的十八届四中全会《决定》的说明中指出：政府是执法主体，对执法领域存在的有法不依、执法不严、违法不究甚至以权压法、权钱交易、徇私枉法等突出问题，群众深恶痛绝，必须下大气力解决。全会决定提出，各级政府必须坚持在党的领导下、在法治轨道上开展工作，加快建设职能科学、权责法定、执法严明、公开公正、廉洁高效、守法诚信的法治政府。全会决定提出了一些重要措施。一是推进机构、职能、权限、程序、责任法定化，规定行政机关不得法外设定权力，没有法律法规依据不得作出减损公民、法人和其他组织合法权益或者增加其义务的决定；推行政府权力清单制度，坚决消除权力设租寻租空间。二是建立行政机关内部重大决策合法性审查机制，积极推行政府法律顾问制度，保证法律顾问在制定重大行政决策、推进依法行政中发挥积极作用；建立重大决策终身责任追究制度及责任倒查机制。三是推进综合执法，理顺城管执法体制，完善执法程序，建立执法全过程记录制度，严格执行重大执法决定法制审核制度，全面落实行政执法责任制。四是加强对政府内部权力的制约，对财政资金分配使用、国有资产监管、政府投资、政府采购、公共资源转让、公共工程建设等权力集中的部门和岗位实行分事行权、分岗设权、分级授权，定期轮岗，强化内部流程控制，防止权力滥用；完善政府内部层级监督和专门监督；保障依法独立行使审计监督权。五是全面推进政务公开，推进决策公开、执行公开、管理公开、服务公开、结果公开，重点推进财政预算、公共资源配置、重大建设项目批准和实施、社会公益事业建设等领域的政府信息公开。这些措施都有很强的针对性，也同党的十八届三中全会精神一脉相承，对法治政府建设十分紧要。如果税务机关严格按照依法行政、依法征收的要求执行征收权利，则有助于在税收管理实践中保障纳税人权利。

第三节　纳税人权利行政保护的制度建构

一　纳税人权利行政保护的理念创新

（一）树立征纳双方法律地位平等理念

纳税人是市场经济的主体，是社会财富的创造者，是社会进步的主要推动者，也是政府财政收入的主要贡献者。尽管，国家税务总局发布的《关于加强纳税人权益保护工作的若干意见》明确要求：各级税务机关务必按照建设服务型政府和法治政府的要求，转变思想，把征纳双方法律地位平等作为税收法律关系的基本准则，把尊重和保护纳税人的合法权益作为税务机关和税务人员的法定义务，在实际工作中依法有效地保护纳税人的合法权益。但是，在我国的税收立法和税收实践中，纳税人权利长期处于缺失状态。即使 2001 年修订的税收征收管理法中列举了若干纳税人权利，但仍然未能有效保护纳税人利益，纳税人的法律地位一直处于税务机关之下，在税收征纳关系中始终从属于征税机关。

究其原因，这与我国长期以来实行的政治文化和国家制度有关。1956 年年底，生产资料私有制的社会主义改造完成后，我国初步确立了社会主义公有制的经济基础的。国家主义和集体主义思想主导下进行的社会建构和法制建设，在利益关系上，将国家、集体、个人作为各自独立的利益主体，进而强调国家利益和集体利益主义上，个人利益从属于国家利益和集体利益。因此认为，在法律地位上，国家高于集体与个人，集体利益高于个人利益，社会主义的国家利益从根本上反映着人民群众的利益，代表着人类社会发展的方向。在财产权配置上，企业的收益归国家所有，而公民收入普遍较低，加之"平均主义的"分配体系，无法从私人获得工商业税收。当然，始于 1956 年征收了 50 年的农业税则以农村的劳动成果为税源。实行改革开放政策之后，国家财政收入从主要以国有企业利润转向以税收收入为主，但是由于法治建设滞后于经济发展，在"以经济建设为中心""发展是硬道理"等思想的主导下，促进经济增长成为政府的主要任务，从经济增长中获得税收收入，进而将税收收入转化为国家投资和作为维护社会稳定的物质基础，在经济增长与税收收入的循环中，纳税人的权利被搁置起来。这种现象，体现在立法上，就是税收规则的立法位阶低下，在税收授权立法为主的立法模式下，除了几部单行税收立法之外，大多数税收立法属于行政法规，而税收法规再次授权由国家财税主管部门通过制定规章来执行税收法律法规。财税主管部门获得不受制约的税收执法权之后，往往通过规范性文件执行税收政策和税法，导致税法位阶长期处于低位状态。在大量的规章和规范性文件作为规范纳税人行为的依据必然导致税收征纳双方的法律地位不平等、权利义务不对等。

纳税人权利得到有效保护的前提是在国家立法层面树立税收征纳双方的法律地位平等的税收立法理念。征纳双方法律地位平等是税收法律关系的基本准则，也是构建和谐征纳关系的必然要求。征税机关应当尊重纳税人的平等主体地位，在依法向纳税人行使征税权利的同时，也要为纳税人提供优质服务。按照现代社会普遍共识，纳税人与国家在税收法律关系中的法律地位是平等的。因为，国家的税收源于纳税人的私人财产，税务机关代表国家行使征税权，税务机关本身并没有独立的税收利益。在税收征纳关系中，必须将纳税人作为主体，以保护纳税人权利为最终目标。

税务机关与纳税人的法律地位平等，并不意味着减损税务机关的征税权利和降低其征税的权威性，也不会削弱税务机关的征税能力，而是在立法层面明确税务机关的征税权和纳税人权利和义务，税务机关的一切税收征管权力都来源于税法，税务机关是税法的执行机关，而不仅仅是以征收税款。纳税人违反税法规定的，税务机关在法律授权范围内可以采取措施，无权采取超过法律授权范围的强制措施等。从纳税人角度而言，明确的纳税人权利是提高纳税人税收遵从，进而降低税收成本、提高税收实际征收能力。

（二）确立依法公平征税理念

依法公平征税理念是指税务行政过程中税务机关应当依法要求纳税人履行法定的纳税义务，而且应当依法对条件相同的纳税人同等征税。依法征税理念是征税合法性原则的基本要求，而征税合法性原则是税收法定原则的构成要素之一。税收法定原则为国家的征税行为设定了法治理念，即没有法律明文规定不得对单位和个人课以纳税义务，也不得在法律明确规定的税目、税率、纳税时间、纳税地点等税收要素之外变相设定纳税义务。依法纳税是保障纳税人财产权和营业自由的前提，其赋予了每个潜在的纳税人以抵御滥用征税权的权利，体现了税收形式正义。

税收公平理念是公平正义在税收领域的表现。这就要求国家不仅依法征税，纳税人依法纳税，从而在形式上保障税收公平；与此同时，国家征税应当以量能课税和税收公平为原则，权衡纳税人实际的税收承担能力，维护税收实质公平。由于税收是对民事主体施加的无对价的公法上金钱给付义务，因此税法的正当性取决于税收公平负担的落实，即相同税收负担能力的主体应当承担相同的税收义务。税收公平理念不仅体现在税收立法过程及其作为立法结果的税收法律制度中，而且需要通过税收执法来实现。在税收行政层面，公平征税理念体现为对条件相同的纳税人给予公平纳税的权利，征税机关不得在没有法律依据的情况下通过行政规则和行政程序擅自减免某个或者某些纳税人的纳税义务，或者推迟征税。与此情形对应的是，征税机关也不得擅自加重或变相加重某个或某些纳税人的纳税负担。

除了税收征收应当贯彻依法公平征税，还应当在税务行政处罚中体现税收公平原则。2016 年国家税务总局发布的《税务行政处罚裁量权行使规则》，立足同案同罚，围绕处罚公平，规定税务行政处罚所统一适用的裁量基准及税务处罚的执法口径，尽量避免税务处罚有失公平。行使税务行政处罚裁量权，应当遵循公平公正原则，对事实、性质、情节及社会危害程度等因素基本相同的税收违法行为，所适用的行政处罚种类和幅度应当基本相同。在此规则的基础上，有些地方税务机关制定了更加具体的适用办法。例如国家税务总局上海市税务局《上海市税务行政处罚裁量基准适用办法》规定，行使税务行政处罚裁量权应当平等对待税务行政相对人，除法律依据和客观情况变化以外，在事实、性质、情节及社会危害程度等因素基本相同或者相似的情况下，给予基本相同的处理。

（三）尊重纳税人权利救济理念

税收的强制性与无偿性必然引发对纳税人权利的危害，从而引起纳税人的不满与维权，因而赋予纳税人救济的权利与途径，是税收法治的基本要求。然而，根据《税收征收管理法》第 88 条的规定，纳税人、扣缴义务人、纳税担保人同税务机关在纳税上发生争议时，必须先依照税务机关的纳税决定缴纳或者解缴税款及滞纳金或者提供相应的担保，然后可以依法申请行政复议；对行政复议决定不服的，可以依法向人民法院起诉。《税收征收管理法实施细则》第100条将《税收征收管理法》第88条规定的纳税争议解释为：是指纳税人、扣缴义务人、纳税担保人对税务机关确定纳税主体、征税对象、征税范围、减税、免税及退税、适用税率、计税依据、纳税环节、纳税期限、纳税地点以及税款征收方式等具体行政行为有异议而发生的争议。《税收征收管理法》的这一规定被称为纳税争议救济的"双前置程序"，即纳税前置和行政复议前置。这种制度在立法层面不仅赋予税务机关税务行政复议权，而且采取纳税人过错推定的思路，将缴纳税款及其滞纳金或者提供纳税担保作为申请行政复议的前提。在实质上变相剥夺了纳税人对有争议的纳税义务寻求法律救济的机会。如果纳税人因无财力缴纳税款或提供担保，就无法行使申请行政复议的权利；如果纳税人直接提起行政诉讼，则会出现被法院驳回起诉的结果。如果纳税争议确实是由税务机关的过错所致，但因纳税前置的规定使纳税人客观上无法实现对其权利的救济，则既不符合税收法定原则，也不符合行政行为的适当性原则。

在解决纳税争议的实践中，税务机关往往具有主动性，税务机关作出的与纳税权利有关的具体行政行为时，应当充分考虑到现行纳税争议解决中的"双前置程序"。税务机关针对纳税人的具体行政行为，可能会涉及侵害纳税人合法权益的后果，但在"双前置程序"制度修改完善之前，税务机关的具体行政行为会对纳税人造成重大损失，甚至由于无法缴纳税款而不能得到法律救济，从而形成事实上的强制征税。因为，即使税务机关针对纳税人作出的税务行政行为确实违法或者不当，导致纳税人需要缴纳税款和滞纳金之后才能寻求进一步的法律救济，则纳税人只有放弃进行法律救济的机会。但是，对于税务机关而言，纳税人缴纳存在争议的税款及其滞纳金之后，通过行政复议和行政诉讼维权，并没有增加税务机关的执法成本，而是增加了纳税人的维权成本。如果通过维权途径认定税务机关的具体行政行为违法或不当，则需要退还此前已经收取的税款及其滞纳金等，由此导致的退税成本和国家赔偿等费用，都是不必要的损失。因此，在税务行政过程中，税务机关应当尽量避免引发纳税争议，并且尊重纳税人行使救济权。

　　然而，从纳税争议解决的实践看，由于行政复议本身属于行政途径解决纳税争议，复议机关对纳税争议先入为主的倾向性认识，往往会作出偏向于税务机关的决定，加之税务机关内部考核等因素，税务机关对纳税人作出的与纳税有关的具体行政行为往往得不到有效纠正，纳税人权利也难以实现。在法治国家建设中，税务行政机关应当树立纳税人权利意识，明确纳税人对国家负有纳税义务而不是对税务机关负有纳税义务的观念，在征税活动中放弃对纳税人的"有错推定"和打击报复心态。不仅不对纳税人权利救济设置障碍，而且还应当为纳税人寻求权利救济创造条件。

二　纳税人权利行政保护的制度建构

（一）建立税务执法和解制度

　　在西方，和解（reconciliation）原本是一个宗教术语①，后来出现在民商事制度中，例如，1673年的法国《商事条例》规定的破产和解制度。和解制度从民商事领域扩展到公法领域，例如在刑法中，就存在刑事和解制度，是指当事人双方通过对话和协商，谋求以审判以外的方式来解决加害人刑事责任问题。在行政法领域，行政和解制度也被广泛采纳。税务执法中的和解制度也屡见不鲜，例如，2019年12月19日，搜索引擎巨头谷歌同意向澳大利亚税务局支付4.815亿澳元（约合3.27亿美元），从而与该国税务机构就一场旷日持久的税务纠纷达成和解。

　　事实上，税务和解是在世界各国税法法制化形成中发展而来的一项制度，并得到普遍认可，其不仅适用于行政实体法，而且可以适用于行政程序法。行政和解以和解协议的效力为重点。有学者认为，既然行政和解契约的规定旨在消除行政机关作成行政处分时，事实调查不明或调查需费过巨的困境，因而在为数繁杂的税务案件中，应使税务和解契约针对和解的课税事实，而且具有拘束征、纳双方的效力，除有信赖不值得保护或者发现新事实、新证据，应核实课税之情形外，稽征机关不

---

① 在基督教神学中，和解是救赎的要素，是赎罪的结果。和解是神与人类之间因原罪造成的隔阂的终结。约翰·加尔文（John Calvin）将和解描述为人类与上帝之间的和平，这是由于宗教罪过的蔓延和上帝的愤怒所滋生的结果。

得任意推翻该和解契约。①

当前，我国还没有制定关于行政执法和解制度的统一规定，只是在反垄断执法、反倾销执法、证券监管制度中建立了特定领域的行政执法和解制度。执法和解作为一种执法方法，能够发挥提高执法效率、节约行政成本、化解执法纠纷等重要功能，而丰富多样的执法活动和执法场景决定了执法和解的运用不能局限于某一固定模式，需要有多样化的安排。②

（二）规范税务执法公示制度

行政执法公示是保障行政相对人和社会公众的知情权、参与权、表达权、监督权的重要措施。各级税务机关按照"谁执法、谁公示、谁负责"的原则，结合政府信息公开、权责清单公布、"双随机一公开"监管等工作，在行政执法的事前、事中、事后三个环节，依法及时主动向社会公开税务执法信息。涉及国家秘密、商业秘密、个人隐私等不宜公开的信息，依法确需公开的，要作适当处理后公开。发现公开的税务执法信息不准确的，应当及时予以更正。

1. 强化事前公示，保证税务执法源头合法。全面准确及时主动公开税务执法主体、人员、职责、权限、依据、程序、救济渠道等基本信息，随机抽查事项、"最多跑一次""全程网上办"等清单信息，办税指南等办税信息。因法律法规及机构职能发生变化而引起公示信息变化的，应当及时进行动态调整。

2. 规范事中公示，做到税务执法过程公开。税务执法人员执法时要按规定着装、佩戴标识，着装、佩戴标识可能有碍执法的除外；在进行税务检查、调查取证、采取强制措施和强制执行、送达执法文书等执法活动时，必须主动出示税务检查证，向当事人和相关人员表明身份；在税务执法时，要出具执法文书，主动告知当事人执法事由、执法依据、权利义务等内容。办税服务场所要设置岗位信息公示牌，明示工作人员岗位职责、申请材料示范文本、咨询服务、投诉举报等信息。各省（自治区、直辖市、计划单

---

① 葛克昌：《税捐行政法——纳税人基本权视野下之税稽征法》，厦门大学出版社 2016 年版，第 426 页。

② 方世荣：《行政执法和解的模式及其运用》，《法学研究》2019 年第 5 期。

列市）税务机关（以下简称省税务机关）要建立非即办执法事项办理进度查询工作机制，方便当事人实时查询办事进度。主管税务机关要公示定期定额个体工商户核定定额的初步结果等事中执法信息。

3. 加强事后公示，实现税务执法结果公开。税务机关按规定时限、内容和有关要求，向社会主动公开非正常户认定、欠税公告、税收减免、纳税信用等级评定等执法信息，公示税务行政许可决定、行政处罚决定信息。建立健全税务执法决定信息公开发布、撤销和更新机制。已公开的税务执法决定被依法撤销、确认违法或者要求重新作出的，要及时从信息公示平台撤下原执法决定信息。建立行政执法统计年报制度，省以下税务机关应当于每年 1 月 31 日前公开上年度行政执法总体情况有关数据，并报本级人民政府和上一级税务机关。

4. 拓展公示途径，提升税务执法公信力。税务总局依托官方网站建立全国统一的税务执法信息公示平台，推动与政府行政执法信息公示平台的互联互通。税务机关要通过执法信息公示平台、官方网站、政务新媒体、办税服务厅公示栏、服务窗口等渠道，及时向社会公开税务执法信息。

（三）完善纳税服务投诉制度

投诉是一种沟通方式，是双方在交往中，投诉一方对被投诉一方的所作所为不满意，从而向第三方诉说，要求被投诉方改善、补偿或者解释说明，从而平息投诉方的不满和怨气。作为一种沟通方式，投诉在更多的情况下是一种情绪的表达和宣泄，属于非正式的纠纷解决方式。在法律层面，投诉通常体现在民事关系中和行政关系中。在民事关系中，基于法律对被投诉方设定的义务，当投诉方认为被投诉方存在侵犯其合法权益的主观或客观事实时，向被投诉方的监管机关提出意见，表达对被投诉方的不满，例如，消费者向市场监管机构投诉经营者侵犯消费者权益的行为。在行政关系中，一般指相对人对行政机关的行为不满意，而向行政机关内设的专门受理投诉的部门或者行政机关的上级主管部门口头或者书面表不满的行为，例如，纳税人不满税务机关或者其工作人员在税收征管活动中的某些涉及纳税人利益的行为，向受理投诉的部门表达意见并寻求解决诉求，受理投诉的部门受理后进行调查处理的过程。

《国家税务总局关于印发〈纳税服务投诉管理办法（试行）〉的通知》首次为纳税服务投诉提供了规范性依据，但是，由于该办法存在投诉分类界限不清晰、侵害权益投诉的范围窄、投诉处理周期长等问题，2019 年修改的纳税服务投诉管理办法对此进行了完善。根据《纳税服务投诉管理办法》，纳税服务投诉包括：纳税人对税务机关工作人员服务言行进行的投诉；纳税人对税务机关及其工作人员服务质效进行的投诉；纳税人对税务机关及其工作人员在履行纳税服务职责过程中侵害其合法权益的行为进行的其他投诉。对服务言行的投诉，是指纳税人认为税务机关工作人员在履行纳税服务职责过程中服务言行不符合文明服务规范要求而进行的投诉。服务言行不符合文明服务规范要求，是指税务机关工作人员服务用语不符合文明服务规范要求的和行为举止不符合文明服务规范要求的。对服务质效的投诉，是指纳税人认为税务机关及其工作人员在履行纳税服务职责过程中未能提供优质便捷的服务而进行的投诉。侵害纳税人合法权益的其他投诉，是指纳税人认为税务机关及其工作人员在履行纳税服务职责过程中未依法执行税收法律法规等相关规定，侵害纳税人的合法权益而进行的其他投诉。

对依法应当通过税务行政复议、诉讼、举报等途径解决的事项，一般不属于投诉的受理范围。已就具体行政行为申请税务行政复议或者提起税务行政诉讼，但具体行政行为存在不符合文明规范言行问题的，可就该问题单独向税务机关进行投诉。纳税人认为税务机关及其工作人员在履行纳税服务职责过程中未提供规范、文明的纳税服务或者有其他侵犯其合法权益的情形，可以向税务机关进行投诉。纳税人可以通过网络、电话、信函或者当面等方式提出投诉。纳税人对纳税服务的投诉，可以向本级税务机关提交，也可以向其上级税务机关提交。这些投诉措施，对于纳税人表达不满情绪具有积极意义。

当前的纳税服务投诉仍然存在受理投诉的部门"护短"、纳税人存有可能会被税务机关"秋后算账"和"报复"等心理顾虑，与正式纠纷解决机制衔接不畅、事实认定、对被投诉部门的约束力不足等问题。因此，在进一步实践的基础上，还有必要继续完善纳税服务投诉制度，建立公开透明的投诉受理和调查处理程序，探索有独立的第三方受理针对税务机关纳税服务的投诉，并由独立的第三方调查，一旦查证属实，就可以作为纳税人与税务机关进行税务和解的税务事实，也可以作为纳税人起诉税务机关的事实，从而消除投诉受理部门对被投诉方的"护短"现象，以及对纳税人的不公平待遇，从而克服投诉人的心理恐惧和障碍。

（四）提高纳税服务便捷效率

在纳税人合法权益受到侵害问题并未完全得以遏制，随着国家治理策略转移到"科学有效的权力制约和协调机制"上来，税务部门应努力从源头上制约征管权力，维护纳税人合法权益。一直以来，对权力运行的监督和制约有多重的制约范式可供选择：以权力制约权力的视角、以权利制约权力的视角、以法律制约权力的视角、以道德治理制约权力的视角进行论述。这四种权力的制约范式互为补充而非彼此对立；互相贯通而非彼此隔绝；相互依存而非相互排斥。它们共同构成了一个以道德制约为先导、以权力制约为核心、以权利制约为根本、以法律制约为规范的，完整的、有机的权力制约体系。需要从征管权力的内在制约原理入手建构税务部门征管权力的监督和制约机制，以使它们更好地发挥作用。①

---

① 贾康、欧纯智：《创新制度供给：理论考察与求实探索》，商务印书馆 2016 年版，第286 页。

第 七 章

我国纳税人权利的司法保护

第一节　税务行政诉讼制度

自从 1949 年 11 月中央人民政府财政部税务总局组建以来，一直是最主要的征税机关和税务管理机关。1993 年，为了适应分税制改革，国务院发布《关于组建国家税务总局在各地的直属税务机构和地方税务局有关问题的通知》，组建了国家税务局在各地的直属税务局和省级及以下地方税务局，国家税务机关负责这中央税和中央与地方共享税的征收管理，地方税务局负责地方税的征收管理。虽然两种税务局的隶属关系有所不同，但是都属于税务行政机关，拥有税务领域的行政执法权。2018 年 3 月，根据中共中央印发的《深化党和国家机构改革方案》，将省级和省级以下国税地税机构合并，具体承担所辖区域内各项税收、非税收入征管等职责。长期以来，国家税务总局是国务院主管税收工作的直属机构，因而属于行政机关，拥有一般行政机关的行政立法权、行政执法权和行政复议权等。税务机关的行政执法活动，除了应当遵守行政法的相关规定，还应当遵守税收征收管理法的规定。当税务机关及其工作人员在依法履行税务执法职责时侵犯纳税人的合法权益，纳税人可以作为行政执法机关的相对人提起行政诉讼。

对纳税人合法权益的司法保护，首先要求司法机关在行使侦查、刑讯、审判、审判执行时不受法外干涉，接受同级人民代表大会及常委会的监督；其次是通过设置专门的税务司法机构审理和判决涉税犯罪和涉税争讼，提高有效裁决的效率，减少误判，从长远看可设立专门的税务法院和税务检察院，专司涉税刑事案件和税务行政案件的审理，这样做的好处是，既有利于维护税收法律的权威，体现税务司法的特殊性和专门性，又有利于切实维护纳税人申辩、上诉等合法权利的行使，维护法律公正。①

一　税务行政诉讼制度

（一）我国税务行政诉讼的建立和演变

行政诉讼是 18 世纪末才开始出现的一种诉讼制度。行政诉讼兼具解决争议、监督行政和救济相对人三种基本功能。在行政诉讼的各种功能中，救济功能是其最根本的性质和最主要的功能。行政相对人提起行政诉讼，其最根本、最直接的动因是对行政主体实施的违法侵犯自己权益的行政行为不服，其最根本、最直接的目的是请求法院撤销或改变行政主体对自己作出的违法侵犯其权益的行政行为，责令行政主体赔偿自己因其违法侵权行为所遭受的损失，即为自己提供法律救济。可以说，行政诉讼首先是一种行政法律救济制度，是为向相对人提供救济设计的。②

1. 我国行政诉讼制度的建立

中国的行政诉讼制度最早可以追溯到 1914 年 3 月 31 日中华民国政府公布的《平政院编制令》，以及同年 5 月 18 日公布的《行政诉讼条例》。这些法令规定采取平行于普通法院的行政法院制。1932 年 11 月 17 日公布的《行政诉讼法》与《行政法院组织法》沿袭了此前的制度。中华人民共和国成立后，国民党时期制定和实施的法律被视为资产阶级"旧法统"而被废除。从 1949 年到 1990 年《行政诉讼法》颁布实施阶段，尽管在税收立法中零散地确立了纳税人的若干权利，但是由于缺乏行政诉讼法律制度，除个别法律法规规定行政争议可以向法院提起诉讼外，纳税人的实体性权利和程序性权利都几乎得不到有效的司法保护。

1949 年制定的《中国人民政治协商会议共同纲领》第 19 条规定："人民和人民团体有权向人民监察机关或人民司法机关控告任何国家机关和任何公务人员的违法失职行为。"这一规定，为建立行政诉讼制度奠定

---

① 吉林省税务学会：《善治理念下的税收治理问题研究》，中国税务出版社 2016 年版，第119 页。

② 姜明安：《行政诉讼法》，法律出版社 2007 年版，第76 页。

了宪法基础，但是在 40 年的时间里，并没有建立规范化和法制化的行政诉讼制度。在司法制度建构上，1949 年 12 月 20 日发布的经中央人民政府批准公布的《最高人民法院试行组织条例》规定，在最高人民法院设立行政审判处。然而，之后因多种原因，设立行政诉讼制度的计划一直未能实现。1954 年 9 月 20 日，第一届全国人民代表大会通过的《宪法》第 97 条规定："中华人民共和国公民对于任何违法失职的国家机关工作人员，有向各级国家机关提出书面控告或者口头控告的权利。由于国家机关工作人员侵犯人民权利而受到损失的人，有取得赔偿的权利。"这从宪法大法上确定了行政诉讼的原则。但是，由于特殊的历史原因，作为"民告官"的行政诉讼制度并没有被广泛实践。

党的十一届三中全会彻底否定了"以阶级斗争为纲"的错误理论和实践，转向以经济建设为中心，对外经济交往增多，行政行为侵犯民事主体合法权益的现象不断增多。由于当时尚未全面建立诉讼制度，行政诉讼缺乏法律依据。20 世纪 80 年代初步建立诉讼体系时，采取先民事后行政的立法策略，在民事诉讼制度中确立了行政诉讼的法律依据。1982 年 10 月 1 日公布的《民事诉讼法（试行）》第 3 条第 2 款规定：法律规定由人民法院审理的行政案件，适用本法规定。1987 年 1 月 1 日起生效的《治安管理处罚条例》规定，治安行政案件可以向法院起诉。1988 年 9 月 5 日，最高人民法院设立行政审判庭。此后，各级人民法院相继设立行政审判庭，标志着人民法院行政审判工作步入规范化和专业化阶段，从而为我国行政诉讼法律体系的完善和行政诉讼制度的正式确立奠定了基础。

1989 年 4 月 4 日七届全国人大二次会议通过的《行政诉讼法》，相对系统和明确地确立了行政诉讼制度。《行政诉讼法》不是以行政行为所涉及的行政机关和领域划分行政诉讼的类型划分，而是以行政机关对相对人作出的行政行为或者不作为，将受案范围设定为 8 类，分别是：对拘留、罚款、吊销许可证和执照；责令停产停业；没收财物等行政处罚不服的；对限制人身自由或者对财产的查封、扣押、冻结等行政强制措施不服的；认为行政机关侵犯法律规定的经营自主权的；认为符合法定条件申请行政机关颁发许可证和执照。行政机关拒绝颁发或者不予答复的；申请行政机关履行保护人身权、财产权的法定职责，行政机关拒绝履行或者不予答复的；认为行政机关没有依法发给抚恤金的；认为行政机关违法要求履行义务的；认为行政机关侵犯其他人身权、财产权的。在司法中，最高人民法院还制定了相关司法解释①。

2. 我国税务行政诉讼制度的演变

税务诉讼是行政诉讼的重要内容之一，也是纳税人权利保护司法途径和最终方式。税务行政诉讼，即因税务机关的税务执法活动而引起的行政诉讼，是指公民、法人或其他组织认为其合法权益受到税务机关履行其职责时因违法或者不作为而被侵害时，向法院申诉请求撤销或制止违法行为并赔偿其损失的一种救济手段。税务行政诉讼制度相对其他行政诉讼制度而言，其主要区别在于《税收征收管理法》规定的税务行政诉讼清税和复议双前置制度，即"纳税人、扣缴义务人、纳税担保人同税务机关在纳税上发生争议时，必须先依照税务机关的纳税决定缴纳或者解缴税款及滞纳金或者提供相应的担保，然后可以依法申请行政复议；对行政复议决定不服的，可以依法向人民法院起诉"。

我国是税务行政诉讼首先出现在涉外税收争议领域。1980 年颁布的《中外合资经营企业所得税法》《外国企业所得税法》《个人所得税法》中都规定了纳税人同税务机关在纳税问题上发生争议时，必须先按照规定纳税，然后再向上级税务机关申请复议。如果不服复议后的决定，可以向当地人民法院提起诉讼。尽管，当时在税法中规定纳税人不服行政复议决定有权向人民法院提起诉讼，同时各级人民法院根据《法院组织法》设置了经济审判庭等，受理经济行政案件，但是由于多数涉外税收争议仍然依靠行政手段解决。

在税收程序立法领域，1986 年发布的《税收征收管理暂行条例》第40 条规定：纳税人、代征人或其他当事人同税务机关在纳税或者违章处理问题上发生争议时，必须首先按照税务机关的决定缴纳税款、滞纳金、罚款，然后在十日内向上级税务机关申请复议；上级税务机关应当在接到申诉人的申请之日起三十日内作出答复；申诉人对答复不服的，可以在接到答复之日起三十日内向人民法院起诉。这种制度被称为税务行政

---

① 《最高人民法院关于执行〈中华人民共和国行政诉讼法〉若干问题的解释》《最高人民法院关于适用〈中华人民共和国行政诉讼法〉若干问题的解释》同时废止。

诉讼的"双前置程序",即纳税人提起税务行政诉讼必须首先履行两个前置程序,一是税款或者滞纳金、罚金缴纳前置程序,二是申请复议前置程序。由于当时没有颁布专门适用于行政纠纷或者行政争议案件的诉讼程序法。根据1982年10月1日公布的《民事诉讼法(试行)》第3条第2款规定:法律规定由人民法院审理的行政案件,适用本法规定。所以,当时是税务行政纠纷很少由法院审理。

随着20世纪80年代经济体制改革的深入和商品经济的发展,计划经济背景下的财政体制和税收制度已经无法适用新的经济体制,税收在国民经济中的地位越来越重要。但是,偷税漏税现象十分严重,暴力抗税时有发生,而整顿税收秩序,是当时国家治理整顿的一项十分重要的任务。法院以"支持国家税务机关依法行使税收征管职权"的方式,来配合税务机关征税。最高人民法院发布通知,要求各级人民法院积极配合税务机关依法加强税收的征管工作,坚决有效地制止漏税、欠税、偷税、抗税的违法犯罪行为。在审理好税务行政案件中,对纳税人、代征人或其他当事人对税务机关纳税或者违章处理的决定不服向人民法院起诉的案件,人民法院应当严格审查提起诉讼的法定条件,不符合的不予受理。对于事实清楚,适用法律、法规正确的税务处理决定,应予维持;对于实体上处理正确,但程序上有缺陷的税务机关的处理决定,在税务机关补正后,也要维持税务机关有关征税和处罚的决定。对于税务机关根据纳税人(个体工商户)的申报,经过典型调查、测算和民主评议以后,合理确定纳税人应纳税额和缴纳期限,并书面通知纳税人依照执行,纳税人不服向人民法院起诉的,人民法院一般应予维持。[①] 由于个别纳税人的违法行为,征税机关的权力被不断强化,而且由公安、法院、检察院等政法机构支持税务机关的征税行为,进一步恶化了纳税人权利保护的法制环境。

1990年10月1日起施行的《行政诉讼法》,才从立法上确立了行政诉讼制度。但在税务行政诉讼实践中,受案范围仍然偏窄,例如对于税务机关核定征收,没有被纳入法院的受案范围。在《最高人民法院行政审判庭关于纳税人仅对税务机关核定的收入额有异议而起诉的法院应否

---

① 《最高人民法院关于人民法院大力支持税收征管工作的通知》。

受理的答复》中明确提出：你院（新疆维吾尔自治区高级人民法院）新法行〔1991〕48 号请示收悉，经研究答复如下：根据《税收征收管理暂行条例》第 20 条规定，税务机关根据税收法规的规定和纳税人的经营情况，财务管理水平以及便于征收、管理的原则，具体确定税款征收方式。若纳税人在税务机关确定"定期定额"纳税方式后，既对核定的收入额有异议，又对确定的纳税额不服的，可以依据《税收征收管理暂行条例》第 40 条的规定，向人民法院起诉。如果纳税人仅对税务机关核定的收入额有异议向人民法院提起行政诉讼的，人民法院不宜受理。直到 1992 年 9 月 4 日第七届全国人民代表大会常务委员会第二十七次会议通过的《税收征收管理法》，修改了《税收征收管理暂行条例》规定的纳税争议纠纷解决制度①，扩大了税务争议的范围，延长了申请复议的期限；将税务就按处罚决定、强制执行措施和税收保全措施纳入行政复议和行政诉讼的范围，并且规定当事人可以选择行政复议或行政诉讼，在该类纠纷中，行政复议不是行政诉讼的前置程序。但是，在纳税争议纠纷中，仍然沿用 1986 年开始实行的行政诉讼双前置程序。由于《税收征收管理法》及其实施细则对纳税争议的具体内涵未作明确规定，导致在税务行政诉讼实践中，经常出现因纳税主体资格、税务行政诉讼的受案范围、诉讼期间等方面的争议，使得税务行政诉讼在实现《税收征收管理法》第 1 条所确立的"保护纳税人的合法权益"的立法宗旨不能很好地发挥作用。

（二）税务行政诉讼起诉与应诉中纳税人权利

税务行政诉讼分为起诉和应诉两方面。起诉是纳税人形式诉讼权利

---

① 《中华人民共和国税收征收管理法》第 56 条第 1 款规定：纳税人、扣缴义务人、纳税担保人同税务机关在纳税上发生争议时，必须先依照法律、行政法规的规定缴纳或者解缴税款及滞纳金，然后可以在收到税务机关填发的缴款凭证之日起六十日内向上一级税务机关申请复议。上一级税务机关应当自收到复议申请之日起六十日内作出复议决定。对复议决定不服的，可以在接到复议决定书之日起十五日内向人民法院起诉。该法第 56 条第 2 款规定：当事人对税务机关的处罚决定、强制执行措施或者税收保全措施不服的，可以在接到处罚通知之日起或者税务机关采取强制执行措施、税收保全措施之日起十五日内向作出处罚决定或者采取强制执行措施、税收保全措施的机关的上一级机关申请复议；对复议决定不服的，可以在接到复议决定之日起十五日内向人民法院起诉。当事人也可以在接到处罚通知之日起或者税务机关采取强制执行措施、税收保全措施之日起十五日内直接向人民法院起诉。复议和诉讼期间，强制执行措施和税收保全措施不停止执行。

来维护其税收权利的行为，应诉是税务机关参加诉讼回应纳税人诉求的行为。

1. 税务行政起诉

税务行政起诉，即公民、法人或者其他组织认为自己的合法权益受到税务机关具体行政行为的侵害，依法向人民法院提出诉讼请求，要求法院行使审判权，依法裁定事实和法律责任的行为。与民事起诉不同，但与其他行政诉讼相同的是，税务行政诉讼的起诉权是单向的，税务机关等行政机关不享有起诉权，而且也不具有反诉权，只有应诉权，即税务机关只能当被告，不能作为原告。①

税务行政诉讼的原告是认为税务机关具体行政行为侵犯其合法权益的公民、法人和其他组织，包括外国人、无国籍人和其他外国组织。也就是说原告必须是与税收具体行政行为有利害关系的公民和组织，但并不限于税务行政管理的相对人。税务行政诉讼的被告是作出行政处理决定或复议裁决的税务机关；税务行政复议机关改变原税务处理决定的，复议机关是被告；复议机关维持原税务处理决定的，作出具体行政行为的税务机关是被告。国家税务机关工作人员不能成为税务行政诉讼的被告。

2. 税务行政应诉

对于税务行政应诉的理解，与我国的行政诉讼法及其规定的受案范围的变迁有关。早期的行政诉讼的受案范围较窄，仅限于具体行政行为。1995 年公布的《国家税务总局关于税务行政应诉工作规程（试行）》第 2 条将税务行政应诉确定为：是指纳税人和其他税务当事人不服税务机关作出的具体行政行为，向人民法院提起诉讼，税务机关依法参加诉讼的活动。2017 年国家税务总局发布的《税务行政应诉工作规程》，代替了 1995 年的应诉规程，新发布的规程第 2 条规定：税务行政应诉是指公民、法人或者其他组织认为税务机关的行政行为侵犯其合法权益，依法向人民法院提起诉讼，或者人民检察院依法提起税务行政公益诉讼，税务机关依法参加诉讼的活动。与 1995 年的规程相比较，新发布的规程是依据最新的《行政诉讼法》《税收征收管理法》以及《国务院办公厅关于加

---

① 朱为群：《税法学》，立信会计出版社 2006 年版，第 525 页。

强和改进行政应诉工作的意见》《国家税务总局关于进一步加强和改进税务行政应诉工作的实施意见》等相关规定的，反映了我国行政诉讼和税务行政诉讼立法和制度的最新成果。新的规程适应新时期税收法治的背景，扩大了原告的范围；将原来的应诉范围从"具体行政行为"扩大到所有的行政行为①；将人民检察院提起的税务行政公益诉讼纳入应诉范围。

二 我国税务行政诉讼的现状与趋势

（一）我国税务行政诉讼的现状

在我国，与行政案件总体数量相比而言，提起税务行政诉讼案件的数量偏少（见表7-1）。究其原因，有多种解释，例如，司法机关缺乏独立性，在诉讼中总是偏向作为被告的税务机关；即使原告胜诉，税务机关也会对其加以报复；税法太过复杂，法院很难解释、适用。但是，这些结论的分析过程并未建立在实证研究的基础上，其也无法解释税务诉讼的实际模式。有学者针对税务诉讼案件较少的现象，并针对各种假说性解释，以一定规模的税务案例判决为样本的分析表明，诉讼当事人表现的行为与法院在税法裁判中中立、有效地审判之可能性并不冲突，现有证据不能支持将税务诉讼数量少归咎于司法体制或诉讼会带来不利后果的观点。税务诉讼量少的原因，更加可能的是由于税法遵从的外部环境和税法的内容所造成的，这种现象可能与司法体系无关，而是取决于税收征管的行政模式。②

自从1990年行政诉讼制度建立以来，行政诉讼的受案范围发生了根本性改变：原先不可审查的假定变成了可以审查的假定。行政诉讼法把所有具体行政行为都纳入受案范围，并且严格界定排除受案范围的事项。

---

① 实际上，《最高人民法院关于执行〈中华人民共和国行政诉讼法〉若干问题的解释》第一条的规定，已经将《行政诉讼法》中的"具体行政行为"概念放宽到"行政行为"。

② 崔威：《中国税务行政诉讼实证研究》，《清华法学》2015年第3期。

表7-1 2002—2017年行政一审案件与税务行政一审案件数量情况

年份（年）	行政一审案件 收案数（件）	税务一审案件 收案数（件）	税务一审案件在行政 一审案件中的比例
2002	80728	1496	1.85%
2003	87919	803	0.91%
2004	92613	1032	1.11%
2005	96178	815	0.85%
2006	95617	359	0.38%
2007	101510	306	0.30%
2008	108398	334	0.31%
2009	120312	293	0.24%
2010	129133	398	0.31%
2011	136353	405	0.30%
2012	129583	436	0.34%
2013	123194	362	0.29%
2014	141880	398	0.28%
2015	220398	636	0.29%
2016	225485	683	0.30%
2017	230432	555	0.24%

从2002年到2008年，全国税务行政诉讼案件数量呈逐年减少的趋势（见图7-1），法院审理的税务行政诉讼案件数量少，在所有诉讼案件和行政诉讼案件比例低，且呈下降趋势。这与同期全国法院一审行政案件增加的情形正好相反，也与同期全国税收收入增加情况相反，还与同期全国税务稽查案件有问题户数占比相反。2002年到2011年，全国法院一审行政案件数量上升，全国税收收入上升，全国税务稽查案件有问题户数占比上升，但全国税务行政诉讼案件数量却下降。2012—2014年，全国行政一审案件数量有所回落，同期的税务行政一审案件数量也较少。

2015 年以来，行政一审案件数量再次大幅度上升，而税务行政一审案件也有较大增幅。这与 2014 年《行政诉讼法》修改后，将立案审查制改为立案登记制，这在一定程度上有利于纾解行政诉讼立案难的问题。

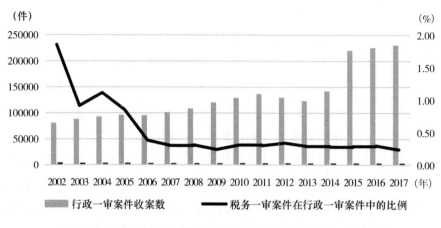

图 7-1 2002—2017 年税务一审案件在行政一审案件中的比例

虽然，2014 年和 2017 年的修改，《行政诉讼法》在扩大受案范围的问题上做了一些努力：通过增列可以起诉的案件类型，由原来的 8 项规定扩大到了 12 项；作为列举情形的兜底条款，从"其他人身权、财产权"有限地扩大到了人身权、财产权以外的合法权益；通过描述行政行为的概念，把"法律、法规、规章授权的组织作出的行政行为"也纳入法律的调整范围和法院的受案范围。这些规定，为今后行政诉讼受案范围的拓展提供了依据、预留了空间。尽管如此，《行政诉讼法》关于受案范围的规定沿袭原先的列举模式，而法院不予受理的条款一字未动。行政机关发布的规范性文件依然没有纳入受案范围；法院只能在审查具体行政行为的效力时对涉及的规范性文件进行间接审查，最多决定在特定案件中不予适用，却不能宣布其无效。公务员招录、开除、辞退等管理行为的可诉性没有得到肯定，公务员管理仍然处在免受起诉的保护中。劳动权、受教育权、环境权等新型权利的可诉性依然有待解释。与最高法院原有司法解释相比，行政诉讼受案范围在法律规范层面并没有实质性扩大。①

近几年来，随着各类司法案件发布平台的在线运行，使得人们可以轻而易举地获取税务行政诉讼案例的大致情况，通过描述现象，总结具有一定规律性的本质特征。例如，通过"中国裁判文书网"，从 2016 年案件名称包含"税务"和案件类型为"行政案件"的裁判文书中筛选出全国各级法院审结、裁判日期为 2016 年 1 月 1 日至 2016 年 12 月 31 日的税务争议案件 335 件。统计结果显示，从案件部分区域看，税务行政诉讼案件集中分布在经济发达地区，其中北京（39 件）、山东（34 件）、广东（25 件）合计诉讼案件数量占全国近三成。这表明，经济发达地区纳税人或公民更相信法律能够维护自身合法权益，同时也说明在经济发达地区的人民法院审判力量较强，其司法公信力也较强。从原告主体看，税务诉讼案件原告中，自然人与法人、其他组织大约各占一半。出现这种现象的可能原因有：一是公民维权意识显著增加，二是在我国由个人组成的小经济体数量远超商业组织的数量。随着行政诉讼的发展，行政诉讼的受案范围、特别是起诉资格进一步扩大，与被诉行政行为有利害关系的公民也可以起诉。此外，企业如果要起诉税务机关，通常首先要考虑起诉后会否因个案得罪税收征管机关，而公民起诉则往往没有这方面的顾虑。就案件结案方式和纳税人胜诉情况，纳税人撤诉案件共有 125 件，占案件总数的 37.31%；税务机关胜诉的案件共计 102 件，占 30.45%；被法院裁定驳回起诉从而未能进入实体审理的案件有 72 件，占 21.49%；纳税人胜诉的案件合计 36 件，占 10.75%，其中一审胜诉的有 11 件，二审改判胜诉的 25 件。

从 2010—2017 年全国法院受理的一审案件数量和一审行政诉讼案件与一审税务行政诉讼案件数量比较看，一审行政案件占全部一审案件的比例不到 2%，而一审税务行政案件在行政案件中的比例基本在 0.3% 上下（表 7-2）。由此可见，2010—2017 年我国税务行政案件数量与一审案件受案和行政案件相比非常少，多年来基本上徘徊在每年 500 件上下。

---

① 何海波：《一次修法能有多少进步——2014 年〈中华人民共和国行政诉讼法〉修改回顾》，《清华大学学报》（哲学社会科学版）2018 年第 3 期。

表 7 - 2　　　　　　　2010—2017 年一审税务行政案件情况

年份 （年）	一审案件受案 总数（万件）	一审行政案 件数（万件）	行政诉讼案件与 受案总数比	一审税务行政 诉讼案件（件）	一审税务行政案件 与行政案件比
2010	669.93	12.91	1.84%	398	0.31%
2011	759.61	13.64	1.80%	405	0.30%
2012	844.27	12.96	1.53%	436	0.34%
2013	887.67	12.32	1.39%	362	0.29%
2014	948.98	14.19	1.50%	398	0.28%
2015	1144.50	22.04	1.93%	636	0.29%
2016	1208.88	22.55	1.86%	683	0.30%
2017	1289.86	23.04	1.79%	555	0.24%

数据来源：中国统计年鉴、法律年鉴。

从 2002—2017 年全国一审案件和一审行政案件受案数量与一审税务案件受结案数量相比，二者反差较大。一审案件受案数量逐年大幅度增加，而一审行政案件也呈逐年增加的趋势，但是增幅小于一审案件的增幅，而一审税务案件的受案与结案数量存在有的年份增加、有的年份减少的现象。从一审税务案件受案与结案情况看，二者存在基本的对应关系，一审税务案件受案与结案数量基本一致（表 7 - 2）。与一审案件和一审行政案件数量相比较，一审税务案件偏少，究其原因，与我国税务行政诉讼存在"双前置"有关，即在提起税务行政诉讼之前，必须先申请税务行政复议，而对涉及纳税争议的行政复议案件，还要缴纳税款或者提供担保。这种制度涉及无疑会出现因缺乏财力缴纳税款或提供纳税担保的纳税人没有资格申请行政复议，进而无法提起税务行政诉讼。

表 7 - 3　　　　　　　2002—2017 年一审税务案件受案与结案情况

年份 （年）	一审案件受 案数（件）	一审行政案件 受案数（件）	一审税务案件 受案数（件）	一审税务案件 结案数（件）
2002	5132199	80728	1496	1482
2003	5130760	87919	803	816
2004	5072881	92613	1032	1041

年份 (年)	一审案件受 案数（件）	一审行政案件 受案数（件）	一审税务案件 受案数（件）	一审税务案件 结案数（件）
2005	5161170	96178	815	828
2006	5183794	95617	359	356
2007	5550062	101510	306	310
2008	6288831	108398	334	286
2009	6688963	120312	293	343
2010	6999350	129133	398	402
2011	7596116	136353	405	399
2012	8442657	129583	436	384
2013	8876733	123194	362	393
2014	9489787	141880	398	389
2015	11444950	220398	636	565
2016	12088800	225485	683	647
2017	12907729	230432	555	540

数据来源：中国统计年鉴、法律年鉴。

从 2002 以来的一审案件、行政案件和一审税务案件受结案情况看，税务案件在全部案件和行政案件中的比重基本没有变化（图 7－2）。但仅从一审税务案件受结案情况看，2002—2005 年一审税务案件受案与结案数量波动较大，2006 年大幅下降，年受案与结案数量基本维持在 300—400 件，这种情况一致持续到 2015 年。随着 2015 年 5 月 1 日修改后的《行政诉讼法》的施行，原先的立案审查制度改为立案登记制后，在一定程度上缓解了税务行政案件"立案难"的现象。从 2016 年开始，一审税务案件受案数量有所增加，但是与同期一审案件和一审行政案件增加数量相比，仍然很小。

随着经济社会发展、纳税人维权意识提高和整体法治水平提升，可以预见未来税务行政诉讼案件量还将以更快的速度增长。因此，要求税务机关应高度重视税务行政诉讼案件的持续快速增长，切实采取措施更好地应对执法环境的变化。而且，随着税务行政诉讼案件的不断增长，人民法院建立专门税务法庭或法院的必要性也越来越凸显。

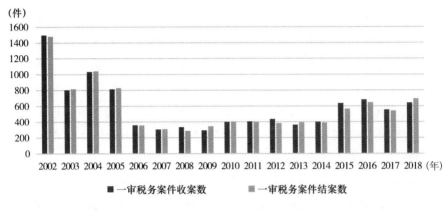

图 7 - 2　2002—2017 年全国一审税务案件收案与结案数量

（二）税务行政诉讼的趋势

1. 从一审税务行政诉讼案件收案、结案统计数据，结合具体案件情况看，从 2002 年以来税务行政诉讼案件呈现以下趋势：一是案件数量在一审行政案件中的比重相对较少，与现实中存在的税务争议不相匹配。然而，一个值得关注的现象是，从 2015 年开始，一审税务行政诉讼案件数量急剧增加，如 2015 年税务行政诉讼案件同比增长达 59.80%，大幅增长，这与行政诉讼法的修改后行政诉讼立案相对容易存在一定的关系。二是一审税务行政诉讼案件的案情从简单到复杂，涉案金额从小到大，企业、组织等原告的数量超过自然人，争议焦点由原来的程序性事项转变为涉及实体性事项为主，例如，最高人民法院提审"广州德发案"等比较有代表性的判例，使得税务行政诉讼受到更多地关注。

2. 税务机关进一步认可行政诉讼作为税收争议化解机制的重要作用。如：国家税务总局制定的《"十三五"时期税务系统全面推进依法治税工作规划》明确，建立健全税务机关负责人依法出庭应诉等制度，支持法院审理税务行政诉讼案件，尊重并执行生效裁判；《税收法治宣传教育第七个五年规划（2016—2020 年）》提出增进纳税人权利与义务对等观念，积极宣传税收法律法规赋予纳税人的权利和义务，重点宣传纳税人享有的提起行政诉讼等权利，使纳税人全面、准确了解其在履行法定纳税义务的同时应享有的法定权利，切实增强纳税人的责任意识和维权意识，更好地保护纳税人的合法权益。

3. 税务机关对于税务争议解决的态度越来越平和、包容、公正，其中也包括看待税务行政诉讼的眼光；如《国家税务总局关于进一步加强和改进税务行政应诉工作的实施意见》就曾提出："行政诉讼是化解行政争议，保护公民、法人和其他组织合法权益，监督行政机关依法行政的重要法律制度"，"做好行政应诉工作有利于推动税务机关执法理念和执法方式转变，有利于提高各级税务机关依法治税能力和依法行政水平"，这种背景下，未来或许会有更多的税务争议案件出现。

利用"北大法宝司法案例数据库"（截至 2019 年 8 月 15 日），在"案由"项下，将行政案件分为"行政管理范围"和"行政行为种类"两种进行统计。行政管理范围又分为行政作为和行政不作为两类。行政作为案件中有 415 件税务案件。依据受案法院级别和类型，这 415 件案件的分布在最高人民法院（5 件）、高级人民法院（33 件）、中级人民法院（294 件）、基层人民法院（72 件）、专门人民法院（1 件）。从受案法院所在的地区看，浙江省（64）、广东省（39）、北京市（38）、江苏省（36）、河南省（28）、福建省（26）、上海市（23）、湖南省（14）、山东省（14）、四川省（13）、辽宁省（13）、海南省（12）、安徽省（11）、天津市（10）、湖北省（7）、新疆维吾尔自治区（7）、河北省（6）、广西壮族自治区（5）、贵州省（5）、重庆市（4）、陕西省（4）、吉林省（4）、山西省（3）、江西省（3）、云南省（2）、宁夏回族自治区（2）、内蒙古自治区（1）、黑龙江省（1）、甘肃省（1）、青海省（1）、铁路法院（1）。从审理程序看：一审（56）、二审（301）、再审（22）、执行（28）、其他（7）。从案件处理结果看，判决（310）、裁定（95）、决定（1）、其他（5）。从终审结果情况看：二审维持原判（188）、二审改判（73）、再审维持原判（8）、再审改判（3）。

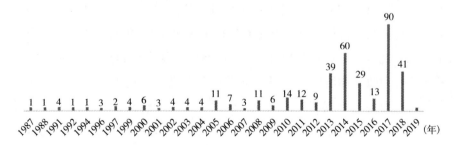

图 7 - 3　1987—2018 年税务案件审结分布

三　税务诉讼司法实践存在的问题

由于当时还没有建立以行政主体和履行行政职能的组织为被告的诉讼制度，采取行政诉讼依附于民事诉讼的办法处理行政诉讼纠纷。在税收征纳方面，在当时的实际征税过程中，纳税人想方设法抵制征税，偷税漏税行为比较普遍，甚至个别采取暴力抗税行为。这一方面表明，纳税人对税法的遵从度不高，存在"法不责众"的心理预期，另一方意味着税收负担的不合理，同时也表明当时的征管手段和征收力量薄弱。改革开放初期，在以增加税收收入为主要导向的税收立法和税收政策中，征纳关系并不和谐，甚至在一段时期，税务机关与法院联手，由法院出面主动打击税收违法违规行为。在《最高人民法院关于人民法院大力支持税收征管工作的通知》中就强调：随着经济体制改革的深入和社会主义商品经济的发展，税收在国民经济中的地位显得越来越重要，它对确保国家财政收入，促进国民经济协调发展，起着极为重要的作用。但是，目前偷税漏税现象十分严重，暴力抗税时有发生。[①] 这些违法犯罪行为，严重干扰了税务人员依法执行公务，破坏了国家税法的贯彻执行，减少了国家的财政收入，加剧了社会分配不公的矛盾，破坏了正常的经济秩序，影响了社会的安定。因此，整顿税收秩序，是当前国家治理整顿的一项十分重要的任务。

（一）诉讼的前置条件不利于纳税人维权

税务行政诉讼制度相对其他行政诉讼制度而言，是部门行政的诉讼制度，其主要的区别在于《税收征收管理法》规定的税务行政诉讼清税和复议双前置制度，即"纳税人、扣缴义务人、纳税担保人同税务机关在纳税上发生争议时，必须先依照税务机关的纳税决定缴纳或者解缴税款及滞纳金或者提供相应的担保，然后可以依法申请行政复议；对行政复议决定不服的，可以依法向人民法院起诉"。前述双前置制度阻碍了纳税争议案件进入司法程序，这是税务行政诉讼案件数量较少的主要原因。

---

① 按照《最高人民法院关于人民法院大力支持税收征管工作的通知》的说法，据不完全统计，目前全国国营、集体企业偷税面约占50%，个体户偷漏税面约占80%，1986年以来，全国发生冲击税务机关、围攻殴打税务人员案件共8017件，打死11人，致残26人，重伤713人。

此外纳税人税法遵从度偏低，也是税务行政诉讼案件较少的原因之一。由于纳税人税法遵从度低，导致其税务合规风险较大，这也促使纳税人不愿意通过诉讼解决纳税争议，因为纳税人担心一旦诉讼，主管税务机关可能会报复性执法。

按照当时的税收征管现状，最高法院指出，各级人民法院应当充分运用审判职能，大力支持、积极配合税务机关依法加强税收的征管工作，坚决有效地制止漏税、欠税、偷税、抗税的违法犯罪行为。要求各级法院：（1）主动加强与税务机关和检察机关的联系，对大案、要案提前了解情况。对检察机关提起公诉的偷税、抗税，阻碍国家税务人员依法执行职务，以及税务人员玩忽职守、索取收受贿赂的案件，在基本事实清楚，基本证据确凿的前提下要及时审理，从严惩处，并选择典型案件，进行公开审判或公开宣判，打击偷税、抗税分子的嚣张气焰，造成以法治税的强大声势。（2）对纳税人、代征人或其他当事人对税务机关纳税或者违章处理的决定不服向人民法院起诉的案件，人民法院应当严格审查提起诉讼的法定条件，不符合的不予受理。对于事实清楚，适用法律、法规正确的税务处理决定，应予维持；对于实体上处理正确，但程序上有缺陷的税务机关的处理决定，在税务机关补正后，也要维持税务机关有关征税和处罚的决定。对于税务机关根据纳税人（个体工商户）的申报，经过典型调查、测算和民主评议以后，合理确定纳税人应纳税额和缴纳期限，并书面通知纳税人依照执行，纳税人不服向人民法院起诉的，人民法院一般应予维持。（3）对税务机关根据《税收征收管理暂行条例》第38条的规定，申请人民法院强制执行的拖欠税款、滞纳金、罚款案件，人民法院应当依法及时处理。税务机关的决定没有错误的，应及时依法执行；确有错误或手续不全的，应当及时通知税务机关予以纠正或补正。人民法院的执行工作，应主动与有关部门加强联系，取得支持。（4）人民法院在审理经济纠纷和其他案件中，要注意发现当事人或其他人有无偷税、漏税或违法减免税等违法行为，积极向税务机关提供有关情况或提出司法建议，并将有关材料移送税务机关依法处理。如发现犯罪线索，应及时将有关材料移送检察机关处理。

（二）税务机关与纳税人权利义务配置不平衡

在以税务机关税收征管权为中心的税收征管制度下，税收执法和司法环境实际上强化法院的税收功能，纳税人对税务机关提起行政诉讼案件数量少，而且胜诉率低下。在1985年到1997年国务院每年组织一次的"税收、财务、物价大检查"中，尤其在1988年、1989年物价改革引发的一系列经济和社会矛盾凸显时期而实行的经济领域的"严打"政策，最高人民法院发文配合和协助此类大检查。例如，为了响应国务院的通知，《最高人民法院关于配合和协助1988年税收、财务、物价大检查的通知》和《最高人民法院关于配合和协助1989年税收、财务、物价大检查的通知》都要求各级各类法院："为切实保障这次大检查的顺利进行，各级法院对那些以暴力、威胁等方法阻碍税收、财政、物价等有关部门工作人员执行检查职务，触犯刑律的人，要依法从严打击，及时处理。"这种法治气氛中，从整体上说，不利于纳税人维权。

从早期的税务行政诉讼案件看，纳税人资格认定的争议较为典型。在"支国祥不服税务行政处罚案"中，[①] 上诉人（原审原告）支国祥因税务争议一案，不服河南省泌阳县人民法院〔1988〕泌法行字第01号判决，向河南省驻马店地区中级人民法院提起上诉，河南省驻马店地区中级人民法院审理此案。二审法院审理查明的事实为：1984年河南省泌阳县象河乡村民付新村与乡人民政府签订了一份承包经营合同，由承包人承包经营该乡的一座乡办集体所有制企业的砖瓦窑场，合同约定：乡政府为甲方，付新村为乙方。甲方将砖瓦窑场发包给乙方，并提供厂房场地、制砖机械；乙方负责经营管理，承担企业应缴纳的税金，向甲方上缴承包金额；承包期从1984年1月起至当年12月底止。付新村承包后，又以发包方的身份，与尚店乡农民支国祥签订了制砖技术承包合同。合同约定：付新村为甲方，支国祥为乙方；承包期限一年；甲方提供场房、机构等设备和投资，乙方为甲方生产成品砖，约定了分成规则，并约定由甲方交纳税款。合同履行了8个月，支国祥生产成品砖68万块，折合人民币3.4万元，其中支国祥领取了3200元，其余由甲方收存。

1984年11月，象河乡税务所通知支国祥缴纳制砖产品税。支国祥申明合同规定由甲方负担税金。但是，税务所认为税款应由支国祥缴纳，坚持向其征收，为此发生争议。因支国祥坚持税金应由甲方缴纳，税务

① 《最高人民法院公报》1989年第2号。

所便派人要将支国祥生产的砖拉去 6 万块以物折抵税款，因受工人阻拦未拉出。税务所当即宣布冻结支国祥生产的砖，待缴了税款后再卖。之后，支国祥即以其不应纳税和乡税务所阻碍其生产、售砖为由到泌阳县税务局上访，问题未得到解决。1986 年 8 月 7 日，泌阳县税务局作出书面处罚决定：1. 支国祥是机砖生产者，是纳税义务人，应当依法缴纳产品税 3400 元；2. 支国祥未按规定办理税务登记，处以罚款 500 元。支国祥对该决定不服，向上一级税务机关申请复议。驻马店地区税务局复议后，仍认为支国祥属纳税义务人。支国祥对驻马店地区税务局复议决定不服，向泌阳县人民法院起诉。原审法院认为，支国祥承包象河砖瓦窑场后，招雇工人，组织生产，是生产者，根据《产品税条例（草案）》第 1 条之规定，支国祥是纳税义务人，应当纳税。判决维持驻马店地区税务局的复议决定，驳回原告起诉。

支国祥对一审判决不服，向驻马店地区中级人民法院提起上诉，诉称其与甲方签订的合同中规定，为甲方生产成品砖，按比例提取酬金。砖瓦场承包人付新村行使对企业的计划生产、经营管理权，负担企业一切税金。因此，不是纳税人。由于税务机关违法行使权力，使我与甲方的合同不能履行，造成经济损失，应予赔偿。一审判决认定事实有误，要求撤销。驻马店地区中级人民法院审理认为：产品税条例（草案）第 1 条规定的纳税人包括自然人和法人。象河乡砖瓦窑场属集体所有制性质的乡镇企业。该企业实行承包后，明确规定由承包人负担税金。后来，承包人虽将制砖生产指标又转包给支国祥，但合同中仍言明由砖瓦窑场的承包人负担税金。支国祥在制砖期间，承包人付新村对窑场的产品销售、财务收支等行使生产经营管理权，故 1984 年砖瓦窑场的产品税应由该企业缴纳，原审判决认定支国祥为纳税义务人，是错误的。由于税务机关错误认定纳税人，并采取了冻结售砖、停止生产的措施，致使支国祥遭受一定的经济损失，根据当时的《民法通则》第 121 条关于"国家机关或者国家机关工作人员在执行职务中，侵犯公民、法人的合法权益，应当承担民事责任"和《民事诉讼法（试行）》第 151 条第 1 款第（二）项的规定，驻马店地区中级人民法院于 1988 年 11 月 23 日判决：一、撤销泌阳县人民法院〔1988〕泌法行字第 01 号判决；二、撤销驻马店地区税务局对支国祥的处理决定；三、驻马店地区税务局赔偿支国祥的经济损失 1000 元。

现在来看，该案件是基层税务工作人员对税法的理解和适应存在偏差，没有搞清楚产品税的纳税人。由于纳税人是法定的，合同约定承担税款，并不能改变法定纳税人的身份和纳税义务。二审法院正确地适用了税法，维护了当事人的合法权益。但是，该案件，以及此后多次出现的有关纳税人身份的税务案件表明，税务机关将非纳税义务人作为纳税人，并按照税法征税，以及采取的税收保全、税收强制执行、课以滞纳金、罚款等，当事人在维权时存在的主要障碍在于能否以纳税人身份提起税务行政诉讼。在一些案件中，法院承认或者默认不是税收实体法上的纳税人的当事人可以以纳税人身份提起税务行政诉讼，也有的法院认为税务行政机关错误认定的纳税人不具有税务行政诉讼的原告资格。对于这种税务机关在税收实体法上认定为纳税人而要求履行纳税义务，但是在税务行政诉讼中，法院否认原告具有提起行政诉讼的资格，而驳回案件的矛盾，需要在理论和制度层面加以解决。

（三）纳税人的诉讼主体资格限制较多

在纳税人的纳税主体资格方面，征管实践中，税务机关针对当事人的税款征收行政行为，当事人认为自己不是纳税人，所以不应当纳税[①]。针对纳税人的纳税主体身份的争议，税务机关认为，纳税人关于自己不是纳税主体、不应当负有纳税义务的主张，属于纳税争议，当事人必须先行缴纳税款，然后经过税务行政复议程序之后，当事人对复议结果不服的，才能向法院提起诉讼[②]。也有观点认为，涉及纳税主体资格的争

---

① 秦际友、陆嘉洪：《税务行政复议前置的适用限制》，《人民司法》1998 年第 9 期。该文以一件由人民法院直接受理的征税性案件纳税主体资格争议的审判案例，讨论了税务行政复议前置具有严格的适用范围限制，适用税务行政复议前置的纳税人、扣缴义务人、纳税担保人必须是适格的，只有适格的这三种人，才适用税务行政复议前置，才有能力于复议前履行纳税性义务，税务机关对其作出的征税性行为也才是合法的，否则，则相反。王苹：《这起行诉案该不该受理》，《中国税务报》1999 年 3 月 11 日第三版。该文引用的案例是，河北省卢龙县供电分公司1998 年 8 月不服县国税稽查局对其补征 172 万余元增值税的税务处理决定，以其不是纳税义务人为由向该县人民法院起诉，该院也根据行政诉讼法第 11 条第一款第（七）项立案并开庭审理。被告以法院程序违法为由拒绝举证。该院则认为被告拒不提供也不能提供被诉的具体行政行为所依据的法定程序和主要事实依据，视为违反法定程序和主要证据不足，确定原告为纳税主体错误，判决被告败诉。

② 王苹：《这起行诉案该不该受理》，《中国税务报》1999 年 3 月 11 日第 3 版。

议，不属于纳税争议，也就不受双前置程序的约束，当事人可以直接向法院提起诉讼。其理由是，根据《税收征管法》第 56 条的规定，纳税争议的主体必须是适格的三种人：纳税人、扣缴义务人和纳税担保人，即纳税争议是在纳税主体承认负有纳税义务，仅对税种、税款额度及时间等税收要素提出的异议；因纳税主体资格而发生的争议是对当事人该不该纳税的争议，即当事人是否为一具体法律关系中纳税人的争议，与纳税争议不同。因此，此类争议属税务机关是否违法要求履行义务，当事人提起行政诉讼符合《行政诉讼法》第 11 条第 7 项之规定，法院可以受理。①

当时有观点认为，此类争议不属于《税收征收管理法》第 56 条规定的纳税争议，因此不应当适用违法要求履行义务的规定。该争议属于确权争议，即明确税务机关和当事人之间是否存在法律上的征纳关系。由于目前我国行政诉讼法尚未规定确认判决这一形式，因此法院对此类案件难以有效地行使审判权。法院以税务机关违法要求履行义务为由受理此类争议，虽然，从受案范围上讲可行，但在审理和判决时必然涉及具体税款额度等纳税争议的内容；而按现行法律，对这类与税款有关的争议，法院无权在未经复议的情况下提前介入。②

从司法实践看，法院在这一问题上的态度模棱两可，较为不确定，但同意受理的意见居多。从《行政诉讼法》与《税收征收管理法》之间的衔接与协调看，行政诉讼法第 11 条第 1 款第（七）项关于"认为行政机关违法要求履行义务的"具体行政行为属于人民法院受案范围的规定，属于实体问题，不属于当事人资格问题。另外，最高人民法院《关于贯彻执行行政诉讼法若干问题的意见（试行）》第 41 条规定："法律、法规中只规定了对某类具体行政行为不服，可以申请复议，没有规定可以向人民法院起诉，而行政诉讼法规定可以向人民法院起诉的，当事人向人民法院起诉时，应当告知当事人向行政机关申请复议。"由于税收征管法第 56 条对征税性争议只规定可以申请复议，没有

---

① 桂皖湘、赵静：《法院该不该受理这起行政案件》，《法制日报》，转引自傅红伟《税务行政诉讼若干问题初探》，《行政法学研究》1999 年第 2 期。

② 傅红伟：《税务行政诉讼若干问题初探》，《行政法学研究》1999 年第 2 期。

规定可以向人民法院起诉，因此，即使按行政诉讼法第 11 条第 1 款第
（七）项规定属于人民法院受案范围，只能适用税务行政复议前置，不
属于法院可以直接受理的纳税争议案件。该司法解释与税收征管法第
56 条的规定基本一致。

在司法实践中，纳税人通过诉讼维权，往往面临诸多障碍。例如，
在"河北省平山县劳动就业管理局不服税务行政处理决定一案"① 中，
原告主张不属于纳税人，被告税务机关认为原告属于纳税人，应当按照
税法规定了履行纳税义务，法院在审理时回避了纳税人身份认定的实体
上的争议，而是从程序上认定，被告违法行政处罚程序，并以判决被告
败诉。案件基本情况为：原告不服税务局的税务处理决定，向人民法院
提起行政诉讼。原告诉称：其是承担政府行政职能的就业管理机构，收
费属于行政经费预算外的资金，因此不是纳税义务人。被告令原告纳
税，在遭到拒绝后又以行政处理决定对原告罚款。主张该处理决定适用
法律错误，程序违法，请求人民法院予以撤销。被告辩称：原告虽然是
承担着部分政府行政职能的管理机构，但是属于自收自支的事业单位，
应当依法纳税。原告未及时纳税，应当受到处罚。人民法院应当维持原
告的行政处理决定。法院审理查明：原告是承担着部分政府行政职能的
管理机构，并收取各项费用 50 余万元，被告向原告多次发出限期申报
纳税通知书，原告均未予按期履行。之后，被告依据税收征收管理法的
相关规定，对原告作出税务处理决定，限期缴纳罚款。原告不服，提起
行政诉讼。法院认为，被告没有按照《行政处罚法》规定的程序作出
的行政处罚，不能成立。至于原告主张其不是纳税义务人，向其征税是
错误的；被告认为原告属于纳税义务人，应当依法纳税，是行政执法实
体方面的争议。法院认为，由于已经查明，该行政处理决定从程序上违
法，依法应予撤销，法院无须再就行政执法实体方面的争议继续时行
审理。

---

① 《最高人民法院公报》1997 年第 2 期。

第二节　纳税人诉讼制度

一　纳税人诉讼及其法理依据

（一）纳税人诉讼的概念

在西方社会契约论意义上的税收理论来看，纳税人缴纳税款是私人财产权转变为公共财产权的过程，是财产权利的暂时转移，纳税人依然拥有对财政资金的实体权利。当政府违法用税时，纳税人有权通过司法诉讼途径维护纳税人的税收利益。在英美法上，纳税人诉讼，又称纳税人提起的禁止令请求诉讼，是公民以纳税人的身份针对不符合宪法和法律的不公平税制、不公平征税行为，以及政府违法使用税款等侵犯社会公共利益的行为向法院提起的诉讼。它是一种针对间接侵犯纳税人个人利益以及侵犯纳税人整体利益的客观诉讼。

有学者认为纳税人诉讼是以行政机关为被告的一种特殊的行政公益诉讼。[1] 有学者认为，纳税人诉讼是针对政府的财政资金使用而提起的诉讼，是对政府财政支出行为的司法监督。因为，在租税国家，纳税人不仅包括直接纳税的纳税人，还包括承担税收负担的负税人，纳税人相当于全体国民。[2] 从对预算执行监督的角度看，纳税人诉讼是指自然人以不特定纳税人的身份，针对政府的不当支出安排、经费开支或者由于不法行为增加的经费开支，向法院提起的诉讼。[3] 纳税人诉讼，源于公益诉讼，但不等同于公益诉讼。所谓公益，是指依法提起诉讼的目的在于维护公益，公益属于一般公众的利益，而非限于特定人的权利或利益。纳税人诉讼是指纳税人对国家行政机关不合理用税行为，以自己的名义向法院提起的诉讼。与公益诉讼比较而言，纳税人诉讼是由纳税人以自己的名义提起的公益诉讼，该诉讼针对的是有权支配国家税款的行政机关

---

① 张献勇：《浅谈设立纳税人诉讼制度》，《当代法学》2002 年第 10 期；施正文：《我国建立纳税人诉讼的几个问题》，《中国法学》2006 年第 5 期。

② 冯果：《经济法：制度·学说·案例》，武汉大学出版社 2012 年版，第 485 页。

③ 王永礼：《预算法律制度论》，中国民主法制出版社 2005 年版，第 179 页。

或税款的行政机关不合理使用税款的行为。

（二）纳税人诉讼的特征

纳税人诉讼是纳税人对用税人（政府）的违法用税行为提起的诉讼，是一定公共产品受益范围内的纳税人对提供该公共产品的用税人提起的诉讼，是以司法权审查行政机关的财政资金使用权，纳税人诉讼目的具有公益性。① 因此，纳税人诉讼与税务行政诉讼是截然不同的诉讼。但是，其在维护整体纳税人权利、监督国家征税行为和用税行为方面，具有税务行政诉讼无法实现的功能。可以说，二者具有补充关系，是现代法治国家和财税体制文明国家必不可少的维护纳税人权利和监督政府行为的作用。二者具有以下几个方面的重要区别：

第一，目的不同。与税务行政诉讼维护个体纳税人所主张的私益不同，纳税人诉讼的目的在于维护社会公共利益，是针对政府财税主管部门在税收征收、税款支出领域行使权力时违背税收的公共性和公益性要求，而提起诉讼，由法院在认定事实的基础上，判断财税主管部门行使公权力是否存在违法行为或者不适当行为。因为，通常认为税收具有无偿性、强制性个固定性特征，税收的目的是实现国家功能提供财力保障，即税收本身具有公益性，税款的支出应当用于提供公共产品。财税主管部门是政府的职能部门，如果其采取不合理的政策和措施，普遍加重不特定纳税人的负担或者不合理地支出税款，都会侵犯全体纳税人的利益。通过不特定的纳税人提起的诉讼，就是要限制或者矫正财税主管部门侵犯不特定纳税人利益的行为。

第二，起诉的主体不同。根据现行的行政诉讼法，税务行政诉讼是因行政相对人不服行政机关作出的行政行为而提起的诉讼。在税收领域，被诉行政行为一般包含：税务机关的行政确认行为，例如纳税申报、税款核定、计税依据确认定；税务机关的征税行为，如税款征收、加收滞纳金；税务机关作出的责令纳税人提缴纳税保证金或纳税担保行为；税务机关作出的行政处罚行为、税收保全措施、税收强制执行措施等；税收机关违法泄露纳税人涉税信息，导致纳税人利益受到损害的行为等。

_____

① 祁志钢：《纳税人诉讼公法之债下的公权力与私权利》，中央广播电视大学出版社 2016 年版。

纳税人诉讼主要是纳税人因为政府或其公务人员的公共资金违法支出行为（违法用税行为）而提起的诉讼，参照国外立法例和即成判例以及我国现存的实际问题，被诉的违法用税行为主要包括以下几类：第一，政府机关的不当行政行为，包括抽象行政行为和具体行政行为，但主要是具体行政行为，例如：许可在城市规划的禁止建筑的区域内建商业建筑物，许可破坏风景、名胜、文物的建筑，或对于违章建筑不予强行拆除等；第二，政府机关以行政权为根据的民事行为，包括出让土地、出售企业、政府采购、公共工程违法发包、质量低劣等；第三，政府机关行政权行使的不当事实行为，如各种"面子工程""献礼工程"及各种不当巨额投资行为和不当公费开支等。此外，与行政权行使相关的公务员的不当行为，如公务员住房超标、公务车超标或违规使用等挥霍公款的行为。

第三，性质不同。纳税人诉讼制度的意义，在于承认纳税人对政府公共开支的资金具有直接或者间接的利益，具有对公共部门或者公共团体不法行为诉讼的主体资格，从而有效地监督政府的预算支出安排和经费开支，促进政府为民立法、依法行政、公正司法。

（三）纳税人诉讼的法理依据

正如日本税法学家北野弘久对税法和纳税人权利的理解，形成了以纳税人基本权利为中心的北野税法学派，其核心是从宪法层面构建以维护纳税人权利为宗旨的税法学，从而把纳税人权利具体化为宪法和税法的核心命题之一。从整个税收环节看，税的征收和使用，即征税和用税都同等重要，不仅要在征收环节要保护纳税人的财产权和税收程序领域的权利，而且保证国家用税时纳税人公共品的享受权。在征税环节，纳税人的权利是直接的和明确的，具有私权和私益的性质，在用税环节，纳税人的权利是间接的和相对模糊的，具有公权和公益的性质。因此，现代国家对纳税人权利保护除了立法和行政之外，还需要通过司法途径，实现对纳税人权利事实的认定和保护，纳税人权利主要有纳税人自身通过起诉征税机关的方式维权。在征税环节，由于政府是用税主体，对因税收转化而来的财政资金的使用，全体纳税人就有权监督其使用用途、方式、效果等，可以说，监督政府对财政资金的使用，是纳税人纳税义务的自然延伸，并且形成了纳税人对财政资金使用的民主监督的权利。

这种监督的形式方式，主要体现为纳税人诉讼。北野弘久认为，国家有必要从维护纳税人对国家财政实行民主管理的角度，依据宪法精神，设置一个以保护纳税人基本权利为目的的诉讼制度，并以许可纳税人提起主管诉讼的形式，完善纳税人诉讼的法律。①

纳税人诉讼制度的主要内容是：（1）纳税人诉讼应由政府收入的承担者，即不特定的纳税人提起。这里的纳税人是指直接或者间接承担政府税收收入的自然人，包括依据税法规定，直接向税务机关缴纳税款或者经由扣缴义务人代扣代缴税款的狭义纳税人；又包括根据税法规定最终承担间接税税款的负税人。（2）纳税人诉讼针对使用政府收入的所有单位及其相关政治责任人员提出。既可以对国家机关及其所属的单位提出，也可以对使用公共资金的公共团体提出。（3）纳税人基于公共资金的不法负担而提起。这里的不法负担，包括直接违反法律规定的不法支出计划、违反法律规定原则的不法开支以及政府行为的违法可能或者已经形成的支出负担三种情形。因此，纳税人诉讼制度的本质是公民对政府的限制，私权对公权的约束，它不同于纳税人因税务管理、税款征缴、税务行政保全、税务行政强制或者税务行政处罚等原因，针对税务机关或者其他与税款缴纳有关机关而提出的税收行政诉讼。

二　非诉讼的纳税人维权途径

（一）税务举报制度

1. 举报制度及其演变

据史书记载，"举报"及其制度化由来已久。言谏制度作为检察制度的重要组成，在历代王朝监察制度中具有重要作用。除有官员进谏外，百姓的街市议论由有关官吏报告君主也是君主接受进谏的方式。②《说文》中解释为："放言曰谤，微言曰诽"，即是说，公开表达不满叫作谤，私下表达不满叫作诽。而且，诽谤一词本身还含有"进谏"之意。《淮南

---

① ［日］北野弘久：《税法学原论》（第五版），陈刚等译，中国检察出版社 2008 年版，第32 页。

② 刘社建：《古代监察史》，东方出版中心 2018 年版，第 2—4 页。

子·主术训》中有"尧置敢谏之鼓，舜立诽谤之木"的记载。在历史进程中，举报的方式从多样化趋于固定化。例如，西周始设"肺石"①，《唐律疏议》将出现于北齐的"邀车驾"这种举报方式法治化，即"诸邀车驾及挝登闻鼓"。② 虽然唐代的"邀车架""击登闻鼓""上表陈情"等直诉方式具有举报的效果，但其主要是通过寻求皇帝和朝廷的救济途径。而唐代的"举劾"则属于义务。唐律规定，对大逆不道、谋反、盗窃、杀人等严重犯罪不举报的，要受到严厉的惩罚，但要遵循"同居相为隐"的原则。当然，唐代也禁止诬告和投匿名举报信。明太祖朱元璋对举报十分重视，赋予民众将贪官污吏"绑缚赴京治罪"的权利。但是，对诬告的处罚比唐宋两代还要重，不但要反坐，而且还要加等处罚。不过，明朝并不提倡民间举报。③

在现代社会，举报制度已经演变成一种正式的制度体系。举报制度是行政监察的重要内容，是监察机关发现问题线索的重要来源。建立举报制度的目的在于直接依靠广大群众监督行政监察对象正确履行职责，检举其违法违纪行为，保护国家利益、集体利益和公民的合法权益。建立举报制度，对于保障公民、法人或者其他组织行使检举、控告和申诉的权利，方便群众举报行政监察对象违法违纪行为，促进政治稳定、经济繁荣和政府廉洁具有重大作用。④ 在税收领域，根据被举报的对象，可以分为举报其他纳税人违反税收法律法规的行为和举报税务机关及其工作人员侵犯纳税人合法权益的行为或者危害国家税收利益的违法行为。

在我国现行法律中，"举报"是公民行使监督权的一种具体形式，举

---

① "长安故宫阙前有唐肺石尚在，其制如佛寺所击响石而甚大，可长八九尺，形如垂肺，亦有款志，但漫剥不可读。按秋官大司寇'以肺石达穷民'，原其义，乃申冤者击之，立其下，然后士听其辞，如今之挝登闻鼓也。所以肺形者便于垂，又肺主声，声所以达其冤也。"以上内容，参见（宋）沈括《历代笔记小说大观——梦溪笔谈》，上海古籍出版社 2015 年版，第 127 页。

② 四库本本句前有"邀车驾挝鼓诉事"，同前不采。邀车驾阻拦皇帝车驾，向皇帝提起诉讼。挝登闻鼓古代统治阶级为表示听取臣民谏议或冤抑之情，特在朝堂外悬鼓，让臣民击鼓上闻，称登闻鼓。挝登闻鼓，指击登闻鼓向皇帝提起诉讼。《唐律疏议》第三百五十八条：凡是阻拦皇帝车驾以及击登闻鼓向皇帝提起诉讼，和向皇帝上书章，以自己本人的案情自己提起诉讼，所诉不实的，处杖八十；如果故意增减事实和情节，有所隐瞒欺诈的，按上书不实论处。参见（唐）长孙无忌《唐律疏议注译》，甘肃人民出版社 2017 年版，第 687—688 页。

③ 朱利侠、李文静：《清廉治要》，东方出版社 2014 年版，第 248 页。

④ 李文阁：《中国行政制度》，中国民主法制出版社 2017 年版，第 222 页。

报权是监督权的重要组成部分，在立法中一般表述为"控告或者检举"。我国《宪法》规定：中国公民对于任何国家机关和国家工作人员，有提出批评和建议的权利；对于任何国家机关和国家工作人员的违法失职行为，有向有关国家机关提出申诉、控告或者检举的权利，但是不得捏造或者歪曲事实进行诬告陷害。其中，举报的对象，除对公共单位及其工作人员外的违法犯罪行为外，还包括不具有公共单位身份的一般单位、一般人员的违法犯罪行为。"举报"一词在我国法律中最早出现在 1996 年《刑事诉讼法》中，该法将 1979《刑事诉讼法》中的"检举"一词，都修改为"举报"，相应地将"检举人"修改成"举报人"。在规范性文件中，举报首次出现于 1989 年《人民检察院举报工作若干规定（试行）》中。而 1989 年 8 月 15 日"两高"发布的《关于贪污、受贿、投机倒把等犯罪分子必需在限期内自首坦白的通告》中仍然用的是"检举揭发"，没有用"举报"一词。

2. 我国税务违法举报制度

不同层级不同类型的行政执法部门大都制定了相关的"行政执法投诉举报制度"。税务举报是对违反税法规定的行为进行检举报案。1986 年发布的《税收征收管理暂行条例》第 4 条规定，"对违反税收法规的行为，任何单位和个人都有权检举揭发，税务机关应当为检举者保密，并按照规定给予奖励"。《国务院关于整顿税收秩序加强税收管理的决定》要求各级税务机关建立举报制度，主动接受群众监督。对贪污受贿，少收或不收税，以及违法渎职的，要严加追究，依法从重处理。1991 年国务院发布的《外商投资企业和外国企业所得税法实施细则》第 109 条规定，任何单位和个人对违反税法的行为和当事人都有权举报。税务机关应当为举报者保密，并按照规定给予奖励。1993 年国务院发布的《税收征收管理法实施细则》第 81 条规定了举报的奖励制度，即对于检举违反税收法律、行政法规行为的有功人员，税务机关应当为其保密，并可以根据举报人的贡献大小给予相应奖励。1993 年国务院批准的《发票管理办法》第 6 条规定，对违反发票管理法规的行为，任何单位和个人可以举报。税务机关应当为检举人保密，并酌情给予奖励。

1998 年国家税务总局印发《税务违法案件管理办法》，在县或者县以上税务机关的稽查局设立税务违法案件举报中心，举报中心受理举报的范围包括：偷税、逃避追缴欠税、骗税和虚开、伪造、非法提供、非法取得发票，以及其他税务违法行为。这实际上将此前针对纳税人的税务违法行为和针对税务机关及其工作人员的涉税违法行为这两类举报内容进行了修改，删除了针对税务机关及其工作人员涉外违法行为的举报。此后，在修改"国税发〔1998〕53号"而制定的《税收违法行为检举管理办法》，将"税收违法行为检举"定义为：单位、个人采用书信、互联网、传真、电话、来访等形式，向税务机关提供纳税人、扣缴义务人税收违法行为线索的行为。2001年《税收征收管理法》规定了两种类型的举报制度：一种是纳税人、扣缴义务人对税务机关、税务人员的违法违纪行为的控告和检举，这是纳税人的一项法定权利；另一种是任何单位和个人都有权检举违反税收法律、行政法规的行为。

在实际操作层面，2011年发布的《税收违法行为检举管理办法》将税收违法行为检举界定为单位、个人采用书信、互联网、传真、电话、来访等形式，向税务机关提供纳税人、扣缴义务人税收违法行为线索的行为。2019年国家税务总局发布修改后的《税收违法行为检举管理办法》，在检举的范围上，基本上延用了2011年24号文内容。该规范性文件同时使用"检举"和"举报"，其中，"检举"是指单位、个人采用书信、电话、传真、网络、来访等形式，向税务机关提供纳税人、扣缴义务人税收违法行为线索的行为。虽然，我国的税收违法行为检举管理是针对纳税人、扣缴义务人的违法行为向税务机关进行的检举，但是针对纳税人、扣缴义务人的税收违法行为，可能会涉及税务机关及其工作人员的失职渎职行为，因此从另一个角度看，也有利于保护依法纳税人的合法权益。另外，从税务机关内部监督制度看，根据《税收执法督察规则》，专案执法督察是指税务机关对上级机关交办、有关部门转办的特定税收执法事项，以及通过信访、举报、媒体等途径反映的重大税收执法问题所涉及的本级和下级税务机关的税收执法行为进行的监督检查。

（二）税务信访制度

1. 信访制度的由来

信访，即"人民来信来访"的简称。1957年11月19日国务院曾作出《关于加强处理人民来信和接待人民来访工作的指示》，提出公民可以依据宪法赋予的权利，通过来信来访向各级执政党组织和人民政府提出要求、建议、批评、揭发、控告、申诉等，参与管理国家各项工作，监督国家工作人员，保护自己的正当权益。由此建立的我国特有的信访制度，其初衷是公民参与国家管理、政府联系人民群众、监督国家工作人员履职和维护信访人正当权益等方面的主要职能。根据《宪法》第41条，"中华人民共和国公民对于任何国家机关和国家工作人员，有提出批评和建议的权利；对于任何国家机关和国家工作人员的违法失职行为，有向有关国家机关提出申诉、控告或者检举的权利，但是不得捏造或者歪曲事实进行诬告陷害"。信访制度作为一种非常规解决问题的管道，主要起到疏导、沟通的作用。

1995年国务院发布的《信访条例》，对信访、信访人、信访事项等都作了明确的解释。该条例的发布，实际上将作为沟通渠道的信访这一非正式制度变成了作为法律之外表达诉求的一种正式制度。根据信访条例的定义，信访是指公民、法人和其他组织采用书信、电话、走访等形式，向各级人民政府、县级以上各级人民政府所属部门（以下简称各级行政机关）反映情况，提出意见、建议和要求，依法应当由有关行政机关处理的活动。信访人可向上级政府机关提出对政府的意见，官员失职、渎职和侵害权利问题、批评、检举或投诉，或所有侵害到其自身利益的行为。《信访条例》第29条亦规定，行政机关及其工作人员在办理信访事项过程中，不得将检举、揭发、控告材料及有关情况透露或者转送给被检举、揭发、控告的人员和单位。从信访条例第10条的规定看，信访人的信访事项应当向行政机关或其上一级的行政机关提出。如果信访人不服结果，也可以自行向其再上一级的政府机关提出，如果该政府机关认为合理，即可接受。2005年5月1日起，实施新的《信访条例》（2005年1月5日国务院第76次常务会议）。新的信访条例规定，信访人有权面见机关负责人，并可凭证查问信访的处理情况。同时，信访工作会纳入公务员体系，并会对渎职和打压上访者的官员进行处分。2014年4月23日，国家信访局公布《关于进一步规范信访事项受理办理程序引导来访人依法逐级走访的办法》，明确不受理越级上访，仅分级受理来访。

2. 税务信访制度

税务信访的制度化表现为主管机构的专门化和工作规则的规范化。

1994 年税制改革后，国务院关于《国家税务总局职能配置、内设机构和编制方案》中，明确由国家税务总局办公厅负责信访和税收宣传工作。在各省级国税系统，根据国家税务总局印发的《关于修订省、自治区、直辖市国家税务局职能配置、内设机构和人员编制方案的意见》，省、自治区、直辖市国家税务局机关内设的办公室负责信访和税收宣传工作。1995 年国家税务总局印发《税务系统领导干部廉政责任制及考核办法》要求各级税务机关领导班子和局领导要对本机关和所属单位的廉政建设负责，切实履行的责任中包括：切实加强对信访、举报、办案工作的领导，亲自过问大案要案的查处情况，帮助排除阻力，保证办案工作的正常进行。

1995 年印发的《全国税务机关信访工作规则》，首次以规范性文件的形式明确了税务机关信访中国规则。2005 年 1 月 10 日国务院颁布的《信访条例》实施后，国家税务总局印发的《全国税务机关信访工作规则》规定：县局以上税务机关信访工作机构应当组织相关社会团体、法律援助机构、相关专业人员、社会志愿者等共同参与，运用咨询、教育、协商、调解、听证等方法，依法、及时、合理处理信访人的投诉请求。信访人提出的信访事项包括：信访人对税务行政机关及其工作人员的职务行为反映情况，提出建议、意见，或者不服其职务行为，可以向有关行政机关提出信访事项。

第三节　推进税务行政公益诉讼制度

一　税务行政公益诉讼的缘起

（一）行政公益诉讼与税务行政公益诉讼

从概念形成和制度演化看，公益诉讼是相对于私益诉讼而言的，起源于罗马法，成熟于美国、日本等发达资本主义国家。由于不同于传统的原告资格制度，所以其诉讼目的与诉讼结构都不同于私益诉讼。简言之，公益诉讼是指与案件无利害关系的人，基于维护公益目的而提起的诉讼。关于行政公益诉讼的确切概念，其实在学术界并没有形成共识，它是行政诉讼与公益诉讼的结合，既是行政诉讼的范畴，也是公益诉讼的范畴。从公益诉讼的一般原理可以看出，行政公益诉讼是针对行政行为侵犯公共利益而提起的诉讼，其应当具备原告、诉讼目的、程序要求等要素。

作为与传统的民事、行政和刑事三类诉讼制度不同的新型诉讼形式，行政公益诉讼在西方法治国家也已经相当成熟，只是各国的概念体系和实践中对这一诉讼形态的称呼有所不同。各国通过司法程序维护公共利益的诉讼制度的主要区别在于原告的类型。在英美普通法系国家，英国的行政公益诉讼，即"以公法名义保护私权之诉"，是指由检察总长在他人要求禁止令或宣告令或同时请求这两种救济时，为阻止某种违法而提起的诉讼，当检察总长赋予请求人必要的起诉资格后，就不再关心公共利益，而是由实际请求人按照普通私人诉讼程序起诉。在美国公共利益维权制度，并没有被视为一种独立的诉讼模式，而是与为普通诉讼程序一样。根据美国《联邦行政程序法》第702条的规定："因行政行为而致使其法定权利受到不法侵害的人，或受到有关法律规定之行政行为的不利影响或损害，均有权诉诸司法审查。"美国的"行政公益诉讼"是司法审查制度的重要组成部分，公民享有广泛的诉的利益。

在大陆法系国家，公共利益的司法维权制度的行政公益诉讼制度也各不相同。例如，在法国，当集体利益或者公共利益受到行政行为的损害时，其中的一个人或者代表该利益的团体、组织等就可以以自己的名义提起诉讼，这种诉讼一般是越权之诉。德国通过设置公益代表人制度来实现行政诉讼对公共利益的保护。1960年颁布的《德国法院法》确立了公益代表人制度，由联邦最高检察官或者州高等检察官、地方检察官分别作为联邦公益代表人、州和地方的公益代表人，以诉讼参加人的身份参加联邦最高行政法院、州高等行政法院、地方行政法院的行政诉讼，并享有上诉权和变更权。日本的行政公益诉讼被称为民众诉讼，即国民请求纠正国家或者公共团体不符合法律规定的行为，并以选举人的资格或自己在法律上的利益无关的其他资格提起的诉讼。民众诉讼的目的并不是保护国民个人的利益，而是保护客观上的法律秩序，使国民以选举人的身份通过诉讼手段制约国家机关或公共性权力机构行使职权的行为，监督行政法规的正确适用。

在税收活动中，政府代表国家履行的征税权和用税权，是国家履行职责和行使其他权力的物质基础和保障。因此，政府的征税权和用税权属于行政权的范围，而且，征税权属于最为核心的行政权。有学者认为，纳税人诉讼是针对政府用税权的诉讼，具体表现为对财政支出的诉讼，属于行政性公益诉讼。① 按照行政公益诉讼的定义及其原理，税务行政公益诉讼是行政公益诉讼在税务领域的具体适用。因此，税务行政公益诉讼，是指检察机关在履行职责过程中发现税务机关在税收征管中违法行使职权或者不作为，造成国家和社会公共利益受到侵害，公民、法人和其他社会组织由于没有直接利害关系，没有也无法提起诉讼的，检察机关以税务机关为被告提起的行政公益诉讼。

（二）域外税务领域公共利益诉讼制度

从域外实践看，纳税人诉讼属于行政公益诉讼，其目的是依赖司法救济制度来保护和实现纳税人用税监督权，从而监督政府的财政收支行为，保障公共资金合法有效使用。该制度最早产生于英国，在美国发展成熟，日本随后效仿美国的模式也建立了纳税人诉讼，从域外实践看，纳税人诉讼在维护整体纳税人和监督制约政府征税权、用税权方面具有重要作用。

在美国，纳税人诉讼的著名案例是"Flast v. Cohen"一案（392. U. S. 83. 1988），该判决要求原告资格适格，就必须具备两个条件，一是联邦纳税人必须针对以联邦宪法第 1 条第 8 节规定的"税收、支出"为基础的联邦议会行使权利的行为提出违宪诉讼，即要求纳税人与该向立法之间必须存在逻辑上的关联；二是联邦纳税人作为诉讼问题而提出的议会行使立法权的行为，必须是议会超出宪法特别制约的行使课税、支出权利的行为。

在日本的纳税人诉讼制度源于民众诉讼制度。日本的民众诉讼，类似行政公益诉讼。在日本《行政事件诉讼法》中，根据诉讼主体，分为当事人诉讼、民众诉讼和机关诉讼。所谓"当事人诉讼"，指对于确认或形成当事人间法律关系的处分或裁决提起，而依法令规定应以其法律关系当事人一方为被告的诉讼，或确认公法上法律关系的诉讼及其他公法上法律关系的诉讼；所谓"民众诉讼"，指以选举人资格或其他无关自己法律上利益的资格，请求撤销或变更国家或地方自治团体的行政机关的

---

① 冯果：《经济法：制度·学说·案例》，武汉大学出版社 2012 年版，第 485 页。

违法行为而提起的诉讼；所谓"机关诉讼"，指国家或地方自治团体的行政机关相互间，关于权限的存否或行使权限之争议而提起的诉讼。《行政事件诉讼法》第四章"民众诉讼与机关诉讼"中第42条规定："民众诉讼与机关诉讼，以法律有特别规定，且仅限法律规定的人，才能提起。"民众诉讼事项包括"公职选举有关的诉讼、与直接请求有关的诉讼、居民诉讼、基于《宪法》第95条的居民投票的诉讼、有关最高法院法官的国民审查诉讼"。

1980年11月，为了抑制军费增长，由22人组成的"拒纳良心性军事费用协会"作为原告，以国家为被告，向东京地方法院提起诉讼，请求确认扣押处分无效。1988年6月，东京地方法院作出判决，不予受理原告的请求。从法院的理由和理论依据看，法院固守税收的用途不涉及"法的支配"的传统理论，以纳税人"没有原告资格"和"没有诉之利益"为借口而拒之门外。

1990年海湾战争爆发后，日本政府决定向以美国为首的多国部队提供20亿美元的援助，还决定向周边国家提供大约20亿美元的经济协助。1991年政府再次决定向多国部队提供90亿美元的追加援助，并在此后的审议中得到国会审议通过。针对此次财政援助多国部队，在日本各地提起了诉讼。尽管，这些诉讼都以数量不等的纳税人组成原告方，以国家为被告而提起的一般民事诉讼；但是这种诉讼不同于一般的民事诉讼，而是由作为人民的纳税人以普通诉讼（主观诉讼）的形式提起的纳税人诉讼。纳税人诉讼的主要的诉讼请求为：被告国家不得向设在海湾国家的相关基金支出90亿美元。原告主张的主要理由中，除了依据日本和平宪法，主张日本援助战争，侵犯了原告的和平生存权之外，还有一个关键理由是，日本参加战争是侵害纳税人的权利的行为，90亿美元的支出超过了日本宪法前言第9条第二段、第9条规定的绝对性禁止事项，因此，纳税人不允许支出90亿美元的权利是对支出行为享有绝对性首要权利。法院以前述同样的理由予以驳回。

二　税务行政公益诉讼制度及其实践

（一）我国税务行政公益诉讼的制度

2012年修订的《民事诉讼法》第55条首次以立法的形式规定了公益

诉讼制度。探索建立检察机关提起公益诉讼制度，党的十八届四中全会作出的一项重大改革部署。2015 年 7 月 1 日，十二届全国人大常委会第十五次会议通过《全国人民代表大会常务委员会关于授权最高人民检察院在部分地区开展公益诉讼试点工作的决定》。① 2015 年 12 月，最高人民检察院通过《人民检察院提起公益诉讼试点工作实施办法》，在北京、内蒙古等十三个省、自治区、直辖市进行试点。《人民检察院提起公益诉讼试点工作实施办法》，第 28 条规定"人民检察院履行职责中发现生态环境和资源保护、国有资产保护、国有土地使用权出让等领域负有监督管理职责的行政机关违法行使职权或者不作为，造成国家和社会公共利益受到侵害，公民、法人和其他社会组织由于没有直接利害关系，没有也无法提起诉讼的，可以向人民法院提起行政公益诉讼"。2017 年 5 月，最高人民检察院总结试点工作情况，向全国人大常委会提出修改《民事诉讼法》和《行政诉讼法》的建议。2017 年 6 月 27 日，第十二届全国人民代表大会常务委员会第二十八次会议审议通过《关于修改〈中华人民共和国民事诉讼法〉和〈中华人民共和国行政诉讼法〉的决定》，检察机关提起公益诉讼明确写入这两部法律，标志着我国首次以立法形式正式确立了检察机关提起公益诉讼制度，公益诉讼检察工作全面推开。

在当前的公益诉讼实践中，人民检察院提起的公益诉讼包括民事公益诉讼和行政公益诉讼，其中民事公益诉讼的具体包括生态环境和资源保护领域公益诉讼、食品药品安全领域侵害众多消费者合法权益等损害社会公共利益，检察机关以实施损害社会公共利益行为的公民、法人或其他组织为被告提起公益诉讼等。从我国行政公益诉讼的立法和实践看，行政公益诉讼只能由国家公权力机构提起。根据《行政诉讼法》关于"诉讼参加人"的相关规定：行政公益诉讼包括人民检察院在履行职责中发现生态环境和资源保护、食品药品安全、国有财产保护、国有土地使用权出让等领域负有监督管理职责的行政机关违法行使职权或者不作为，致使国家利益或者社会公共利益受到侵害的，应当向行政机关提出检察

---

① 根据全国人大常委会的授权和试点工作方案，人民检察院提起公益诉讼自 2015 年 7 月起开展试点工作，试点期限为两年，试点地区为北京、内蒙古、吉林、江苏、安徽、福建、山东、湖北、广东、贵州、云南、陕西、甘肃 13 个省、自治区、直辖市。

建议，督促其依法履行职责。行政机关不依法履行职责的，人民检察院依法向人民法院提起诉讼。

从目前出现的以税务机关为被告的行政公益诉讼，一般被称为税务行政公益诉讼。结合行政诉讼法对行政公益诉讼界定，税务行政公益诉讼是指检察机关在履行职责中发现税务行政机关违法行使职权或者不作为，致使国家利益或者社会公共利益受到侵害的，向税务行政机关提出检察建议督促其依法履行职责，税务依法不依法履行职责时，检察机关以税务行政机关为被告提起的行政诉讼。

（二）税务行政公益诉讼的案件范围

在现行行政公益诉讼立法和司法实践中，税务行政公益诉讼属于国有财产保护领域的行政公益诉讼。旨在国有财产保护的行政公益诉讼，主要指对国有财产负有监督管理职责的行政机关违法行使职权或者不作为，致使国家利益受到侵害的案件。国有资产是法律上确定为国家所有并能为国家提供经济和社会效益的各种经济资源的总和。就是属于国家所有的一切财产和财产权利的总称。国家属于历史范畴，因而国有资产也是随着国家的产生而形成和发展的。在现实经济生活中，"国有资产"概念有狭义和广义两种不同理解。狭义上的国有资产，是指法律上确定为国家所有的并能为国家提供未来效益的各种经济资源的总和。广义上的国有财产，是指属于国家所有的各种财产、物资、债权和其他权益，包括：依据国家法律取得的应属于国家所有的财产；基于国家行政权力行使而取得的应属于国家所有的财产；国家以各种方式投资形成的各项资产；由于接受各种馈赠所形成的应属于国家的财产；由于国家已有资产的收益所形成的应属于国家所有的财产。经营性国有资产，指国家作为出资者在企业中依法拥有的资本及其权益。经营性资产包括：企业国有资产；行政事业单位占有、使用的非经营性资产通过各种形式为获取利润转作经营的资产；国有资源中投入生产经营过程的部分。

国有财产包括国家所有的各种财产、物资、债权和其他权益。具体包括以下几个方面：第一，依据宪法和法律规定取得的应属于国家所有的财产。从法律上而言，国有资产是指属于国家所有的一切财产和财产权利的总和，包括经营性国有资产、行政事业性国有资产和资源性国有资产。第二，基于国家行政权力行使而取得的应属于国家所有的财产。

包括税收类国有财产。税收类国有财产指的是税务机关或海关通过行使征税权所取得国有财产。主要表现为：违反法律、行政法规、规章的规定开征、停征、多征、少征、免征税款，或者擅自决定税收优惠，截留、挪用、私分应当入库的税款、罚款和滞纳金等。

税收类国有财产案件主要涉及财政部门和税务部门。税务部门的主要监管职权有税务管理权、税收征收权、税收检查权、税务违法处理权、税收行政立法权、代位权和撤销权等，海关税收权力主要有征收管理进出口关税及其他税费。应当调查收集的主要材料：不同税种的征收标准规定；纳税人纳税申报表；财务会计报表及其说明材料；与纳税有关的合同、协议书及凭证；税控装置的电子报税资料；外出经营活动税收管理证明和异地完税凭证；境内或者境外公证机构出具的有关证明文件；代扣代缴、代收代缴税款报告表和代扣代缴、代收代缴税款的合法凭证；银行等金融机构扣款回单；税务机关出具的完税凭证；税收部门或海关催缴通知书、行政征收决定书、行政处罚决定书、通知、公函等。

（三）税务行政公益诉讼的主要内容

在我国初步建立的行政公益诉讼制度中，并没有专门针对税务行政公益诉讼而涉及的制度。我国税务行政公益诉讼是行政公益诉讼制度在税收征管领域的具体体现。按照我国行政公益诉讼的规定，检察机关是提起行政公益诉讼的唯一的原告。所以，税务行政公益诉讼的起诉主体也由各级人民检察院独家承担。检察机关提起税务行政公益诉讼应当符合下列条件：第一，税务机关在履行税收征管职责中违法或者不作为。税务机关是行使税收征收管理职权的行政机关，税务机关存在未依照法定职权或者超越法定职权行使税收征管职权的违法行为，或者行政不作为，是检察机关提起税务行政公益诉讼的条件。在安徽省合肥市蜀山区人民检察院提起是税务行政公益诉讼中，由于主观税务机关存在没有依据《税收征收管理法》和《发票管理办法》追究相关人员虚开增值税专用发票的法律责任的不作为行为。第二，造成国家或者社会公共利益受到侵害。检察机关提起税务行政诉讼的条件还包括，由于税务机关存在违法执法或者行政不作为的行为，造成国家税收或者社会公共利益受到侵害。第三，因没有适格的原告而无法提起行政诉讼。根据《行政诉讼法》第 25 条的规定，税务行政诉讼的原告系行政行为的相对人及其他与行政行为有利害关系的公民、法人或其他组织。在一些案例中，由于不存在上述适格的原告，导致相关主体无法提起行政诉讼，检察机关才会以公益诉讼人的身份提起税务行政公益诉讼。根据最高人民法院关于适用《行政诉讼法》的解释第 26 条的规定，原告所起诉的被告不适格，人民法院应当告知原告变更被告；原告不同意变更的，裁定驳回起诉。结合 2018 年 3 月 12 日最高人民检察院民事行政检察厅印发的《检察机关行政公益诉讼案件办案指南（试行）》，税务行政公益诉讼制度主要包括管辖、立案、调查取证、审理等。

1. 税务行政公益诉讼管辖

由于检察机关提起行政公益诉讼的案件，一般由违法行使职权或者不作为的行政机关所在地的基层人民检察院管辖。违法行使职权或者不作为的行政机关是县级以上人民政府的案件，由市（分、州）人民检察院管辖。所以，税务行政公益诉讼案件一般是由基层人民检察院提起。当然，根据管辖权理论和实践，行政公益诉讼案件的管辖还包括指定管辖、管辖权移转和管辖权协商制度。所谓指定管辖，是指上级人民检察院可以根据案件情况，在与人民法院沟通协商后，共同将行政公益诉讼案件指定辖区内其他下级人民检察院或者跨区划人民检察院管辖。管辖权转移，是指上级人民检察院认为确有必要，可以办理下级人民检察院管辖的重大、疑难、复杂案件；下级人民检察院认为需要由上级人民检察院办理的，可以报请上级人民检察院办理。管辖权协商，是指上级人民检察院指定改变级别管辖或者地域管辖的，可以在起诉前与同级人民法院协商管辖的相关事宜，共同指定。

2. 税务行政公益诉讼立案

行政公益诉讼案件线索限于检察机关在履行职责中发现的情形。"履行职责"包括履行批准或者决定逮捕、审查起诉、控告检察、诉讼监督、公益监督等职责。实践中，对于通过行政执法与刑事司法衔接平台、行政执法与行政检察衔接平台等发现案件线索的，视为"在履行职责中发现"。检察机关各业务部门在履行职责中，发现生态环境和资源保护、食品药品安全、国有财产保护、国有土地使用权出让等领域负有监管职责的行政机关违法行使职权或者不作为，致使国家利益或者社会公共利益受到侵害，应当将案件线索及有关材料及时移送公益诉讼案件办理部门。

行政公益诉讼人发现案件线索后，就要对案件线索从真实性、可查性、风险性等层面进行初步评估。经初步评估和审查后认为，税务行政机关存在违法履职或者不作为、可能致使国家利益或者社会公共利益受损害的，并且具备立案条件的，应当依据检察工作程序，决定立案，并制作《立案决定书》。

3. 税务行政公益诉讼诉前程序

税务行政公益诉讼的诉前程序主要包括调查、对证据的审查以及处理。调查阶段是检察机关按照法定程序，全面、客观收集证据的阶段，包括税务行政机关的法定职责、权限和法律依据、税务行政机关不依法履职的事实、国家利益或者社会公共利益受到侵害的事实及状态等重要事项。检察机关审查行政公益诉讼案件，应当查明以下事项：行政机关的法定职责、权限和法律依据；行政机关违法行使职权或者不作为的证据；国家利益或者社会公共利益受到侵害的事实及状态；行政机关违法行使职权或者不作为与损害后果之间存在因果关系；其他需要查明的内容。对审查终结的行政公益诉讼案件，应当区分情况作出下列决定：终结审查；提出检察建议。经过调查，发现税务行政机关违法行使职权或者不作为，致使国家利益或者社会公共利益受到侵害的，应当向行政机关提出检察建议，督促其依法履行职责。检察建议回复期满后，行政机关没有纠正违法行为或者没有依法全面履行职责，或者没有回复，国家利益或者社会公共利益持续处于受侵害的，检察机关以公益诉讼起诉人的身份依法提起行政公益诉讼。

4. 税务行政公益诉讼的提起

税务行政公益诉讼提起的条件，首先是经过检察建议程序，行政机关仍未依法履行职责，国家利益或者社会公共利益持续处于受侵害状态的，人民检察院才依法提起行政公益诉讼。行政机关未依法履行职责的情形主要有：行政机关收到检察建议后，明确表示不进行整改的；行政机关虽回复采纳检察建议并采取整改措施，但实际上行动迟缓、敷衍应付、没有作为的；行政机关仅部分纠正行政违法行为的；行政机关虽采取了履职措施，但履职仍不完全、不充分，无法达到监管目的，且没有进一步行使其他监管职权等情形。对于行政机关已经依法启动行政处罚的立案、调查等程序，尚处于作出行政处罚的法定期限内，则应看其是否在法定期间内作出行政处罚决定，是否存在客观障碍，不能一概认定为未依法履行职责。

税务行政公益诉讼的诉讼请求一般是由检察机关提出确认行政行为违法或者无效、撤销或部分撤销违法行政行为、履行法定职责等。确认行政行为违法或无效，主要适用于以下三种情形：一是行政行为应当撤销，但撤销会给国家利益或者社会公共利益造成重大损害；二是行政行为违法，但不具有可撤销内容；三是行政行为有实施主体不具有行政主体资格或者没有依据等重大且明显违法情形。该诉请一般表述成"确认被告未依法履行某某职责行为违法"。在要求确认违法的同时，可以一并要求行政机关采取补救措施。撤销或部分撤销违法行政行为，适用于行政行为主要证据不足，适用法律、法规错误，违反法定程序，超越职权，滥用职权，明显不当六种情形；符合《行政诉讼法》第70条规定情形的，可以一并要求行政机关重新作出具体行政行为。责令履行法定职责，适用于行政机关不履行或不全面履职法定职责，判决履行仍有意义的情形。在诉讼请求中一般无须列明要求行政机关履行职责的期限，可由法院在裁判中确定合理期限。该诉请一般表述为"责令被告依法履行某某职责"。变更行政行为，适用于被诉行政机关作出的行政处罚明显不当，或者其他行政行为涉及对款额的确定、认定确有错误的，可以提出变更行政行为的诉讼请求。检察机关提起行政公益诉讼的诉讼请求核心是督促行政机关履行职责以维护国家利益和社会公共利益。如果在诉讼过程中，行政机关履行职责、国家利益或者社会公共利益得到维护并使得检察机关的诉讼请求全部实现的，检察机关可以将责令履职的诉讼请求变更为确认违法。

三　检察机关提起税务行政公益诉讼制度的完善

2015年7月1日十二届全国人大常委会第十五次会议表决通过《全国人民代表大会常务委员会关于授权最高人民检察院在部分地区开展公益诉讼试点工作的决定》（以下简称：《授权决定》），正式开启了我国由检察机关提起行政公益诉讼的司法实践。《授权决定》指出，为加强对国家利益和社会公共利益的保护，授权最高人民检察院在生态环境和资源保护、国有资产保护、国有土地使用权出让、食品药品安全等领域，在十三个省区市开展为期两年的提起公益诉讼试点。在法律层面，行政公益诉讼的提法始于最高人民检察院根据全国人大常委会的《授权决定》，于 2015 年 7 月 2 日公布的《检察机关提起公益诉讼试点改革方案》（以下简称《试点方案》）。《试点方案》对行政公益诉讼的提起范围、诉讼参加人、诉讼请求和程序等进行了基本规定。随后，最高人民检察院于 2016 年 1 月发布了《人民检察院提起公益诉讼试点工作实施办法》（以下简称《实施办法》），比较详细规定了提起行政公益诉讼的程序。由于全国人大常委会授权开展公益诉讼试点的期限为两年，所以该授权于 2017 年 6 月 30 日到期前，在 2017 年 6 月 30 日修改的《行政诉讼法》首次从法律层面确立了行政公益诉讼制度。从 2016 年开始，一些地方的检察机关陆续提起了几起税务行政公益诉讼，在督促税务机关积极履行职责方面发挥了一定作用。税务机关也在积极应对税务行政公益诉讼。但是，其中也存在与税收执法的专业性、税务行政的目的与过程等存在一定冲突的问题，亟待通过总结实践经验，完善税务行政公益诉讼制度。

（一）检察机关提起税务行政公益诉讼的典型案例

一般而言，行政公益诉讼是指当行政行为侵害社会公共利益时，法律允许无利害关系的公民、法人或其他组织向法院提起的旨在维护社会公共利益的行政诉讼，其具有公益性、监督性、法定性和程序特定性等特征。就当前行政公益诉讼的提起主体看，法律赋予检察机关提起行政公益诉讼的权力。根据《实施办法》的规定，经过诉前程序，行政机关不履行法定职责，国家和社会公共利益仍处于受侵害状态的，检察院可以提起行政公益诉讼。

从 2015 年确立检察机关提起行政公益诉讼制度以来，检察机关基于对公益的扩张性认识，使得行政公益诉讼案件范围不断被扩大。将全国人大授权决定和行政诉讼法规定的国有资产保护的范围扩大到税收领域，检察机关以税务机关不履行法定职责为由，提起的税务行政公益诉讼也屡见不鲜。从 2016 年以来的司法实践看，检察院提起的税务行政公益诉讼案件的审理情况，有的案件以公益诉讼人撤诉结案，有的案件由法院判决结案。其审理结果看，以公益诉讼目的及其是否实现，大致可以归纳为四种类型：

一是以被告税务机关就相关行为立案检查作为公益诉讼目的已经实

现。例如，2016 年安徽省合肥市蜀山区人民检察院以安徽省合肥市国家税务局不履行法定职责为由，向安徽省合肥市蜀山区人民法院提起行政公益诉讼后。在法院审理期间，公益诉讼人以被告已经就相关行为立案检查为由，申请撤诉。法院认为，公益诉讼人以公益诉讼目的已获实现为由申请撤诉符合法律规定。从公益诉讼人申请撤诉的理由和法院同意撤诉的理由看，该起税务行政公益诉讼的目的是督促税务机关立案检查，一旦被告开始履行法定职责，就被认为达到公益诉讼的目的。①

二是以被告税务机关已经履行法定职责作为公益诉讼目的已经实现。例如，2017 年山东省德州市德城区人民检察院起诉德州市地方税务局德成分局不履行法定职责行政公益诉讼裁判中，受案法院裁定准许公益诉讼人以被告已经履行法定职责为由的撤诉申请，但是没有进一步说明被告履行了何种法定职责及其履职方式。② 在 2018 年吉林省公主岭市人民检察院诉国家税务总局公主岭市税务局未依法履行税收监管职责一案中，公益诉讼人以被告已经履行了职责，诉讼请求全部实现为由撤诉。③

三是以所欠税款全部征缴到位，行政公益诉讼目标实现为由终结诉讼。例如，在 2018 年江苏省靖江市人民检察院对国家税务总局靖江市国税局提起的不履行法定职责税务行政公益诉讼中，公益诉讼人认为被告未采取措施将纳税人所欠税款征收入库，造成国有财产流失，损害了国家利益。基于此，请求法院判决被告在向纳税人征收税款过程中未依法履行职责的行为违法，同时判令被告在一定期限内采取税务强制措施将纳税人所欠税款征缴到位。受理法院以"两高"关于检察公益诉讼案件适用法律若干问题的解释为依据，以被告税务机关在检察院的督促下，采取了税收征缴措施将纳税人所欠税款全部征缴到位，行政公益诉讼的目的已基本实现为由，准许公益诉讼人申请终结诉讼。④

四是法院责令被告税务机关履行法定职责。例如，2018 年兰州铁路运输法院审理的甘肃省兰州市城关区人民检察院诉国家税务总局兰州市

---

① 安徽省合肥市蜀山区人民法院行政裁定书（2016）皖 0104 行初 129 号。
② 山东省德州市德城区人民法院行政裁定书（2017）鲁 1402 行初 24 号。
③ 吉林省公主岭市人民法院行政裁定书（2018）吉 0318 行初 25 号。
④ 江苏省泰州市医药高新技术开发区人民法院行政裁定书（2018）苏 1291 行初 218 号。

税务局不履行法定职责行政公益诉讼一案中，公益诉讼人认为被告在公益诉讼人发出检察建议后，纳税人所欠缴的税款仍未追回，国有财产仍处于流失状态。因此，请求法院确认被告的行政不作为行为违法，同时判令被告依法行使行政管理职权，对纳税人所欠缴税款予以追缴。法院基本上采纳了公益诉讼人的意见，责令被告履行法定职责，在判决生效之日起 90 日内向纳税人追缴所欠税款。[①]

从已经公开的税务行政公益诉讼案件来看，多数案件以公益诉讼机关撤诉或者终结诉讼结案，只有一例进行了实体审理并作出行政判决。在司法实践中，作为公益诉讼人的检察机关在案件发挥着主导作用，但是不同案件中公益诉讼人对诉讼目的的认识存在差别。这里存在一个关系到税务行政公益诉讼正当性与合理性的重要问题，即税务行政公益诉讼的目的究竟是什么，这些目的如何通过诉讼途径予以实现。

（二）检察机关提起税务行政公益诉讼的目的界定

1. 公益诉讼中的公益

公益是与私益相对而言的概念，如果没有私益，也就不存在公益。所谓公益，可以理解为受益者的范围不明确、不确定，但对全体受益者都具有一定影响的利益。从公益诉讼角度看，其诉求在于维护公共利益，至于何为公共利益，不仅是个法理难题，在实践中也存在不确定性。而社会公共利益的准确界定对于秩序的构建和维护具有十分重要的意义。[②]在我国立法上，公共利益是一个频繁出现在各个法域的术语，在宪法、民法典、土地管理法等法律中的术语。但是，这些法律中所称的公共利益，因立法目的和调整对象的不同，其使用范畴和具体含义存在较大差异。通常理解，作为公益诉讼的诉的利益，重要包括公共利益，而公共利益并非一个整体的和泛指的公益。就公益诉讼制度的起源和当前世界范围内存在的公益诉讼实践而言，公益诉讼的出现旨在维护社会上处于弱势地位的群体的利益，进而把公益诉讼中公共利益限定于对弱势群体的利益保护。

在我国公益诉讼制度确立过程中，公益的概念基本上是公共利益的

---

① 兰州铁路运输法院行政判决书（2018）甘 7101 行初 12。

② 胡鸿高：《论公共利益的法律界定——从要素解释的路径》，《中国法学》2008 年第 4 期。

简称。2013年、2014年修改的消费者权益保护法和环境保护法在实体法层面确立了消费者维权和环境公益诉讼制度。2017年修改的民事诉讼法和行政诉讼法从程序法上确立了检察机关提起公益诉讼的运行机制，从此，我国的公益诉讼制度法律框架基本成形，并由此进入公益诉讼的"快车道"。据最高人民检察院的统计。2017年7月检察公诉制度实施以来，到2018年12月，全国检察机关共立案公益诉讼案件99441件，提出检察建议和发布公告87385件、提起诉讼2793件。其中2018年1月至11月，全国检察机关共立案公益诉讼案件89523件，提出检察建议和发布公告78448件、提起诉讼2560件。[①]

2. 行政公益诉讼及其目的

根据法律规定，检察机关提起的公益诉讼，依据不同标准可作两种分类：按被诉对象的不同，可分为民事公益诉讼和行政公益诉讼；按侵害公益内容的不同，可分为生态环境公益诉讼、资源保护公益诉讼案件、消费者保护公益诉讼、食品安全公益诉讼、国有财产保护公益诉讼、国有土地出让权保护公益诉讼等。民事公益诉讼制度始于2012年修改的《民事诉讼法》第55条，针对污染环境、侵害众多消费者合法权益等损害社会公共利益的行为，由受害人之外的法律规定的机关和有关组织提起的民事诉讼，其本质上属于平等主体之间的侵权赔偿之诉。与民事公益诉讼不同，行政公益诉讼旨在督促、纠正因行政机关的违法行政行为或者行政不作为致使公共利益受到侵害。然而，何为行政公益诉讼，当期学术界和实务界都还没有给出公认的概念。结合2015年、2016年发布的实施公益诉讼制度的《授权决定》《试点方案》《实施办法》，以及2017年修改的《行政诉讼法》，从行政公益诉讼的目的角度，大体上可以将行政公益诉讼的概念界定为，由检察机关提起的，旨在维护生态环境和资源保护、国有资产保护、国有土地使用权出让等领域负有监督管理职责的行政机关违法行使职权或者不作为而导致国家利益和社会公共利益受到侵害且没有直接利害关系人的一种特殊的行政诉讼。

---

① 闫晶晶、戴佳：《全国检察机关实现公益诉讼办案全覆盖》，《检察日报》2018年12月26日第4版。

3. 税务行政公益诉讼的目的

当前，由检察机关提起的税务行政公益诉讼，针对的是税务机关在履行税收征缴职责中，没有将纳税人的应纳税款按时征缴而提起的诉讼。之所以将税收征缴纳入行政公益诉讼，其依据是 2017 年修改的《行政诉讼法》规定的公益诉讼受案范围的"国有资产保护"。2018 年 3 月 12 日最高人民检察院民事行政检察厅印发的《检察机关行政公益诉讼案件办案指南（试行)》（以下简称：《办案指南》)，作为办理检察公益诉讼案件的指引。《办案指南》细化了全国人大常委会授权范围、《行政诉讼法》第 25 条第 4 款关于公益行政诉讼起诉范围的规定，将国有财产界定为包括国家所有的各种财产、物资、债权和其他权益。检察机关将纳税人未缴所欠税款认定为国有资产或者国有财产，并依据其行政公益诉讼职责，以主管税务机关作为原告，提起税务行政公益诉讼。从前述几起税务行政公益诉讼案件的目的看，都以税务机关未履行法定职责作为直接目的和起诉的理由，但是在具体案件中，对税务机关未履行法定职责所造成的后果的认识存在差异。在江苏省靖江市人民检察院诉靖江市国税局不履行法定职责行政公益诉讼案中，检察机关认定其发出检察建议后，被告税务机关仍然未能对纳税人所欠税款征收入库，造成国有财产流失，损害了国家利益。在甘肃省兰州市城关区人民检察院诉兰州市税务局不履行法定职责行政公益诉讼案中，公益诉讼人以被告税务机关收到检察建议后，对纳税人欠缴的税款未追回，国有资产仍处于流失状态，因此请求法院判令税务机关依法追缴纳税人所欠税款。

然而，税务行政公益诉讼所指涉的公益的概念甚至比其他领域公益诉讼的还要模糊。从逻辑上而言，如同行政公益诉讼一样，税务行政公益诉讼的目的是一个相互联系的多个过程组成的，其直接目的是督促税务机关依法履行征税职责，但是税务机关未履行法定职责并不是公益目标，税务行政诉讼的公益目标是因税务机关不作为导致纳税人所欠税款不能入库，而且其前提条件是将应缴未缴的税款界定为属于国有资产或者国有财产。在税收债权债务关系中，纳税人所欠缴的税款及其滞纳金等，是一种税收债务，因而不属于国有财产。只有在税款入库后才转变为预算资金，预算资金属于国有财产的范畴。如果认定作为税务行政公益诉讼目的的纳税人欠缴税款不属于国有财产的范畴，那么检察机关提起税务行政公益诉讼的基础就不存在。

（三）检察机关提起税务行政公益诉讼目的正当性检视

从当前检察机关提起税务行政公益诉讼的实践和相关司法解释看，税务行政公益诉讼的目的条件具有多重性特征。一方面，督促税务机关履行税收管理职责，追征纳税人所欠税款；另一方面，认为纳税人欠缴的税款属于公益的范畴。从当前税务行政公益诉讼看，至少涉及以下几个方面的目的。

1. 税务行政公益诉讼的法律依据不足

从公益诉讼本身的构造看，公益诉讼的目的在于"公益"，至于何为公益，在不同领域有不同的具体体现，但是都以公共利益作为基本出发点。税务行政公益诉讼是行政诉讼，根据《行政诉讼法》的规定，行政诉讼的目的包括"保护公民、法人和其他组织的合法权益"和"监督行政机关依法行使职权"两个方面。现行的行政公益诉讼并不是独立于现行三类诉讼制度之外的诉讼制度，在其诉讼构造上，将公益诉讼分别归入民事诉讼和行政诉讼之中。就行政公益诉讼制度而言，2015 年全国人大试点授权到期后，在 2017 年修改行政诉讼法时，并没有将其作为行政诉讼中的一种特定制度，而是在行政诉讼参加人条款中增加了一款，作为检察机关提起行政公益诉讼的合法性依据。这种在立法上的表达甚至与《行政诉讼法》第 2 条规定的受案范围不一致。因为，检察机关提起行政公益诉讼的主体资格并非源于认为行政机关和行政机关工作人员的行政行为侵犯了其合法权益。

2. 应缴未缴税款不属于国家财产

在行政公益诉讼中，其诉讼目的包括国家利益和社会公共利益，国家利益应当是以我国全体公民的利益为前提，而且由于国家在整体上具有政治利益、国防利益、经济利益等，这种利益在本质上具有最高性、权威性和不可辩驳性。在现行有关公益诉讼的规范性文件和司法解释中，《实施办法》表述为"造成国家和社会公共利益受到损害"，而 2018 年"两高"公益诉讼司法解释中的表述是"致使国家利益或者社会公共利益受到侵害的"。在检察机关提起的税务行政公益诉讼案件中，公益诉讼起诉人似乎并没有严格区分欠缴税款属于国家利益还是社会公共利益。在现行法律法规中，税款并不属于国家财产的范畴，根据《国家金库条例》

的规定，只有经过国库办理了税款入库手续，国库收纳库款之后才属于国家预算收入，因而属于国有财产的范围。从民法角度看，根据《民法典》第 246 条，法律规定属于国家所有的财产，属于国家所有即全民所有。《民法典》第 247 条至第 254 条分别列举了国有财产类型和范围。应收未收的税款不属于物的范畴，当然也不属于国有财产。在国有财产的民法保护上，《民法典》第 258 条规定，国家所有的财产受法律保护，禁止任何组织或者个人侵占、哄抢、私分、截留、破坏。根据《民法典》关于国家所有的财产的详细规定，将欠缴税款视为国有财产，不具有合法性依据。因为，所欠税款既不属于不动产或者动产，也不属于由国家出资所获得的收益。

3. 判决结果难以执行

根据《实施办法》第 41 条，经过诉前程序之后，检察机关提起行政公益诉讼必须具备两个条件，一是行政机关拒不纠正违法行为或者不履行法定职责，二是国家和社会公共利益仍处于受侵害状态。在税务公益诉讼中，检察机关通过何种标准认定税务机关是否履行法定职责，以及如何判断国家和社会公共利益仍然处于受侵害状态，值得进一步思考。对税务机关是否履行法定职责的判断，依据的是履职过程，还是履职结果。如果以履职过程判断，税务机关向欠税的纳税人依法发出催缴通知或者欠税公告，也属于税法规定的履行法定职责；如果以结果为依据，则只有当税务机关全额征缴纳税人所欠税款，也就意味着履行了法定职责，从而不需要提起诉讼。此外，如果税务机关履行了全部法定职责，因纳税人无可执行财产，仍然无法追缴全部或部分税款。在这样情形下，起诉税务机关不仅不具有可行性，而且还会产生诉讼成本。

（四）检察机关提起税务公益诉讼制度的改进

从公益诉讼制度的出发点看，公益是其核心要素，因此，公益的界定与公益诉讼目的、受案范围密切相关。公益诉讼只能以维护公益为目的，不能为了私益目的动用国家公权力机构提起诉讼。所以，公益诉讼的目的决定着公益的范围，而公益范围又决定了公益诉讼的受案范围。总结当前的几起税务行政公益诉讼司法实践的经验，多数起诉以检察机关撤诉结案，只有一例进行了审理并判决税务机关在规定的期限内将纳税人所欠税款追缴到位。且不论起诉目的的正当性，仅就税务机关如何追缴以及不能实现追缴到位后，能否被强制执行，以及采取何种方式强制执行等现实难题。正如有学者指出的，检察机关以行政公益诉讼起诉人的身份提起的旨在维护公共利益的诉讼，只是一种应然的理想状态，并不能表明检察机关提出的任何诉求都处于维护公共利益的需要，更不能以保护公益为借口侵犯合法的私益，因而必须防止检察机关借公益之名行干涉审判之实在。① 由于公共利益概念的不确定性，不仅使得处于模糊地带的公共利益无法通过检察机关提起公益诉讼的方式得到保护。② 而且可能导致将公共利益的概念泛化，通过扩大公共利益的范围挤占私人利益的空间，从而导致公益诉讼所指涉的公共利益的范围与公益诉讼制度设置的初衷相互偏离与错位。公益诉讼的本来意图是针对社会弱势群体的权益被普遍侵害之后，通过国家力量予以救济，从而实现社会正义。基于此，在税务行政公益诉讼的定位上，需要从公益诉讼的初衷出发，探索建立以纳税人权益保护为中心的税务行政公益诉讼，应当是公益诉讼在税务领域的应有之义。

---

① 秦前红：《检察机关参与行政公益诉讼理论与实践的若干问题探讨》，《政治与法律》2016 年第 11 期。

② 黄凤兰：《对检察机关提起公益诉讼的再质疑》，《中国行政管理》2010 年第 12 期。

参考文献

一 中文文献

（一）译著

［美］艾德温·塞里格曼：《租税各论》，胡泽译，商务印书馆 1934 年版。

［美］B. 盖伊·彼得斯：《税收政治学》，曹钦白译，江苏人民出版社 2008 年版。

［日］坂入长太郎：《欧美财政思想史》，张淳译，中国财政经济出版社 1987 年。

［日］北野弘久：《税法学原论》（第五版），陈刚等译，中国检察出版社 2008 年版。

［日］北野弘久：《纳税者基本权论》，陈刚、谭启平等译，重庆大学出版社 1996 年版。

［美］伯纳德·施瓦茨：《行政法》，徐炳译，群众出版社 1986 年版。

［美］博登海默：《法理学——法律哲学与法律方法》，邓正来译，中国政法大学出版社 1999 年版。

［澳］布伦南、［美］布坎南：《宪政经济学》，冯克利等译，中国社会科学出版社 2004 年版。

［美］查尔斯·K. 罗斯编：《财政权与民主的限度》，刘晓峰译，商务印书馆 2007 年版。

［美］戴维·米勒、韦农·波格丹诺：《布莱克维尔政治学百科全书》，邓正来译，中国政法大学出版社 2002 年版。

［英］戴雪：《英宪精义》，雷宾南译，中国法制出版社 2001 年版。

［美］杜赞奇：《文化、权力与国家：1900—1942 年的华北农村》，王福

明译，江苏人民出版社 2003 年版。

[德] 格奥尔格·耶里内克：《人权与公民权利宣言》，李锦辉译，商务印书馆 2017 年版。

[美] 汉密尔顿、麦迪逊、杰伊：《联邦党人文集》，杨颖玥、张尧然译，中国青年出版社 2014 年版。

[美] 汉娜·阿伦特：《共和的危机》，郑辟瑞译，上海人民出版社 2013 年版。

[英] 霍布斯：《利维坦》，黎思复、黎廷弼译，商务印书馆 1985 年版。

[美] 霍尔姆斯、桑斯坦：《权利的成本：为什么自由依赖于税》，毕竞悦译，北京大学出版社 2004 年版。

[美] 杰罗姆·巴伦、托马斯·迪恩斯：《美国宪法概论》，刘瑞祥等译，中国社会科学出版社 1995 年版。

[美] 金德尔伯格：《西欧金融史》，徐子健等译，中国金融出版社 2010 年版。

[日] 金子宏：《日本税法原理》，刘多田等译，中国财政经济出版社 1989 年版。

[日] 金子宏：《日本税法》，战宪斌、郑林根等译，法律出版社 2004 年版。

[日] 井手文雄：《日本现代财政学》，陈秉良译，中国财政经济出版社 1990 年版。

[法] 孔飞力：《中国现代国家的起源》，陈兼、陈之宏译，生活·读书·新知三联书店 2013 年版。

[英] 李嘉图：《政治经济学及赋税原理》，郭大力、王亚南译，商务印书馆 1976 年版。

[美] 路易斯·亨金：《权利的时代》，信春鹰、吴玉章、李林译，知识出版社 1997 年版。

[美] 罗尔夫·施托贝尔：《经济宪法与经济行政法》，谢立斌译，商务印书馆 2008 年版。

[英] 洛克：《政府论》（下册），叶启芳、瞿菊农译，商务印书馆 1997 年版。

[英] 马歇尔：《经济学原理（下册）》，陈良璧译，商务印书馆 1994

年版。

［法］孟德斯鸠：《论法的精神》（上册），张雁深译，商务印书馆 2005
年版。

［英］米尔恩：《人的权利与人的多样性——人权哲学》，夏勇、张志铭
译，中国大百科全书出版社 1995 年版。

［日］木下太郎：《九国宪法选介》，康树华译，群众出版社 1981 年版。

［美］诺斯：《经济史上的结构和变迁》，历以平译，商务印书馆 1992
年版。

［法］皮埃尔·罗桑瓦龙：《成为公民：法国普选史》，吕一民译，文汇出
版社 2017 年版。

［法］让·巴蒂斯特·萨伊：《政治经济学概论》，陈福生、陈振骅译，商
务印书馆 1982 年版。

［法］圣西门：《圣西门选集》第二卷，董果良译，商务印书馆 1982
年版。

［美］梯利：《西方哲学史》（增补修订版），葛力译，商务印书馆 2001
年版。

［法］托克维尔：《美国的民主》（上卷），董果良译，商务印书馆 1988
年版。

［美］V. 图若尼：《税法的起草与设计》（第 1 卷），国际货币基金组织、
国家税务总局政策法规司译，中国税务出版社 2004 年版。

［美］W. 汤普逊：《中世纪晚期欧洲经济社会史》，徐家玲译，商务印书
馆 2011 年版。

［英］威廉·韦德：《行政法》，徐炳等译，中国大百科全书出版社 1997
年版。

［日］尾崎护：《日本等工业化国家的税制》，日本法制学会日中财政问题
调查会译，中国税务出版社 1995 年版。

［德］乌维·维瑟尔：《欧洲法律史——从古希腊到里斯本条约》，刘国良
译，中央编译出版社 2016 年版。

［美］亨利·戴维·梭罗：《复乐园》，任伟译，四川文艺出版社 2012
年版。

［日］小川乡太郎：《租税总论》，萨孟武译，商务印书馆 1926 年版。

［英］亚当·斯密：《国民财富的性质和原因的研究》（下卷），王亚南、郭大力译，商务印书馆 1974 年版。

［英］伊恩·克夫顿、杰里米·布莱克：《简明大历史》，于非译，湖南文艺出版社 2018 年版。

［英］约翰·密尔：《政治经济学原理》，胡企林、朱泱等译，商务印书馆 1997 年版。

［美］詹姆斯·M. 布坎南：《民主财政论》，穆怀朋译，商务印书馆 1993 年版。

［美］詹姆斯·M. 布坎南：《宪政经济学》，冯克利等译，中国社会科学出版社 2004 年版。

　　（二）中文著作

曹钦白：《税收未被解读的密码》（上），陕西人民出版社 2009 年版。

曹国卿：《财政学》，上海书店 1935 年版。

陈昌龙：《财政与税收》（第 4 版），北京交通大学出版社 2016 年版。

陈晴：《以权利制约权力——纳税人诉讼制度研究》，法律出版社 2015 年版。

陈清秀：《税法各论》，法律出版社 2016 年版。

陈清秀：《税法总论》，法律出版社 2019 年版。

崔敬伯：《崔敬伯财政文丛（下）》，中央编译出版社 2015 年版。

邓民敏译：《土库曼斯坦税法典》，北京时代华文书局 2014 年版。

邓伟志：《邓伟志全集——社会学卷（三）》，上海大学出版社 2013 年版。

丁一：《纳税人权利研究》，中国社会科学出版社 2013 年版。

樊丽明等：《税收法治研究》，经济科学出版社 2006 年版。

甘功仁：《纳税人权利专论》，中国广播电视出版社 2003 年版。

高军：《纳税人基本权研究》，中国社会科学出版社 2011 年版。

葛家澍、陈元燮：《中国财会大辞典》，中国大百科全书出版社 1993 年版。

龚震：《蚁观沧海——关贸财经思萃》，东南大学出版社 2013 年版。

郭华榕：《法国政治制度史》，人民出版社 2005 年版。

何勤华：《外国法律史研究》，中国政法大学出版社 2004 年版。

何盛明：《财经大辞典（上卷）》，中国财政经济出版社 1990 年版。

洪波：《法国政治制度变迁：从大革命到第五共和国》，中国社会科学出版社 1993 年版。

黄剑云：《当代中国的台山：三十八年的光辉历程（1949—1987）》，中国县镇年鉴社 1996 年版。

黄俊杰：《纳税人权利之保护》，北京大学出版社 2004 年版。

黄茂荣：《法学方法与现代税法》北京大学出版社 2011 年版。

获鹿县年鉴编辑部编：《获鹿县年鉴》，新世纪出版社 1993 年版。

季卫东：《宪法的理念与实践》，上海人民出版社 2016 年版。

国家税务总办公厅：《全国税务工作会议主要领导讲话汇编（1949—1994）》，中国税务出版社 1995 年版。

国家税务总局教育中心编：《国家税收教学大纲（试行本）》，中国税务出版社 1999 年版。

贾康、欧纯智：《创新制度供给：理论考察与求实探索》，商务印书馆 2016 年版。

唐健飞：《房产税的法理研究》，中国社会科学出版社 2021 年版。

姜明安：《党员干部法治教程》，中国法制出版社 2014 年版。

姜明安：《行政诉讼法》，法律出版社 2007 年版。

姜士林、陈纬：《世界宪法大全》（上卷），中国广播电视出版社 1989 年版。

金鑫等：《中国税务百科全书》，经济管理出版社 1991 年版。

金鑫：《金鑫税收文选（下卷）》，中国税务出版社 2008 年版。

金勇义：《中国与西方的法律观念》，辽宁人民出版社 1989 年版。

经济工作者学习资料编辑部：《税收与财务手册》，经济管理出版社 1987 年版。

黎江虹：《中国纳税人权利研究》（修订版），中国检察出版社 2014 年版。

李刚：《税法与私法关系总论——兼论中国现代税法学基本理论》，法律出版社 2014 年版。

李九龙：《西方税收思想》，东北财经大学出版社 1992 年版。

李胜良：《纳税人行为解析》，东北财经大学出版社 2001 年版。

李文阁：《中国行政制度》，中国民主法制出版社 2017 年版。

李玉虎：《经济法律制度与中国经济发展关系研究》，法律出版社 2015

年版。

李玉虎：《我国地方税体系重构法律问题研究》，中国检察出版社 2019 年版。

梁发祥、梁发苻：《纳税人权利纵论》，甘肃民族出版社 2010 年版。

梁治平、齐海滨等：《新波斯人信札——变化中的法观念》，贵州人民出版社 1988 年版。

林立新：《报界先驱林白水研究论文集》，福建人民出版社 2008 年版。

林慰君：《我的父亲林白水》，时事出版社 1989 年版。

刘新成：《英国都铎王朝议会研究》，首都师范大学出版社 1995 年版。

刘德成：《中国财税史纲》，中国社会科学出版社 2016 年版。

刘建飞、刘启云、朱艳圣：《英国议会》，华夏出版社 2002 年版。

刘剑文：《财税法教程》，法律出版社 1995 年版。

刘剑文：《纳税主体法理研究》，经济管理出版社 2006 年版。

刘剑文：《税法学》（第 2 版），人民出版社 2003 年版。

刘剑文：《税法专题研究》，北京大学出版社 2002 年版。

刘剑文、熊伟：《税法基础理论》，北京大学出版社 2004 年版。

刘剑文：《重塑半壁财产法———财税法的新思维》，法律出版社 2009 年版。

刘磊：《税收控制论》，中国财政经济出版社 1999 年版。

刘庆国：《纳税人权利保护理论与实务》，中国检察出版社 2009 年版。

刘社建：《古代监察史》，东方出版中心 2018 年版。

刘小兵：《中国税收实体法研究》，上海财经大学出版社 1999 年版。

吕世伦：《理论法学经纬》（第三卷），西安交通大学出版社 2016 年版。

罗玉珍：《税法教程》，法律出版社 1993 年版。

马国强：《税收学原理》，中国财政经济出版社 1991 年版。

马国贤：《政治经济学》，中国财政经济出版社 1995 年版。

孟昭常等：《财政渊鉴》（上册），中华书局 1917 年版。

莫纪宏：《纳税人的权利》，群众出版社 2006 年版。

祁志钢：《纳税人诉讼公法之债下的公权力与私权利》，中央广播电视大学出版社 2016 年版。

全国税收"五五"普法丛书编委会组织编写：《纳税人权利与义务》，中国税务出版社 2008 年版。

任晓兰:《财政预算与中国的现代国家建构》,天津社会科学院出版社
　2015 年版。

上海市黄埔区革命委员会写作组、上海师范大学历史系:《上海外滩南京
　路史话》,上海人民出版社 1976 年版。

沈宗灵:《法理学》,北京大学出版社 1992 年版。

施正文:《税收程序法论——监控征税权运行的法理与立法研究》,北京
　大学出版社 2003 年版。

施正文:《税法要论》,中国税务出版社 2007 年版。

史梅定:《上海租界志》,上海社会科学院出版社 2001 年版。

《世界通史》编委会:《世界通史》,吉林出版集团有限责任公司 2013
　年版。

孙凤仪:《公民社会与公共财政——良政与善治的政治经济学分析》,知
　识产权出版社 2014 年版。

孙树明:《税法教程》,法律出版社 1995 年版。

涂龙力、王鸿貌:《税收基本法研究》,东北财经大学出版社 1998 年版。

王菲:《外国法制史》,中国检察出版社 2001 年版。

王美涵:《税收大辞典》,辽宁人民出版社 1991 年版。

王建平:《纳税人权利及其保障研究》,中国税务出版社 2010 年版。

王健:《沟通两个世界的法律意义——晚清西方法的输入与法律新词初
　探》,中国政法大学出版社 2001 年版。

魏如:《中国税务大辞典》,中国经济出版社 1991 年版。

吴廷璆:《日本史》(第一版),南开大学出版社 1994 年版。

奚洁人:《科学发展观百科辞典》,上海辞书出版社 2007 年版。

夏勇:《人权概念的起源——权利的历史哲学》(修订版),中国政法大学
　出版社 2001 年版。

新疆维吾尔自治区国家税务局译:《吉尔吉斯共和国税法》,中国税务出
　版社 2016 年版。

新疆维吾尔自治区国家税务局译:《乌兹别克斯坦共和国税法》,中国税
　务出版社 2016 年版。

辛国仁:《纳税人权利及其保护研究》,吉林大学出版社 2008 年版。

许建国：《中国税法原理》，武汉大学出版社 1995 年版。

法学教材编辑部《西方法律思想史编写组》编：《西方法律思想史》，北京大学出版社 1983 年版。

闫锐、朱迎春：《税收学》，立信会计出版社 2011 年版。

杨建顺：《日本行政法通论》，中国法制出版社 1998 年版。

杨文利：《纳税人权利》，中国税务出版社 1999 年版。

尹文敬：《财政学》，商务印书馆 1935 年版。

岳树民、张松：《纳税人的权利与义务》，中国人民大学出版社 2000 年版。

曾尔恕：《外国法制史研读辑录》，知识产权出版社 2016 年版。

张光杰：《法理学导论》，复旦大学出版社 2015 年版。

张宏生：《西方法律思想史》，北京大学出版社 1983 年版。

张培森、吴国华、史学文：《中国税务辞典新编》，北京师范大学出版社 1994 年版。

张启安、李秀珍：《西方文明史》，西安交通大学出版社 2014 年版。

张守文：《财税法疏议》，北京大学出版社 2005 年版。

张守文：《税法原理》，北京大学出版社 2016 年版。

张伟、许善达、沈建阳编著：《纳税人的权利与义务》，中国税务出版社 2000 年版。

张文显：《法理学》，法律出版社 1997 年版。

张文显：《法学基础范畴研究》，中国政法大学出版社 1993 年版。

张馨：《比较财政学教程》，中国人民大学出版社 1997 年版。

张馨：《财政公共化改革——理论创新·制度变革·理念更新》，中国财政经济出版社 2004 年版。

张怡：《财税法学》，法律出版社 2019 年版。

张怡：《衡平税法研究》，中国人民大学出版社 2012 年版。

张怡：《人本税法研究》，法律出版社 2016 年版。

法治斌、董保成：《宪法新论》，（台北）元照出版有限公司 2012 年版。

中国人民政治协商会议天津市委员会文史资料委员会编：《天津文史资料选辑》（第 9 辑），天津人民出版社 1980 年版。

中国社会科学院语言研究所词典编辑室编：《现代汉语词典》（第 7 版），

商务印书馆 2019 年版。

钟典晏：《扣缴义务问题研究》，北京大学出版社 2005 年版。

周全林：《税收公平研究》，江西人民出版社 2007 年版。

周伟、谢维雁：《宪法教程》，四川大学出版社 2012 年版。

朱孔武：《征税权、纳税人权利与代议政治》，中国政法大学出版社 2017
  年版。

朱利侠、李文静：《清廉治要》，东方出版社 2014 年版。

  （三）中文论文

敖玉芳：《美德税收核定程序证明责任的比较及借鉴》，《税务与经济》
  2015 年第 5 期。

蔡茂寅：《财政作用之权力性与公共性——建立财政法学之必要性》，（台
  北）《台大法学论丛》1996 年第 4 期。

曹明星：《量能课税原则新论》，《税务研究》2012 年第 7 期。

陈刚：《税的法律思考与纳税者基本权的保障》，《现代法学》1995 年第
  5 期。

陈敏：《宪法之租税概念及其课征限制》，《政大法律评论》1981 年第
  24 期。

陈鹏：《公法上警察概念的变迁》，《法学研究》2017 年第 2 期。

陈哲：《自动情报交换中我国纳税人权利保护的完善》，《税收经济研究》
  2018 年第 3 期。

陈征：《基本权利的国家保护义务功能》，《法学研究》2008 年第 1 期。

崔威：《中国税务行政诉讼实证研究》，《清华法学》2015 年第 3 期。

达观：《论国民当知预算之理由及其根据》，《东方杂志》1907 年第 7 期。

戴芳：《发达国家纳税人权利保护官制度及其借鉴》，《涉外税务》2012
  年第 7 期。

单飞跃、王霞：《纳税人税权研究》，《中国法学》2004 年第 4 期。

邓剑光：《论财产权的基本人权属性》，《武汉大学学报》（哲学社会科学
  版）2008 年第 5 期。

丁一：《OECD：税务行政之法律框架》，《国际税收》2016 年 2 期。

范立新：《美国宪法涉税条款评析》，《涉外税务》2002 年第 9 期。

方新军：《权利概念的历史》，《法学研究》2007 年第 4 期。

冯诗婷、郑俊萍：《税收本质与纳税人权利保护之理论基础》，《税务研究》2017 年第 3 期。

付春香：《征税抑或补贴——我国最低生活保障制度的反思与重构》，《财经问题研究》2014 年第 6 期。

傅红伟：《税务行政诉讼若干问题初探》，《行政法学研究》1999 年第 2 期。

高军、白林：《税收法定原则与我国税收法治》，《理论与改革》2010 年第 5 期。

高军：《论税法中公平纳税原则》，《大连大学学报》2010 年第 1 期。

高军：《试论纳税人税法上的财产权保障》，《行政论坛》2010 年第 3 期。

蛤笑：《财政私议》，《东方杂志》1908 年第 3 期。

韩大元、冯家亮：《中国宪法文本中纳税义务条款的规范分析》，《兰州大学学报》（社会科学版）2008 年第 6 期。

何海波：《一次修法能有多少进步——2014 年〈中华人民共和国行政诉讼法〉修改回顾》，《清华大学学报》（哲学社会科学版）2018 年第 3 期。

何立波：《建国初期"新税制风波"》，《文史精华》2008 年第 3 期。

贺海仁：《自我救济的权利》，《法学研究》2005 年第 4 期。

侯卓、吴东蔚：《论纳税人诚实推定权的入法途径》，《北京行政学院学报》2021 年第 2 期。

胡海：《改革和完善税收征管制度的基本设想》，《湖南行政学院学报》2009 年第 2 期。

胡鸿高：《论公共利益的法律界定——从要素解释的路径》，《中国法学》2008 年第 4 期。

黄凤兰：《对检察机关提起公益诉讼的再质疑》，《中国行政管理》2010 年第 12 期。

黄学贤、杨红：《我国行政法中比例原则的理论研究与实践发展》，《财经法学》2017 年第 5 期。

雷颐：《公园古今事》，《炎黄春秋》2008 年第 4 期。

黎江虹：《我国纳税人权利保护法律体系的重构》，《经济法论丛》2008 年第 1 期。

李家勋、李功奎、高晓梅：《国外社德到言用体系发展模式比较及启示》，

《现代管理科学》2008 年第 6 期。

李炜光：《论税收的宪政精神》，《财政研究》2004 年第 5 期。

李友梅、肖瑛、黄晓春：《当代中国社会建设的公共性困境及其超越》，
《中国社会科学》2012 年第 4 期。

李玉虎：《促进循环经济发展的税收优惠政策评析》，《经济法论坛》2015
年第 2 期。

李玉虎：《房产税地方立法及其地方实践的意义》，《经济法论坛》2014
年第 2 期。

李玉虎：《经济发展与我国区域税收优惠政策比较分析》，《现代经济探
讨》2012 年第 8 期。

李玉虎：《论我国消费税的宏观调控功能》，《经济法论坛》2011 年第
1 期。

李玉虎：《消费政策变迁与消费税征收范围调整》，《兰州学刊》2013 年
第 9 期。

刘建军：《宪法上公民私有财产权问题思考——兼论 2004 年 3 月 14 日宪
法修正案第二十二条》，《政法论丛》2004 年第 5 期。

刘剑文、李刚：《税收法律关系新论》，《法学研究》1999 年第 4 期。

刘剑文：《论财税体制改革的正当性——公共财产法语境下的治理逻辑》，
《清华法学》2014 年第 5 期。

刘剑文：《税收征管制度的一般经验与中国问题——兼论〈税收征收管理
法〉的修改》，《行政法学研究》2014 年第 1 期。

刘剑文、宋丽：《税收征管法中的几个重要问题》，《税务研究》2000 年
第 11 期。

刘剑文、王桦宇：《公共财产权的概念及其法治逻辑》，《中国社会科学》
2014 年第 8 期。

刘隆亨、周红焰：《我国税收基本法制定的意义、特征和框架》，《法学杂
志》2004 年第 5 期。

刘玉平：《国际海关估价制度的分析和运用》，《国际贸易》1995 年第
3 期。

罗俊杰、刘霞玲：《税法私法化趋势理论探源》，《税务研究》2010 年第
4 期。

梅俊杰：《论科尔贝及其重商主义实践》，《社会科学》2012 年第 12 期。

苗连营：《纳税人和国家关系的宪法建构》，《法学》2015 年第 10 期。

庞凤喜：《我国纳税人权利问题研究》，《税务研究》2002 年第 3 期。

彭诚信：《"观念权利"在古代中国的缺失——从文化根源的比较视角论
私权的产生基础》，《环球法律评论》2004 年秋季号。

秦前红：《检察机关参与行政公益诉讼理论与实践的若干问题探讨》，《政
治与法律》2016 年第 11 期。

施正文：《略论税收程序性权利》，《税务与经济》2003 年第 1 期。

施正文：《论征纳权利——兼论税权问题》，《中国法学》2002 年第 6 期。

施正文：《我国建立纳税人诉讼的几个问题》，《中国法学》2006 年第
5 期。

谭金可、陈春生：《纳税人权利保护视角下的〈税收征管法〉修改考量》，
《东南学术》2012 年第 2 期。

汤贡亮、刘爽：《税收基本法问题研究》，《公共经济学评论》2008 年第
1 期。

陶庆：《宪政起点：宪法财产权与纳税人权利保障的宪政维度》，《求是学
刊》2005 年第 5 期。

童之伟：《权利本位说再评议》，《中国法学》2000 年第 6 期。

王棣：《宋代赋税的制度变迁》，《华南师范大学学报》（社会科学版）
2011 年第 3 期。

王奉炜：《税收契约视角下的纳税人权利研究》，《税务研究》2009 年第
10 期。

王鸿貌：《我国税务行政诉讼制度的缺陷分析》，《税务研究》2009 年第
1 期。

王桦宇：《公共财产权及其规制研究——以宪法语境下的分配正义为中
心》，《上海政法学院学报》2013 年第 5 期。

王桦宇：《论税法上的纳税人诚实推定权》，《税务研究》2014 年第 1 期。

王家林：《也从纳税人的权利和义务谈起——就一些税法新理论求教刘剑
文教授》，《法学杂志》2005 年第 5 期。

王建平：《构建纳税人的权利体系》，《税务研究》2007 年第 5 期。

王建平：《纳税人权利保护与政府征税权之制约》，《财经理论与实践》

2007 年第 4 期。

王太高：《论行政公益诉讼》，《法学研究》2002 年第 5 期。

王怡：《立宪政体中的赋税问题》，《法学研究》2004 年第 5 期。

翁武耀：《论我国纳税人权利保护法的制定》，《财经法学》2018 年第 3 期。

武树臣：《从"阶级本位、政策法"时代到"国、民本位、混合法"时代——中国法律文化六十年》，《法学杂志》2009 年第 9 期。

徐爱国：《论纳税人权利的历史与理论根基》，《月旦财经法杂志》2010 年第 9 期。

徐阳光：《实质课税原则适用中的财产权保护》，《河北法学》2008 年第 12 期。

许多奇：《论税法量能平等负担原则》，《中国法学》2013 年第 5 期。

许多奇：《落实税收法定原则的有效路径——建立我国纳税人权利保护官制度》，《法学论坛》2014 年第 4 期。

许炎：《赋税原则的宪法阐释》，《江苏行政学院学报》2007 年第 4 期。

许毅：《对国家、国家职能与财政职能的再认识——兼评公共产品论与双元结构论》，《财政研究》1997 年第 5 期。

薛军：《"民法—宪法"关系的演变与民法的转型——以欧洲近现代民法的发展轨迹为中心》，《中国法学》2010 年第 1 期。

杨荣学：《关于在我国成立纳税人协会的建议》，《税务研究》1996 年第 11 期。

杨毓辉：《论国家征税之公理》，《北洋法政学报》1908 年第 60 期。

叶姗：《地方政府以税抵债承诺的法律约束力——基于"汇林置业逃税案"的分析》，《法学》2011 年第 10 期。

佚名：《论中国于实行立宪之前宜速行预算法》，《南方报》1906 年 9 月 20 日，节录于《东方杂志》1906 年第 13 期。

油晓峰、王志芳：《税收契约与纳税人权利之保护》，《税务研究》2007 年第 2 期。

翟继光：《"税收债务关系说"产生的社会基础与现实意义》，《安徽大学法律评论》2007 年第 8 期。

张爱球、杨安静：《澳大利亚税收管理法及其比较研究》，《金陵法律评论》2010 年（春季卷）。

张富强、卢沛华：《纳税人权利的概念及现状》，《学术研究》2009 年第
　3 期。

张富强：《论税权二元结构及其价值逻辑》，《法学家》2011 年第 2 期。

张富强：《论税收国家的基础》，《中国法学》2016 年第 2 期。

张富强：《纳税权入宪入法的逻辑进路》，《政法论坛》2017 年第 4 期。

张世明：《时间与空间：清代中国与西方在税法上的文化选择》，《清史研
　究》2002 年第 3 期。

张守文：《论税收法定主义》，《法学研究》1996 年第 6 期。

张守文：《税权的定位与分配》，《法商研究》2000 年第 1 期。

张文显、于宁：《当代中国法哲学研究范式的转换——从阶级斗争范式到
　权利本位范式》，《中国法学》2001 年第 1 期。

张献勇：《浅谈设立纳税人诉讼制度》，《当代法学》2002 年第 10 期。

张翔：《财产权的社会义务》，《中国社会科学》2012 年第 9 期。

中国税务学会税收学术研究委员会“经济全球化税收对策”课题组：《经
　济全球化条件下的国际税收协调》，《税务研究》2005 年第 6 期。

周承娟：《保护纳税人权利的理论基础与逻辑前提》，《税务研究》2012
　年第 5 期。

周永坤：《纳税人基本权与税文化——〈纳税人基本权研究〉序》，《江
　苏警官学院学报》2011 年第 1 期。

朱大旗：《美国纳税人权利保护制度及启示》，《税务研究》2016 年第
　3 期。

朱大旗、胡明：《正当程序理念下我国〈税收征收管理法〉的修改》，
　《中国人民大学学报》2014 年第 5 期。

朱大旗、李帅：《纳税人诚信推定权的解析、溯源与构建》，《武汉大学学
　报》（哲学社会科学版）2015 年第 6 期。

朱孔武：《基本义务的宪法学议题》，《广东社会科学》2008 年第 1 期。

［美］喀南氏：《所得税制》，復庵译，《太平洋（上海）》1918 年第 8 期。

二　外文文献

Andrew R. Roberson, "The Taxpayer Bill of Rights: A Primer and Thoughts on Things to Come", *ABA Tax Times*, Vol. 37, No. 3, 2018.

Anthony Brewer, "Turgot: Founder of Classical Economics", *Economica*, Vol. 54, No. 216, 1987.

Bedau, Hugo A. "On Civil Disobedience", *The Journal of Philosophy*, Vol. 58, No. 21, 1961.

Boris I. Bittker, "The Case of the Fictitious Taxpayer: The Federal Taxpayer's Suit Twenty Years After Flast v. Cohen", *The University of Chicago Law Review*, Vol. 36: Iss. 2, 1969.

Charles Tilly and Wim P. Blockmans, eds., *Cities and the Rise of the states in Europe*, *AD 1000 to 1800*, CO: Westview Press, 1994.

Christian Seidl, Stefan Traub, "Taxpayers' attitudes, behavior, and perception of fairness", *Pacific Economic Review*, Vol. 6, Iss. 2, 2001.

David T. Beito, *Taxpayers in Revolt: Tax Resistance During the Great Depression*, NC: University of North Carolina Press, 1989.

Duncan Bentley, *Taxpayers' rights: Theory, origin and implementation*, The Netherlands: Kluwer Law International, 2007.

Eric Engle, "The History of the General Principle of Proportionality: An Overview", *Dartmouth Law Journal*, Vol. X: 1, 2012.

Habib Hanna, "Heads I Win, Tails You Lose: The Disparate Treatment of Similarly Situated Taxpayers Under the Personal Injury Income Tax Exclusion", *Chapman Law Review*. Vol. 13, No. 1, 2009.

Herman M. Knoeller, "The Power to Tax", *Marquette Law Review*, Vol. 22, No. 3, 1938.

Hillary Appel, *Tax Politics in Eastern Europe: Globalization, Regional Integration, and the Democratic Compromise.* MI: University of Michigan Press, 2011.

Margaret Levi, *Of Rule and Revenue*, Berkeley: University of California Press, 1988.

Michael Mann, "The autonomous power of the state: its origins, mechanisms and results," *European Journal of Sociology*, Vol. 25, No. 2, 1984.

Parks, J. R., "A New Theory of Taxpayer Standing", *Columbia Journal of*

Tax Law, Vol. 6, No. 1, 2015.

Pogge, T. & Mehta, K., Eds., *Global Tax Fairness*. Oxford: Oxford University Press, 2016.

R. Seer and A. L. Wilms, eds., *Surcharges and Penalties in Tax Law*, Amsterdam: IBFD, 2016.

Steven Mains, "California Taxpayers´ Suits: Suing State Officers under Section 526a of the Code of Civil Procedure", *Hastings Law Journal*, Vol. 28, No. 2, 1976.

Tom L. Beauchamp, "The Right to Privacy and the Right to Die", *Social Philosophy and Policy*, Vol. 17, Iss. 2, 2000.

William E. Shafer, "Machiavellianism, Social Norms, and Taxpayer Compliance", *Business Ethics*, Vol. 27, Iss. 1, 2018.

［日］北野弘久（著），黒川功:《税法学原論》第 7 版，劲草書房，2016。

［日］川井和子:《日本国憲法第 30 条「納税の義務」の再検討—市民法学の視座から》,《税法学》No. 577，2017。

［日］三木義一:《日本の納税者》，岩波新書，2015。

［日］杉山幸一:《憲法と納税の義務に関する一考察——憲法，国家，税の関係》,《八戸学院大学紀要》2015 年第 50 期。

［日］小泉和重:カリフォルニア州の「納税者の反乱」を巡る最近の論点—J. シトリン、I. W. マーティン編『納税者の反乱後』を読んで—，アドミニストレーション第 22 巻第 2 号，2016。

［日］増田英敏:《納税者の権利保護の法理》，成文堂，1997。

三　网站

OECD 网站相关文件，https：//www. oecd. org/。

日本电子政府搜索网站，https：//elaws. e - gov. go. jp/。

日本国税厅网站，https：//www. nta. go. jp/。

日本律师联合会官网，https：//www. nichibenren. or. jp/。

日本全国青年税理士联盟网站，http：//www. aozei. com/。

苍南县国家税收纳税人权益维护协会网站，http：//www. cnnsr. org/。

澳大利亚税务局网站，https：//www. ato. gov. au/。

东营市纳税人协会网站，http：//www. nsrxiehui. com。

美国国内税务局网站，https：//www. irs. gov/。

德国联邦税务局网站，http：//www. bzst. de/。

德国法律网，https：//www. ge. ch/legislation。

法国法律网，https：//www. legifrance. gouv. fr/。

德国纳税人协会网站，https：//www. steuerzahler. de/。

英国政府官网，https：//www. gov. uk/。

韩国国税基本法，http：//www. law. go. kr//법령/국세기본법。

韩国国税厅网站，https：//www. nts. go. kr/。

蒙古国法律信息网，https：//www. legalinfo. mn/。

加拿大税务局网站，https：//www. car - arc. gc. ca/。

加拿大税务法庭网站，https：//www. tcc - cci. gc. ca/。

加拿大司法部网站，https：//laws - lois. justice. gc. ca/。

加拿大政府网，https：//www. canada. ca/。

中国国家税务总局官方网站，http：//www. chinatax. gov. cn/。

中国香港特别行政区税务局网站，https：//www. ird. gov. hk/chs/abo/tax. htm。